A HISTÓRIA DA SOCIEDADE TEOSÓFICA

VOL. 2: 1878-1883

OS PRIMEIROS ANOS NA ÍNDIA

HENRY S. OLCOTT

A HISTÓRIA DA SOCIEDADE TEOSÓFICA

VOL. 2: 1878-1883

OS PRIMEIROS ANOS NA ÍNDIA

Tradução:
Herbert Andreas Welker

© Editora Teosófica - 2020

Título do original:

*Old Diary Leaves – The History of The Theosophical Society
Second Series 1878-1883*
(The Theosophical Publishing House, Adyar; reimpresso 2002)

FICHA TÉCNICA

REVISÃO
Margarete Welker
Solimeire de Oliveira Schilling

EDITORAÇÃO ELETRÔNICA
Cláudia Gomes

ARTE FINAL DA CAPA
Marcelo Queiroz

O42h   Olcott, Henry S.
         A história da Sociedade Teosófica, v. 2: 1878-1883: os primeiros anos na Índia / Henry S. Olcott. Tradução Herbert Andreas Welker.--Brasília, DF : Thesaurus, 2017.
         V. 2, 444 p.

         ISBN: 978-65-990758-9-6

         1. Teosofia. 2. Sociedade Teosófica - História. I. Welker, Herbert Andreas (Trad.). II. Blavatsky, Helena Petrovna. II. Título.

         CDU 141.332

Direitos Reservados à
EDITORA TEOSÓFICA
Sig Sul Qd. 06 Lt. 1.235 | 70.610-460 – Brasília-DF – Brasil | Tel.: (61) 3322-7843
E-mail: editorateosofica@editorateosofica.com.br
Site: www.editorateosofica.com.br

Sumário

Prefácio 9

Prefácio à nova edição 10

Introdução 13

Capítulo I
A viagem de partida..17

Capítulo II
Estabelecendo-nos em Bombaim.........................31

Capítulo III
Colocando as bases 43

Capítulo IV
Muitos milagres..57

Capítulo V
Uma viagem para o norte da Índia......................75

Capítulo VI
Viagens pelo norte. Dayanand Saraswati. Encantando serpentes. Começo de *The Theosophist* 89

Capítulo VII
Os futuros colaboradores começam a chegar...................107

Capítulo VIII
Visitas a Allahabad e a Benares 119

Capítulo IX
Fenômenos e *Pandits* 135

Capítulo X
Primeira viagem pelo Ceilão..153

Capítulo XI
O entusiasmo do povo..169

Capítulo XII
Fim da viagem pelo Ceilão 191

Capítulo XIII
Uma pequena explosão doméstica 207

Capítulo XIV
Swami Dayanand Saraswati sobre *Yoga* 215

Capítulo XV
Simla e os coerulianos..225

Capítulo XVI
O que aconteceu em Simla 235

Capítulo XVII
Cenas deslumbrantes 245

Capítulo XVIII
Benares, a Santa 257

Capítulo XIX
Um Mestre de *Djinns* 269

Capítulo XX
Explicando o budismo cingalês 279

Capítulo XXI
Criando um fundo budista cingalês 293

Capítulo XXII
De Bombaim para o norte e de volta 313

Capítulo XXIII
Uma viagem com HPB em uma casa flutuante 329

Capítulo XXIV
De Baroda ao Ceilão, e as curas de doentes 343

Capítulo XXV
Possível descoberta do segredo da cura psicopática...........357

Capítulo XXVI
Ocorrências de curas 367

Capítulo XXVII
Viajando e curando em Bengala 377

Capítulo XXVIII
Elogios floridos 395

Capítulo XXIX
Cura do homem mudo no templo Nellaiappar 405

Capítulo XXX
Maravilhas no sul da Índia...419

Apêndice
Explicação de palavras, nomes, acrônimos, fatos 431

PREFÁCIO

Em 17 de novembro de 1875 foi fundada em Nova Iorque a Sociedade Teosófica (S.T.). Os principais fundadores foram a russa Helena Petrovna Blavatsky e o coronel norte-americano Henry Steel Olcott.

Blavatsky, para quem se costuma usar o acrônimo HPB – ou H.P.B. – e que frequentemente era chamada de Madame Blavatsky, tinha poderes paranormais fora do comum e estava, desde os vinte anos de idade, em contato com Mestres de Sabedoria (*Mahātmas* ou Adeptos). Antes da fundação da S.T., ela tinha anotado em seu caderno: "Ordens recebidas da Índia mandam estabelecer uma sociedade filosófico-religiosa e escolher um nome para ela, e também escolher Olcott."

Na reunião de fundação da S.T., Olcott, que se interessava pelo Espiritismo em voga nos Estados Unidos naquela época e que tinha encontrado HPB quando os dois estavam investigando fenômenos espíritas, foi eleito presidente, e ele permaneceu na presidência até sua morte em 1907.

A partir de 1878 ele manteve um diário. Textos baseados nesse diário foram publicados primeiro – a partir de 1892 – na revista *The Theosophist*, editada pelos dois fundadores desde 1882, e depois em uma série de seis livros. A essa série ele deu o título *Old Diary Leaves – The History of the Theosophical Society* (Folhas de um Velho Diário – A História da Sociedade Teosófica). Nesses seis volumes ele conta com muitos detalhes essa história, tal como ele a viveu. Para quem se interessa pela Teosofia, é um relato extremamente interessante.

Infelizmente, somente o primeiro volume foi traduzido para o português até agora. A tradução foi publicada em 1983 pela editora Ibrasa com o título *Raízes do Oculto – A verda-*

deira história de H. P. Blavatsky.* Nesse livro, Olcott conta o começo da história da S.T., desde antes de sua fundação até o ano de 1878. Naquele ano, ele e HPB partiram para a Índia. Primeiro eles viveram em Bombaim, depois estabeleceram a sede da S.T. em Adyar, no sudeste da Índia, onde ela permanece até hoje.

No segundo volume de *Old Diary Leaves*, cuja tradução agora está sendo publicada, Olcott faz um relato minucioso da vida dos dois – dele e de HPB – desde a partida de Nova Iorque no final de 1878 até setembro de 1883; ou seja, a maior parte do livro trata dos primeiros anos vividos na Índia.

É importante saber que a Índia, que durante muitos séculos estava dividida em numerosos reinados e principados, era naquela época uma colônia da Grã-Bretanha. Mas ainda existiam muitos estados governados por marajás.

Evidentemente, no século XIX, quando não havia filmes nem internet, de modo que nos Estados Unidos não se podia ter uma impressão clara sobre a vida na Índia, esse país era totalmente exótico para Olcott. Para HPB foi diferente, porque ela já tinha viajado por países asiáticos.

Olcott colocou muito poucas notas de pé de página. Nesta tradução, elas estão indicadas pela menção "Nota de Olcott". Todas as outras numerosíssimas notas foram incluídas por mim, frequentemente baseadas na Wikipédia ou copiadas dela. Elas foram necessárias porque o autor menciona inúmeros nomes, fatos, palavras sânscritas e acrônimos cujo significado o leitor normalmente não conhece. Nos casos em que tais nomes e fatos desconhecidos, ou pouco conhecidos, aparecem mais de uma vez no texto, eu os coloquei – com as respectivas explicações – também em uma lista no final do livro.

O norte-americano Henry S. Olcott usou evidentemente a escala de temperatura "Fahrenheit" e as medidas de comprimento "milha", "jarda", "pé" e a medida de peso "libra" etc. Mudei-as para a escala "Celsius" e para as medidas decimais

---

* Uma nova tradução desse primeiro volume foi publicada pela Editora Teosófica em 2019. Cf. p. 443.

"metro", "quilograma" etc.

Por fim, agradeço a minha esposa Margarete, cuja colaboração foi imprescindível na revisão da tradução.

Herbert Andreas Welker

Brasília, dezembro de 2017

PREFÁCIO À NOVA EDIÇÃO

A presente tradução do segundo volume da História da Sociedade Teosófica, escrita por Henry S. Olcott, foi publicada em 2017 pela Editora Thesaurus. Em 2019 Herbert A. Welker fez uma nova tradução do primeiro volume, a qual foi publicada no mesmo ano pela Editora Teosófica. Tendo o tradutor passado os direitos autorais da tradução do segundo volume a esta editora, estamos lançando agora uma nova edição, revisada e com nova capa.

Os Editores

Brasília, setembro de 2020

INTRODUÇÃO

O Diário em que se baseia a presente série de capítulos foi iniciado em janeiro de 1878 – três anos depois de a Sociedade Teosófica ter sido formada em Nova Iorque, pela falecida Madame Blavatsky, por mim e alguns outros – e tem sido sistematicamente mantido desde então.

Em 1895 foi publicado pela editora G. P. Putnam & Sons (Londres e Nova Iorque) um livro com ilustrações sob o título *Old Diary Leaves: The True History of the Theosophical Society*, que tem tido uma vasta circulação. Ele abrangeu o período desde a primeira reunião entre minha grande colega e mim, no ano de 1874, até o momento em que nosso grupo partiu em navio de Nova Iorque para Bombaim em dezembro de 1878.

O fio da nossa narrativa que retomo agora nos leva a partir daí até o outono de 1883, abrangendo os novos e excitantes incidentes do estabelecimento do nosso movimento na Índia e no Ceilão[1], que tiveram tão momentosos resultados. Nenhum importante evento foi omitido, não houve nenhuma falsificação. Mais volumes serão publicados de vez em quando, se houver demanda.

Estou orgulhoso do fato de que, embora essas memórias tenham sido publicadas mensalmente em *The Theosophist* desde março de 1892 e lidas por centenas de testemunhas vivas dos eventos citados, a veracidade de meus relatos não foi contestada uma única vez, e apenas uma pequena imprecisão foi apontada.

O crescimento da Sociedade tem sido tão estável nos últimos quatro anos quanto o foi até a data da publicação do primeiro volume destas memórias. Foram emitidos cento e quarenta e oito novos

---

1 Agora Sri Lanka.

diplomas de fundação de Lojas[2]; até o final de 1894 tinham sido trezentos e noventa e quatro, o total desde o início até o final do ano passado (1898) foi quinhentos e noventa e dois.

Essas Lojas estão agora agrupadas em oito seções administrativas, com sedes sociais respectivamente em Benares[3], Londres, Paris, Amsterdã, Estocolmo, Nova Iorque, Sydney e Auckland. A sede geral de toda a Sociedade e a residência oficial do Presidente-Fundador estão em Adyar, Madras[4]. O trabalho, portanto, já cobre a maior parte do mundo civilizado, e sua literatura é encontrada em uma área ainda maior, sendo lida em acampamentos de mineiros e exploradores, cabanas de pioneiros e cabines de navios que navegam em todos os mares.

Um movimento tão internacional e uma Sociedade com tão forte base têm o direito de ser levados a sério por homens pensantes, e, visto que o Diário de um de seus dois principais fundadores fornece os dados para uma história verdadeira de sua ascensão e progresso, e que somente ele, o sobrevivente, conhece todos os fatos, parece ser seu dever evidente escrever essa história enquanto sua memória ainda estiver forte, e sua força, intacta.

Um dos motivos que me levaram a começar foi que eu poderia deixar, para o uso de um historiador futuro, um esboço o mais exato possível dessa grande personalidade enigmática, Helena Petrovna Blavatsky, co-fundadora da Sociedade Teosófica. Eu declaro sob minha honra que não escrevi nenhuma palavra sobre ela ou seus feitos que não fosse por lealdade à sua memória e à verdade. Não escrevi nenhuma linha maliciosamente. Eu a conheci como companheiro, amigo, colaborador, igual – no plano da personalidade. Todos os seus outros colegas estiveram com ela em uma relação de aluno-professor, ou eram amigos ocasionais, conhecidos casuais ou meros correspondentes. Ninguém a conheceu como eu,

---

2 Grupos de estudo. Olcott usa sempre, quando se refere às Lojas, a palavra "*branch*" (que alguns traduzem por "Ramo"); somente para a Loja de Londres ele usa a palavra "*Lodge*" (Loja).
3 Agora o nome da cidade é "Varanasi".
4 Agora Chennai.

pois ninguém além de mim a viu em todas as suas frequentes mudanças de humor, de ideia e de características pessoais. A Helena Petrovna humana, com sua inalterada natureza russa, a Madame Blavatsky, recém-vinda dos círculos boêmios de Paris, a "Madame Laura", cujos louros e buquês ganhos nas suas turnês como pianista em 1872-73 na Itália, Rússia e em outros lugares quase ainda não haviam murchado quando ela chegou em Nova Iorque via Paris – todas elas eu conheci tão bem quanto aquela que mais tarde tornou-se a "HPB" da Teosofia. Como eu, portanto, a conhecia tão bem, ela não era para mim o que ela era para muitos outros – uma deusa, imaculada, infalível, igual aos Mestres de Sabedoria –, e sim uma mulher extraordinária, o canal para grandes ensinamentos, a agente para a realização de uma obra grandiosa. Justamente porque eu a conhecia muito melhor do que a maioria das outras pessoas, ela era um mistério ainda maior para mim do que para elas. Era fácil para aqueles que a viam apenas falando como um oráculo, escrevendo profundos aforismos ou dando inúmeros esclarecimentos a respeito da sabedoria oculta nos antigos escritos, considerá-la um *angelos*[5] visitando a Terra e adorá-la aos seus pés. Ela não era um mistério para eles. Mas para mim, que tinha que cuidar dos detalhes triviais de sua vida diária comum e vê-la em todos os seus aspectos, ela era desde o início e permaneceu até o final um enigma insolúvel. Quanto da sua vida consciente era a de uma personalidade responsável, quanto dessa vida consciente era a de um corpo influenciado por uma entidade protetora? Eu não sei. Admitindo-se a hipótese de que ela era uma médium para os Grandes Instrutores, somente isso e mais nada, o enigma é fácil de ser decifrado; pois nesse caso explicam-se as mudanças de ideia, de caráter, gostos e predileções que foram mencionadas em capítulos anteriores; nesse caso a HPB dos últimos dias combina com a Helena Petrovna de Nova Iorque, Paris, Itália e outros países e épocas. O que a seguinte passagem (escrita por ela na página do dia 6 de dezembro de 1878) significa, senão aquilo mesmo? Cito: "Acho que *nós* ficamos resfriados de novo. Ah, velho

---

5   Anjo.

corpo infeliz, vazio, podre!" Será que esse corpo vazio estava vazio de seu ocupante? Se não, por que essa frase teria sido escrita por ela com uma letra diferente da sua? Nunca chegaremos à verdade. Se volto sempre a esse problema, é porque quanto mais fundo vou nessas ocorrências do passado, tanto mais excitante e desconcertante torna-se o mistério.[6] Então vamos continuar mais uma vez e juntar-nos aos peregrinos em Nova Iorque, na cabine do bom vapor "Canada", da companhia National Line, com destino a Londres no frio do mês de dezembro.

Adyar, 1899.

---

[6] HPB havia falecido em 1891.

CAPÍTULO I

A VIAGEM DE PARTIDA

Embora tivéssemos deixado o solo americano em 17 de dezembro (1878), saímos das águas americanas somente às doze e trinta do dia 19, porque perdemos a maré do dia 18 e tivemos que ancorar na Lower Bay. Imagine o estado de espírito de HPB, se puder! Ela se enfureceu contra o capitão, o piloto, os engenheiros, os proprietários e até mesmo contra as marés. Meu Diário deve ter estado na sua mala, pois ela escreveu nele:

> "Dia magnífico. Claro, azul, sem nuvens, mas terrivelmente frio. Acessos de medo duraram até 11 horas. *O corpo está difícil de ser controlado.* ... Finalmente o piloto levou o navio através da barra de Sandy Hook. Felizmente não ficamos presos na areia. ... Comendo o dia inteiro, às 8, 12, 16, 19. HPB come como três porcos."

Eu não havia entendido o significado da frase escrita pela mão de HPB no meu Diário do dia 17 de dezembro de 1878 – "Tudo escuro, mas tranquilo." – até quando, em Londres, sua sobrinha traduziu para mim um trecho da carta escrita por sua tia[7], em Londres, para sua mãe (Madame Jelihovsky) em 14 de janeiro de 1879 e que ela gentilmente copiou para ser usado aqui. HPB escreveu para sua irmã:

---

7   A irmã de HPB se chamava Vera Zelihovsky (não Jelihovsky, como está escrito entre parênteses no original inglês).

Estou partindo para a Índia. Somente a Providência sabe o que o futuro reserva para nós. Possivelmente estes retratos sejam os últimos. Não esqueça sua irmã-órfã, agora tão verdadeiramente no sentido da palavra.

Partiremos de Liverpool no dia 18. Possam os poderes invisíveis proteger todos vocês.

Escreverei de Bombaim – *se é que chego* lá.

Elena[8]

Londres, 14 de janeiro de 1879

Se é que ela chega lá? Então ela não tinha certeza de que chegaria, isto é, que a previsão de Nova Iorque se tornaria realidade.

Muito bem; mas então o que dizer sobre toda aquela história que havíamos divulgado, de que ela tinha total pré-conhecimento a respeito de nossa vida na Índia? As duas coisas não combinam.

Havia apenas dez passageiros a bordo: nós três (HPB, Wimbridge e eu); um sacerdote da Igreja Anglicana e sua esposa, um jovem e alegre senhor de Yorkshire de rosto vermelho; um capitão do exército anglo-indiano e sua esposa, uma outra senhora e um senhor. Alguém pode imaginar pelo que passou aquele infeliz sacerdote – com enjoos, o frio úmido cortante e disputas diárias com HPB? Mas, embora ela tenha expressado sem reservas sua opinião sobre a profissão dele, opinião às vezes reforçada com expressões aptas a coagular seu sangue, ele teve a largueza de espírito de ver suas qualidades mais nobres, e na despedida quase chorou pelo fato de perdê-la. Ele até enviou-lhe sua foto e pediu a foto dela em troca.

Tivemos tempo bom apenas durante três dias inteiros. No dia 22 o tempo mudou. Como anotou HPB: "Vento e até vendaval. Chuva e neblina entrando nas brincadeiras (*sic*) do salão. Todos com enjoo, exceto HPB e a Sra. Wise. Moloney (eu) cantou umas canções." Na manhã seguinte o tempo esteve bom de novo, mas à tarde houve um terrível vendaval, e o capitão contou "assustadoras histórias de náufragos e afogamentos a noitinha inteira. Sr. ... e Sra. ... quase enlouqueceram de medo". Depois disso os demônios das tempestades nos

---

8   HPB.

perseguiram como se estivessem a serviço dos inimigos da S.T. Parecia que todos os ventos que Éolo embrulhou em sacos de papel[9] para Ulisses tinham se soltado e se tornado agressivos. Nos dias 21, 22, 23, 24, 25, 26, 27, 28, 29, 30 e 31 há sempre a mesma anotação minha no Diário: "Seguem dias e noites de tédio, agitação e angústia. À noite, sacudidos como uma peteca entre duas raquetes; de dia, as horas passam lentamente como se cada uma fosse um dia inteiro. Um pequeno grupo heterogêneo de passageiros, cansando-se de ver os rostos uns dos outros." HPB escreveu na página de um desses dias: "Noite de sacudidas e balanços. H.S.O. acamado doente. Viagem monótona, estúpida, cansativa. Ah, se já estivéssemos em terra! Na Índia, em CASA!"

Despedimo-nos do Ano Velho e demos as boas-vindas ao Ano Novo. Duas vezes tocaram os Oito Sinos[10], e embaixo, na sala de máquinas, de acordo com o costume, houve uma balbúrdia de sinos, panelas, barras de ferro e outros objetos sonoros. No Ano Novo de 1879 adentramos o Canal da Mancha em um mar de neblina, característico de nosso ainda não manifesto futuro. Navegando muito devagar e passando muito perto de vários barcos, pegamos às quatorze e trinta o piloto, um homem muito velho, antiquado, e tivemos que ancorar às dezessete e cinquenta perto de Deal. Como o capitão descobriu mais tarde, a vista desse homem tinha se tornado tão debilitada que ele não conseguia distinguir corretamente uma luz vermelha de uma verde, e nós certamente teríamos tido algum desgosto se não fosse a incansável vigilância do Capitão Sumner, um ótimo homem, uma honra para a marinha mercante britânica. Se o piloto não tivesse a vista embaçada por causa da idade, ele teria guiado nosso navio direto até o porto no Tâmisa, e assim nos poupado um inteiro dia miserável no Canal da Mancha.

O fato é que um denso nevoeiro nos encobriu, e nós avançamos tão prudentemente que tivemos que ancorar novamente na se-

---

9   Em algumas versões da Odisseia não é mencionado o material dos sacos, em outros, eles eram de couro.
10 Nos navios eram tocados oito sinos de quatro em quatro horas; à meia noite entre o Ano Velho e o Ano Novo, os oito sinos eram tocados duas vezes.

gunda noite, e chegamos somente na manhã seguinte em Gravesend, onde tomamos o trem para Londres, e assim terminou a primeira etapa de nossa longa viagem. Fomos recebidos com encantadora hospitalidade por Dr. e Sra. Billing na sua casa no subúrbio Norwood Park. A casa tornou-se o centro de reuniões de todos os nossos amigos e correspondentes londrinos, entre eles Stainton Moses, Massey, Dr. Wyld, Reverendo e Sra. Aytoun, Henry Hood, Palmer Thomas, os Elisse, A. R. Wallace, alguns estudantes hindus de Medicina e de Direito, Sra. Knowles e outros senhores e senhoras. No dia 5 de janeiro presidi uma reunião na S.T. britânica, durante a qual houve uma eleição de membros encarregados de diversas tarefas.

Nosso tempo em Londres esteve totalmente preenchido com assuntos corriqueiros relativos à S.T., recepção de visitantes, visitas ao Museu Britânico e a outros lugares – tudo isso apimentado com fenômenos[11] produzidos por HPB e sessões com o guia espiritual da Sra. Hollis-Billing, "Ski", cujo nome é conhecido por todos os espíritas.

O incidente mais notável foi o fato de três de nós termos encontrado um Mestre[12], quando estávamos caminhando pela rua Cannon. Naquela manhã havia um nevoeiro tão denso que quase

---

11 Um fenômeno normalmente é um acontecimento observável e cientificamente explicável. Mas existem fenômenos, ou acontecimentos, que a ciência até agora não consegue explicar. É a esse segundo tipo que Olcott se refere. Às vezes ele os chama de *"wonders"*, o que pode ser traduzido por "prodígios", "milagres", "maravilhas".

12 Um Adepto ou um *Mahātma*.
Adepto: "Em Ocultismo, é aquele que, mediante desenvolvimento espiritual, conseguiu o grau de Iniciação [...] e chegou a ser Mestre na ciência da filosofia esotérica." (*Glossário Teosófico*)
Mahātma: "Um Adepto de ordem mais elevada. Os *Mahātmas* são seres eminentes, que, tendo obtido o domínio de seus princípios inferiores, vivem, deste modo, livres dos impedimentos do 'homem carnal' e estão de posse de um conhecimento e poder proporcionados segundo o nível que alcançaram em sua evolução espiritual. [...] São designados com o nome de Mestres, Grandes Espíritos ou *Jivanmuktas* [almas libertadas] e continuam, entretanto, ligados ao corpo físico para ajudar o progresso da humanidade." (*Glossário Teosófico*)

não se via o outro lado da rua, e Londres se mostrou pelo seu pior lado. Os dois que estavam comigo o viram primeiro, porque eu estava perto do meio-fio e meus olhos estavam ocupados com outra coisa. Mas quando eles fizeram uma exclamação, virei rapidamente a cabeça e vi o olhar do Mestre no momento em que ele olhou para trás, para mim. Eu não o reconheci imediatamente como alguém conhecido, mas reconheci seu rosto como o de um Ser Glorificado, pois uma vez que se viu um desses Seres, não haverá engano. Da mesma maneira que existe uma glória do Sol e uma outra da Lua, assim há uma luminosidade do rosto do bom ser humano mediano e uma outra, transcendente, do rosto de um Adepto: através do lampião de barro do corpo – como o culto Maimônides[13] a chama – a luz interna do espírito iluminado brilha resplandescentemente. Nós três amigos permanecemos juntos no Centro de Londres e voltamos juntos à casa da Sra. Billing. Quando entramos, foi nos dito tanto pela Sra. Billing quanto por HPB que o Irmão havia estado lá e que havia dito que encontrou nós três – dizendo nossos nomes – no Centro. A história da Sra. Billing era interessante. Ela disse que a porta da frente estava trancada com ferrolho como de costume; ninguém podia entrar sem bater. No entanto, ao deixar sua sala de estar para ir pelo corredor ao quarto de HPB, ela quase trombou contra um forasteiro alto que estava de pé entre a porta do corredor e o quarto de HPB. Ela o descreveu como sendo um hindu muito alto e bonito, com um olhar particularmente penetrante, que parecia atravessá-la. Momentaneamente ela estava tão assustada que não conseguiu dizer uma única palavra, mas o estranho disse "Quero ver Madame Blavatsky", e foi para a porta do quarto no qual ela estava. A Sra. Billing a abriu para ele e o convidou a entrar. Ele foi direto para HPB, fez na frente dela uma saudação oriental, e começou a falar com ela em uma língua cujos sons eram totalmente desconhecidos para a Sra. Billing, embora sua longa prática como médium a tivesse colocado em contato momentâneo com pessoas de muitas nações. Naturalmente a Sra. B. levantou-se para sair do

---

13 Judeu nascido na Espanha; filósofo, codificador rabínico e médico (1135-1204).

quarto, mas HPB pediu para ela ficar e não se importar com o fato de que eles iriam falar em uma língua estranha, tendo de tratar de algum assunto oculto.

Não posso dizer se esse misterioso visitante hindu de pele escura trouxe para HPB um reforço de seu poder psíquico ou não, mas naquela noite, na mesa de jantar, ela alegrou o coração de sua anfitriã, trazendo para ela, de debaixo da borda da mesa, uma chaleira japonesa de extraordinária leveza; acho que foi a pedido dela, mas não tenho certeza disso. Ela também fez que o Sr. Massey encontrasse, em um bolso de seu sobretudo que estava no corredor, um estojo (com incrustações) de cartões de visita; mas não vou entrar em detalhes, fazendo apenas essa rápida menção, visto que hipoteticamente aquilo poderia ser explicado como trapaça, caso se esteja disposto a duvidar da boa fé de HPB. Vou tratar da mesma maneira uma ocorrência que impressionou a todos nós – no nosso então acrítico estado de espírito – como sendo muito maravilhosa. Na noite de 6 de janeiro, "Ski" me disse para ir à exposição de Madame Tussaud[14], onde, sob o pé esquerdo da figura 158, eu deveria encontrar uma nota deixada para mim por uma determinada pessoa. Na manhã seguinte, o Rev. Aytoun, o Dr. Billing, o Sr. Wimbridge e eu fomos à exposição das figuras de cera e encontramos a nota descrita no local designado. Mas está registrado no meu Diário que na manhã de 6 de janeiro HPB e a Sra. Billing foram juntas ao Museu Britânico e, como elas estavam fora de casa, nada teria impedido que elas fossem até a mostra de Madame Tussaud, se elas tivessem isso em mente. Assim, evidentemente – como diriam os membros da S.P.G.[15] – o caso não tem valor, embora na época eu pensasse, e ainda ache, que foi um fe-

---

14 A francesa Marie Tussaud (1761-1850) aprendeu a arte de modelação de cera como governanta de um médico. Começou a modelar em cera máscaras de vítimas da Revolução Francesa; mudou-se para Londres em 1835, onde fundou um museu de cera. Hoje há filiais em várias partes do mundo.

15 *Society for the Propagation of the Gospel* (Sociedade para a Propagação do Evangelho)

nômeno genuíno. Na noite seguinte nós nos reunimos novamente em uma sessão com Ski, e ficamos muito satisfeitos em ouvi-lo reconhecer que ele era um mensageiro dos Mestres e pronunciar os nomes de vários. Ele também atirou em mim na escuridão um enorme lenço de seda, no qual estavam escritos os nomes de vários deles. O lenço tinha um pouco mais de um metro quadrado!

Na noite seguinte, depois do jantar, HPB explicou a nós e a dois visitantes a dualidade de sua personalidade e a lei segundo a qual tal dupla personalidade é possível. Ela admitiu sem restrições que, de fato, ela era uma pessoa em um momento, e outra logo depois. Nos deu uma prova surpreendente em apoio à sua afirmação. Quando estávamos conversando no escuro – ela silenciosa perto da janela com suas duas mãos apoiadas sobre seus joelhos –, ela nos chamou e olhou para suas mãos. Uma delas era branca, tão escultural como sempre; mas a outra era a mão de um homem, mais comprida, morena como a de um hindu; e, ao olharmos surpresos para seu rosto, vimos que seu cabelo e sobrancelhas também tinham mudado de cor; de castanho claro tinham se tornado pretos, da cor do lignito. Podem dizer que foi um *Māyā*[16] hipnótico, mas que bela ilusão foi: produzida por sugestionamento, sem a expressão de uma única palavra! Pode ter sido um *Māyā*, porque eu me lembro que na manhã seguinte seu cabelo ainda estava muito mais escuro do que habitualmente, e as sobrancelhas, completamente pretas. Ela mesma percebeu isso ao olhar para o espelho da sala de visitas. Comentando comigo que ela havia esquecido de remover todos os vestígios da mudança, ela se virou, passou suas mãos sobre seu rosto e cabelo duas ou três vezes, e, voltando-se novamente para mim, ela tinha de novo sua aparência habitual.

Em 15 de janeiro enviamos nossa pesada bagagem para Liverpool. No dia 17, nomeei o Major-General A. Doubleday, EUA, M.S.T.[17], Presidente Interino da S.T.; Sr. David A. Curtis, Secretário Correspondente em exercício, e G. V. Maynard, Tesoureiro; W.

---

16   Termo sânscrito que significa, *grosso modo*, "ilusão".
17   Membro da Sociedade Teosófica.

Q. Judge[18] já havia sido eleito Secretário Geral. Esse arranjo tinha como objetivo continuar o trabalho na sede de Nova Iorque até que a organização futura da Sociedade fosse decidida, de acordo com o que iria acontecer após nossa chegada em Bombaim. Na mesma noite, às vinte e uma e quarenta, partimos de Euston para Liverpool, depois de uma estadia agradável de quinze dias com e entre nossos amáveis amigos e colegas. Muitos estavam lá para se despedir de nós, e eu me lembro, como se fosse ontem, que andei com o Dr. George Wyld de um lado para outro da grande sala de espera, trocando opiniões sobre assuntos religiosos. No dia seguinte, passamos no Great Western Hotel, em Liverpool, e às dezessete horas embarcamos no "Speke Hall", enquanto caia uma chuva pesada.

    O navio estava sujo e desagradável de se ver; com isso, e com a chuva, o cheiro de tapeçarias e tapetes úmidos no salão e nas cabines, e as caras desesperadas de nossos quarenta companheiros de viagem, todos igualmente enojados como nós, tudo isso foi um horrível presságio para nossa longa viagem para a Índia. Sujeira e barulho quando embarcamos em Nova Iorque; sujeira, barulho e mau cheiro quando embarcamos em Liverpool; eram necessários nossos sonhos da luminosa, ensolarada Índia e as imagens fantasmagóricas dos nossos futuros amigos hindus para mantermos a nossa coragem.

    Ficamos ancorados no rio Mersey toda a noite entre os dias 18 e 19, mas partimos no amanhecer. Meu Diário mostra a impressão que tivemos: "A bordo tudo está em uma situação lamentável. O navio está carregado quase até o nível da água com – parece – ferro para trilhos de trem. O mar está muito agitado, e quase cada onda vem a bordo. Wimbridge e eu estamos alojados em uma cabine na parte da frente do convés principal, e não temos comunicação com o salão traseiro. O quanto tudo isso é ruim para os comissários marítimos é mostrado pelo fato de que não recebemos nada para comer até as quinze horas." A mesma

---

18   William Quan Judge (1841-1896), advogado irlandês, um dos dezessete fundadores da S.T. Foi quem cuidou da S.T. nos EUA até 1895, quando saiu da S.T. (de Adyar) e criou sua própria organização.

miséria continuou no dia seguinte, e se não fosse um cesto com algumas coisas para comer que tinham nos dado em Londres, e que por sorte havia sido colocado em nossa cabine, teríamos passado bastante fome.

Enquanto isso, HPB estava animando os empregados e seus companheiros de viagem, que, com uma ou duas exceções, ficaram chocados com sua linguagem ferrenha, indignados com sua heterodoxia religiosa, e unanimemente a consideraram inconveniente.

O navio sendo atingido por ondas muito fortes, HPB foi lançada contra uma perna da mesa de jantar, e seu joelho ficou gravemente ferido. No terceiro dia, nós dois recebemos sua ordem peremptória de ir vê-la. Então arregaçamos nossas calças até os joelhos, pegamos nossos sapatos e meias nas mãos e corremos através do escorregadio convés, entre os balanços do navio. Encontramos o salão em confusão: os tapetes estavam levantados, água e coisas molhadas em toda parte, e cheiros que poderiam ser esperados após uma cabine de um navio ter permanecido fechada por dois ou três dias. HPB estava deitada em sua cabine, com o joelho ferido; através do espaço confinado das pequenas cabines, sua voz forte chamava a comissionária, "Meeses Yetz"[19] (Sra. Yates), em tom estentóreo. Oh, Golfo da Biscaia, sob que aspecto desagradável você nos foi apresentado, a nós pobres infortunados enjoados.

Passamos pelo Cabo Finisterra na noite de 23 de janeiro, e assim estávamos livres da furiosa baía. Mas naquele dia o sol não se mostrou, e ir de nossa cabine ao salão era como vadear através de uma vala molhada ou uma calha de moinho. No dia seguinte o tempo mudou completamente: o céu estava todo azul, e o mar, cor de safira. O ar estava ameno, primaveril, e os passageiros, molhados e sujos, saíram para aquecer-se na luminosidade do dia. As costas da África, matizadas rosa-e-opala, vistas através de uma névoa nacarada, se erguiam como falésias fantasmagóricas acima do mar. A uma velocidade de quatrocentos a quatrocentos e oitenta quilômetros por dia, navegamos até o Mediterrâneo, passando

---

19 Olcott imita a pronúncia de HPB. Normalmente a pronúncia seria "Misses Yeits".

por Gibraltar e Argel, até Malta, onde ancoramos na noite de 28 de janeiro, e o navio foi carregado de carvão. Fomos em terra e visitamos a pitoresca fortaleza e a cidade, tão famosas na história pelos heroicos feitos dos seus sitiantes e defensores. Continuamos a viagem na manhã seguinte; o navio estava lambuzado de pó de carvão em todos os cantos e fendas; e, como para manter o hábito, recomeçou o mau tempo pouco depois de sairmos do porto.

O pobre navio subia e descia com as ondas e balançava terrivelmente, recebendo ondas que não teriam sido notadas em uma embarcação menos carregada. É claro que todo brilho despareceu dos rostos dos passageiros, e estávamos totalmente enjoados. Nossa única compensação foi que mesmo HPB, que tinha nos ridicularizado por causa de nossa pusilanimidade e que havia se colocado como um modelo a ser seguido, foi pega pelo *Karma*[20] e estava doente também. Foi nossa vez de zombar e debochar e pagar na mesma moeda seu comportamento.

Chegamos em Porto Said em 2 de fevereiro, e todos nós visitamos a cidade. Em seguida veio um abençoado repouso para nós, tantas vezes castigados pela tempestade: dois dias e noites no Canal de Suez. Isso, deve ser lembrado, foi no tempo anterior ao uso de holofotes, que tornaram possíveis as passagens noturnas pelo Canal. O "Speke Hall" entrou nele às dez horas do dia 2 e ancorou durante a noite em frente ao vilarejo árabe de Khandara, onde, em um café árabe, tomamos um genuíno café preto e alguns tragos de *narguilés*[21]. Na noite seguinte, paramos em um lugar a oito quilômetros de Suez, onde passei uma noite alegre na casa do chefe da estação, em companhia de dois pilotos da Córsega que falavam francês fluentemente; e, finalmente, na madrugada, entramos no Mar Vermelho e começou a terceira e última etapa da nossa peregrinação marítima até a Terra Desejada.

---

20 Também grafado "Carma". "Fisicamente, ação; metafisicamente, a Lei de Retribuição, a Lei de causa e efeito ou de Causa ética." (*Glossário Teosófico*)

21 Narguilé: espécie de cachimbo de água de origem oriental, utilizado para fumar tabaco aromatizado.

Em Suez tinham chegado cartas de alguns dos nossos amigos hindus, o que acelerou a nossa ansiedade febril de chegar ao nosso destino o mais rápido possível. Naquela noite a lua pavimentava de prata as águas do Golfo de Suez, e nós nos sentimos como se estivéssemos navegando em um mar de sonhos. Nada de importante aconteceu até o dia 12, quando um cano estourou na caldeira e nós tivemos que parar para reparos. Remendado, ele estourou novamente no dia seguinte, e houve duas longas esperas, muitas horas preciosas perdidas, e sentimos muita irritação pelo fato de estarmos parados assim, quando deveríamos estar perto das luzes de Bombaim. No dia 15, ao meio-dia, estávamos somente a duzentos e sessenta quilômetros delas, e na manhã seguinte entramos no porto de Bombaim. Eu tinha ficado sentado no convés até uma hora da madrugada, olhando para a majestade do céu indiano e me esforçando para ter o primeiro vislumbre da luz de Bombaim.

Ela veio, finalmente, por assim dizer, na forma de uma lanterna surgindo no mar, e então fui para a cama para descansar – meu corpo estava bem cansado – para o trabalho do dia seguinte. Antes do nascer do sol eu estava no convés de novo, e como navegamos rapidamente até o local da nossa ancoragem, me deleitava com o panorama do porto que se estendia diante de mim. Elefanta, à nossa frente, foi a primeira localidade que pedimos para nos ser mostrada, pois era o tipo e representante visível daquela Índia Antiga, daquela sagrada *Bharatavarsha*, que nossos corações haviam desejado ver renascida na Índia de hoje.

Ai de nós! Quando nos viramos para o promontório da colina de Malabar, o sonho se dissipou. A Índia que vimos lá foi a dos bangalôs suntuosos, dentro do luxo de jardins ingleses cheios de flores, e cercados de todos os sinais de riqueza adquirida no comércio exterior. A *Aryavarta*[22] da era de Elefanta havia sido apagada pelo es-

---

22 Parte central e norte da Índia, habitada pelos antigos árias (arianos). A respeito dos arianos existem muitas teorias. Consta no *Glossário Teosófico*: "Nome de uma raça (a ariana), que invadiu a Índia no período védico."

plendor espalhafatoso de uma nova ordem de coisas, em que religião e filosofia não têm lugar, e se adora a imagem da Rainha na rúpia[23] atual. Nós nos acostumamos a isso agora, mas no primeiro momento isso nos deu a sensação dolorosa de uma primeira desilusão.

A âncora do navio mal havia sido lançada, quando fomos abordados por três cavalheiros hindus que estavam nos procurando. Todos nos pareciam desconhecidos, mas quando pronunciaram seus nomes, abri os braços e os apertou contra o meu peito. Eram eles Mooljee Thackersey, *Pandit* Shyamji Krishnavarma e o Sr. Ballajee Sitaram – todos eles detentores de diplomas de nossa sociedade. Não admira que eu não tenha reconhecido Mooljee, vestido como estava com a roupa artística de sua casta Bhattia, o *dhoti*[24] e o sobretudo de muslim branco e turbante vermelho na forma estranha de um capacete, com algo como um chifre apontando para frente acima da sobrancelha. Quando ele e eu cruzamos juntos o Atlântico, em 1870, ele usava sempre o uniforme europeu, e, portanto, tinha uma aparência totalmente diferente. Quanto a Shyamji, ele se tornou famoso em toda a Europa como sendo um *pandit*[25] culto que auxiliava o Professor Monier Williams. HPB e eu sentimos por ele, do primeiro ao último momento, uma espécie de afeto parental. Nossos três amigos tinham passado a noite a bordo de um "*bunder--boat*"[26], esperando por nós, e estavam tão felizes com nossa chegada como nós estávamos por ter chegado.

---

23   Moeda indiana; a Rainha é a Rainha Vitória (do Reino Unido), declarada "Imperatriz da Índia" em 1876.
24   Também escrito "*dhote*". "Dhote é um tipo de vestimenta usada por vários homens na Índia, Paquistão, Bangladesh e Nepal. É um pedaço retangular de pano sem costura, geralmente em torno de 4,5 metros (15 pés) de comprimento, acondicionado em torno da cintura e das pernas e amarrado na cintura, semelhante a uma longa saia." (Wikipédia)
25   Erudito; homem culto ou sábio. Em português usa-se também a forma "pândita" e "pandita". Em inglês: "*pandit*" ou "*pundit*".
26   "*Bunder*" é o nome anglo-indiano para "cais"; "*bunder-boats*" são barcos usados para embarcar e desembarcar os passageiros dos navios, e em geral nos portos.

Foi uma grande decepção que Hurrychund Chintamon, nosso principal e, até então, o nosso mais respeitado correspondente, não veio encontrar-nos; pelo menos, não o descobrimos. Como ele não apareceu, fomos com os outros em sua embarcação até o cais Apollo. A primeira coisa que fiz ao tocar a terra foi abaixar-me e beijar o degrau da escada de granito: meu ato instintivo de *pooja*[27]! Pois aqui estávamos finalmente em sagrado solo. Nosso passado estava esquecido, nossa perigosa e desagradável viagem marítima, desaparecida, a agonia de longas esperanças substituída pela emocionante alegria de estar na terra dos *Rishis*[28], país berço das religiões, morada dos Mestres, o lar de nossos irmãos e irmãs morenos, com quem viver e morrer era tudo o que poderíamos desejar. Todos as coisas cruéis que nossos companheiros de viagem haviam nos dito a bordo sobre sua debilidade moral, sua bajulação, sua incapacidade de manter a fé e exigir o respeito dos europeus, já estavam esquecidas, pois nós os amávamos por sua ascendência e até por suas atuais imperfeições; de fato, estávamos preparados para amá-los como eles eram. E pelo menos no meu caso, esse sentimento continuou até os dias atuais. Em um sentido muito real para mim, eles são o meu povo; seu país, meu país. Que as bênçãos dos Sábios estejam e permaneçam sempre com eles e com ele!

---

27 Também escrito "*puja*"; oração ritual hindu pela qual se reverencia ou adora um ou mais deuses ou celebra espiritualmente algum evento.

28 Às vezes grafado "*Richis*". "Os *Richis*, literalmente 'reveladores', são sábios santos ou iluminados, cantores ou poetas inspirados, a quem foram revelados os hinos védicos." (*Glossário Teosófico*, p. 567)

CAPÍTULO II

ESTABELECENDO-NOS EM BOMBAIM

Enquanto esperávamos na plataforma do cais Apolo, sentimos a mão ardente do *Surya Deva*[29] indiano sobre nossas cabeças. O sol do meio-dia de Bombaim em meados de fevereiro é uma surpresa para um visitante ocidental, e tivemos tempo para sentir todo seu poder antes de o Sr. Hurrychund vir nos salvar. Ele tinha ido para o navio logo depois que havíamos desembarcado, e assim nos fez esperar por ele no cais quente, com o ar em torno de nós quase vibrando de calor.

Além de Hurrychund e dos três cavalheiros acima mencionados, não me lembro de outros que tenham vindo nos saudar no desembarque – um fato que foi muito ressentido pelos membros do *Arya Samaj*[30], que acusaram o seu então presidente, Hurrychund, de ter sido egoísta em manter seus colegas desinformados a respeito de nossa chegada para que ele mesmo pudesse desfrutar de nossa companhia.

As ruas de Bombaim encantaram-nos com seu aspecto nitidamente oriental. Os prédios altos de apartamentos em estuque, as roupas originais da heterogênea população asiática, os veículos estranhos, a influência avalassadora de todas essas imagens sobre nossas percepções artísticas, e o sentimento delicioso de estarmos

---

29 *Surya Deva* – Deus Sol.
30 "Movimento religioso, fundado em 1875 por Dayanand Saraswati; promove valores e práticas baseadas na infalibilidade dos Vedas." (Wikipédia)

finalmente no alvo de nossas expectativas tão longamente nutridas, entre os nossos queridos "pagãos", o fato de encontrar-nos e viver com aqueles com quem havíamos atravessado tantos mares e enfrentado tantas tempestades – todas essas vívidas impressões nos encheram de alegria.

Antes de deixar Nova Iorque, eu havia escrito a Hurrychund pedindo para alugar para nós uma casa pequena e limpa no bairro hindu, com apenas tantos criados quantos fossem indispensáveis, visto que não queríamos desperdiçar nenhum centavo em luxos. Fomos levados para uma casa *de sua propriedade* na rua Girgaum Back. Ela ficava em um conjunto relativamente abandonado, adjacente a seu estúdio fotográfico com telhado de vidro. Ela era realmente bastante pequena, mas como estávamos predispostos a achar tudo charmoso, nos sentimos totalmente satisfeitos. As copas de cacaueiros balançavam acima de nosso telhado, e as flores indianas de odor doce deleitavam nosso olfato; depois da horrível viagem marítima isso parecia o paraíso. As senhoras das famílias de nossos amigos fizeram visitas a HPB e à Srta. Bates, e vários cavalheiros hindus e parses[31] vieram visitar todos nós. Mas foi na manhã seguinte que começou uma verdadeira corrida de visitantes, pois notícias de nossa chegada haviam sido divulgadas nesse meio tempo. Wimbridge – um artista – e eu ficamos sentados juntos o tempo todo observando as multidões que passavam na rua; estávamos como embriagados pelos inúmeros temas para lápis e cor; cada boi, carro de boi, carreta e figura humana era um motivo artístico.

No "Speke Hall" tínhamos travado conhecimento com alguém, o Sr. Ross Scott, B.C.S.[32], um nobre homem, um irlandês do melhor tipo. Esse encontro se transformou em uma amizade duradoura. Suas longas conversas conosco sobre a filosofia oriental resultaram em sua adesão à nossa Sociedade. Na noite do nosso primeiro dia em terra, ele nos visitou e solicitou a HPB que produzisse um fenômeno que era completamente novo para mim. Eles estavam sentados

---

31   Membros de um grupo étnico-religioso que pratica o Zoroastrismo.
32   Talvez "*Bachelor of Commercial Science*" (Bacharel da Ciência Comercial)

juntos em um sofá, e eu estava de pé com Hurrychund ao lado da mesa de centro, quando Scott repreendeu HPB pelo fato de ela querer deixá-lo ir para o seu posto oficial no Norte sem lhe dar a menor prova da existência dos poderes psíquicos no ser humano, sobre os quais ela havia tanto falado. Ela gostava muito dele e por isso atendeu a seu pedido. "O que quer que eu faça para o senhor?" perguntou. Ele pegou o lenço que ela estava segurando, e, apontando para seu nome "Heliona", bordado em um canto, disse: "Bem, faça isso desaparecer e outro nome aparecer em seu lugar." – "Qual nome você quer?" ela respondeu. Olhando para nós, que estávamos a uma distância de alguns passos, ele apontou para nosso anfitrião e disse: "Que seja o de Hurrychund." Ouvindo isso, fomos para perto deles e vimos o que estava sendo feito. Ela mandou Scott segurar firmemente em sua mão o canto bordado do lenço, retendo o canto oposto. Depois de mais ou menos um minuto ela lhe disse para olhar. Ele o fez, viu que a substituição de nomes tinha sido feita – o nome de Hurrychund estando lá no mesmo tipo de bordado – e, no primeiro impulso de excitação, gritou: "Onde está sua ciência física agora? Isso bate todos os professores no mundo! Madame, se me der o lenço, vou dar cinco libras para a caixa do *Arya Samaj*!" – "Pegue-o, e obrigada", disse ela, e aí ele colocou na mão de Hurrychund cinco soberanos[33] de ouro. Não me lembro se esse fato foi comunicado à imprensa, mas a história foi imediatamente espalhada pelas dez ou mais testemunhas oculares e ajudou a intensificar o interesse que a chegada do nosso grupo tinha suscitado entre cavalheiros indianos cultos.

Na noite de 17 de fevereiro, houve uma recepção no estúdio fotográfico, na qual mais de trezentos convidados estavam presentes. Foram-nos dadas as boas-vindas com o costumeiro discurso, junto com guirlandas, limões e água-de-rosa, e HPB, Scott, Wimbridge e eu respondemos da melhor maneira possível, apesar da emoção profunda que nos agitava. Meu Diário diz: "O evento trouxe bastante água para meus olhos. Finalmente o momento esperado há tanto tempo chega, e estou frente à frente com meus parentes espirituais."

---

33 Moeda britânica, correspondente a 1 libra esterlina.

Felicidade pura, brotando do sentimento do coração, sob o controle do intelecto; não uma rajada evanescente de emoção, destinada a morrer em breve e tornar-se um sentimento de desencanto e desgosto.

Dois dias depois, fizemos um passeio para ver a celebração de Shivaratri[34] nas cavernas de Elefanta. Deleitamo-nos com o piquenique junto com muitas crianças de escola, e o dia nos deu uma série de surpresas e novas sensações: primeiro, o *bunder-boat* "Sultan", com seu estranho cordame e modelo, sua tripulação muçulmana, sua cabine exótica, seu primitivo fogão, onde arroz e pratos temperados com curry estavam sendo cozinhados muito habilmente; em seguida, as antigas cavernas, com esculturas gigantes vistas em *chiaroscuro*[35]; *lingams*[36] enormes, sempre lambuzados de tinta, com oferendas pingando, e enfeitados com flores; as oferendas dos peregrinos no tanque adjacente e as voltas dos peregrinos em torno do *Shivalingam*[37]; os *pujaris*[38] tocando as testas dos adoradores com água que banhava o símbolo de pedra; as multidões, com seus – para nós – exóticos trajes orientais; os *sanyasis*[39] pintados e besuntados com cinzas, com cãimbras em posturas dolorosas e apelando com sucesso para uma piedosa caridade; as filas de crianças indianas; o vendedor de doces; uma tropa de malabaristas fazendo o truque da mangueira[40] e outros *tours de force*[41] tão mal que não enganam nenhum olhar afiado; e nosso almoço na varanda da cabana do

---

34 Festa em homenagem ao deus Shiva.
35 Palavra italiana significando "claro-escuro" ou "luz e sombra"; usada a partir do século 15 na pintura, referindo-se ao contraste entre luz e sombra na representação de um objeto.
36 O *lingam* é um objeto que representa o deus Shiva e é usado para orações.
37 O mesmo que *lingam*, mas provavelmente maior do que os outros *lingams*.
38 Sacerdotes hindus que cuidam dos rituais nos templos.
39 Ascetas hindus.
40 Truque em que de um caroço de manga cresce em poucos minutos uma mangueira dando frutos.
41 Expressão francesa, mas fazendo parte do léxico inglês; significa "façanha", "ato de proeza".

dono, de onde vimos em um único quadro no primeiro plano as multidões se movendo e tagarelando, e atrás a vasta extensão do porto, sob um céu azul sem nuvens, com as torres e telhados da distante Bombaim na linha do horizonte. Depois veio a volta para casa, com um forte vento soprando de trás, e nosso *bunder-boat* deslizando como um pássaro, ultrapassando um iate europeu que andava na mesma direção. Após mais de vinte anos, tudo isso volta vividamente aos olhos da minha mente como um recém-pintado panorama.

Visitantes se amontoavam diariamente em nossa casa em números crescentes. Uma sala cheia de senhores parses com suas esposas e crianças, e logo depois um número igual de famílias hindus. Veio um monge jainista[42] negro, com o alto da cabeça raspado e seu corpo nu até a cintura, e, através de um intérprete, me interrogou longamente sobre religião. Presentes de frutas maduras foram enviados com mensagens de saudação.

Uma apresentação especial do drama hindu "Sitaram" foi feita em nossa honra no Teatro Elphinstone. Deram-nos o melhor camarote, adornado com guirlandas de jasmim e rosas, recebemos enormes buquês, além de refrescos, e, quando levantamos para sair, tivemos que ouvir um discurso, lido no palco para nós! A peça não tinha terminado de maneira alguma, mas nossa capacidade de resistência tinha alcançado seu limite: nós havíamos ido às vinte e duas horas, e saímos do teatro às duas e quarenta e cinco.

Após a doçura dessa noite tivemos na manhã seguinte, pela primeira vez, um gosto de amargura. Sr. Hurrychund prestou contas, depois de uma pressão extenuante de nossa parte. Uma grande decepção: nosso suposto anfitrião hospitaleiro mostrou uma enorme conta de aluguel, alimentação, atendimento, reparos na casa, até mesmo o aluguel das trezentas cadeiras usadas em nossa recepção, e o custo de um telegrama que ele tinha nos enviado e no qual nos

---

42 "O *jainismo* ou jinismo é uma das religiões mais antigas da Índia, juntamente com o hinduísmo e o budismo, compartilhando com este último a ausência da necessidade de Deus como criador ou figura central." (Wikipédia)

havia pedido para acelerar a nossa vinda! Vendo essa conta, arregalei os olhos; pois, com tais despesas estaríamos logo de bolsos vazios. E havia sido declarado e geralmente compreendido que nós éramos os hóspedes dessa pessoa! Protestamos, uma coisa conduziu à outra, e nós descobrimos finalmente que a quantia considerável de mais de seiscentas rúpias (na época não uma moeda de prata sem grande valor, mas algo bastante valioso) que havíamos enviado através dele para o *Arya Samaj*, tinha parado nas suas mãos; então houve um grande clamor entre seus colegas samajistas[43]. Nunca vou esquecer a cena quando HPB, em uma reunião do *Arya Samaj*, jogou sua indignação em cima dele e o forçou a prometer restituição. O dinheiro foi devolvido, mas nossas relações com aquele homem chegaram a um repentino fim. Nós mesmos começamos a procurar uma casa para nós, e conseguimos uma por menos da metade do aluguel que ele tinha cobrado por sua própria (pois ele havia se tornado nosso senhorio). Mudamos de residência, compramos móveis e outros artigos necessários, e em 7 de março nos instalamos na pequena casa – localizada na Girgaum Back Road, no. 108 – para os dois anos seguintes. Assim caiu por terra nosso primeiro ideal do progressista, patriótico, fervorosamente religioso hindu, e, para dizer a verdade, a lição ficou nos nossos corações. Ser enganado assim, tapeado, no início da nossa vida na Índia era muito doloroso; mas, pelo bem de nossa Índia querida, jogamos fora o sentimento de depressão e continuamos no nosso caminho.

    Nesse meio tempo, nosso amigo Mooljee Thackersey tinha encontrado, no dia 2 de março, um criado, o jovem Babula, de Guzerate[44], que, como todos sabem, permaneceu fiel a HPB até sua saída da Índia, e que ainda trabalha para mim. Ele tem um excepcional talento para línguas e poderia tornar-se, com um Magliabecchi[45] por perto, um linguista igualmente grande. Quando ele começou a

---

43   Membros do *Arya Samaj*.
44   Estado no centro-oeste da Índia.
45   Erudito e bibliófilo italiano (1633-1714).

trabalhar para nós, ele já falava inglês, francês, concani[46], guzerate[47] e hindustani[48], embora tivesse apenas cerca de quinze anos de idade, e mais tarde, depois de nossa mudança para Madras, adquiriu um conhecimento perfeito do tâmil[49].

Todas as noites realizávamos um *durbar*[50] improvisado, durante o qual eram discutidos os problemas mais complicados de filosofia, metafísica e ciência. Vivíamos e respirávamos em uma atmosfera de ideias, entre os ideais espirituais mais elevados. Vejo anotações em meu Diário a respeito da primeira aparição em cena de amigos que desde então estão estreitamente ligados ao progresso do movimento teosófico. Por exemplo, no dia 8 de março, começou nossa amizade com Janardhan Sakkharam Gadgil, um dos mais brilhantes diplomados da Universidade de Bombaim e depois juiz de Baroda[51], até ele se retirar da ocupação mundana para assumir uma vida religiosa. Minhas anotações sobre ele mostram a impressão imediata e profunda que tive a respeito de sua cultura, dignidade de ideais e sede de conhecimento espiritual. No entanto, parece que tive alguma previsão quanto à improbabilidade de ele se tornar nosso colaborador efetivo, pois escrevi no Diário: "Um homem muito mais sábio e inteligente do que eu. Pode tornar-se um aliado extraordinário – *se ele tiver a coragem*." Ele nunca a teve, sendo estorvado por seu ambiente oficial e percebendo a impopularidade de nossa causa na classe governante desde o início. Mentalmente, ele não estava maduro para o martírio oficial, embora seu coração o

---

46 Língua falada no estado de Goa e em áreas próximas. Olcott usou o termo "*Goanese*".
47 Língua falada no estado de Guzerate.
48 Língua do norte da Índia.
49 Língua falada pelos tâmiles, principalmente no estado de Tamil Nadu, cuja capital é Madras (hoje Chennai) e no norte do Sri Lanka.
50 Geralmente um *durbar* é uma recepção formal na residência de um príncipe indiano ou de um representante do Reino Unido na Índia; Olcott usou a palavra no sentido de "reunião".
51 Cidade no estado de Guzerate, ou Gujarate. Foi a capital do estado principesco (ou reino) de Baroda até a extinção deste em 1949. Hoje o nome da cidade é "Vadodara".

empurrasse por aquele caminho. Por outro lado, ele sempre foi um membro declarado de nossa Sociedade, levando geralmente com bem-humorada indiferença as provocações que ele teve de suportar de amigos, principalmente de seu superior, o *Dewan*[52] de Baroda, o falecido Sir T. Madhava Row, K.C.S.I.[53], – um grande estadista, mas um cético declarado e um prisioneiro moral do Governo.

Aproximadamente naquele tempo juntaram-se a nós M. B. Namjoshi, de Pune[54], e Sorabji J. Padshah. O primeiro ficou desde então conhecido como um político ativo do Sarvajanik Sabha[55], de Pune; o segundo era um jovem parse brilhante, cuja devoção à Sociedade e a nós pessoalmente nunca enfraqueceu nem vacilou por um único dia. No dia 18 de março, nosso jovem Shyamji Krishnavarma viajou para a Inglaterra para se juntar ao Professor Monier Williams[56] em Oxford a fim de ajudá-lo – e a si mesmo – a conquistar a fama. Pois Shyamji participou de um dos Congressos Orientais, e – embora não fosse da casta dos brâmanes – surpreendeu os eruditos com suas recitações de mantras; ele voltou como *pandit*, e mais tarde foi *Dewan* de um Estado Nativo[57]. Dois outros notáveis conhecidos nossos foram os irmãos M. M. e A. M. Kunte; o primeiro era um famoso *pandit* de sânscrito e professor universitário,

---

52   Título do ministro das finanças ou do primeiro ministro, mais importante personalidade abaixo do governante (*Mahārāja,* Marajá).

53   *Knight Commander of the Star of India*; segundo posto na hierarquia da "Exaltadíssima Ordem da Estrela da Índia, [...] uma ordem militar de cavalaria, fundada pela Rainha Vitória em 1861". (Wikipédia)

54   Antigamente: Poona. Cidade no estado de Maharashtra, no oeste da Índia.

55   Uma organização sócio-política.

56   Grande orientalista inglês (1819-1899), que estudou, documentou e ensinou línguas asiáticas, sobretudo o sânscrito, o persa e o hindustani; muitas vezes citado por HPB.

57   Em inglês: *Native State*; na época, um dos antigos 562 semi-independentes estados da Índia, governados por indianos, mas dependentes em diversos graus das autoridades britânicas.

o outro um Doutor em Medicina e Demonstrador de Anatomia no Grant Medical College, Bombaim. De todos os nossos novos amigos, esses foram os mais efusivos e fizeram mais elogios.

Porém, de todos aqueles que conhecemos na Índia, o médico foi quem mostrou a mais deplorável falta de coragem moral e quem mais provocou meu desprezo. Ele foi membro do nosso Conselho, tinha a maior intimidade conosco, era o mais pródigo a oferecer sua ajuda; sua casa era nossa, sua fortuna, seus cavalos e carruagem: nós éramos verdadeiramente seus irmãos. Uma noite, em uma reunião do Conselho, ele assumiu a presidência a meu pedido, enquanto eu apresentei certas acusações formais graves feitas por *Swami* Dayanand contra Hurrychund, e no encerramento da reunião nós nos despedimos como grandes amigos. Dois dias depois, o médico me trouxe uma carta na qual renunciava à sua ligação com a Sociedade, sem uma única palavra de explicação. Eu não pude acreditar nos meus olhos e pensei que fosse alguma estúpida piada; fui depressa para sua casa e fiquei perplexo quando ele me disse que era sério. Após minhas repetidas exigências de explicação, a verdade veio à tona. O Diretor da Faculdade de Medicina havia lhe aconselhado a não ter seu nome ligado ao nosso, visto que o Governo suspeitava que a nossa Sociedade tivesse intenções políticas! E assim, em vez de defender-nos corajosamente, declarando nossa perfeita indiferença à política – o que ele, como um de nossos íntimos amigos e conselheiros, poderia ter feito tão facilmente –, esse doutor rico e de muita experiência, que não era em absoluto dependente de seu reles posto universitário, foi direto para casa e deixou sua covardia por escrito! Qualquer americano ou inglês decente compreenderá o sentimento de desprezo com que virei as costas para ele para sempre. No dia seguinte, com um sentimento de injustiça que doía, escrevi para o professor universitário que, tendo em vista que seu irmão previu possíveis inconvenientes de fazer parte de nossa Sociedade, eu esperava que nenhum sentimento de gentileza da parte dele impedisse sua própria retirada se ele compartilhasse a inquietação. Sua resposta foi a sua renúncia por escrito! Eu disse a outro hindu amigo, de quem eu sabia que realmente dependia de seu cargo no governo, de quarenta rúpias por mês: "Martandrao Bhai, suponha que, ao chegar no escritório amanhã de manhã, você encontre sobre sua mesa um bilhete dizendo que você tem que escolher entre a sua adesão à Sociedade Teosófica e seu posto, já que estamos sob suspeita de intenções políticas, o que você faria?" O rosto do homem ficou sério, parecia que estava avaliando as possibilidades, e então, em uma espécie de gaguejo peculiar a ele, e com uma sacudida de cabeça e compressão dos lábios, ele respondeu: "Eu - eu n-não poderia ir contra meus princípios!" Eu o abracei e gritei para HPB, que estava no quarto ao lado: "Venha, venha ver um verdadeiro hindu e um homem corajoso!" O nome desse homem é Marandrao Babaji Nagnath, ele é um brâmane marata[58].

Visitantes, velhos e jovens, continuavam a se aglomerar em nosso bangalô, permanecendo até tarde todas as noites para discutir questões religiosas. E assim ficamos conhecendo, tão cedo na nossa relação com os hindus, a diferença entre os ideais de vida ocidentais e orientais, e a maior dignidade desses últimos. Questões de riqueza, cor, negócios ou política quase nunca foram discutidas na nossa casa; o tema ardente dos debates era a Alma, e HPB e eu ficamos, pela primeira vez, absortos nos problemas de suas progressões cíclicas e reencarnações. Nós estávamos completamente felizes em nossa isolada casa de campo debaixo dos cacaueiros. As chegadas e partidas de navios a vapor, carregados de riquezas, o barulho do mercado de Bombaim, as agonizantes rixas nos mercados de ações e de algodão, as mesquinhas rivalidades dos funcionários públicos, as recepções na Casa do Governo, nada disso entrou em nossos pensamentos. Estávamos satisfeitos por:

"Esquecer o mundo, do mundo esquecido."[59]

Fanáticos, se quiser; loucos entusiastas; sonhadores de sonhos nem um pouco práticos; devotos de um hobby; enganados por nos-

---

[58] Marata é tanto um grupo étnico-religioso, vivendo principalmente no estado de Maharashtra, quanto uma casta; também é o nome da língua falada nesse estado.

[59] No original: "*The world forgetting, by the world forgot.*" É um trecho do poema "Elisa to Abelard" do poeta inglês Alexander Pope (1688-1744).

sas imaginações. No entanto, nossos sonhos eram perfeitamente realizáveis; nossos anseios por sabedoria divina eram nossa única esperança para ajudar a humanidade a ter pensamentos mais altos e uma vida mais nobre. E, debaixo daquelas palmeiras sombreadoras, fomos visitados pessoalmente por *Mahātmas*; e sua presença encorajadora nos fez fortes para prosseguirmos no nosso caminho e nos recompensou cem vezes por todas as traições, insultos, observação pela polícia, calúnias e perseguições que tivemos que sofrer. Enquanto eles estavam conosco, o que importava quem estava contra nós? O mundo não nos tinha dominado, e fomos destinados pelo nosso *Karma* a vencer a sua indiferença e, em última instância, merecer seu respeito.

Nós não sabíamos, mas aqueles Adeptos sabiam, que nós dois estávamos destinados a servir como núcleos necessários para a concentração e difusão daquela corrente *akáshica*[60] do velho pensamento ariano que o giro dos ciclos trouxera de volta ao foco das necessidades humanas. Um agente é sempre indispensável como vórtice de tais recrudescências intelectuais e espirituais, e, por mais imperfeitos que fôssemos, ainda éramos bons o suficiente para servir àquele propósito, visto que tínhamos pelo menos o entusiasmo da simpatia e a qualidade da obediência. Nossos defeitos pessoais não pesavam na balança daquilo que o público precisava. Alexandre Dumas, pai, em *Les hommes de fer*[61], poeticamente expressa essa ideia. "Há momentos", diz ele, "quando ideias vagas, buscando um corpo para se tornarem homem, flutuam acima de sociedades como uma névoa na superfície da Terra: enquanto o vento a empurra sobre o espelho dos lagos e o tapete das planícies, ela é apenas um vapor sem forma, sem consistência ou cor; mas se ela encontra um grande monte, prende-se ao cume, o vapor torna-se uma nuvem, a nuvem,

---

60 "Registros *akáshicos* ("Akasha" é uma palavra do sânscrito que significa "céu", "espaço" ou "éter"), segundo o hinduísmo e diversas correntes místicas, são um conjunto de conhecimentos armazenados misticamente no éter, que abrange tudo o que ocorre, ocorreu e ocorrerá no Universo." (Wikipédia)
61 Os homens de ferro.

uma chuva, e enquanto a fronte da montanha cinge sua auréola de relâmpagos, a água que se infiltra misteriosamente junta-se nas profundas cavidades e emerge ao pé da montanha, fonte de algum grande rio que, cada vez mais cheio, atravessa a terra ou a sociedade, e se chama Nilo ou *Ilíada*, Pó ou *Divina Commedia*."

Recentemente um cientista exibiu grandes e belas pérolas que ele havia forçado alguns moluscos a produzir, colocando bolinhas de cera dentro de suas conchas e deixando as criaturas cobri-las, em obediência ao seu instinto, com uma linda madrepérola cor-de-rosa. O pedacinho de cera, nesse caso, era intrinsecamente sem valor, mas era o núcleo sem o qual as pérolas não teriam sido formadas pelo animal. Assim, em certo sentido, nós, os pioneiros deste movimento teosófico servimos como núcleos em torno dos quais se formou a esfera cintilante da sabedoria ariana, que agora está excitando a fascinação dos eruditos contemporâneos por sua beleza e seu precioso valor. Pessoalmente, podemos ter sido tão intrinsecamente sem valor quanto as bolinhas de cera de abelha do cientista, mas o que se reuniu em torno deste nosso movimento é o que o mundo mais precisava. E cada um de nossos dedicados colaboradores serve como núcleo separado para a cristalização dessa madrepérola espiritual.

CAPÍTULO III

COLOCANDO AS BASES

Há muito tempo, o Sr. A. Sinnett é íntimo dos Fundadores da Sociedade Teosófica, e há muitos anos seu nome está ligado ao nome, à fama e à literatura dela, mas, como todas as outras coisas, nossas relações tiveram um começo. Elas se iniciaram com uma carta datada de 25 de fevereiro de 1879 – nove dias após nosso desembarque em Bombaim – na qual, como redator do *Pioneer*[62], ele expressou o desejo de conhecer HPB e a mim, caso nós fôssemos para o interior, assim como sua vontade de publicar quaisquer fatos interessantes sobre a nossa missão na Índia. Como toda a imprensa indiana, o *Pioneer* havia notado nossa chegada. O Sr. Sinnett escreveu que, pelo fato de ter tido em Londres várias oportunidades de investigar certos fenômenos mediúnicos extraordinários, ele tinha mais interesse por questões ocultas do que a maioria dos jornalistas. Visto que as leis dos fenômenos estavam ainda desconhecidas, que as manifestações ocorriam geralmente sob condições insatisfatórias e que sobre a inteligência por trás delas havia uma confusa mistura de afirmações e teorias, sua curiosidade não tinha sido adequadamente satisfeita, e ele não estava totalmente convencido. Respondi no dia 27; embora esse número em nenhum outro caso tenha trazido boa sorte, com certeza nesse caso ele marcou o início de uma relação muito valiosa e de uma gratificante amizade. Os bons ofícios do Sr. Sinnett chegaram no momento em que eram mais necessários, e eu nunca esqueci nem jamais poderia esquecer que nós pessoalmente como também

---

62 Na época, o mais influente jornal inglês na Índia.

a Sociedade temos uma profunda dívida de gratidão para com ele. Mal tínhamos desembarcado; éramos conhecidos por nos identificarmos com o pensamento asiático e ser antipáticos aos ideais da comunidade anglo-indiana; tendo nos instalado em um bangalô isolado, no coração do bairro dos nativos de Bombaim; tendo sido entusiasticamente acolhidos e aceitos pelos hindus como defensores de suas antigas filosofias e de suas religiões; não fazendo nenhuma visita à Casa do Governo nem tendo contatos sociais com a classe europeia, e essa classe sendo tão ignorante do hinduísmo e dos hindus como eram de nós e de nossos planos – assim nós realmente não tínhamos nenhum direito de esperar favores dos europeus, nem de ficarmos surpresos pelo fato de o governo suspeitar que tivéssemos segundas intenções. Nenhum outro editor anglo-indiano estava disposto a ser gentil conosco, ou a ser justo em sua discussão sobre nossos pontos de vista e ideais; apenas o Sr. Sinnett era nosso verdadeiro amigo e crítico consciencioso. Ele era um aliado poderoso, já que controlava o jornal mais influente da Índia e, mais do que qualquer outro jornalista, possuía a confiança e o respeito dos principais funcionários do governo. Muito mais deverá ser dito posteriormente sobre o desenrolar de nossas relações; por isso, por enquanto, basta mencionar que uma intensa correspondência foi mantida entre o Sr. e a Sra. Sinnett e nós dois, e que, no início do dezembro seguinte, lhes fizemos uma visita em Allahabad, quando ocorreu uma série de situações interessantes, que serão descritas sequencialmente.

Já foi observado que os parses de Bombaim foram amigáveis desde o início, muitos deles nos visitando com suas famílias, nos convidando para suas casas, jantando conosco e pressionando-me para presidir uma festa de aniversário da escola de uma menina parse e distribuir prêmios na ocasião. Quando eu ainda estava na América, fiz amizade com o Sr. K. M. Shroff, que tinha acabado de terminar uma turnê de palestras no meu país e estava voltando para casa. Ele aceitou aderir à nossa Sociedade, e em todas as ocasiões depois de nossa chegada em Bombaim nos prestou leal ajuda. Naquela época ele era um jovem, e de maneira alguma tão influente em sua comunidade como ele se tornou depois, mas ele tinha a inata capacidade do trabalho árduo, que é o principal fator de sucesso na vida. Também senhores parses muito mais influentes do que ele nos visitaram, entre eles o Sr. K. R. Cama, o orientalista, e seu famoso sogro, o falecido Manockjee Cursetjee, o pioneiro reformador, cujas encantadoras filhas foram recebidas com ele em várias cortes europeias e admiradas em todos os lugares. Vejo no meu Diário que, em nossa primeira reunião, em 6 de março de 1879, chamei insistentemente a atenção do Sr. Cama para a necessidade de organizar o trabalho religioso parse segundo as ideias teosóficas. E nunca deixei de fazer o mesmo sempre que pude chamar a atenção de um influente parse. É uma grande vergonha e uma desgraça para a sua comunidade, que seus *Shetts*[63] estejam tão hipnotizados pelo dinheiro e pelo sucesso mundano que eles deixam passar ano após ano sem usar pelo menos uma pequena parte de sua grande riqueza para procurar os fragmentos de seus livros sagrados nos quatro cantos de sua pátria, e fazer por sua fé, através de pesquisa arqueológica e exploração, o que os cristãos fizeram pela deles no Egito e na Palestina. É uma perda para o mundo inteiro que o esplendor dessa magnífica religião não esteja amplamente conhecido. A caridade parse é principesca, mas tendo em vista todo o tesouro que eles deram para objetos de utilidade pública, é triste pensar que nenhum milionário entre eles, nem o mais piedoso e ortodoxo, tenha reservado um pequeno *lakh*[64] para fazer uma doação para uma Sociedade de Pesquisa Parse, do tipo acima sugerido, embora isso teria ajudado o Zoroastrismo mais do que todas as suas bibliotecas, hospitais, escolas de artes, clubes, fontes com água potável ou estátuas do Príncipe de Gales.

    Sempre me surpreendi, quando conversava com anglo-indianos, de ver em que mundos totalmente diferentes eles e nós vivemos no Oriente: o deles era apenas uma extensão de sua vida na Grã-Bretanha, cheia de diversões triviais e de distrações para que suas horas de repouso passassem com um mínimo de tédio; o nosso era viver os ideais orientais e ter pensamentos orientais, sem tempo para

---

63   Segundo o livro *Gujarat & Gujaratis* (p. 142), os *shetts* formam a classe aristocrata dos parses.
64   Unidade do sistema de numeração indiana, equivalendo a 100.000.

divertimentos, e nem sentíamos a necessidade de distrações com jogos, festas e exercícios físicos. Sem a experiência pessoal não se poderia imaginar que existisse tal contraste. Enquanto escrevo, as lembranças das primeiras semanas em Bombaim voltam para mim e, sem esforço algum, consigo lembrar os incidentes mais insignificantes de nossa vida em Girgaum[65], em nossa casa sombreada de palmeiras. Lembro-me do despertar involuntário com o barulhento grasno de incontáveis corvos no amanhecer. Lembro-me de como meu instinto artístico estava constantemente excitado ao olhar em volta de nossa sala de recepção ou em volta da varanda, observando as imagens dos trajes, peculiaridades e tipos raciais. Lembro-me das contínuas conversas em inglês, o meio de comunicação comum entre as raças do Império Indiano, e das conversas e debates laterais nas línguas guzerate, marata e hindustani entre os membros de suas próprias tribos e castas. Na minha imaginação posso ver as lanternas brilhando entre os arbustos, e, iluminados pela sua luz, os troncos colunares do palmeiral. Vejo-nos vestidos com roupas leves, abanados por criados indianos com *punkahs*[66] pintados, muitas vezes perguntando-nos como podia estar tão agradável e quente aqui e o ar tão perfumado de odores, enquanto nos nossos países os ventos de março estavam varrendo as ruas e os pavimentos congelados soavam como aço sob as ferraduras dos cavalos, e os esfomeados pobres se aconchegavam juntos em sua miséria. Era quase a repetição diária de um sonho agradável. O único elo entre nós e os nossos lares no Ocidente eram as cartas que chegavam a cada vez que o carteiro passava, como também o laço de simpatia que nos reunia em um trabalho comum com os nossos poucos colegas em Nova Iorque, Londres e Corfu.

    Uma noite, a conversa girou em torno do problema da difusão geral da inteligência em todo o Universo. Mais ou menos na mesma época tivemos uma prova divertida de sua existência em um dos pássaros mais estúpidos. Atrás de nossa cozinha havia um galinheiro, ocupado por um bando de galinhas e uma família de patos-

---

65   O bairro no qual eles moravam; agora o nome é "Girgaon".
66   *Punkah* – tipo indiano de abanador.

-selvagens – um macho desajeitado e suas três fêmeas. A Srta. Bates, que fazia parte de nosso "quarteto"[67], cuidava do manejo dessas aves domésticas, que, como de costume, corriam para ela sempre que ela se aproximava. Certa noite, depois de terminar nosso jantar, ficamos conversando na mesa, quando um grasnido embaixo da cadeira da Srta. B. nos fez dar um sobressalto. Era o velho macho, que bamboleava desajeitadamente e, assim que viu que a Srta. B. o percebeu, grasnou várias vezes, balançou a cauda e bateu as asas como se algo o perturbasse. Ele andou, ainda grasnando, para a porta, olhando para a Srta. B. como se pedindo-lhe para segui-lo. Vimos que seu comportamento estranho significava algo, então todos nós o seguimos para fora. Ele nos conduziu em direção ao galinheiro, onde estava ocorrendo uma grande briga: galinhas gritando, patos grasnando por socorro. Aparentemente eles haviam sido, ou ainda estavam sendo, perturbados por ratos. À luz de nossa lanterna, vimos que uma das fêmeas do velho macho tinha empurrado sua cabeça e pescoço através das ripas de bambu do galinheiro, e ficou presa ao deslizar o pescoço para baixo até um ponto em que um nó saliente de um dos bambus tinha estreitado a fenda, de modo a prender o pescoço. Provavelmente ela havia sido atacada por algum verme, e, voando assustadamente em direção à cerca, passou seu pescoço através dela, mas seu peito bateu duramente contra as ripas e ela caiu. Teria sido estrangulada se suas duas irmãs não lhe tivessem apoiado as costas, e ainda estavam lá apoiando seu peso, enquanto o macho, escapando por uma porta mal fechada, veio e pediu ajuda à Srta. Bates. Chamo a atenção dos Srs. Romanes[68] e Herbert Spencer[69] para essa prova de inteligência animal.

Pouco depois de nós nos instalarmos em Girgaum ocorreu um incidente que HPB registrou em seu encantador livro *Caves and*

---

67 Expressão usada por Olcott para se referir ao grupo formado por ele, HPB, Sr. Wimbridge e Srta. Bates. Os dois últimos tinham vindo com eles de navio.
68 Georges Romanes (1848-1894), biólogo e fisiólogo inglês.
69 Filósofo, biólogo, antropólogo, sociólogo inglês (1820-1903), muito citado por HPB.

Jungles of Hindustan[70]. Eu vou contar os fatos de maneira simples e sóbria, e o leitor poderá ver como o brilho de sua esplêndida imaginação os transformou além do reconhecimento; de um incidente banal ela criou uma história pitoresca e impressionante. Quando estávamos sentados juntos no início da noite, um som como de uma monótona batida em um tambor chamou a minha atenção. A batida continuou por muito tempo no mesmo tom, sem tocar nenhuma melodia, apenas causando uma sucessão fastidiosa de abafadas vibrações no ar da noite. Um dos criados que foi enviado para ver de onde vinha o som, voltou depois de algum tempo e relatou que em uma casa vizinha alguém estava batendo um tom-tom para anunciar que uma "mulher sábia"[71] incorporaria uma "deusa" e responderia perguntas sobre assuntos de interesse pessoal. A tentação de presenciar um espetáculo tão estranho nos instigou a ir ao local e ver o que estava acontecendo. Então HPB pegou meu braço e fomos até aquela casa. Em uma sala de quinze ou vinte metros quadrados, com chão de barro, vimos trinta ou quarenta hindus de castas baixas junto às paredes, algumas lâmpadas de óleo de cacau afixadas nos lados e, agachada no centro, uma mulher de aspecto selvagem, com os cabelos soltos, balançando o corpo de um lado para o outro e sacudindo a cabeça com um movimento circular, de modo a fazer com que suas longas tranças pretas rodassem em torno dela, às vezes horizontalmente, como chicotes. Entrou um jovem pela porta dos fundos, carregando uma grande travessa redonda de borda baixa, na qual queimavam alguns pedaços de cânfora, perto de algumas

---

70 Cavernas e Selvas do Industão. O título exato do livro de HPB é *From the Caves and Jungles of Hindostan*. Trata-se de uma compilação de cartas que HPB escreveu entre 1879 e 1880, em russo, para o jornal "Mensageiro Russo". O tradutor (para o inglês) afirma que o manuscrito estava frequentemente incorreto e obscuro. Cf. também nota 78.

"Industão" (ou "Hindustão") é o nome antigo de uma região que abrangia o norte e noroeste da Índia e os atuais Paquistão, Bangladesh, Nepal e Butão.

71 No original: "*wise woman*", que, além de "mulher sábia", pode significar "parteira", "curandeira", "bruxa".

pitadas de pó vermelho e algumas folhas verdes brilhantes. Ele segurou a travessa perto da sibila[72], que mergulhou seu rosto na fumaça de cânfora e a inalou com murmúrios de prazer. Depois ergueu-se, agarrou a travessa de latão, balançou-a para a direita e para a esquerda, sacudiu novamente a cabeça, e depois, com passos ágeis, acompanhando as batidas do tom-tom, correu através da sala, olhando nos rostos deslumbrados dos espectadores hindus. Depois de ter feito a ronda várias vezes, ela foi de repente em direção a uma mulher na multidão, empurrou a travessa para ela e disse-lhe algo em marata, o que, é claro, não pudemos compreender, mas que, ao que parece, era um assunto privado. O que quer que fosse, o efeito foi nítido, pois a mulher recuou como se estivesse aterrorizada, ergueu as mãos juntadas para a profetisa dançante e parecia profundamente comovida. A mesma coisa repetiu-se com vários outros espectadores. Em seguida a vidente rodopiou até o centro da sala, moveu-se para cá e para lá por algum tempo, entoou o que parecia ser um mantra, e correu para fora da sala através da porta de trás. Depois de alguns minutos ela voltou, com os cabelos pingando de água, agachou-se no chão, girou a cabeça como antes, novamente recebeu a travessa com a cânfora em chamas e repetiu o espetáculo de correr em direção às pessoas e dizer-lhes o que eles queriam saber. Mas sua voz era diferente dessa vez, e seus movimentos menos convulsivos, o que, segundo nos disseram, era devido ao fato de que ela havia passado sob o controle de outra deusa quando mergulhou a cabeça em um recipiente com água, que estava do outro lado da porta. A novidade da coisa logo se desgastou, e voltamos para casa. Foi só isso, e nada mais. Esses são os fatos simples, e nada mais aconteceu. Mas se o leitor for olhar em *Caves and Jungles of Hindustan*, ("*A Witch's Den*"[73]), verá o que HPB fez deles. Em vez de uma cabana miserável no bairro mais populoso de Bombaim, onde a plateia era formada de simples trabalhadores, somos levados nas costas de elefantes, à luz de tochas, através de uma densa floresta, "600 metros acima do cume Windhya"; o silêncio é quebrado pelo regular andar dos

---

72   Profetisa, feiticeira, bruxa.
73   O Antro de uma Bruxa.

elefantes, martelando o chão; ouvem-se " estranhas vozes e murmúrios"; nós desmontamos de nossos elefantes e nos arrastamos através de moitas de cactos; somos um grupo de trinta, incluindo os portadores de tochas; o coronel (isto é, eu) ordena que todos os rifles e revólveres sejam carregados; depois de ter deixado a maior parte da nossa roupa nos espinhos de opúncias, ter subido uma colina e descido para outro desfiladeiro, chegamos ao "antro" de *Kangarin* – "a 'Pítia de Hindustan', que 'leva uma vida santa', e é uma profetisa". Sua caverna de Trofônio[74] está em um templo hindu em ruínas, de "granito vermelho", sua morada em uma passagem subterrânea, onde, as pessoas acreditavam, tinha vivido durante trezentos anos. A praça diante do templo é iluminada por uma enorme fogueira e lotada por "selvagens nus, parecidos com gnomos negros", que pulam como em uma Dança do Diabo[75] ao som de tambores e tamborins. Um homem velho de barba branca salta para fora e gira em torno de si, com braços abertos como asas e mostrando seus dentes parecidos com os de lobos até cair sem sentido. No chão está um gigantesco crânio, com quatro chifres, do "Sivatherium"[76], com muitas flores em volta. De repente, a bruxa aparece; de onde ou como ninguém poderia dizer. Ela deve ter sido uma beleza, pela descrição feita por HPB: "um esqueleto com um pouco mais de dois metros de altura, coberto com couro marrom, com a cabeça minúscula de uma criança morta sobre seus ombros ossudos; os olhos tão fundos e, ao mesmo tempo, lançando tantas chamas diabólicas por todo seu[77] corpo, que você começa a sentir que seu cérebro para de funcionar, seus pensamentos se enredam e seu sangue congela em suas veias". Um tipo muito incômodo do pior gênero de vagabunda astral. Ela

---

74 Alusão ao arquiteto Trofônio, construtor do templo de Delfos na mitologia grega. Diz a lenda que da sua caverna as pessoas saíam desfiguradas, após consultarem a pítia que interpretava os oráculos. (Wikipédia)
75 No original: "*Devil Dance*". É o nome ocidental dado às danças rituais tibetanas conhecidas como "*cham*" ou "*chhaam*".
76 Gênero extinto de girafa que vivia na África e na Índia.
77 No original: "*your*", referindo-se à pessoa olhada.

permanece imóvel por algum tempo, segurando um prato de cânfora ardente em uma mão, um pouco de arroz na outra. Ela se parece com um ídolo esculpido, com o pescoço enrugado rodeado por "três fileiras de medalhões dourados", sua cabeça "adornada com uma cobra dourada", seu "corpo grotesco, quase não humano, coberto por um pedaço de musselina amarelo-açafrão". Depois segue uma descrição da obsessão do corpo da bruxa por uma deusa; seus movimentos convulsivos; sua dança vertiginosa, durante a qual ela se moveu mais rápido do que uma folha seca antes do furacão; o olhar enlouquecedor de seus olhos para você; suas convulsões, saltos e movimentos selvagens e infernais; as trocas de uma deusa obsessiva para outra, sete no total; suas revelações e exorcismos; uma dança inquietante com sua própria sombra; a batida de sua cabeça contra os degraus de granito, e assim por diante através de vinte páginas de uma linguagem das mais pitorescas de nossa língua. A mente que conseguiu fazer essa coisa maravilhosa é a de um verdadeiro gênio. O que fez nessa descrição ela fez no livro inteiro: em cada caso, um fato ínfimo serve para cobrir uma grande área de fantasia[78] – como acontece com a pequena lâmpada no farol de um carro, que, através de refletores parabólicos, ilumina uma grande área como uma espécie de sol sobre rodas.

Quaisquer esperanças que tivéssemos tido de ter uma vida tranquila foram logo dissipadas. Não apenas nos encontrávamos acossados por visitantes – alguns mais sérios e com direito a nossa ajuda – como também entramos em uma correspondência cada

---

[78] Cabe citar o que HPB disse sobre sua obra *From the Caves and Jungles of Hindostan*: "No geral, os fatos e incidentes são verdadeiros; mas eu aproveitei o privilégio que os autores têm de agrupar, colorir e dramatizá-los, sempre que isso parecia necessário para criar um bom efeito artístico. Portanto, embora, como eu disse, muito do livro seja totalmente verdadeiro, peço que ele seja julgado com gentileza como sendo um romance de viagens; não quero incorrer no risco de receber críticas que costumam ser feitas contra obras declaradamente sérias." (Essas observações constam no Prefácio do tradutor.)

vez mais ampla, com os hindus principalmente, sobre assuntos teosóficos. Nossos objetivos foram descritos de forma tão distorcida pela hostil imprensa anglo-indiana e por aquela porção da imprensa indiana que, desfazendo os ideais indianos, alimenta-se no cocho do assim chamado "progresso", que fomos forçados a ameaçar com processos judiciais por difamação grosseira o editor do *Dryanodaya*, o órgão da Missão Marata Presbiteriana. Imediatamente houve um amplo pedido de desculpas. Na verdade, os missionários não eram todos caluniadores *ab initio*[79], pois o *Guardian of Bombay*, um órgão missionário, disse a propósito do discurso mencionado mais adiante: "Aqueles que anteciparam que a palestra consistiria em uma tirada contra o cristianismo estavam errados. O relatório é breve, mas alguém nos disse que a palestra era muito mais um ataque ao hinduísmo como ele está do que ao cristianismo." Nós também tivemos de fazer uma declaração pública. Consequentemente, no dia 23 de março, dei minha primeira palestra pública na Índia no Framji Cowasji Hall, em Dhobitallao (o Bairro dos Lavadeiros[80]). Com relação à novidade e originalidade, a cena foi a culminância do deleite: o contraste entre, por um lado, esse mar de turbantes multicoloridos, as roupas de musselina branca como neve e os olhos penetrantes, cor de ônix, em bonitos rostos morenos, e, por outro lado, o público ocidental de trajes negros, de rosto pálido e cabeça descoberta, sem nenhuma cor brilhante, salvo nos gorros das mulheres, foi extremamente impressionante. A multidão era tão grande que enchia o salão, as varandas e escadas, de modo que mais ninguém poderia ter entrado; mas ela estava tão calma, ordenada e atenta como se cada pessoa tivesse muito espaço.

Nós quatro estávamos sentados no estrado, no qual também se aglomeravam os principais personagens das diferentes comunidades nativas de Bombaim, e meu discurso foi ouvido com a maior atenção, interrompido de vez em quando por aplausos. Foi realmente um acontecimento histórico o fato de que, pela primeira vez

---

79 Latim: "desde o início".
80 Na Índia, muitos homens têm como ocupação lavar roupa.

– segundo a lembrança do mais antigo habitante – um homem ocidental defendeu a majestade e justeza das Escrituras orientais e apelou para o sentimento de lealdade patriótica para a memória de seus antepassados, para os indianos conservarem suas antigas religiões e não abrirem mão de nada, até que sua inutilidade tivesse sido provada por um estudo imparcial. Tanto os oradores quanto os ouvintes estavam dominados pelo espírito do evento, e houve um momento – recordo – em que não consegui conter minha emoção, mas tive que parar porque os soluços reprimidos atrapalhavam minha fala; eu me sentia um tolo ao perder o autocontrole, mas não pude evitá-lo; apesar de meus esforços de continuar falando normalmente, a voz reprimida do meu coração emudeceu meus lábios. Meu tema era "A Sociedade Teosófica e seus objetivos"[81] e continha as explicações mais completas que eu podia dar. É preciso mencionar que expressei na ocasião o ponto de vista de que a redenção de qualquer nação deve vir através de seus próprios líderes, não de fora, e que, se era para interromper o declínio da Índia, o inspirado agente tinha que ser procurado dentro de suas fronteiras, não em outros países, nem entre estrangeiros. Quanto a nós mesmos, negamos qualquer pretensão de liderança ou qualificações para tal. Após vinte anos de experiência na Índia, penso que esta é a visão correta e a única defensável. Creio também, como afirmei então, que o necessário Instrutor espiritual existe, e na hora certa aparecerá. Pois, verdadeiramente, os sinais de sua vinda se multiplicam diariamente, e quem dirá que nossa Sociedade, a Sra. Besant[82], Vivekananda[83], Dharma-

---

81 Nota de Olcott: "Publicado pela S.T."
82 Annie Besant (1847-1933), Presidente da S.T. de 1908 (sucedendo a Olcott) até sua morte.
83 *Swami* Vivekananda (1869-1902), "considerado uma figura chave na introdução da Vedanta e da Yoga no Ocidente, sobretudo na Europa e América. É também creditado pelo crescimento da consciência inter-religiosa, trazendo o hinduísmo para o status de uma das principais religiões do mundo a partir do final do século XIX". (Wikipédia)

pala[84] e outros não são os arautos do bendito dia em que os anseios espirituais voltarão a preencher o coração oriental, e a subserviência ao materialismo será coisa de um passado de escuridão?

Evidentemente, dadas as circunstâncias, o evento acima descrito fez uma impressão bastante forte. O jornal *Indian Spectator* escreveu: "Nunca se assumiu uma missão maior. Que os arianos façam causa comum; que os hindus, parses, muçulmanos e cristãos esqueçam suas diferenças, e o dia da regeneração da Índia não estará longe." Percebeu-se a coincidência de que o discurso foi feito no mesmo dia em que, de acordo com o *Sak Salivan*, o calendário usado em Bombaim, um novo ano e uma nova era começaram. O jornal *Amrita Basaar Patrika* (de 8 de maio de 1879) escreveu que nosso projeto era "o mais grandioso já empreendido pelo homem", e nos pediu encarecidamente para ir morar em Calcutá. Aos ouvidos da Índia de 1899[85], após as mudanças que ocorreram na opinião dos indianos desde 1879, a seguinte declaração do editor do *Patrika* soará como o mais flagrante pessimismo. Ele nos deu as boas-vindas, mas disse que chegamos tarde demais. Ele pergunta: "O que o médico pode fazer, quando o paciente já está rígido e frio? A Índia não tem mais nenhum senso de honra e glória. A Índia é uma massa inerte, que nenhum poder tem sido capaz de mover nos últimos tempos. A Índia não tem coração, e aqueles seus filhos que ainda têm alguma porção dele, foram abatidos pelo desespero total... Falar com os indianos sobre regenerar a Índia? É o mesmo que falar com as areias do mar."

Isso é pusilanimidade emocional, não a perspicácia e antevisão de estadistas. Shishir Babu[86] esqueceu o que até mesmo o conhecimento elementar da agricultura, como praticada em sua aldeia nativa, deveria ter-lhe ensinado, a saber, que a semente deve ser plantada antes que a sombra da árvore possa ser apreciada, ou a

---

84 Anagarika Dharmapala (1864-1933), budista cingalês, reformador do budismo no Ceilão e na Índia.
85 Ano em que Olcott escreveu este segundo volume de *Old Diary Leaves*.
86 O editor do referido jornal.

colheita de cereais esteja disponível como alimento diário. Os acontecimentos têm desmentido seu lúgubre prognóstico, e os povos indianos já estão procurando juntos no passado as fontes dos ideais arianos. É verdade que eles percorreram por enquanto apenas um pequeno caminho, mas o "cadáver inerte" da Índia, que o Jeremias[87] de Calcutá de 1879 retratou, provou ser uma entidade muito viva e está convidando seus filhos a olhar de novo para as antigas Escrituras – para o bem da humanidade.

---

87   Provavelmente Olcott chama o editor de "Jeremias" pensando nas "Lamentações de Jeremias".

CAPÍTULO IV

MUITOS MILAGRES

Começando no dia 29 de março (1879), ocorreu uma série de estranhas ocorrências, das quais Mooljee Thackersey foi uma testemunha essencial, às vezes a principal, além de HPB. No dia em questão, ela disse a Mooljee para ir buscar uma pequena carruagem; quando chegou, os dois subiram nela. Ela se recusou a responder suas perguntas sobre onde eles estavam indo, simplesmente dizendo-lhe para mandar o cocheiro virar à direita ou à esquerda ou ir em frente, de acordo com a direção que ela fosse indicando. O que aconteceu Mooljee nos disse à noite após seu retorno. Ela tinha direcionado o percurso através de muitas ruas sinuosas e estradas rurais, até eles chegarem em um subúrbio de Bombaim, a treze ou quinze quilômetros de distância, em um bosque de coníferas. O nome não está escrito no meu Diário, mas acho que foi Parel, embora eu possa estar enganado. De qualquer forma, Mooljee conhecia o lugar, porque ele tinha cremado o corpo de sua mãe na vizinhança. Estradas e caminhos se cruzavam confusamente no bosque, mas HPB nunca hesitou quanto à direção, pedindo para o cocheiro virar muitas vezes, até que eles chegaram na beira do mar.

Finalmente, para espanto de Mooljee, passaram pelo portão de uma propriedade privada, com um magnífico jardim de rosas na frente e um belo bangalô com espaçosas varandas orientais no fundo. HPB desceu e disse a Mooljee que a esperasse lá, e não ousasse ir até a casa em nenhum caso. Então ele esperou, completamente perplexo, pois ele, que residiu a vida inteira em Bombaim, nunca antes tinha ouvido falar de tal propriedade. Ele chamou um dos jardineiros que estavam capinando em volta das flores, mas o homem não lhe disse nada a respeito do nome do dono, quanto tempo ele morava lá, ou quando o bangalô foi construído – algo muito incomum entre os hindus. HPB tinha caminhado diretamente até a casa, tinha sido recebida cordialmente na porta por um alto hindu de aparência impressionante e distinta, vestido inteiramente de branco, e tinha entrado. Depois de algum tempo os dois reapareceram, o misterioso estranho despediu-se dela e entregou-lhe um grande cacho de rosas, que um dos jardineiros trouxe para seu mestre. HPB voltou para seu acompanhante, entrou na carruagem e ordenou ao cocheiro que voltasse para casa. Tudo o que Mooljee conseguiu saber de HPB era que o estranho era um ocultista com quem ela mantinha contato e tinha algo a tratar naquele dia. As rosas, ela disse, ele tinha enviado através dela para mim. Para nós, a parte mais estranha dessa história era que, até onde nós sabíamos, não havia nenhuma possibilidade de HPB ter sabido qualquer coisa a respeito desse subúrbio e do caminho para ele, pelo menos desde a nossa chegada em Bombaim, porque ela nunca tinha saído sozinha de casa; mesmo assim, ela demonstrou a mais completa familiaridade com ambos. Se tal bangalô existia ou não, nós não tínhamos meios de saber, exceto o testemunho de Mooljee. Esse estava tão impressionado pelo ocorrido que foi contá-lo aos amigos da cidade, o que levou um, que dizia conhecer perfeitamente o subúrbio em questão, a apostar cem rúpias de que não havia esse bangalô à beira-mar, de modo que ele não poderia levar ninguém para lá. Quando HPB ouviu isso, ela resolveu apostar que Mooljee perderia a aposta; então ele, declarando que podia percorrer perfeitamente o mesmo caminho pelo qual eles tinham ido, aceitou a aposta. Mandei imediatamente chamar uma carruagem, e nós três entramos. Através de outro intérprete hindu ordenei ao cocheiro que seguisse rigorosamente as indicações do Sr. M. quanto à nossa rota, e fomos embora. Depois de uma longa viagem por caminhos tortuosos, chegamos ao bosque em cujas profundidades sombrias o misterioso bangalô deveria estar. O solo era quase pura areia do mar, coberta com um húmus marrom de agulhas de pinho, ou de alguma outra conífera, possivelmente a casuarina. Vimos várias estradas indo em direções diferentes, e eu disse a Mooljee que ele deveria olhar bem, ou certamente se perderia. Ele, no entanto, estava extremamente confiante, a despeito das troças de HPB a respeito de seu estado de desorientação e a inevitável perda de suas cem rúpias. Durante uma hora seguimos caminho, ora para um lado, ora para o outro, parando às vezes para ele descer da carruagem e olhar ao seu redor. Por fim – e apenas um minuto depois de ele declarar que tinha total certeza de que estávamos indo direto para o bangalô à beira-mar – um trem passou chacoalhando em uma via férrea próxima, mostrando ao pobre Mooljee que tinha nos guiado na direção oposta àquela desejada. Nós lhe oferecemos o tempo que ele quisesse para continuar sua busca, mas ele se sentiu completamente perplexo e se deu por vencido. Então voltamos para casa.

HPB disse a todos nós que Mooljee teria encontrado o misterioso bangalô se um feitiço não tivesse sido colocado sobre sua visão, e também que o bangalô, como todos os outros lugares habitados por Adeptos, estava sempre protegido da intrusão de estranhos por um círculo fantasmagórico formado em torno dele e conservado seguro por elementais a serviço dos Adeptos. Esse bangalô em particular, por cuja manutenção constante era responsável uma pessoa confiável, era usado como um lugar de descanso e de encontro ocasional por Gurus e *Chelas*[88] em viagem. HPB continuou dizendo que todas as antigas bibliotecas enterradas e aqueles imensos tesouros que devem ser mantidos escondidos até que seu *Karma* exija sua restauração para uso humano estão protegidos – para não serem descobertos pelos profanos – por imagens ilusórias de rochas sólidas, terra firme ininterrupta, um abismo profundo ou algum obstáculo desse tipo, que desvia os pés dos homens errados, mas que *Māyā* dissolve quando o buscador predestinado chega ao lugar na plenitude dos tempos. Essa história coincide com toda a tradição folclórica, e qualquer um que tenha visto apenas uma das cem provas registradas de inibição hipnótica em hospitais e clínicas

---

[88] Palavra sânscrita (cuja transcrição para o inglês foi adotada no português) significando "discípulos".

modernos pode prontamente aceitar a razoabilidade de tal história de envolvimento *mayávico*[89]: o Diabo não é mais aceito (fora do Vaticano) como único hipnotizador da humanidade, e Charcot, Liébault, Rochas[90] e outros nos mostraram a razoabilidade científica dos antigos contos de Feitiçaria e Magia. Seja como for, conto essa história pelo que ela pode ter de valor, como faço em todos os casos em que eu mesmo não era uma testemunha ocular, expressando-me com toda franqueza e deixando o público acreditar ou descrer como achar melhor; para mim não tem importância. Se pedirem minha própria opinião, devo dizer que, para mim, a história do bangalô parece provavelmente verdadeira, pois, como mencionado em um capítulo anterior, fomos visitados em nossa casa na rua Girgaum por mais de um Adepto em carne e osso, e também, em uma noite de luar, quando Damodar[91] e eu estávamos com HPB na estrada que conduzia à casa escondida, um deles chegou até nós e nos saudou a uma distância de uma extensão de um braço. Mas os detalhes não precisam ser mencionados aqui, visto que tenho outras coisas para dizer primeiro.

Em ordem cronológica chegamos agora a uma importante viagem através do interior do país, cujos incidentes foram ampliados e embelezados em cerca de sessenta páginas de *The Caves and Jungles of Hindustan*. Até pouco tempo atrás, ela permaneceu na minha memória como um capítulo dos episódios mais confiáveis e excitantes em minhas relações com HPB. Já que tenho como objetivo uma completa franqueza, vou narrar os fatos,

---

89 Adjetivo relativo a *Māyā* (Ilusão).
90 Jean-Marie Charcot (1825-1893), famoso médico e cientista francês, trabalhou na área da psiquiatria e neurologia, defendia a hipnose como método de tratar diversas perturbações psíquicas;
Ambroise-August Liébault (1823-1904), médico francês, trabalhou com o magnetismo animal para tratar pacientes; sobre Rochas não consegui informações.
91 Damodar K. Malavankar (1857-?), hindu da casta dos brâmanes. Ingressou na S.T. em 1879, se tornou budista em 1880, permaneceu com HPB e Olcott até 1885, quando foi para o Tibete e não mais foi visto.

acrescentando comentários que meu atual estado de espírito me permite fazer.

HPB, Mooljee e eu saímos de Bombaim de trem no dia 4 de abril de 1879, para uma viagem às cavernas de Karli. Nosso criado Babula nos acompanhou. Foi esse o nosso grupo. Não estava conosco nenhum "brâmane de Pune, *moodelliar* de Madras, cingalês de Kegalla, *zemindar* de Bengala ou rajapute gigantesco"[92] – pelo menos, não visível para mim. Na estação de Narel, descemos do trem e subimos, em liteiras, uma colina até Materan, o principal sanatório de Bombaim. Foi-me dado a entender que tínhamos sido convidados a Karli por um certo Adepto com o qual eu tinha estado em contato estreito na América durante a elaboração de *Isis*[93]; e que as diversas provisões para nosso conforto no caminho tinham sido encomendadas por ele. Por isso, não fiquei nem um pouco surpreso em encontrar na estação de Narel um criado hindu de uma classe melhor – isto é, não um simples doméstico – que se aproximou e, depois de saudar, deu uma mensagem em marata, que Mooljee interpretou como sendo os cumprimentos de seu mestre e um pedido de que escolhêssemos, por favor, ou liteiras ou pôneis para a subida, ambos estando prontos. HPB e eu escolhemos liteiras, Mooljee e Babula, pôneis. Partimos na luz de um luar muito claro, com doze carregadores para cada *palkee*[94] – homens bem proporcionados, fortes, musculosos, de pele marrom escuro, do clã Thakoor, que andaram de modo a não sacudir a pessoa na liteira, mantendo o ritmo dado por uma voz doce, ritmada, que, em sua novidade, era extremamente agradável de ouvir, mas que, pela monotonia, se

---

92 A citação aparentemente é do livro mencionado. Um *moodeliar* é um latifundiário; Kegalla é uma cidade no Ceilão (Sri Lanka); "*zemindar*" é um título de nobre indiano, semelhante a "barão"; os rajaputes (*rajputs* em inglês) são membros de um dos clãs patrilineares do centro e do norte da Índia.
93 *Isis Unveiled*, escrito por HPB – com revisões feitas por Olcott – entre 1875-1877; publicado no Brasil em quatro volumes com o título *Isis Sem Véu*.
94 Liteira indiana.

tornou cansativa depois de algum tempo. Eu nunca havia feito uma viagem tão poética como essa naquela noite tropical: o céu brilhando de estrelas cintilando vividamente antes que a lua se levantasse, uma miríade de insetos estridulando uns para os outros, os pássaros noturnos gritando para seus parceiros e suas parceiras, os grandes morcegos silenciosamente flutuando em giros tortuosos em busca de comida, as frondes de palmeiras crepitando e as folhas da selva farfalhando, o cheiro da terra, misturando-se de vez em quando com o de botões de flores perfumados em uma corrente de ar mais quente, e o canto dos ofegantes *palkee-wallahs*[95] enquanto trotavam agilmente. No que diz respeito à escolha de inúmeros macacos tagarelas, os "rugidos de tigres" e a "estalagem portuguesa, construída de troncos de bambu como um ninho de águia", quanto menos se falar, melhor para uma sóbria narrativa histórica. Finalmente chegamos ao Hotel Alexandra no devido tempo, jantamos às vinte e três horas, fomos para a cama em silêncio, nos levantamos cedo na manhã seguinte e apreciamos a esplêndida vista pela varanda. Mooljee já tinha saído quando eu acordei, mas voltou uma hora depois com a história de que ele tinha sido despertado antes do amanhecer pelo homem que havia nos buscado em Narel, e que lhe mostrou um bangalô completamente mobiliado, o qual, disse ele, estava à nossa disposição livre de aluguel pelo tempo que quiséssemos ocupá-lo. Mas até a hora do café da manhã, HPB já tinha ficado com náusea pelo que ela chamou de "a aura da civilização anglo-indiana" e se recusou a passar lá um único dia. Assim, apesar da advertência do senhorio sobre o calor feroz do sol, partimos e voltamos para Narel, em uma temperatura como a da casa da caldeira em um navio a vapor. Por sorte nenhum de nós teve uma insolação, e no devido tempo pegamos um trem e fomos para Khandalla, um lugar delicioso nas colinas. O mesmo hindu que havia nos recebido em Narel no primeiro dia nos recebeu também aqui, com uma espaçosa carruagem de boi, na qual ele nos levou para uma estalagem do governo (*dak bungalow*), onde passamos o dia e a noite seguintes. Na noite

---

95 Aparentemente trata-se de um termo anglo-indiano para "carregadores".

de nossa chegada, Mooljee caminhou até a estação ferroviária para conversar com o comissário, um velho conhecido, e teve uma surpresa. Um trem, vindo de Bombaim, parou na plataforma, e Mooljee ouviu seu nome sendo chamado em voz alta. Olhando vagão por vagão, ele viu um hindu acenando e foi até sua janela. O desconhecido era o personagem que HPB tinha visitado. Ele lhe entregou um buquê fresco que parecia ser do mesmo tipo de rosas que Mooljee tinha visto no jardim misterioso, onde trabalhavam os jardineiros taciturnos, e que foram as mais bonitas que ele já tinha visto. "Estas", disse o cavalheiro, enquanto o trem continuou se movendo, "são para o coronel Olcott; dê-as a ele, por favor." Então Mooljee as trouxe para mim e contou sua história. Uma hora depois eu disse a HPB que gostaria de agradecer ao Adepto por suas gentilezas para com nosso grupo, e se ela pudesse conseguir que um bilhete meu fosse entregue, eu o escreveria. Ela concordou, então escrevi uma nota e a dei a ela. Ela a entregou a Mooljee e pediu-lhe para descer a estrada à nossa frente e entregá-la. "Mas", perguntou ele, "a quem, e onde? Não tem nome nem endereço no envelope." – "Não importa; pegue o bilhete, e você verá a quem deve dá-lo." Então ele andou pela estrada, mas depois de dez minutos veio correndo de volta, sem fôlego, e mostrando sinais de extrema surpresa. "Ela sumiu!" titubeou. – "O quê?" – "A carta, ele a pegou." – "Quem pegou?" perguntei. – "Não sei, Coronel, a menos que fosse um *pisâcha*[96]: ele saiu do chão, ou assim me pareceu. Eu andava lentamente, olhando para a direita e para a esquerda, sem saber o que fazer para cumprir as ordens de HPB. Não havia árvores ou arbustos para uma pessoa se esconder, mas apenas a estrada branca e empoeirada. No entanto, de repente, como se tivesse saído do chão, havia um homem a poucos metros vindo em minha direção. Era o homem do bangalô de rosas, o homem que me deu as flores para o senhor na estação de Khandalla, e que eu tinha visto no trem que estava indo a Pune!" – "Bobagem, homem", respondi, "você sonhou." – "Não, eu estava tão acordado como nunca na minha vida. O homem disse: 'Você tem uma carta para mim – aquela em sua mão,

---

96   Demônio carnívoro na mitologia hindu.

não é?' Eu mal podia falar, mas disse, 'Não sei, *Mahārāj*[97], não tem endereço na carta.' – 'É para mim, me dê.' Ele a tirou de mim e disse: 'Agora, volte.' Virei as costas por um instante e olhei para ver se ele estava lá, mas ele tinha desaparecido: a estrada estava vazia. Assustado, me virei e corri, mas não tinha feito cinquenta metros quando uma voz no meu ouvido disse: 'Não seja tolo, homem, mantenha a calma, tudo está certo.' Isso me assustou ainda mais, pois não havia ninguém por perto. Corri, e aqui estou." Essa foi a história de Mooljee, que eu repito exatamente como ele me contou. Se as aparências revelam alguma coisa, ele deve ter falado a verdade, porque seu medo e excitação eram evidentes demais para terem sido simulados por um ator tão desajeitado como ele ... Em todo caso, uma certa solicitação contida na minha carta foi respondida em uma carta do mesmo Adepto, que recebi mais tarde, na estalagem em Bhurtpore, Rajputana[98], a mais de mil quinhentos quilômetros do lugar da aventura de Mooljee. E isso sem dúvida prova alguma coisa.

Era uma noite de luar, muito mais maravilhosa do que nas terras ocidentais mais frias, e o ar estava doce, suave e puro, tornando a existência física um encanto. Nós três estávamos sentados no gramado, aproveitando a noite até tarde e planejando nossa visita às cavernas de Karli para o dia seguinte.

Um pouco antes da meia-noite, HPB saiu de um estado de abstração mental em que ela esteve durante alguns minutos e me disse que às cinco da tarde do dia seguinte um *sanyasi* (ou vários) nos visitaria nas cavernas. Anotei esse aviso antes de me retirar. Eis o que aconteceu no dia seguinte.

Às quatro horas da manhã, Baburao, o suposto agente do Adepto, entrou silenciosamente na sala onde Mooljee e eu dormía-

---

97   Trata-se aparentemente de uma palavra com a qual a pessoa expressa seu grande respeito pela outra. É uma forma mais curta de "*Mahārāja*", que significa "grande rei" e deu "marajá" em português. Segundo a versão portuguesa da Wikipedia, "*Mahārāj*, 'grande rei', é um título acrescentado aos nomes de excepcionais personagens espirituais".

98   É a região dos rajaputes, onde hoje fica o estado do Rajastão.

mos, me acordou com um toque, empurrou na minha mão uma pequena caixa laqueada com um *pan sopâri*, ou folha de bétele, com acompanhamentos de especiarias, como se dá aos convidados, e sussurrou no meu ouvido o nome do Adepto sob cuja proteção nós aparentemente faríamos a excursão. O significado do presente era que, na escola mística com a qual estávamos em contato, este é o sinal de adoção do novo aluno. Levantamo-nos, tomamos banho, tomamos café, e às cinco partimos em um carro de boi (*shigram*) para Karli, onde chegamos às dez. Naquela hora havia um sol ardente, e a subida por uma trilha, desde o pé da colina até as cavernas, foi muito dura. HPB teve tanta dificuldade de respirar que finalmente alguns cules trouxeram uma cadeira e a carregaram na segunda metade da subida. Não cabe aqui descrever o impressionante e grandioso templo na rocha e os dormitórios nas cavernas menores adjacentes; isso se acha em qualquer guia turístico, com todos os detalhes de suas medidas. Minha narrativa se preocupa apenas com as aventuras pessoais de nosso pequeno grupo.

Na vila vizinha estava sendo realizado um festival de Rama[99], com uma grande multidão, e eu achei muito divertido observar todas as peculiaridades. Cansados de nossa subida naquele calor, entramos na grande caverna, colocamos nossos cobertores no chão rochoso e nos acomodamos. Pouco depois almoçamos, embora nos sentindo meio envergonhados de satisfazer os desejos vulgares do estômago em um templo onde, séculos antes de nossa era, milhares de ascéticos eremitas tinham venerado seus deuses, e cantando *slokas*[100] sagrados e *gathas*[101],

---

99   Um festival em comemoração ao nascimento do deus hindu Rama.
100 "*Sloka* é um poema em estrofes de quatro versos, escrito em sânscrito, usado para compor a maioria dos clássicos da literatura védica, tais como o Ramayana, o Mahabharata, inúmeros Puranas e outros livros. A mesma estrutura é usada nos textos tibetanos, especialmente nos ensinamentos budistas, tanto antigos como modernos." (Wikipédia)
101 "Os *Gathas* consistem em 17 cânticos que acredita-se terem sido compostos por Zaratustra, são considerados os textos mais sagrados

se uniam para ajudar uns aos outros a dominar o eu animal e desenvolver seu poder espiritual. Obviamente nossa conversa girava em torno do tema nobre da ascensão, progresso e decadência do *Brahma Vidyā*[102] na Índia, e nossas esperanças por sua renovação. Passamos o tempo falando desses assuntos dignos, até que, olhando para o meu relógio, descobri que faltavam apenas seis minutos para as cinco horas; então Mooljee e eu deixamos HPB e fomos para a casinha da portaria que guarda a entrada da caverna, e esperamos. Não vimos nenhum asceta, mas cerca de dez minutos depois veio um que conduzia diante dele uma vaca, que estava deformada por uma quinta perna curta que crescia de sua corcunda. Um criado o acompanhava. O rosto do asceta era gentil e atraente. Ele tinha cabelos negros e uma barba cheia, dividida abaixo do queixo na forma rajapute[103], com as pontas viradas para as orelhas, onde elas se juntavam com o cabelo da cabeça. Ele estava vestido com os trajes cor de açafrão (*bhágwa*) de sua ordem. Sua testa estava besuntada de cinzas (*Vibhuti*), o que indicava ser ele o seguidor de Shiva[104]. Olhamos para ver se ele faria algum sinal, se ele nos reconhecia; como isso não aconteceu, fomos finalmente perto dele e falamos com ele. Ele explicou o seguinte: normalmente ele deveria estar indo em direção a Hardwar[105], mas no dia anterior, quando estava a caminho para esse santuário renomado, seu Guru tinha ordenado que ele estivesse aqui nesse dia às dezessete horas, pois deveria se encontrar com algumas pessoas. Não lhe tinham sido dadas ordens além disso. Se estávamos esperando por ele, então certamente éramos

---

na fé do Zoroastrismo." (Wikipédia)
102 Sendo traduzido como "Sabedoria Divina", é considerado o equivalente hindu de "Teosofia".
103 Ou seja, a forma da barba dos rajaputes.
104 Um dos deuses da trindade hindu ("Trimurti"); é "o Destruidor"' (ou "o Transformador"); os dois outros deuses são Brama (ou Brahma), "o Criador", e Vishnu,"o Preservador".
105 Também grafado Haridwar; situado à beira do rio Ganges, é um dos sete locais mais sagrados para os hindus.

as pessoas que seu Guru tinha em mente, mas ele não tinha nenhuma mensagem para nós, pelo menos por enquanto. Não, seu Guru não havia falado com ele pessoalmente, e sim – isso nós conseguimos tirar dele depois de muita interrogação e após um intervalo de silêncio, durante o qual ele parecia estar escutando uma pessoa invisível – através de uma voz, como se tivesse falado ao seu ouvido. Era dessa maneira que ele sempre recebia suas ordens enquanto viajava. Achando que não conseguiríamos mais nada dele, nos despedimos dele e voltamos para HPB. Dissemos a Baburao que pretendíamos passar a noite na colina; então ele e Mooljee foram em busca de um abrigo adequado. Após sua volta, fomos com nossa bagagem para uma pequena caverna-dormitório encravada na colina, a alguma distância à direita da grande caverna-templo. Os escultores antigos tinham formado uma pequena varanda de dois pilares na entrada, e dentro da caverna dez cubículos, com portas abertas, dando para um salão quadrado central, ou salão de reuniões. À esquerda da varanda, uma bacia, cortada na rocha, recebia as águas de uma fonte de água deliciosamente fria e límpida. HPB disse-nos que, em um dos cubículos dentro de uma dessas pequenas cavernas, uma porta secreta comunicava com outras cavernas no interior da montanha, onde ainda vivia uma escola de Adeptos, cuja existência nem sequer era suspeitada pelo público em geral; e que se eu pudesse encontrar o lugar certo na rocha e tocá-lo de uma forma particular, não haveria nenhum impedimento para eu entrar – uma oferta generosa, considerando-se as circunstâncias! Fiz uma tentativa, e em outra pequena caverna um pouco mais distante eu realmente coloquei a mão em determinado lugar e estava prestes a tentar movê-lo, quando HPB começou a chamar-me de volta com pressa. O Adepto que posteriormente escreveu a carta de Bhurtpore me disse nela que eu tinha realmente atingido o lugar certo e teria penetrado prematuramente em seu lugar de retiro se eu não tivesse sido chamado por HPB. Porém, isso não pode ser comprovado; então vou prosseguir minha narração.

    Mooljee e Babula tinham ido com Baburao ao bazar da aldeia para comprar provisões, e HPB e eu ficamos sozinhos. Estávamos sentados na varanda fumando e conversando, até que ela me mandou parar por alguns minutos onde eu estava e não olhar ao redor até que ela o permitisse. Ela então entrou na caverna, para – pensei – deitar em um dos cubículos sobre o bloco de pedra talhada que servia de cama para o velho monge. Continuei fumando e olhando para a vasta paisagem que estava diante de mim como um grande mapa, quando de repente, de dentro da caverna, ouvi um som como o fechamento de uma porta pesada e uma explosão de risadas satíricas. Naturalmente, virei a cabeça, mas HPB tinha desaparecido. Ela não estava em nenhuma das celas – que examinei detalhadamente – e eu não consegui, mesmo com a mais minuciosa busca por cada centímetro das superfícies rochosas de suas paredes, encontrar a menor fenda ou outro sinal de uma porta; não havia nada para ver ou para tocar além da rocha. Eu já havia tido experiências tão longas e variadas das excentricidades psicológicas de HPB que logo deixei de me preocupar com o mistério e voltei à varanda e à minha pipa, para esperar serenamente pelo que poderia acontecer. Meia hora após seu desaparecimento ouvi um passo logo atrás de mim, e HPB em pessoa se dirigiu a mim, em um tom natural, como se nada tivesse acontecido fora do comum. Em resposta à minha pergunta sobre onde ela havia estado, ela simplesmente disse que tinha "assuntos a tratar" com ... (mencionando o Adepto) e tinha ido vê-lo em seus aposentos secretos. Curiosamente, ela segurava na mão uma velha e enferrujada faca de uma estranha forma, que ela disse ter apanhado em uma das passagens escondidas e trazido sem nenhum propósito específico. Ela não quis que eu a guardasse, mas a lançou no ar com toda a sua força, e eu a vi cair em um mato bem longe na parte baixa da colina. Não vou explicar essas ocorrências, deixando cada leitor pensar o que quiser a partir dos fatos narrados. No entanto, para evitar o que indubitavelmente ocorrerá a muitas mentes de determinada inclinação, posso dizer que, exceto a faca enferrujada, tudo é explicável na teoria da sugestão hipnótica. O som da batida da porta de pedra e do alto riso, o aparente desaparecimento de HPB e subsequente súbito reaparecimento, tudo isso pode ser considerado como *māyā* hipnótico lançado por ela sobre mim. Ela pode ter passado pela varanda, do meu lado, ido para outro lugar e voltado, sem que eu a visse. Essa é uma das explicações possíveis, e muito fraca para qualquer um que tenha tido contato, no estado de discípulo, com um verdadeiro Adepto da Magia Oriental.

Os outros três do nosso grupo retornaram pouco depois. Um jantar quente nos foi servido na varanda da caverna, e depois de admirar o panorama da Lua e ter um último trago, todos nós nos enrolamos em nossos cobertores, deitamos no chão rochoso e dormimos tranquilamente até de manhã. Baburao sentou-se à porta da varanda e cuidou de um fogo de lenha que deixamos queimando como proteção contra animais selvagens. Mas – exceto um miserável pequeno chacal que passou furtivamente na noite – nenhum veio interromper nosso descanso. A história contada em *Caves and Jungles* sobre minha queda em um precipício e sobre eu ser resgatado pelo *sanyasi* e sua vaca de cinco patas é toda ficção; assim como os "rugidos longínquos dos tigres vindos do vale", o ataque noturno (contra nós) de um enorme tigre, seu lançamento para o abismo pela força de vontade de um Adepto e o choro de "Srta. X" (uma pessoa totalmente desconhecida). Esses eram os ingredientes que HPB colocou em seu encantador livro sobre as maravilhas indianas, para torná-lo interessante para o público russo, em cuja língua ele foi originalmente escrito. Igualmente inverídico é seu relato de uma apresentação de encantamento de cobra que supostamente ocorreu nas cavernas de Karli; a verdade é que isso aconteceu em nossa própria casa em Girgaum, como veremos mais adiante, quando eu chegar ao caso no devido tempo.

Na manhã seguinte, Mooljee e eu levantamos antes de HPB, e depois de nos lavarmos na fonte, ele desceu para a aldeia, enquanto eu fui para a trilha apreciar a bela vista sobre as planícies no início da manhã. Depois de algum tempo, para minha satisfação, vi o *sanyasi* com a vaca vindo para mim com a evidente intenção de falar comigo. Eu estava sem saber o que fazer, pois nem HPB nem eu sabíamos uma única palavra de qualquer uma das línguas vernáculas. Mas o problema foi logo resolvido: ele se aproximou de mim, pegou minha mão, fez os sinais de fraternidade da S.T. e pronunciou ao meu ouvido o nome do Adepto. Depois, saudando-me da maneira mais graciosa, fez uma reverência e seguiu seu caminho. Não o vimos mais.

Passamos aquele dia explorando as cavernas, e às dezesseis e trinta voltamos para a pousada em Khandalla. Mas, enquanto ainda estava na Grande Caverna, HPB passou para mim uma ordem – recebida, segundo ela, telepaticamente do Adepto – de que deveríamos ir para Rajputana, no Panjabe[106]. Depois do jantar, sentamo-nos novamente no gramado da estalagem, lindamente iluminado pela lua, desta vez em companhia de outros dois viajantes – anglo-indianos – que se retiraram cedo, deixando nós três sozinhos. HPB e Mooljee passearam juntos conversando e desapareceram atrás da casa, mas Mooljee voltou rapidamente e, ao que parecia, todo atordoado, dizendo que ela tinha desaparecido diante de seus próprios olhos enquanto ele estava falando com ela à luz da lua. Ele parecia realmente prestes a ter um ataque de histeria, tanto ele tremia. Pedi-lhe que se sentasse e se mantivesse em silêncio e não fizesse papel de bobo, já que tinha sido apenas objeto de um feitiço, o que era uma coisa totalmente inofensiva que qualquer bom mesmerizador[107] poderia provocar em uma pessoa sensível.[108] HPB logo

---

106 Panjabe é hoje um estado no noroeste da Índia. Rajputana corresponde ao atual estado do Rajastão. Na época, Rajputana era composto de vários principados.

107 Hipnotizador; "mesmerizar" é derivado do nome Mesmer. Franz Anton Mesmer (1734-1815) foi um médico alemão que elaborou a teoria do magnetismo animal (ou mesmerismo). Considerado por alguns um charlatão, foi respeitado por outros pelo fato de ter chamado a atenção para os fenômenos paranormais. No início do capítulo 27, Olcott diz que "mesmerismo" é sinônimo de "hipnotismo", mas no capítulo 25 (cf. nota 503) ele parece distinguir os dois fenômenos. E como ele quase sempre usa o verbo "*mesmerise*", mantenho a tradução "mesmerizar".

108 Nota de Olcott: "Ela própria explica com total sinceridade, na p. 588 do vol. II. de *Isis*, esse poder de ilusão como uma das funções

reapareceu e retomou seu assento, e nosso bate-papo continuou. Pouco depois, vimos dois hindus vestidos de branco atravessando o gramado obliquamente e passando a cerca de cinquenta metros de nós. Eles pararam quando estavam em frente a nós, e HPB mandou Mooljee conversar com eles. Enquanto ele estava falando com eles, ela repetiu para mim aquilo que, como ela disse, eles estavam dizendo – o que Mooljee confirmou quando voltou. Era uma mensagem para mim no sentido de que minha carta ao Adepto havia sido recebida e aceita, e que eu teria a resposta quando chegasse a Rajputana. Antes que Mooljee pudesse concluir esse breve relatório, vi os dois discípulos-mensageiros se afastarem um pouco, passarem por trás de um arbusto pequeno, não espesso ou grande o suficiente para esconder um homem de vestes brancas, especialmente naquele luar claro – e desaparecerem. Em volta do arbusto o gramado estava livre, mas os dois tinham desaparecido totalmente. Evidentemente segui meu primeiro impulso, corri pelo gramado e procurei atrás da moita sinais de um local subterrâneo de refúgio; mas não encontrei nada, a grama estava intacta, o arbusto não tinha um único galho dobrado fora de seu lugar natural. Eu simplesmente havia sido hipnotizado.

Na manhã seguinte saímos para Bombaim pelo trem do correio, mas nossas aventuras ainda não estavam terminadas. Baburao se despediu de nós na estação de Khandalla depois de recusar a gratificação[109] que insisti em lhe dar – um raro exagero de abnegação, como

---

adquiridas de um taumaturgo, escrevendo:
'O taumaturgo, profundamente treinado na ciência oculta, pode fazer com que ele (isto é, seu corpo físico) *pareça* desaparecer, ou aparentemente assumir qualquer forma que ele escolha. Ele pode tornar sua forma astral visível, ou pode dar-lhe uma aparência multiforme. Em ambos os casos, esses resultados serão alcançados por uma alucinação mesmeriana dos sentidos de todas as testemunhas, trazidas simultaneamente. Essa alucinação é tão perfeita que essas pessoas jurariam pela própria vida que viram uma realidade, quando se trata apenas de uma imagem em sua própria mente, impressa em sua consciência pela irresistível vontade do mesmerizador.'"

109 Olcott usou a palavra francesa *douceur* (significando "doçura", mas tendo em inglês o significado de "gratificação" ou "suborno").

qualquer pessoa familiarizada com os empregados hindus confirmará. Nós três amigos viajamos em um vagão de segunda classe; Babula encontrou lugar na terceira classe. Depois de algum tempo, Mooljee se deitou em um dos bancos e adormeceu, enquanto HPB e eu, sentados lado a lado no banco oposto – ela, ao lado da janela da esquerda – falávamos sobre nossos assuntos ocultos em geral. Ela finalmente disse: "Eu realmente teria preferido que ... (o Adepto) não tivesse me mandado passar oralmente sua mensagem sobre Rajputana para você." – "Por quê?" – " Porque Wimbridge e a Srta. Bates vão pensar que é uma farsa, um truque para você me levar em uma viagem agradável e deixá-los entediar-se em casa." – "Bobagem!" eu disse; "eu não preciso de nada mais do que a sua palavra." – "Mas eu te digo", ela respondeu, "eles vão pensar mal de mim por isso." – "Então", eu disse, "teria sido muito melhor se ele tivesse lhe dado uma nota, o que ele poderia ter feito facilmente. Bem, é tarde demais para se preocupar com isso agora. Khandalla está a vinte e cinco ou trinta quilômetros atrás de nós, então deixe isso para lá." Ela matutou alguns minutos sobre o assunto, e então disse: "Bem, vou tentar, de qualquer maneira: não é tarde demais." E escreveu algo em uma página de seu livro de anotações em dois tipos de escrita, na metade superior em Senzar – a língua de todas as mensagens pessoais recebidas dos *Mahātmas* –, na metade inferior em inglês, que ela me permitiu ler:

> "Peça a Gulab Singh para telegrafar para Olaf as ordens que lhe foram dadas por mim na caverna ontem, que seja um teste para os outros, assim como para ele mesmo."

Ela tirou a folha, dobrou-a em forma triangular, desenhou nela alguns signos simbólicos peculiares (que, segundo ela, dominam os Elementais) e colocou-a entre o polegar e o indicador da mão esquerda, como se estivesse prestes a jogá-la para fora da janela. Mas eu peguei sua mão e a segurei, dizendo: "Você quer que isso seja um teste para mim? Então deixe-me reabrir o bilhete[110], e ver

---

110 Olcott usou a palavra "*billet*", que, em inglês, tem dois significados totalmente diferentes de "bilhete"; provavelmente ele pensou na palavra

o que você fará com ele." Como ela concordou, olhei dentro do bilhete, devolvi-o a ela e, a seu pedido, observei-o quando ela o atirou para fora do trem. Ele foi pego pela corrente de ar feita pelo trem, e rodopiou em direção a uma árvore solitária perto dos trilhos. Estávamos então a três mil metros de altura, entre os picos dos Gates Ocidentais[111], sem nenhuma habitação humana à vista, e muito poucas árvores ao lado da via férrea. Pouco antes de deixá-la soltar o bilhete, acordei Mooljee, disse-lhe o que ela estava fazendo, junto com ele olhei a hora no meu relógio, e ele assinou junto comigo uma declaração em meu próprio caderno, que agora está à minha frente e que abri para refrescar minha memória sobre esses detalhes. A declaração é datada assim: "Estação Kurjeet, G.I.P.R.[112], 8 de abril de 1879, às 14h45", e, como eu disse, foi assinada por Mooljee Thackersey como testemunha.

Em Kurjeet, Mooljee e eu queríamos descer e esticar as pernas um pouco na plataforma, mas HPB disse que nenhum de nós deveria sair do trem até chegarmos em Bombaim, que ela tinha ordens, e nós as entenderíamos no devido tempo. Então ficamos com ela no vagão. No horário previsto chegamos em casa, e eu imediatamente fui para a Rua Kalbadevi para tratar de alguma coisa. Ao regressar depois de uma hora, fui recebido pela senhorita Bates, que me entregou o envelope selado de um telegrama do governo, dizendo que ela o havia recebido de um mensageiro (*peon*), assinando o recibo em meu nome. O telegrama dizia o seguinte:

"*Horário 14 horas. Data 08/04/1879. De Kurgeet para Byculla, de Goolab Singh para H. S. Olcott. Carta recebida. Resposta Rajputana. Comece imediatamente.*"

---

francesa "*billet*", que, entre outros significados, quer dizer "bilhete".
111 Em inglês: Western Ghats; cordilheira no oeste da Índia, paralela à costa ocidental.
112 Sigla de "*Great Indian Peninsula Railway*" (Grande Via Férrea da Península Indiana).

Como eu disse acima, até alguns meses atrás, eu considerava isso como uma das provas mais inequivocamente genuínas das relações ocultas de HPB que eu já recebi. Isso também impressionou muito todos os meus amigos, entre eles um em Londres e um em Nova Iorque, a quem encaminhei o telegrama para exame. O amigo de Nova Iorque, além disso, relatou um fato estranho, que felizmente anotei em meu Diário em 1º de julho, depois de receber o correio daquele dia: Sr. John Judge, irmão de W. Q. Judge – o amigo em questão – escreveu que o nome do remetente do telegrama (Goolab Singh) havia desaparecido completamente, de modo que ele não tinha ideia de quem era o remetente. No envelope de sua carta ele havia colocado o telegrama original que eu tinha enviado, e eu vi que o nome estava perfeitamente visível, como está até hoje. O único ponto fraco em toda a série de fenômenos é que – como eu soube muito recentemente – Baburao tinha sido contratado por Mooljee para cuidar do nosso grupo em Materan, Khandalla e nas cavernas de Karli. É por essa razão que descrevi tão minuciosamente os incidentes de nossa agradável viagem, deixando cada leitor julgar por si mesmo.

CAPÍTULO V

UMA VIAGEM PARA O NORTE DA ÍNDIA

A expansão do nosso movimento para países estrangeiros me obrigou a elaborar um plano para sua ampliação como movimento cosmopolita e fazer algumas mudanças em suas regras. Isso foi realizado em Bombaim, e a nova minuta foi aprovada por vários de nossos mais sábios colegas indianos. Ela foi publicada juntamente com o texto da minha palestra no Instituto Framji Cowasji. Desde então foram feitas outras modificações de vez em quando, baseadas nas nossas experiências, e eventos ocorridos recentemente apontam para a necessidade de novas modificações. O ideal que deve ser sempre mantido em vista é a criação de uma Federação, dentro da qual as Seções locais possam gozar da mais completa autonomia, mantendo-se sempre um forte sentimento de dependência de todo o movimento do núcleo central assim como o interesse comum na sua preservação e em uma gestão eficaz.

Na Sexta-feira Santa – 11 de abril de 1879 – HPB, Mooljee Thackersey e eu, com nosso empregado Babula, saímos de Bombaim para a visita a Rajputana, a qual nos foi ordenada nas cavernas de Karli. A temperatura do ar estava quente de sufocar, e, com a poeira, nos fez sofrer muito no trem. Não posso dizer se foi por causa de meu desconforto físico ou não, mas o fato é que fui naquela noite visitar, em corpo astral, o morador dos subterrâneos de Karli, porém não penetrei em seu retiro interior. Tudo o que consigo lembrar é o que está anotado em meu Diário, isto é, que entrei em uma das galerias que levam a ele a partir do dormitório onde nosso grupo acampou, com Baburao sentado de guarda na porta de entrada.

Chegamos em Allahabad no dia 13 e fomos recebidos na estação pelo principal discípulo local de *Swami* Dayanand, *Pandit* Sunderlal, que praticamente não nos encorajou quanto às perspectivas do nosso trabalho nas Províncias do Noroeste – felizmente uma previsão desde então contradita pelos resultados de vinte e um anos de mudanças na opinião pública indiana. Nós nos instalamos na estalagem da Companhia Ferroviária dentro do complexo da estação, e eu me lembro de que o calor foi tão terrível que até mesmo o hindu Mooljee sentiu um forte impacto quando nos aventuramos para fora da casa. Um francês animado, antigo empregador de Babula, ex-comissário do Clube Byculla, em Bombaim – e não, como se dizia com tanta frequência, um feiticeiro profissional – estava encarregado do refeitório da estação e "animou" nossas refeições contando histórias de frequentes mortes dos europeus nos trens por apoplexia causada pelo calor! Para pessoas corpulentas como HPB e eu, isso era muito reconfortante. Quando a temperatura estava mais fresca, fomos à beira do Yamuna[113] para fazer uma visita a um notável velho asceta chamado *Babu* Surdass, um seguidor do Guru Nanak, um *sikh*[114], que era um ótimo exemplo das possibilidades da obstinação, de um propósito firme. Desde o ano de 1827, ou seja, durante cinquenta e dois anos, ele passou por todas as estações, do calor, das chuvas e do frio, sobre uma plataforma de tijolos perto do Forte, sem proteção para a cabeça: enfrentando todos os violentos extremos do tempo e meditando sempre sobre coisas religiosas. Lá, ele ficou sentado durante o Motim[115], sem prestar atenção ao

---

113 Rio no norte da Índia; um dos principais afluentes do Ganges; considerado um dos sete rios sagrados da Índia, o segundo mais importante – atrás do Ganges – para os hindus.
114 Adepto do Sikhismo (ou Siquismo), religião monoteísta fundada em fins do século 15 no Panjabe, região no noroeste da Índia, pelo Guru Nanak (1469-1539).
115 Revolta Indiana de 1857. "A Revolta Indiana de 1857 (também conhecida como Revolta dos Cipaios, Revolta dos Sipais ou Revolta dos Sipaios) foi um período prolongado de levantes armados e rebeliões na Índia setentrional e central contra a ocupação britânica daquela porção do subcontinente em 1857 a 1858." (Wikipédia)

canhão trovejante ou às lutas que assolavam toda aquela região do país: os rumores turbulentos do Motim não conseguiram penetrar no reino do pensamento no qual ele passava a sua existência. Naquele dia de nossa visita, o sol brilhou sobre nós como um fogo feroz, mas sua cabeça estava descoberta, e ainda assim ele não parecia sentir nenhum inconveniente. Durante o dia inteiro, ele ficava agachado em seu lugar, e também a noite toda, salvo à meia-noite, quando ele ía para a confluência dos dois rios sagrados, Ganges e Yamuna, para se banhar e fazer seu ritual de veneração. As durezas de sua penitência prolongada deixaram-no cego, e ele tem que ser conduzido à beira do rio, contudo no seu rosto há um olhar alegre, e seu sorriso é franco e doce. Se os nova-iorquinos se lembrarem das feições do falecido Sr. George Jones, fundador do *New York Times*, eles terão uma excelente ideia da aparência desse *sanyasi sikh*. HPB e eu conversamos com o velho, tendo Mooljee como intérprete. Ele nos disse que tinha cem anos, o que pode ser verdade ou não, não importa; mas quanto à duração de sua permanência naquele *gadi*[116] de tijolos, ela é um fato histórico. E quão interessante é seu caso, quando se pensa nos ideais da nossa sociedade mundana; quão impressionante o fato de ele estar sentado em silêncio e imóvel, em introspeção religiosa, ao longo de meio século de paixões humanas, imperando em volta dele, porém incapazes de afetá-lo, seja para o bem, seja para o mal, da mesma forma que as ondas batendo sobre o pé de um penhasco são incapazes de movê-lo na sua base. Na sua fala ele usou algumas imagens poéticas, como, por exemplo, quando ele disse que os Sábios fisgam e apropriam-se de grãos de verdade como a ostra pega uma gota de chuva para convertê-la em pérola. Ele ficou bastante indiferente a minha afirmação sobre a verdadeira fabricação de pérolas; a ciência está errada, ele disse, e manteve a sua comparação. Usando a conhecida imagem que se encontra nos *Shastras*[117], ele nos lembrou de que só mantendo a mente calma e

---

116 Aparentemente aquela plataforma mencionada anteriormente.
117 A palavra sânscrita *"shastra"* significa "preceito, regras, manual, compêndio, livro ou tratado" (Wikipédia). Aqui se refere a certos livros ou tratados, mas Olcott não diz quais.

a alma imperturbável pode-se perceber a verdade, como a imagem do sol só pode ser vista em água parada. E, no que diz respeito à adversidade e aos problemas: a vivência dessas coisas revela a essência mais doce do conhecimento humano, como o óleo é obtido quando se espremem e se destilam as pétalas de rosas. Quando lhe perguntaram se ele poderia mostrar fenômenos, ele virou seus globos oculares cegos para quem perguntou e tristemente observou que o sábio nunca permitiu que sua atenção fosse retirada da busca espiritual por esses brinquedos dos ignorantes – o que eles realmente são. Quando ele está em um estado de espírito apropriado, tem a faculdade de ver para frente e para trás no tempo, mas ele se recusou a nos dar provas práticas de sua clarividência. Toda vez que revisitei Allahabad desde aquela primeira ocasião, tive o hábito de prestar meus respeitos ao velho *sanyasi*, mas na última ocasião eu soube que ele tinha morrido. Seria muito instrutivo saber até que ponto seu autodomínio físico ao longo da vida modificou sua condição na próxima esfera da consciência.

De Allahabad fomos a Cawnpore, onde conhecemos nosso novo amigo Ross Scott e seu irmão, um engenheiro trabalhando para o Governo. No dia seguinte fizemos pela manhã uma visita a outro *sanyasi*, que vivia na planície arenosa do outro lado do Ganges em estado de nudez por cerca de um ano. Ele tinha um rosto refinado, espiritual, um corpo emaciado e um ar de perfeita indiferença às coisas mundanas. Fiquei impressionado com o colapso de seu estômago, que dava a impressão de que suas funções digestivas raramente eram solicitadas. Também ele se recusou a mostrar-nos fenômenos, com uma expressão de aparente desdém: evidentemente, esses buscadores espirituais hindus estão em um nível diferente dos nossos ocidentais e dão pouco valor aos maiores milagres feitos pelos nossos melhores médiuns. Assim me pareceu, pelo menos. No entanto, ele nos falou sobre um famoso asceta, chamado Jungli Shah, que tem a seu crédito ter feito o milagre dos "Pães e Peixes" mais de uma vez, multiplicando a comida de uma única pessoa a tal ponto que ele foi capaz de alimentar centenas, dando uma refeição completa a cada pessoa. Desde então ouvi várias vezes que a mesma coisa está sendo feita por diversos *sanyasis*. Os mais competentes em magia consideram relativamente fácil multiplicar uma única coisa, como um grão de arroz, um fruto, uma quantidade de água, etc., sendo o requisito principal que haja um núcleo em torno do qual o Adepto possa coletar a matéria do espaço. Mas eu gostaria muito de saber se essas milagrosas multiplicações de comida e bebida são realmente algo melhor do que ilusões; e caso não sejam, se aqueles que ingerem o alimento milagroso são alimentados por ele. Recordo-me que o professor Bernheim me mostrou como, por sugestão, ele podia fazer um paciente hipnotizado sentir o estômago em dado momento cheio de comida, e no próximo senti-lo vazio e estar com uma fome voraz. Nosso jovem *sanyasi* atribuiu também a Lukhi Bawa e a outro asceta o poder de mudar a água em *ghee* (manteiga clarificada). Ele também nos disse que ele próprio, vinte anos antes, viu ainda outro *sanyasi* fazer com que uma árvore derrubada fosse restaurada, tendo galhos e folhas novamente em pleno vigor; e ele contou o fato menos extraordinário – se foi um mero caso de paralisia dos nervos ópticos – de sua própria visão lhe ter sido restaurada por um Guru em Muttra, a cidade sagrada de Sri Krishna.

Às três da tarde, montamos um elefante para visitar Jajnow, uma cidade antiga em ruínas, a seis quilômetros de Cawnpore, a qual, dizem, foi a capital da Raça Lunar[118] em 5000 a.C. Ela aparece em *Caves and Jungles* de forma muito caricatural. Nosso destino foi o *ashram*[119] do velho *sanyasi* chamado Lukhi Bawa, acima mencionado. Ele era um homem de aparência venerável, um filósofo e um astrólogo erudito. Era tão parecido com o falecido Sr. John W. Mitchell, o advogado de Nova Iorque, como se fosse seu irmão gêmeo.

---

[118] "As lendas primitivas da história da Índia mencionam duas dinastias agora perdidas na noite dos tempos. A primeira delas era a dinastia dos reis da "raça do Sol", que reinou em Ayodhyâ (atualmente Oude); a segunda era a da "raça da Lua", que reinou em Pruyag (Allahabad). (*Ísis sem Véu*, II, 437-438)." (*Glossário Teosófico*, Ed. Ground, 4ª ed., 2000, p. 548)

[119] "*Ashram*, na antiga Índia, era um eremitério hindu onde os sábios viviam em paz e tranquilidade no meio da Natureza." (Wikipédia)

E posso dizer aqui, entre parênteses, que na Ásia tenho encontrado em toda parte essas semelhanças impressionantes com amigos ocidentais, conhecidos e personagens públicos. A cor de suas peles torna as semelhanças ainda mais impressionantes e sugere a pergunta se uma equivalência de forças psíquicas evolucionárias, sob a orientação do *Karma*, produz o mesmo tipo de características, independentemente das peculiaridades raciais. As semelhanças chamaram minha atenção não importando se o tipo local era caucasiano, mongol, semítico ou negroide.

Novamente nosso desejo de ver milagres não foi satisfeito. Esse terceiro asceta a quem nos dirigimos dentro de poucos dias também se recusou a produzir fenômenos para nós, ou nos ajudar a encontrar um fazedor de milagres. Bem, isso quanto à parte séria dessa excursão; mas existe seu outro lado, o lado cômico. Não havia um *howdah*[120] (cabine) nas costas do elefante – mais exatamente uma fêmea, cujo nome floreado era Chenchal Peri (Fada Ativa) –, mas apenas um *padi*, um grande colchão, que é amarrado por enormes cilhas, as quais o prendem sob o corpo do animal. Manter-se nesse "assento" quando o animal está em movimento requer alguma habilidade e um bom equilíbrio, e deixo aqueles que conhecem HPB imaginarem o que aconteceu quando ela andou na elefanta juntamente com quatro outros neófitos, todos compartilhando a área limitada do colchão. Por cortesia, nós a ajudamos a subir a pequena escada antes de nós, obviamente esperando que ela jogasse limpo conosco, mas não foi o que ela fez: ela se plantou no meio do colchão, e não se moveu nem um centímetro para nos dar uma chance. Na verdade, suas expressões eram extremamente enérgicas quando lhe pedimos para se lembrar que o colchão não era somente para ela. Assim, quando as orelhas de Chenchal Peri começaram a se agitar e a elefanta mostrou outros sinais de impaciência com nossas disputas, nós quatro – W. Scott, Mooljee, Babula e eu – subimos

---

120 Algo como uma cabine colocada nas costas de elefantes (às vezes de outros animais, como camelos), na qual se pode sentar e passear ou viajar mais confortavelmente do que diretamente nas costas dos animais.

e ficamos presos nos cantos, da melhor maneira que pudemos nos acomodar. Scott sentou-se na parte traseira; como ele deixou pender uma das pernas, a elefanta gentilmente jogou a cauda sobre seu tornozelo e segurou nosso amigo firmemente em seu lugar. Então nós partimos, HPB fumando, radiante como se tivesse andado de elefante desde sua juventude. Mas já os primeiros duzentos e cinquenta metros acabaram com sua presunção. Ela balançou desajeitadamente, de modo que sua gordura foi sacudida e ela ficou toda ofegante, até se enfurecer e nos – que dávamos risadas – mandar para o inferno, juntamente com a elefanta e seu *mahout*[121]. Ross Scott andou em um dos veículos engraçados usados no campo chamados *ekkas*[122]: uma pequena carruagem com duas rodas, com um assento plano maior do que um selo postal, mas não tão grande quanto uma porta de celeiro, de tal maneira que as pernas têm que ser dobradas sob a pessoa ou ficar pendendo sobre a roda; um monte de discos de latão presos ao eixo e chocalhando, um toldo de pouco mais de meio metro ao quadrado sobre a cabeça, e as hastes nas costas do pônei juntando-se em um suporte fixado na sela. A perna de Ross Scott estava deficiente, e ele não pôde montar o elefante conosco como ele desejava. Ao longo dos seis quilômetros – que HPB jurou serem trinta – cavalgamos miseravelmente, e ela furiosamente. Mas quando chegou a hora do retorno, foi impossível persuadir HPB a voltar à sua parte do colchão nas costas do elefante; ela fez Scott se espremer em um lado do seu minúsculo assento no *ekka* e sentou no outro, e, como Pepys[123] diz: "então embora para casa".

Em seguida fomos a Bhurtpore, Rajputana, passando por Agra. Nós estávamos agora naquilo que para a minha colega[124] e mim era um terreno clássico, pois estava ligada à história da es-

---

121 Treinador ou cuidador de elefante.
122 No norte da Índia, uma carruagem puxada somente por um cavalo.
123 Samuel Pepys, funcionário público inglês do século XVII, famoso por seu diário.
124 Olcott usou entre aspas a palavra "*chum*", de estilo popular e mais usado para homens. Referindo-se a HPB, empregou essa palavra também em algumas outras ocasiões.

plêndida Raça Solar dos Rajaputes, à qual pertence o nosso próprio Mestre e que tem todas as nossas simpatias. O marajá[125] não estava em casa, mas o *Dewan* nos recebeu como hóspedes do Estado, nos instalou no *Dak Bungalow*[126], nos enviou carruagens, discutiu conosco sobre assuntos filosóficos e nos facilitou a visita do antigo palácio de Sooraj Mull em Deegh, a trinta e sete quilômetros de distância. Lá nós nos encontramos quase pela primeira vez no Oriente ideal, o Oriente da poesia. Nove palácios, cada um com um nome diferente de um deus, formam um quadrado em torno de um jardim sombreado – o todo chamado *Bhawan*[127]. Começando no canto nordeste, os palácios têm os nomes Kissun, Hardev, Suraj, Samun, Gopal, Bhaduri, Nunda, Keshub e Ram, respectivamente. No centro do jardim destaca-se uma fonte de água em mármore com uma cúpula, cercada por um tanque raso de onde saem cento e setenta e cinco jatos de água, alimentados por riachos que caem de um número igual de bicos que se projetam a partir da parte inferior da cornija da estrutura e, quando funcionam, formam uma parede translúcida de água, que oculta as pessoas que estão ao lado da fonte. Isso mantém o ar dentro deliciosamente fresco no dia mais quente e brilha no sol como um véu de prata bordado com pedras preciosas. A partir desse centro, caminhos elevados saem em todas as direções, e as pessoas flanam na sombra fresca de diversas espécies de árvores: nim[128], tamarindo, manga, *Acacia nilótica*, figueira-de--bengala e figueira dos pagodes. No dia de nossa visita, nada menos que cem pavões passeavam pomposamente pelo jardim, céleres papagaios voavam parecendo lampejos de esmeralda, esquilos listrados pulavam de árvore em árvore, e bandos de pombos suavemente chamavam uns aos outros na densa folhagem, completando um quadro de uma beleza extraordinária. A arquitetura do palácio é toda india-

---

125 Forma aportuguesada da palavra *Mahārāja*, que significa "grande rei".
126 Termo usado para bangalôs destinados a viajantes.
127 A palavra "*bhawan*" é usada para designar palácios, grandes residências, prédios públicos.
128 Também grafado "*neem*"; nome científico: *Azadirachta indica*.

na, as esculturas em pedra têm um requintado desenho, e os ângulos são tão afiados como se tivessem sido terminados ontem. No palácio *Zenana*[129] – Sooraj Mull[130] – cada quarto tem um piso de mármore com mosaicos diferentes; os dintéis e caixilhos são em puro mármore escultural, decorados com desenhos de trepadeiras em alto relevo. Mas, infelizmente, em meio a toda essa beleza prosperou a depravação moral, e ouvimos histórias tão vulgares de devassidão reinando em Bhurtpore e outras cidades daquela província que ficamos felizes em partir o mais rápido possível.

Na mesma noite voltamos para a cidade e pernoitamos no *Dak Bungalow*, onde tive a aventura mencionada no capítulo anterior. HPB e eu estávamos sentados sozinhos na varanda traseira, quando um velho hindu, vestido de branco, após dobrar a esquina da casa, veio em nossa direção, fez uma reverência diante de mim, me deu uma carta e se retirou. Ao abri-la, vi que era, como prometido, a resposta à minha carta enviada a Goolab Singh em Khandalla, resposta que, como ele disse em seu telegrama de Kurjeet, eu deveria receber em Rajputana. Era uma carta lindamente escrita e, para mim, muito importante, na medida em que apontava para o fato de que o caminho mais seguro para buscar os Mestres era através do canal do fiel trabalho na Sociedade Teosófica. Eu tenho perseverantemente agido dessa forma, e mesmo que a carta fosse falsa, ela provou ser uma bênção e um conforto perpétuo em tempos de dificuldade.

Nossa parada seguinte foi Jeypore[131], onde chegamos às vinte e uma horas do dia 20 de abril e nos instalamos no *Dak Bungalow*. Depois lamentamos não termos permanecido lá. O fato é que fomos seduzidos pela ideia de aceitar o convite de um tio do marajá para mudarmos para o seu palácio e aceitarmos a sua hospitalidade. Pagamos caro pelo nosso desejo de saber o que era ser os convidados de um *Rajah*[132] de fala suave. Os quartos que nos deram esta-

---

129 O palácio das mulheres.
130 Aparentemente esse nome – do rei – é o nome do palácio.
131 O nome atual é "Jaipur" (capital e maior cidade do estado do Rajastão).
132 A palavra sânscrita "*rajah*", ou "*raja*", significa "rei", mas pode ser traduzida como "príncipe".

vam no telhado do palácio, em um galpão aberto; havia um terraço pavimentado de tijolos e argamassa cheios de poeira, sem nenhuma cama, cadeira, mesa, colchão, banho ou qualquer conforto. O *Rajah* foi embora, depois de prometer nos instalar confortavelmente. Esperamos horas com admirável paciência, sentados sobre nossa bagagem, observando por sobre o parapeito as pitorescas multidões na rua, e fumando para matar o tempo. A hora do almoço passou e a hora do jantar também, mas nenhum alimento apareceu, nada para comer. Por fim mandamos Babula comprar comida e conseguir madeira para fazer um fogo e cozinhá-la, e assim saciamos nossa fome. Como não chegaram camas dobráveis ou colchões, abrimos um sofá-cama de ferro para HPB, e nós outros estendemos cada um seu cobertor, deitamos no duro terraço e passamos uma noite horrível, com calor, poeira e mosquitos. A primeira coisa que o sem-vergonha do anfitrião fez na manhã seguinte foi chamar Mooljee e literalmente nos pôs para fora sem nenhuma palavra de explicação. Na verdade, tínhamos motivos para acreditar que era porque na época nós éramos suspeitos de sermos espiões russos (!); havia até um policial perseguindo nossos passos onde quer que fôssemos. É claro que fui direto ao coronel Beynon, Residente Britânico[133], e protestei, como um verdadeiro americano evidentemente o faria, contra essa política sorrateira, que era totalmente inútil, considerando que não tínhamos nada a esconder e que o governo era bem-vindo a ler todos os nossos documentos, verificar todos os nossos conhecidos, e até mesmo, se quisesse, receber relatórios diários sobre o que era nosso jantar. O Residente foi muito cortês, lamentou que tivéssemos sido incomodados e me ofereceu uma carruagem e elefantes para o caso de desejarmos visitar a antiga capital do Estado de Jeypore, Amber. Voltamos contentes para o *Dak Bungalow*, onde desfrutamos de novo de uma boa refeição e de uma boa noite de descanso.

Amber foi abandonada por um capricho do antigo marajá, que mandou construir, segundo seu próprio gosto arquitetônico,

---

133 Na época, os chamados "Residentes Britânicos" ("*British Residents*") eram funcionários do governo britânico com a tarefa de administrar certas regiões.

uma cidade completa, a atual capital, Jeypore, e quando ela estava pronta, ordenou que toda a população de Amber fosse deslocada para lá, com todos os pertences. Nenhuma outra cidade na Índia se compara a ela, e HPB disse espirituosamente que ela parecia "Paris feita em creme de framboesa". É uma cidade feita de tijolos e estuque rosa, com fachadas em quase todos os estilos arquitetônicos concebíveis. As ruas são amplas e perpendiculares a avenidas; nos cruzamentos das ruas, fontes com água jorrando; há calçadas pavimentadas – uma coisa muito incomum na Índia –, iluminação pública a gás, uma grande e bem equipada faculdade, uma biblioteca pública, magníficos jardins públicos com uma bela coleção zoológica e muitos palácios pertencentes a Sua Alteza e a chefes das tribos rajaputes, seus tributários.

O nosso guia em Amber era um sujeito estúpido, completamente ignorante das coisas que nos interessavam mais, e tagarelava o tempo todo coisas sem importância – como a maioria dos guias locais fazem. Mas conseguimos tirar dele uma coisa muito interessante. Há (ou havia naquela época), ao que parece, um *Mahātma* que vive não muito longe da capital, e ocasionalmente aparece para o príncipe governante e para uma ou duas outras pessoas. Existem subterrâneos dos quais o marajá tem o segredo, mas que ele não tem permissão de visitar ou explorar, exceto em alguma contingência grave, como, por exemplo, uma rebelião de seus súditos ou outra catástrofe para sua dinastia. Obviamente não tenho como saber se essa história é verdadeira. Dizem que uma vez, quando o príncipe estava partindo para uma viagem, o *Mahātma* lhe disse que ele iria acompanhá-lo até certa distância. Mas nada se viu dele no momento da partida; no entanto, ele apareceu para o príncipe de repente, quando o mesmo já estava a uma distância considerável do local de partida.

Vários funcionários do *Durbar*[134] em Jeypore tornaram-se nossos conhecidos, muito agradáveis aliás, entre eles um parente próximo do nosso colega experiente, *Babu* Norendranath Sen, de

---

134 "*Durbar*" tem vários significados. Provavelmente aqui significa "governante, senhor feudal, de pequeno principado na Índia".

Calcutá. Passamos horas deliciosas em sua companhia, e nosso tema sempre foi: ideias, ideais e aspectos sociais hindus e ocidentais. Os rajaputes são de um tipo étnico magnífico, e no Panjabe qualquer multidão ultrapassa em beleza todas as aglomerações em espaço público que eu já vi. Um número considerável de chefes feudais estava na cidade no momento de nossa visita, e a frequente passagem de seus séquitos armados, andando a cavalo ou de elefante – os animais estando alegremente ornamentados –, indo ao palácio do marajá ou voltando de lá, foi, para os meus olhos americanos, como se cenas das cruzadas tivessem sido chamadas de volta do registro astral do mundo. O Chefe de Justiça de Bhurtpore havia me dado cartas para vários desses suseranos, e visitei dois deles em seus acampamentos, mas ao saber do Residente Britânico que os mais belos e aparentemente mais independentes, sinceros e hospitaleiros deles haviam privadamente inquirido dele se éramos conhecidos seguros, fiquei tão enojado que deixei os outros ficarem com seu desejo de segurança e sua bajulação política. A raça dos príncipes rajaputes degenerou sob o domínio estrangeiro, e também pelo fato de matar o tempo com prazeres grosseiros.

Babu Mohendranath Sen, um dos mais altos *Durbaris*[135] de Jeypore, nos falou de um *yogue* (naquele tempo em peregrinação em Hardwar) que era muito competente na prática de *samadhi*[136]. Na presença e sob a supervisão do nosso informante, ele tinha sido sepultado, permaneceu enterrado durante vinte e sete dias, e, em seguida, na presença de centenas de testemunhas oculares, foi desenterrado. Os ouvidos, narinas e outros orifícios de seu corpo haviam sido fechados com *ghee*[137], e a língua tinha sido virada para a faringe. Na hora da ressuscitação, o enchimento dos pulmões com ar foi acompanhado de um som sibilante como o da saída de vapor

---

135 Plural de "*Durbar*". Aqui refere-se a determinado alto cargo.
136 "No ioga é a última etapa do sistema [de meditação], quando se atingem a suspensão e compreensão da existência e a comunhão com o universo. No Budismo é usado como sinônimo de concentração ou quietude da mente." (Wikipédia)
137 Manteiga clarificada.

de um radiador. O incidente pode ser atestado por muitas testemunhas vivas em quem se pode confiar. Mohendranath *Babu* nos falou ainda de outro *yogue* – que também estava naquele momento em Hardwar – cuja testa brilha com luz espiritual (*tejasa*) quando ele está sentado em contemplação.

CAPÍTULO VI

VIAGENS PELO NORTE. DAYANAND SARASWATI. ENCANTANDO SERPENTES. COMEÇO DE *THE THEOSOPHIST*

Agra foi nossa parada seguinte. Permanecemos três dias nessa cidade. O que eu poderia dizer do Taj[138] que não já foi dito melhor por muitos viajantes mais inteligentes? A frase de Bayard Taylor de que ele é "um poema em mármore" diz tudo. Nosso guia local nos contou uma lenda que mostra praticamente a mesma ideia. Ele disse que foi um velho faquir[139] que viu em uma visão o plano arquitetônico e o mostrou a Shah Jehan[140], que o executou implicitamente. É a réplica mate-

---

[138] É o Taj Mahal, belíssimo mausoléu. "A obra foi feita entre 1632 e 1653 com a força de cerca de 20 mil homens, trazidos de várias cidades do Oriente, para trabalhar no suntuoso monumento de mármore branco que o imperador Shah Jahan mandou construir em memória de sua esposa favorita, Aryumand Banu Begam, a quem chamava de Mumtaz Mahal ('A joia do palácio')." (Wikipédia)

[139] Nota de Olcott: "Para os interessados repito que "faquir" e "*sanyasi*" são, respectivamente, os nomes muçulmano e hindu para o mesmo personagem, ou seja, um asceta religioso errante e celibatário."

[140] Também escrito Shah Jahan. Governante do Império Mogul, ou Mugal (muçulmano). Viveu de 1592 a 1666.

rializada de um templo no Paraíso de Maomé. Esperemos que o original celestial não tenha sido construído à custa de tal sofrimento humano, nem suas pedras cimentadas com uma tal hecatombe de vidas como esse sepulcro incomparável da linda Noormahal[141]. As palavras são absolutamente inadequadas para expressar as sensações de uma mente estética quando se entra no jardim do Taj através do esplêndido portal de arenito vermelho – ele mesmo um palácio. Como um belo sonho branco, o Taj destaca-se contra o céu indiano cor de lápis-lazúli de abril, sugerindo um mundo espiritual não manchado com a sujeira deste mundo grosseiro. Mas paro por aqui: deixemos esta maravilha do mundo para turistas futuros – indescritível, único, um pensamento em mármore.

O mesmo guia contou-nos que um outro faquir, para satisfazer a curiosidade de um incrédulo marajá de Bhurtpore, fez desaparecer na sua frente uma pilha de *mohurs*[142] de ouro e as fez reaparecer sob a forma de uma chuva de moedas que caiu sobre suas rainhas na parte feminina (*Zenana*) de seu palácio.

Quando estávamos em Agra, visitou-nos o representante local de *Swami* Dayanand Saraswati e deu sua opinião sobre esse grande chefe religioso. Suas explicações estão anotadas no meu Diário como tendo sido "tão satisfatórias que decidimos ir a Saharanpore para encontrar o *Swamiji*[143] após seu retorno de Hardwar". Ao que parece, fomos enganados totalmente em relação aos seus ensinamentos.

Em Saharanpore os membros do *Arya Samaj* nos acolheram o mais cordialmente e nos trouxeram frutas e doces como presentes. O único desmancha-prazeres foi a presença do espião da Polícia e de seu criado, que observaram nossos movimentos, inter-

---

141 Olcott deve ter se enganado. O nome da esposa do imperador era Aryumand Banu Begam, a quem ele chamava de Mumtaz Mahal; ela foi casada com ele de 1612 a 1631.
142 Moedas de ouro usadas na Índia de 1540 a 1947.
143 Na Índia coloca-se o sufixo "ji" em nomes, títulos e palavras para indicar que se trata de uma pessoa muito querida, respeitada, reverenciada. "*Swami*" é um título honorífico hindu dado a instrutores espirituais.

ceptaram nossas anotações, leram nossos telegramas e nos fizeram sentir como se tivéssemos, por engano nosso, caído nas garras da Terceira Seção Russa[144]. A cidade estava cheia devido ao fluxo de peregrinos retornando de Hardwar, uma visão muito interessante para nós estrangeiros. O que nos impressionou especialmente foi a multidão de homens e mulheres ascetas (ou pretensos ascetas, como provavelmente a esmagadora maioria deles deve ser chamada, sendo ascetas somente nas roupas de cor de açafrão). Notei "um homem jovem de aparência muito impressionante – um cavalheiro com pérolas e com o rosto caiado, olhos extremamente brilhantes e bonitos, barba cuidadosamente aparada, dentes brancos, estatura alta – parecia um rei".

Os samajistas fizeram uma recepção formal e nos ofereceram um banquete, à moda indiana, com folhas como pratos, colocadas no chão, nas quais nós nos servimos, comendo – como de costume – com a mão direita (lavada). O *Swamiji* chegou no dia seguinte ao amanhecer, e Mooljee e eu fomos cumprimentá-lo. Fiquei imensamente impressionado com sua aparência, maneiras, voz harmoniosa, gestos agradáveis e dignidade pessoal. Ele tinha acabado de tomar banho junto a um poço em um bosque frondoso e estava vestindo sua roupa[145] limpa quando o encontramos. Ele tinha de antemão uma ideia tão favorável de mim quanto eu dele, de forma que nossos cumprimentos foram muito cordiais. Ele me pegou pela mão, me levou a um terraço cimentado ao ar livre, mandou trazer uma cama indiana (*charpoy*) e me fez sentar ao lado dele. Depois da troca de alguns elogios, nos despedimos, e depois de cerca de uma hora ele veio para o *Dak Bungalow* e travou conhecimento com HPB. Na longa conversa que se seguiu, ele definiu seus pontos de vista sobre Nirvana[146], *Moksha*[147] e Deus em termos que pudemos aceitar

---

144 A mais antiga instituição de serviços secretos, fundada em 1826.
145 No original: "*cloth*" (pano; traje de determinada profissão).
146 Estado em que se está libertado do sofrimento.
147 "*Moksha* [...] ou *Mukti* [...] refere-se, em termos gerais, à libertação do ciclo do renascimento e da morte e à iluminação espiritual." (Wikipédia)

plenamente. Na manhã seguinte discutimos as novas regras da S.T., ele aceitou um lugar no Conselho, deu-me por escrito poderes de procurador, recomendou a expulsão de Hurrychund Chintamon e aprovou totalmente o nosso esquema de ter seções para membros de determinadas religiões, como os budistas, parses, muçulmanos, hindus etc. Como as anotações no meu Diário foram feitas na época, não pode haver nenhum engano a respeito disso, e aqueles que seguiram estas narrativas desde o início compreenderão nossos sentimentos quando, mais tarde, seu ecletismo altruísta se transformou em exclusividade sectária, e sua bondade cortês, em insultos.

Em sua companhia pegamos no dia seguinte o trem para Meerut, e no caminho chegamos a um acordo de que ele deveria esboçar e nos enviar os três graus maçônicos que pretendíamos instituir para classificar nossos membros avançados conforme suas capacidades mentais e espirituais. Em Meerut fomos levados para a casa de *Babu* Sheonarain, um samajista e rico empreiteiro do Governo, que colocou a sua casa e tudo mais à nossa disposição. Na noite seguinte, às dezoito e trinta, assistimos a uma reunião lotada do *Arya Samaj*, que foi muito interessante para nossos olhos desacostumados: uma reunião pitoresca além da imaginação ocidental. Ela foi realizada em um pátio oblongo, aberto em cima e cercado por edifícios; na extremidade mais distante, uma plataforma em tijolos, de quinze por trinta metros, coberta com tapetes orientais e colchonetes; um estrado baixo para o *Swami* com um púlpito e livros deitados sobre ele; o instrutor sentado em um colchonete encostado a um dos espessos almofadões redondos, típicos do país. Com calma dignidade ele dominou a plateia, que, em total silêncio, prestou atenção ao que ele iria dizer: o único som audível era o gorjeio de pássaros. Depois de nosso grupo ter sido conduzido aos lugares indicados, o *Swami* abaixou o queixo até o peito, ficou absorto por alguns minutos, e, em seguida, levantando o rosto para o céu, entoou com sua voz sonora e doce as palavras "*Om; Om; Shanti, Shanti, Shanti*!". Quando os sons cessaram, ele começou um discurso sobre o tema "Oração". Ele definiu a oração como sendo trabalho; não o vão murmurar de palavras, não simples vibrações de lábios; não adulação ou ameaça a Deus (isso não teria a menor eficácia). Ele havia uma vez ouvido dizer que um membro do *Brahmo Samaj*[148] desperdiçou duas horas em simplesmente repetir as palavras "Tu Deus é toda misericórdia e justiça". Que bem isso fez? Algumas pessoas falam com Deus como alguém fala com seu sipai[149]; como se tivessem o direito de dar ordens; loucura inútil; que aquele que quer rezar efetivamente trabalhe, trabalhe, trabalhe; tudo o que está fora do alcance das pessoas deve ser procurado pela contemplação e pelo desenvolvimento dos poderes espirituais. Assim ele continuou, eloquente, emocionante, falando com a facilidade do fluxo da água em um rio. Antes que ele terminasse, o luar prateado tocava a cornija estucada da casa à nossa frente, enquanto nosso lado estava em uma sombra escura, o céu era como uma planície azul acima das copas das árvores e um raio do brilho lunar estendia-se atrás do *Swami* como uma tela de prata polida, colocando sua bela figura em alto relevo.

No dia seguinte foi a minha vez de dar uma palestra. Esse evento ocorreu sob uma *shamianah* (um toldo de lona listrada azul e branco, apoiado por postes pintados e estabilizado por cordas presas no chão) no terreno da casa de Sheonarain. O chão estava coberto de *durries* (tapetes indianos de algodão), e aqui e ali estavam espalhados ainda tapetes[150] persas e indianos. Havia uma mesa para mim e algumas cadeiras para os europeus; o resto da plateia, incluindo o *Swami*, estava agachado no chão. Algumas autoridades inglesas assistiram, e nosso espião da polícia – que tinha raspado o bigode, aparentemente para efeito de disfarce – enfeitou a cena. Na

---

148 Movimento religioso indiano fundado em 1862 por Nobin Chandra Roy, com base no movimento Brahmo Sabha, iniciado em 1828. Deu uma contribuição significativa para o surgimento da Índia moderna.
149 Os sipais (cipais, sipaios ou cipaios, do híndi *shipahi*, "soldado") eram soldados indianos que serviam no exército da Companhia Britânica das Índias Orientais, sob as ordens de oficiais britânicos.
150 No original: "*rugs*". Outra palavra inglesa, e mais comum, para "tapete" é "*carpet*". Alguns dizem que "*rugs*" são de menor qualidade e são colocados em certos lugares temporariamente, ao passo que "*carpets*" costumam ficar no mesmo lugar por muito tempo.

minha fala fiz uma exposição sobre os benefícios mútuos que provavelmente resultariam de uma combinação de interesses e talentos do Ocidente e do Oriente, respectivamente. Mooljee fez o papel de intérprete.

No dia seguinte, o *Swami* nos contou muitos fatos interessantes sobre sua própria experiência na selva e sobre a de outros *yogues*. Ele viveu sete anos nu (melhor dizendo, apenas vestido de *langouti* – um pano que cobre as partes íntimas, ou fralda, como deveríamos chamá-lo), dormindo no chão ou em uma rocha, comendo o que podia pegar na floresta, até que seu corpo se tornou insensível ao calor, ao frio, a cortes e queimaduras. Entre animais selvagens e serpentes venenosas, ele saiu ileso. Uma vez ele esteve face a face com um urso faminto; o animal se ergueu na frente dele, mas ele o afastou com um gesto de sua mão, e seu caminho ficou livre. Um Adepto, de nome Bhavani Gihr, que ele viu no Monte Abu, podia beber uma garrafa inteira de um veneno do qual uma única gota mataria um homem comum, e ele podia facilmente jejuar quarenta dias e fazer outras coisas extraordinárias.

Naquela noite houve outra grande reunião durante a qual as pessoas queriam nos ver, e houve um debate entre o *Swami* e o diretor da escola pública local sobre as provas da existência de um Deus.

Na quarta-feira, dia 7 de maio, voltamos para casa (isto é, para Bombaim, pois nossa casa, nosso lar, nunca mais foi o Ocidente, desde que partimos dele em direção à Índia). Fomos acompanhados para a estação pelo *Swami* e por um grande número de seus seguidores, que jogaram rosas para nós e gritaram seus gentis *namastês*[151], enquanto o trem se afastava.

Após vários dias e noites tórridos e grande desconforto chegamos finalmente em Bombaim. Mas antes que HPB cuidasse de suas malas e pacotes, ela se dirigiu ao espião que ficava no nosso encalço, e lá mesmo, na plataforma, deu um sermão nele. Sarcasticamente ela o elogiou pelos grandes resultados que ele deve ter obtido em sua viagem cara – em vagões de primeira classe –, e

---

151 Palavra sânscrita de cumprimento, significando "O Deus que habita em mim saúda o Deus que habita em você".

pediu-lhe que apresentasse os melhores cumprimentos e agradecimentos dela às autoridades e exigisse promoção! O pobre homem corou e balbuciou, e ... partimos, deixando-o plantado lá. Em vez de ir para casa a fim de tomar banho e o café da manhã, dos quais precisávamos tanto, fomos ao consulado dos Estados Unidos e exigimos que o cônsul enviasse um protesto vigoroso ao Chefe de Polícia por seu tratamento insultante de inofensivos cidadãos norte-americanos.[152]

Depois, nossa vida fluiu placidamente. As imagens pitorescas de nossa vida diária imprimiram-se cada vez mais profundamente em nossos sentidos, à medida que os dias se tornavam semanas e as semanas se transformavam em meses. A cada dia nosso círculo de conhecidos indianos se alargava; por outro lado, entramos em contato com pouquíssimos europeus, talvez uns cinco. Que diferença faria para nós o fato de eles gostarem de nós ou não? Eles não podiam nos ensinar nada que nos importasse saber, e seu modo de vida e suas ocupações não tinham nenhum interesse para nós. Quando meu tempo o permitia, eu mandava cartas semanais a um jornal de Nova Iorque descrevendo nossas aventuras e observações. Vejo nas anotações no meu Diário que, durante o período em que enviei essas cartas, tratei quase dos mesmos assuntos que agora estou descrevendo. Através de um protesto que dirigi ao Governo de Bombaim por intermédio do Sr. Farnham, cônsul dos Estados Unidos, consegui que ele desistisse de mandar seus espiões da polícia vigiarem nossas idas e vindas. Posteriormente eu soube em Simla, pelas autoridades britânicas[153], que as autoridades de Bombaim estavam muito irritadas pelo fato de que a espionagem foi feita tão desajeitadamente que atraiu nossa atenção. Elas disseram também que não era, de maneira alguma, fora do comum termos sido observados, pois era a regra na Índia observar todos os estrangeiros que parecessem ter especial inti-

---

152 HPB tinha adquirido a nacionalidade norte-americana.
153 No original: *"Viceregal authorities"*. *"Viceregal"* (vice-real) é derivado de *"Viceroy"* (Vice-Rei). A Índia era colônia da Grã-Bretanha, e o Governador Geral da Índia Britânica tinha também o título de Vice-Rei (1858-1947).

midade com os hindus, e também evitava-se que os hindus tivessem relações com a raça dominante[154].

Quando ocorreram os incidentes relacionados com a visita ao nosso bangalô de um esperto encantador de serpentes, fiz anotações completas. Visto que uma versão muito fantasiosa dessa história é contada em *Caves and Jungles*, é bom que eu narre o que aconteceu realmente, o que já é interessante o suficiente. O nome do homem era Bishunath; ele era nativo de Indore, e o fato ocorreu em 15 de junho de 1879. Sua aparência era a mais pitoresca. Tinha uma enorme massa de cabelos negros; uma barba cheia estava dividida, à moda rajapute, abaixo do queixo, e as extremidades iam até sobre suas orelhas; seu magro corpo moreno estava nu até a cintura; ele usava um *dhôti*, ou pano, envolvendo-o dos quadris aos pés; sobre o ombro, outro pano, dobrado, pendendo até a cintura; um turbante branco cobria a cabeça, e seus traços regulares e olhos brilhantes eram do puro tipo ariano. Em uma cesta coberta, redonda e plana, estavam algumas cobras, das quais ele colocou uma no chão rebocado do quarto de Wimbridge. O réptil enrolou-se calmamente, sem mostrar qualquer hostilidade no início, mas o efeito de seu aparecimento foi que HPB e a Srta. Bates subiram em duas cadeiras e apertaram a parte baixa de suas saias. O encantador, pegando uma flauta de cabaça, começou a tocar uma suave melodia rítmica nada desagradável de se ouvir. Isso aparentemente teve um efeito surpreendente sobre a serpente, que se ergueu sobre seu corpo em espiral, dilatou o pescoço em forma de leque[155], lançou sua língua delgada para fora e balançou a cabeça de um lado para o outro acompanhando o ritmo da melodia. Como eu havia lido pouco tempo antes afirmações de vários autores de que essas serpentes "encantadas" são tornadas inofensivas pela extração de suas presas, perguntei ao encantador,

---

154 Na visão das autoridades, a raça dominante eram os europeus, mais especificamente os britânicos.

155 No original: "*outspread its double fan-like hood*"; "*hood*" é "capuz", "capelo"; algumas espécies de serpentes Naja – que dilatam o pescoço quando estão enraivecidas – são chamadas também de "cobra-capelo".

através de um dos três senhores parses presentes, se isso havia sido feito no presente caso. Ele o negou e, segurando a serpente pelo pescoço, abriu a boca com uma vara e nos mostrou os dentes finos e curvos com seus sacos de veneno nos cantos da boca. Ele se ofereceu a nos dar a melhor demonstração possível, se procurássemos uma galinha para fazer um experimento. Logo foi trazida uma, e então o encantador, segurando-a atrás das asas, empurrou-a para a cobra, depois de irritá-la por movimentos ameaçadores. A cobra ficou mais nervosa e raivosa, agitando sua finíssima língua, expandindo seu pescoço e silvando com um ruído parecido como uma respiração estertorosa. Por fim, quando a galinha estava perto, ela afastou sua cabeça de repente e, em seguida, deu um golpe rápido na vítima, recuou e avançou de novo. Mas desta vez errou o alvo, e, em vez de tocar as costas da galinha, acertou com uma de suas presas a mão do encantador. Uma pequena gota de sangue escorreu da ferida, e não pudemos reprimir exclamações de medo. Mas Bishunath jogou a galinha no chão, abriu uma pequena caixa de lata enferrujada, tirou dela um pedaço de osso redondo, colocou-o na mancha de sangue e, depois de manter a mão parada por um minuto ou dois, a usou tão livremente quanto a outra. O pedaço de osso estava preso à pele como se tivesse sido colado com a mais aderente goma ou cola. A pobre galinha não fez nenhum movimento para se levantar, mas permaneceu deitada onde caiu, deu alguns chutes, seu corpo estremeceu, e então ela morreu. Evidentemente, as presas da serpente não tinham sido removidas. Mas agora olhamos para o encantador, com medo de ele também ter sido vítima de sua temeridade. Ele, no entanto, não deu importância ao caso, dizendo que a "pedra de serpente" iria infalivelmente chupar todo o veneno. Minha curiosidade estava excitada pelo fato de essa "pedra" ter aderido tanto à mão do homem; pedi para ele me deixar pegá-la; ele concordou, eu o fiz e percebi que a adesão era tão forte que toda a pele do dorso da mão se ergueu quando puxei a "pedra". Todos nós pudemos ver isso claramente. Depois de alguns minutos, ela caiu sozinha, e o encantador disse que nem por isso ele se sentia pior. Em resposta a nossas perguntas, ele nos deu então as seguintes informações. O disco maravilhoso é apenas um pedaço de osso – do tamanho de um botão de colete – e cresce na boca, entre a pele e osso da mandíbula superior, de uma entre cinquenta ou cem cobras. As outras não têm esse osso. Sua presença torna essa serpente rainha entre suas companheiras e dá-lhe o nome de Cobra Raja[156]. Os encantadores de serpentes abrem a boca de cada serpente que capturam para ver se ela tem o precioso pedaço de osso. A mesma coisa também é encontrada na anaconda, em uma espécie de sapo grande, venenoso, amarelado, e até mesmo no elefante. O animal que possui tal osso é rei de sua espécie. Muito curioso, se for verdade! E o encantador nos deu provas de que esse osso tem algum tipo de utilidade. Primeiro, ele excitou a cobra como antes, até ela golpear, silvar e expandir seu pescoço. Depois, pegando o ossinho redondo entre o dedo e o polegar, estendeu a mão em direção ao réptil, que, para nossa total surpresa, recuou como faria uma pessoa quando alguém coloca um ferro quente perto do rosto. Balançando para a direita e para a esquerda, parecia que ela estava aterrorizada pelo objeto misterioso, ou estava sob uma espécie de influência mesmeriana. O encantador a seguiu de perto em seus movimentos, não lhe dando descanso: a serpente parou de silvar, retraiu seu pescoço, balançou cada vez mais fracamente, e finalmente se acomodou no chão sobre seu corpo enrolado. O encantador terminou sua experiência tocando a cobra na cabeça com a "pedra". Refletindo passo a passo sobre tudo isso, consegui ver uma única alternativa: ou a "pedra" influencia de fato a serpente, e nesse caso é de interesse científico, ou o mortífero réptil tinha sido treinado pelo seu dono (que ele portanto conhecia) a passar por esse experimento. Para testar essa teoria, peguei o osso do encantador e fiz o mesmo experimento. Pensei que, visto que minha pele é branca, se a cobra agir – da maneira que agiu – somente diante de uma mão de pele morena, provavelmente ela iria tentar me morder, em vez de relaxar e se acomodar e descansar. Primeiro eu a enfureci como havia visto o encantador fazer, estando

---

156 Em inglês, usa-se o gênero masculino para serpentes, de modo que a serpente mencionada não é considerada rainha, e sim rei. No original inglês, foi usada a expressão "Cobra Raja".

obviamente muito vigilante em relação a seus movimentos e imediatamente retirando minha mão quando via aquele movimento preliminar para trás antes do golpe. As senhoras, de sua posição vantajosa nas cadeiras, protestaram contra a minha temeridade estúpida – como elas a chamaram – e HPB foi mais crítica do que habitualmente. No entanto, para o bem da Ciência, persisti. Quando a cobra estava no estado certo de raiva, estendi a mão com a "pedra de cobra" em sua direção e gostei de ver que ela se comportou como antes: a excitação parou, seus movimentos se tornaram cada vez mais lânguidos, finalmente ela descansou toda mole, e eu toquei sua cabeça com o poderoso osso.

Após um longo pechinchar, sem o qual nenhuma transação pode ser efetuada no Oriente, compramos a pedra de cobra por algumas rúpias, e eu costumava carregá-la em minha pasta de despacho, para o caso de alguém ser mordido por uma cobra e pedir minha ajuda. Mas não houve nova oportunidade de testar sua eficácia, e finalmente eu a entreguei ao Dr. Mennell, de Londres, que tinha dado muita atenção ao assunto do efeito de venenos de todos os tipos.

Bishunath não compareceu a um encontro que havíamos marcado para o domingo seguinte, quando ele deveria ter vindo e feito um experimento em alguns cães *Pariah*[157], decepcionando assim um grupo bastante ilustre de europeus e indianos que eu havia convidado para assistir. Porém, nosso tempo não foi inteiramente desperdiçado, pois um amigo trouxe um *Ghulan Goss*, um malabarista muçulmano, para nos mostrar alguns de seus truques espertos. Tenho anotações sobre dois que vale a pena mencionar. Ele fez uma bola de madeira perfurada subir lentamente e depois descer em uma corda vertical, que sua mão segurava em uma extremidade, e seu dedão do pé, na outra. Quando ele mandava a bola subir, ela o fazia; ao comando oposto, ela descia lentamente. Ele também segurou um arco de bambu com cordas, do tamanho de um contrabaixo, mas com apenas duas cordas; ele pressionou uma extremidade do arco

---

157 Raça de cães originários da Índia.

contra seu lado direito, com as cordas para cima. Sobre elas estavam três bolas de igual tamanho, uma atrás da outra. Ao seu comando, as bolas se moviam como ele ordenava, ora todas subindo até o topo do arco, ora descendo uma de cada vez, ou duas ou três; ora uma subindo, enquanto as outras desciam para encontrá-la no meio. Nenhum de nós conseguia compreender isso. O malabarista continuou a girar lentamente seus pés, e evidentemente surgiu a ideia de que o efeito observado podia ser atribuído à força centrífuga; mas no caso das bolas que desciam teria que ser uma força centrípeta, ou gravidade. E o fato de que o malabarista podia fazer uma bola subir sob impulso centrífugo, enquanto as outras estavam descendo em virtude da força oponente, deixou todos nós perplexos.

Um amigo hindu falou sobre um remédio estranho com o qual sua mãe o curou dez vezes de icterícia. Coloca-se uma linha em uma agulha, cuja ponta é passada várias vezes na testa do paciente de cima para baixo, enquanto o operador repete um mantra; depois a agulha é colocada em uma xícara com água; o paciente deve fazer uma dieta simples por um ou dois dias; a agulha e a linha ganham uma cor amarela escura, e o paciente se recupera. Se alguém tentar isso e conseguir realmente curar alguém, peço que me conte depois. O mantra eu não sei repetir, mas suponho que qualquer um sirva, desde que seja repetido com "intenção mesmeriana", isto é, com concentração de pensamento e fé no remédio. Mas posso estar errado, pois na Índia há muitos encantamentos com mantras, e para muitos propósitos diferentes. Para determinado resultado desejado, invoca-se uma deusa (elemental) por um mantra específico; para outro objetivo, outra deusa com outra fórmula. No entanto, no meu entender, o adorador sempre pede a ajuda de um espírito elemental para obter o que deseja. Sobre este assunto poderia ser escrito um ensaio muito instrutivo, e espero que isso seja feito.

Aqui está uma anotação sobre o dia 23 de junho, cujo significado não me recordo: "Às 22h30 fui para o quarto de HPB e trabalhei com ela até às 2h30 da madrugada sobre o ideal de um 'Antetipion', ou máquina para recuperar do Espaço as imagens e as vozes do passado." É somente isso que consta no meu Diário, e não me lembro em que tipo de máquina estávamos pensando. Há várias anotações sobre o fato de que ajudei HPB a escrever "seu novo livro sobre Teosofia". Ao que parece, ela o começou no dia 23 de maio; no dia 24, "eu lhe dei, a pedido dela, as linhas gerais de um livro incorporando as ideias básicas que vieram a alguém que não pretendia ser o autor dele"; no dia 25 "ajudei na preparação do Prefácio", e em 4 de junho nós o terminamos; e essa semente esteve na mão da mãezinha durante cinco ou seis anos antes de brotar como *A Doutrina Secreta*, para a qual a única coisa que eu fiz foi inventar o título e escrever o primeiro prospecto. Depois de nossa chegada a Bombaim, eu tive demasiado trabalho de rotina para ajudar a escrever outro livro de tamanho gigantesco[158].

Com as melhores intenções, nós quatro nos comprometemos a aprender híndi, para o bem da Sociedade, mas como não se pode aprender uma nova língua e ao mesmo tempo receber diariamente multidões de visitantes e escrever dezenas de cartas, abandonamos relutantemente essa tentativa logo em seguida. De qualquer modo, na Índia o inglês é tão difundido entre as pessoas cultas – com quem nós nos relacionamos principalmente no nosso trabalho –, que não acho que nossa causa tenha sido dificultada materialmente por causa de nossa falta de conhecimento dos vernáculos.[159]

No dia 18 de maio, falei pela primeira vez diante do *Arya Samaj* de Bombaim. Foi uma reunião ao ar livre, à qual compareceram muitas pessoas. Estava presente um reverendo, o editor do jornal – na língua marata – da Missão Presbiteriana, e eu o desafiei a se apresentar e reparar certas insinuações caluniosas que ele havia se permitido fazer contra nós (e pelas quais ele mais tarde teve que se desculpar humildemente em seu jornal, segundo exigência de nosso advogado, o Sr. Turner). Mas ele apenas murmurou algo de uma maneira embaraçada, e o presidente da reunião, o venerável Sr. Atmaram Dalvi, perdeu a paciência e o insultou. Então HPB

---

158 Olcott refere-se aqui ao fato de que ele ajudou a escrever a volumosa obra *Isis Sem Véu*.
159 Na Índia há 23 línguas oficiais e falam-se cerca de 400 línguas e dialetos.

– diz meu Diário – "o atacou em um ritmo animado. Briga. Risos. Os missionários estavam derrotados!" E de fato eles estavam derrotados.

Alguns dias depois, HPB, a Srta. Bates e eu fizemos uma visita a um *Sirdar*[160] do Decão[161], que havia nos convidado para conhecermos o Chefe de Justiça de Baroda, um parse. Quando esse cavalheiro tinha partido e nós estávamos prestes a nos retirar, nosso anfitrião pediu licença para sair da sala por um momento. Ele voltou logo, trazendo pela mão uma encantadora criança de dez anos, que nós imaginamos ser sua neta. Ela estava ricamente vestida à moda hindu, com um caro sári[162] de seda e casaco, e seu cabelo cor de ébano, tão alisado que parecia azeviche polido, estava quase escondido por ornamentos de ouro. Joias pesadas estavam em suas orelhas, ao redor de seu pescoço, de seus pulsos e tornozelos, e – para nossa surpresa – em uma das narinas ela usava o anel de joias que, em Bombaim, indica que a moça ou mulher é casada. Enquanto a criança se aproximava, o rosto de HPB começou a mostrar um doce sorriso, mas quando o nobre, de cabelos grisalhos e de barba cinzenta, estendeu a mão da menina para a dela, dizendo "Madame, permita-me apresentar-lhe minha pequena esposa", o sorriso deu lugar a um olhar franzido, e em tom de inexprimível repulsa ela gritou: "Sua esposa, seu velho animal! Você deveria ter vergonha de si mesmo!" Fomos embora, enquanto o anfitrião tentava sorrir.

Nossa relação com o editor do famoso jornal de oposição, o *Amrita Bazar Patrika*, de Calcutá, começou com uma carta que recebemos dele no dia 13 de maio. Ele tinha lido um relatório da minha palestra no Framji Cowasji Hall e queria nossa amizade. Ele a tem desde então, pois é um fervoroso patriota e um devoto de sua religião – duas qualidades excelentes em qualquer homem. A correspondência resultou em sua vinda de Calcutá para nos visitar, e ele se

---

160 Um oficial.
161 Planalto no centro sul da Índia.
162 Olcott usou a palavra "saree", em itálico, e, como os sáris ainda não eram conhecidos no Ocidente, tentou descrevê-lo por "*petticoat cloth*", que significa mais ou menos "pano de anágua ou de saia".

hospedou durante duas semanas em um bangalô ao lado do nosso, que tínhamos alugado para servir de biblioteca. Como ele estava tão sinceramente interessado em nossas interpretações e defesa de seus livros sagrados, HPB produziu alguns poucos fenômenos para ele; por exemplo, puxou alguns cabelos negros de sua própria cabeça[163], tocou os sinos astrais[164] e – segundo anotação do dia 8 de setembro[165] em meu Diário – "duplicou em sua presença e a seu pedido um espelho mágico com uma moldura e alça preta, que ela havia recebido hoje de um Mestre". Eu estava presente, e isso realmente foi feito. O que aconteceu foi o seguinte: ele ia partir dois dias depois e a implorou a lhe mostrar o fenômeno da duplicação, para que ele pudesse compreender plenamente seus ensinamentos a respeito da natureza da matéria e da força e suas relações potenciais com o poder de uma vontade treinada. Ela se recusou persistentemente por algum tempo, mas finalmente, quando ele pegou o espelho em questão e pediu para duplicá-lo, ela disse que o faria se ele prometesse não incomodá-la mais com tais pedidos. Como ele o prometeu, ela pegou o espelho, levantou-se da cadeira, virou as costas para nós e logo em seguida jogou na cadeira dois espelhos idênticos. Depois, exausta, ela se sentou e ficou em silêncio por alguns minutos para se recuperar. Felizmente Shishir Babu[166] ainda vive, e poderá me corrigir se eu tiver cometido algum erro no relato dessa história.

Para os americanos pode parecer uma coincidência interessante, mas o fato é que a conversa na qual decidimos fundar o *Theosophist*[167] ocorreu em 4 de julho daquele ano, Dia da Independência[168]. Conforme explicado em outro lugar, fomos levados a isso pela necessidade de atender ao crescente interesse pela Teosofia através

---

163 HPB tinha cabelo castanho claro (cf. p. 23).
164 Em outras ocasiões, Olcott chama esses sinos invisíveis de "*fairy bells*" (sinos de fada, ou sinos imaginários).
165 Não está claro por que Olcott menciona setembro. Ele está contando algo que deve ter ocorrido em maio ou junho.
166 Aparentemente é o nome do referido editor.
167 A revista oficial da S.T., *The Theosophist*.
168 Dia da Independência nos Estados Unidos.

de algum meio melhor do que a correspondência por cartas. Era simplesmente impossível para nós aguentar o peso de tal trabalho constante. Várias anotações no meu Diário mostram que às vezes eu trabalhava das seis da manhã até as vinte e uma horas, e em muitas noites até duas ou três horas da madrugada, por nada. As mesmas perguntas eram repetidas pela maioria de nossos correspondentes, e dar sempre as mesmas respostas era um trabalho muito cansativo. Discutimos a questão em todos os seus aspectos, consideramos os prós e os contras, e finalmente resolvemos fazer o empreendimento. Mas as dificuldades eram grandes, uma delas sendo a de que a Sociedade não possuía nenhum centavo como capital, e não tinha nenhum crédito no mercado para tomar dinheiro emprestado. Eu exigi imperativamente que nós publicássemos a revista nos termos dos melhores periódicos americanos e ingleses, isto é, com pagamento adiantado. Eu estava disposto a publicar os números de um ano pontualmente, embora não tivéssemos um único assinante; mas uma coisa eu não queria de maneira alguma: ter que me preocupar com coisas que não tinham nada a ver com nossa vida, como correr atrás de dívidas e atormentar-me tanto que não conseguisse fazer o trabalho sério de pensar, aprender e escrever. Nossos amigos indianos – sobretudo *Babu* S. K. Ghose, da A. A. Patrika – se opuseram vigorosamente a tal inovação (como eles chamaram esse método); eles profetizaram que o empreendimento nunca seria bem-sucedido. Mas isso não abalou minha determinação. Então, nós nos arranjamos para custear os primeiros doze números mensais, e em 6 de julho escrevi o prospecto e o enviei para a imprensa. Pedimos a Sumangala, Megittuwatte e outros sacerdotes do Ceilão, a *Swami* Dayanand, *Babu* Pramada Dasa Mittra, de Benares, a Shankar Pandurang *Pandit*, Kashinath T. Telang e muitos outros para nos enviar artigos; e começamos a espalhar a notícia sobre nossa intenção. Isso nos manteve ocupados o verão inteiro. Nossos membros ativos se esforçaram para conseguir os assinantes; um – Sr. Seervai, naquela época nosso devotado secretário – conseguiu cerca de duzentas pessoas. Somente em 20 de setembro obtivemos a primeira prova para correção; no dia 22 enviamos a segunda para a impressão, no dia

27, a última, e, na noite do último dia daquele mês, recebemos os primeiros quatrocentos exemplares da nova revista, o que ocasionou grande júbilo entre nós. A minha anotação no Diário termina com a saudação: "Bem-vindo, estrangeiro!" Aquela do dia 1º de outubro, o dia da publicação, é "*Sit Lux: Fiat Lux*"[169]. Isso, leitor, aconteceu há cento e noventa e dois meses, e desde aquele tempo o *Theosophist* nunca deixou de ser publicado, nunca sofreu um contratempo, nunca fez que tivéssemos um único xelim de dívida. Desde o quarto mês a revista deu lucro, pequeno, é verdade, mas suficiente para nos permitir contribuir vários milhares de rúpias para as despesas da Sociedade, sendo que nós trabalhamos gratuitamente – o que diz muito sobre um periódico como o nosso.

---

[169] Expressões latinas; tanto "*sit lux*" quanto "*fiat lux*" significam "que haja luz".

CAPÍTULO VII

OS FUTUROS COLABORADORES COMEÇAM A CHEGAR

Voltar às páginas de meu Diário de 1879 e ver como e quando nossos fiéis colegas, muitos deles famosos, entraram na corrente de nossas vidas é como observar as entradas e saídas de atores em uma peça de teatro. E é muito instrutivo verificar as causas que os levaram para a Sociedade, mas também aquelas que, em muitos casos, os fizeram sair. Lamento ter que dizer que essas últimas eram de natureza pessoal, tais como: a decepção por não chegar a conhecer os *Mahātmas* ou pelo fato de HPB quebrar promessas, o desgosto por causa dos ataques a seu caráter ou a descrença em seus fenômenos, o fracasso em obter os desejados poderes psíquicos pelo método "Francês antes do café da manhã"[170], ou algo assim. Já mencionei quando e como o Sr. Sinnett nos conheceu, e agora vejo na página do dia 3 de agosto a anotação de que aceitei, naquele dia, Damodar K. Malavankar como membro. Era a estação das chuvas, e o bom rapaz costumava vir nos ver à noite, vestindo uma capa de chuva branca de borracha, perneiras e um gorro com abas; carregava uma lanterna na mão, e a água da chuva descia da ponta de seu longo nariz. Ele era magro como Sarah Bernhardt[171], com as faces afundadas e as pernas – como dizia HPB – parecendo dois lápis. Julgando-se pelas aparências, parecia tão improvável para ele como para qualquer outro homem na Sociedade tornar-se um *Mahātma*

---

170   Aparentemente um método de se aprender o francês rapidamente.
171   Famosa atriz francesa.

ou chegar a uma distância de mil quilômetros de um verdadeiro *ashram*. Mas as aparências enganaram tanto no seu caso quanto no de outros, que pareciam ser espiritualmente muito superiores a ele e que provaram depois ser bem diferentes.

Três dias depois da admissão de Damodar, recebi as solicitações de ingresso do Tenente Coronel (agora Major General) W. Gordon, B.Sc.[172], e a Sra. Gordon; esta última pode ser relacionada entre os amigos mais fiéis e os apoiadores mais firmes que HPB já teve. E um pouco mais cedo veio um certo K. P. Cama, um jovem parse, que nos impressionou por sua familiaridade com a filosofia indiana, admirada por ele com entusiasmo. Publicamos alguns de seus ensaios nos números iniciais do *Theosophist*. Se houve uma alma hindu nascida no corpo de um parse, era a dele; e ele se sentia assim.

A entrada de Madame Coulomb, essa pessoa malévola, em nossa cena, se deu na forma de uma carta que HPB recebeu em 11 de agosto de 1879. As notícias de nossa chegada a Bombaim haviam sido publicadas nos jornais do Ceilão, e essa senhora, escrevendo de Galle[173], disse a HPB – que ela tinha conhecido no Egito – que havia uma grande excitação na ilha a respeito de nós, que grandes subscrições estavam sendo feitas para pagar as despesas de nossa acolhida, e que "os budistas estavam ficando loucos para nos ver". Ela enviou a HPB uma cópia de um dos jornais anglo-indianos de Colombo[174], para o qual ela tinha mandado uma carta defendendo a reputação de HPB contra um ataque maldoso e dizendo que, tendo-a conhecido bem no Cairo, ela era testemunha de que HPB era uma dama de elevado caráter! Ela "esqueceu" de incluir esse documento histórico em seu panfleto de 1884, no qual atacou o caráter de HPB com as mais primorosas expressões que seus aliados missionários podiam ajudar a encontrar. Então acho que vou reproduzir essa carta aqui:

---

172 *Bachelor of Science* (Bacharel em Ciências).
173 Cidade no extremo sudoeste do Ceilão (Sri Lanka).
174 Capital do Ceilão e do atual Sri Lanka.

"Não conheço nenhum dos membros daquela Sociedade, exceto Madame Blavatsky. Conheço essa senhora há oito anos, e a verdade é esta: não se pode dizer nada contra seu caráter. Vivíamos na mesma cidade e, ao contrário, ela era considerada uma das damas mais inteligentes da nossa era. Madame B. é uma musicista, pintora, linguista, autora, e posso dizer que muito poucas senhoras e, na verdade, poucos cavalheiros têm um conhecimento de coisas em geral como Madame Blavatsky." (*Ceylon Times*, 5 de junho de 1879)

Na carta para HPB ela contou uma história aflitiva sobre os apuros em que ela e seu marido estavam e pediu ajuda; ela queria, disse ela, ir a Bombaim se conseguissem passagens para eles, e gostaria de achar algum tipo de emprego. HPB me contou sua versão da história de sua relação com os Coulomb no Cairo: isto é, que Madame C. tinha sido gentil quando ela, HPB, estava lá depois de sua catástrofe a bordo do vapor que explodiu no porto de Pireu[175] e quase todos a bordo morreram. Então eu disse a ela minha opinião de que, por gratidão, ela deveria ajudar o casal, agora que estavam famintos e nus, por assim dizer. Ela concordou e escreveu para a mulher algumas cartas nas quais, se não me engano, ela até insinuou que a Sra. Coulomb poderia ser algum dia sua sucessora na S.T.! Não posso afirmar isso com toda certeza, mas é minha impressão. E é bem provável, pois isso era uma coisa comum com ela. E se as cartas sobre a sucessão fossem coletadas, formariam um compêndio bem divertido.[176]

No dia 4 de outubro, nosso grupo participou de um *durbar* realizado para nós em Bombaim por Santi Saga Acharya, o mais instruído dos sacerdotes jainistas e o principal *jutti* (*yogue*). Estávamos no segundo andar em uma grande sala quadrada com chão rebocado e alguns postes quadrados de madeira para sustentar o andar acima. Na parede à esquerda da entrada estava pendurada

---

175 Cidade na Grécia, perto de Atenas.
176 Mais detalhes sobre o casal Coulomb serão contados no começo do capítulo 10.

uma tapeçaria quadrada de cetim com figuras sobre fundo amarelo (a cor dos *bhikkhus*[177] jainistas e budistas) e bordas vermelhas. Acima havia um pequeno dossel de seda indiana, também com figuras. Debaixo dele, um estrado estreito, coberto de um tapete listrado (*durrie*), colocado sobre um fino colchão indiano de algodão, uma almofada para encostar-se, duas pequenas almofadas para alguém – sentado de pernas cruzadas – poder apoiar seus joelhos, e um pequeno banquinho para montar sobre o estrado completavam os preparativos para o *Acharya*[178] poder dar sua entrevista com conforto e dignidade.

Em um lado do estrado foram colocadas quatro cadeiras para nós, e havia cerca de trezentos jainistas na sala para nos dar as boas-vindas. De repente, toda a plateia se levanta, abre-se um caminho desde a porta e entra um venerável sacerdote, saudando à direita e à esquerda. Ele me saúda – como chefe de nosso grupo, suponho – mas ignora as duas senhoras, como era de se esperar, visto ser ele um monge celibatário de hábitos austeros. Mesmo assim, no meu estado de ignorância de então a respeito dessas noções monásticas orientais, achei isso mal-educado. Ele sentou-se no seu lugar de pernas cruzadas, e todo mundo fez o mesmo, cada um sentando no chão, no lugar onde estava de pé. Enquanto as pessoas estavam se sentando, tive a oportunidade de dar uma boa olhada no monge. Ele tinha uma cabeça grande, realmente muito grande, com muito espaço para o volumoso cérebro que ele possuía, como se podia perceber de imediato. Seu cabelo ou estava cortado muito curto, ou estava crescendo entre duas aparagens mensais, como acontece com o cabelo de monges budistas. A barba estava totalmente raspada. Ele vestia o *dhoti* hindu, e, pendurado sobre seu ombro, havia um fino

---

177 Monge de sexo masculino, geralmente budista, mas aqui também jainista. Na Wikipédia em português usa-se também a forma "bico".
178 Instrutor religioso; fundador de seita. "Um acharya além de ser um respeitável guru, pode se destacar em uma das filosofias hindus como o Vedanta, o Yoga ou ser um especialista em sânscrito. Sempre com o objetivo de tentar fazer o aluno ver a verdade por si mesmo." (Wikipédia)

lenço de musselina de Daca[179] – do tipo que, por causa de sua maravilhosamente fina textura, era chamado de "tecido orvalho". Ele não usava marcas de casta e nenhuma joia. Começou a entrevista perguntando-me a respeito do meu conhecimento da doutrina jainista, o diálogo sendo realizado através de dois intérpretes hindus, os senhores Pandu-Rang e Krishna Row. Expliquei o estado da religião no Ocidente e assinalei as várias influências que tinham tendido a desespiritualizar as nações ocidentais. Afirmei a necessidade de propagação de ideias religiosas orientais nesses países. Eu disse que para homens cultos como ele havia um forte chamado para participar desse grande trabalho e que eles não tinham desculpa para serem indiferentes e indolentes. Possuindo a Sabedoria da qual os povos ocidentais precisavam mais urgentemente, era um verdadeiro pecado eles se omitirem de divulgá-la. Ele me seguiu e me desafiou em cada ponto e deu várias desculpas por não assumir esse novo e grande campo de trabalho. Mas eu me permiti falar tudo claramente. O ponto que finalmente ganhou sua simpatia – ou, pelo menos, ele a expressou – era o seguinte. "Vocês jainistas", eu disse, "têm a mais terna compaixão pelos animais; vocês os alimentam quando estão com fome, os enterram quando morrem, os protegem de tratamentos cruéis e abriram mesmo o Pinjrapole (um hospital veterinário, onde todos os animais doentes e sofrendo são afetuosamente cuidados). Se algum cavalheiro jainista aqui presente vir um cão faminto à sua porta, ele não compartilharia sua própria comida com ele, em vez de vê-lo morrer de fome?" Um murmúrio afirmativo percorreu a sala, e quando olhei ao redor, cada um curvou a cabeça em sinal de concordância. "Bem, então", eu disse, "o pão da verdade religiosa é muito mais necessário para a salvação do homem do que um prato de comida o é para a alimentação do corpo de um cão; os povos do Oriente têm essa verdade. As nações do mundo são, de acordo com seus princípios religiosos, todos irmãos. Como vocês ousam dizer que não vão se preocupar em enviar o pão da verdade espiritual para aquelas nações ocidentais famintas, cujos ideais, esperanças e per-

---

179 Também escrito "Dhaka" ou "Dacca", atual capital de Bangladesh.

cepções espirituais estão sendo destruídas pelo materialismo científico irreligioso?" O velho *Acharya* endireitou-se e me disse através dos intérpretes que ele seria feliz em nos ajudar e escreveria para a nova revista, que acabávamos de fundar como um canal para tais ensinamentos. Mas ele nunca o fez. Contudo, ao mesmo tempo, deve-se reconhecer que os jainistas foram muito habilmente representados no Parlamento das Religiões[180] de Chicago em 1893 pelo Sr. Virchand Ghandhi, que apresentou as ideias jainistas tão clara e eloquentemente que ganhou o respeito e a simpatia gerais. Terminei a discussão descrevendo algumas das maneiras pelas quais as chamadas esclarecidas nações ocidentais comprovam sua amorosa bondade para com os animais inferiores. Quando descrevi os horrores das touradas, das lutas de ursos[181], caças a raposas, cervos e lebres, lutas de cães, ratos e galos, era curioso observar a expressão de seus rostos. Esses trezentos jainistas se entreolharam em uma espécie de terrível consternação, prenderam a respiração, devoraram-me com os olhos como se procurassem ver no fundo do meu coração se eu falava a verdade, e finalmente a tensão tornou-se tão forte que percebi que eles não podiam suportar mais; então parei em meio a um silêncio. Pedi permissão para partir; todos se levantaram para nos saudar; as habituais guirlandas foram penduradas em torno de nossos pescoços, e partimos. Muitos nos

---

180 "O *Parlamento Mundial de Religiões* ou *Parlamento das Religiões do Mundo* é uma organização internacional não governamental de diálogo interreligioso e ecumênico que nasceu em Chicago entre 11 de setembro e 27 de setembro de 1893. [...] Foi a primeira vez na história humana que se tentou criar um foro de diálogo entre todas as religiões mundiais. Entre as figuras presentes, encontravam-se o famoso predicador budista Anagarika Dharmapala, representante do budismo Teravada, e o guru indiano Swami Vivekananda." (Wikipédia) A Sociedade Teosófica estava representada por William Q. Judge e Annie Besant. Durante o evento foi realizado também um Congresso da Sociedade Teosófica.

181 No original: "*bear-baiting*"; trata-se de um "esporte" sangrento, popular na Inglaterra até o século 19; um urso era amarrado em um poste, e cães eram instigados a atacá-lo.

seguiram até a rua, alguns até correram atrás de nossa carruagem e gritaram bênçãos para nós. Assim começaram nossas agradáveis relações com a comunidade jainista.

Alguns dias depois, convidado pelo "Daya Vashistha Mandlik"[182], dirigi-me a uma grande plateia que tinha vindo ouvir-me discursar sobre a matança de animais. Vejo pelas minhas observações que descrevi a verdadeira Fraternidade Universal como sendo um parentesco comum entre todos os seres sencientes que têm a centelha divina manifestada em algum grau. Eu disse que a formiga e o elefante a têm tanto quanto o homem, e todos os homens de qualquer raça e família a têm em comum, apenas em vários graus de manifestação; que temos que ser bondosos para com nossos semelhantes e, pela mesma razão, ser gentis para com os animais na proporção de sua impotência; o vivisector que tortura um animal que está amarrado a uma mesa de dissecação ou fechado em uma câmara quente de ferro de onde ele não poderia escapar, por maior que fosse sua agonia física durante as experiências da ciência, não é menos cruel, selvagem e diabolicamente insensível ao sofrimento do que o Inquisidor que amarrava sua vítima humana no instrumento de tortura e, em nome da religião cristã, quebrava seus membros, retirava seus músculos e matava o "cético" pelos métodos mais engenhosos de tortura lenta. Naturalmente a plateia mostrou muita simpatia quando meu discurso foi traduzido para a língua guzerate. Mas nunca falei sob tão grande apreensão de uma possível calamidade como naquela vez. A sala de conferências estava no terceiro andar, a escada era quase vertical e seus degraus eram tão estreitos que mal dava para colocar os calcanhares ao descer. Uma corda pendurada, solta, substituía um corremão. O piso do vestíbulo da sala estava completamente cheio com algumas centenas de sapatos, deixados do lado de fora de acordo com o costume oriental; o corredor estava iluminado por uma série de lâmpiões de querosene, colocados nas paredes apenas na altura do turbante de um homem de estatura co-

---

182 Não se encontra na internet nenhuma outra referência a "Daya Vashistha Mandlik".

mum. Se alguém tivesse batido em um desses lampiões e a roupa de um dos homens tivesse pego fogo, teria havido um pânico instantâneo, na fuga o público teria tropeçado nos sapatos, e as pessoas teriam caído em massas umas sobre as outras na escada perpendicular, e teria havido um holocausto de vítimas. Não é exagero dizer que eu estava extremamente aliviado quando me encontrei de novo na rua.

Sr. Keshava Narasinha Malavankar, o pai de Damodar, foi admitido por mim na Sociedade em 19 de outubro de 1879, na presença de seu filho e de seu irmão, Sr. Krishna Row, que depois causou todos os problemas familiares que Damodar veio a sofrer.

Nosso amigo Gadgil nos fez uma visita em novembro, o que menciono apenas por causa de uma anotação no Diário afirmando que ele nos mostrou duas raízes que, segundo dizem, possuem propriedades maravilhosas. Uma delas cura as pessoas picadas por serpentes venenosas, a outra, aquelas picadas por escorpiões. A primeira deve ser macerada em água, e a água deve ser bebida, o que é uma coisa nada especial, mas com a segunda a coisa é bem diferente. Quando a pessoa picada vem pedir sua ajuda, você simplesmente passa a raiz de cima para baixo (como no tratamento mesmeriano) na parte do corpo onde houve a picada, começando acima do ponto até o qual a dor se estendeu, passando pelos nervos até a extremidade do membro picado. É a propriedade magnética (ou talvez mágica) da raiz que atrai a dor para trás, para sua fonte, o ponto da picada do escorpião. Segurando-se a raiz depois por alguns minutos sobre a ferida, sem contato com ela, a dor sai inteiramente e o paciente está curado. Isso é muito interessante, e pode muito bem ser verdadeiro, pois certamente ainda não sabemos uma milésima parte do que a ciência médica deveria saber sobre os agentes curativos na natureza. Mas há uma cura para a picada de escorpião até mais simples do que isso. Antigos leitores do *Theosophist* certamente se recordarão de artigos sobre as propriedades curativas da estrela de cinco pontas. (Ver Vols. II e III) Os autores afirmaram ter curado muitos casos desse tipo simplesmente desenhando com caneta uma estrela de cinco pontas na pele do paciente, no ponto extremo da extensão da dor, repetindo o desenho depois – quando a excitação da aflição havia recuado – até que a dor retornasse ao local da picada, onde a figura era desenhada pela última vez, e então a dor desaparecia. As afirmações do primeiro escritor foram logo corroboradas por outros correspondentes, que relataram ter repetido o experimento com todo sucesso. Entre esses estava o príncipe Harisinhji Rupsinhji, da família real de Bhavnagar[183], que tem curado muitas dezenas de casos e, creio eu, aliviou centenas de pessoas de doenças nevrálgicas de todos os tipos. Isso cria o dilema de que devemos atribuir a cura ou à sugestão hipnótica ou a alguma propriedade mágica inerente ao símbolo estelar. Dessas duas hipóteses, o materialista prefere a primeira, o Mago, a segunda. O fato importante é que as curas acontecem. A única possibilidade de resolver a questão parece ser a de tentar desenhar o sinal em animais, crianças ou idiotas, ou seja, em pacientes cuja imaginação não será afetada pela visão do desenho ou pela conversa sobre ele e seus alegados poderes.

O festival de Diwali (ou Dipavali) é um momento de iluminação geral e alegria porque se mata o demônio Narakasura. Visitam-se amigos, flores e luzes iluminam toda a casa, presentes são dados a parentes e amigos, novas roupas são presenteadas aos criados, e toda a família renova seu guarda-roupa. Fomos com amigos hindus ver as iluminações nos bairros dos nativos e fazer algumas visitas. Ao sair de uma casa, ouvimos uma história divertida sobre um rico banqueiro, agente local e sócio de um milionário capitalista vivendo no interior. A intervalos de dois ou três anos, o milionário, sem nunca avisar, aparece em Bombaim e visita seu agente para esse mostrar seus livros de contabilidade. Ele olha item por item, soma as colunas, verifica os totais e saldos, e vê que tudo está correto até o último centavo[184]. Em seguida, o velho capitalista, de aparência afável e de uma simplicidade infantil, leva o seu agente – de impecável precisão na contabilidade – pelo braço para uma sala-forte e o tranca dentro, depois de lhe dizer que sabe que ele roubou muitos

---

183 Hoje uma cidade no estado de Guzerate (Gujarate); na época, era um estado independente.
184 Olcott usou a palavra "*cowrie*", que significa "mexilhão", mas se refere também a uma moeda feita de casco de mexilhão.

lakhs[185], mas que, através do pagamento de certa proporção, ele estará livre de uma longa pena de prisão, e os livros de contabilidade serão assinados como tendo sido "auditados e considerados corretos". Até isso ser feito ele terá apenas pão e água! Inútil protestar ou implorar. O velho chefe tem alguma maneira de saber o que aconteceu, e permanece firme até que seu parceiro necessariamente ceda, pague o resgate, e então eles se abraçam e se despedem como os melhores dos amigos. Realmente cômico!

Um dia fui com meu amigo Panachand Anandji prestar meus respeitos a um velho faquir muçulmano, naquela época muito conhecido em Bombaim, chamado Jungli Bawa (literalmente, o "Asceta da Floresta"). Ele tinha uma expressão penetrante, inquisitiva, um chapéu *mortier*[186] na cabeça, um rosto muito enrugado, uma barba aparada rente; em torno de sua boca e queixo, a barba estava feita. Ele usava um *dhoti* com fio dourado nas bordas e uma faixa de ouro, de dois centímetros e meio de largura, na extremidade. Ele era um vedantino[187] e tinha dois *gosains* (alunos mendigos) para servi-lo. Recebeu-nos no térreo de uma grande casa quadrada com um poço aéreo[188] no centro. Ele estava agachado sobre um tapete de palha, tendo um pequeno almofariz de bronze e pilão para *pan* (pasta de bétele) ao lado dele, juntamente com alguns pequenos vasos de latão. Para os visitantes estava estendido um tapete de algodão com listas azuis, mas com meus rígidos joelhos europeus não pude sentar-me nele. Então ele mandou colocar uma cadeira para mim. Cada visitante, ao entrar, se prostrava até o chão e tocava os pés do

---

185   1 lakh corresponde a 100.000; no caso fica subentendido que se trata de rúpias.
186   Capelo. Olcott usou a palavra francesa "*mortier*", que significa "tipo de chapéu, principalmente de magistrados".
187   Adepto da filosofia Vedanta. "A filosofia *Vedanta* [...] é uma tradição espiritual explicada nos Upanishads, que se preocupa principalmente com a auto-realização, através da qual se pode compreender qual a real natureza da Realidade (Brâman)." (Wikipédia)
188   No original: "*air-well*"; é uma estrutura ou dispositivo que recolhe a água mediante a condensação da umidade do ar.

santo homem com a testa, sendo essa a forma mais respeitosa de saudação oriental. Nossa longa discussão cobriu toda a temática dos dois *Yogas*[189], o *Hatha Yoga* e o *Raja Yoga*. As oitenta e quatro posturas do primeiro foram até descritas com detalhes demais. O velho homem interrogou-me detalhadamente sobre os fenômenos que eu havia visto, mas me recusei a satisfazer sua curiosidade, pois, como eu já tinha aprendido na Índia, tais experiências eram consideradas sagradas e com certeza não deveriam ser discutidas levianamente em uma reunião como aquela. O *Bawa*[190] sorriu e disse que eu estava completamente certo, pois tais ocorrências, estando fora da experiência comum, não devem ser objeto nem de gracejos triviais nem de descrença cética. Ah, se tivéssemos seguido essa regra desde o início, de quanta tristeza e dor todos nós teríamos sido poupados. Ele disse que se eu fosse visitá-lo sozinho, nós trocaríamos confidências, e ele poderia me mostrar alguns fenômenos. Tal encontro me interessou muito. O homem era, sem dúvida, um verdadeiro asceta, e tanto sua mente quanto seu corpo pareciam perfeitamente saudáveis, apesar de seus jejuns e outras práticas ascéticas.

Fui ver o faquir de novo na noite seguinte junto com o mesmo amigo. Dessa vez, ele nos recebeu na varanda. Ele estava sentado na cadeira que ocupei na noite anterior. Panachand e eu sentamos em um banco baixo, com encosto. Perto do anfitrião estava um bonito abajur de pé, de fabricação europeia, que iluminava seu rosto forte e fazia os fios de ouro de seu turbante faiscar e brilhar. Aos poucos chegaram visitantes hindus, prostraram-se diante do faquir e se retiraram para a sombra atrás da varanda, onde no *chiaroscuro* eles se agacharam, silenciosos e imóveis, parecendo, com seus *puggaris*[191] e *dhotis* brancos, um grupo de fantasmas. Do lado de fora brilhava um luar indiano, prateando as superfícies lisas das frondes dos cacaueiros e laminando de prata o teto polido de nosso coche. O

---

189 *Yoga* (ou Ioga): "*Ioga* ou *yoga* é um conceito que se refere às tradicionais disciplinas físicas e mentais originárias da Índia." (Wikipédia)
190 Palavra significando "Pai, ancestral, superior".
191 *Puggari* ou *puggaree*: tipo de turbante.

Bawa continuou a conversa sobre os dois *Yoga*s. Ele disse que tinha praticado a faculdade de *laghima* (extrema leveza), de modo que ele podia ficar sentado suspenso no ar e andar sobre a água como se fosse terra seca. Ele havia ensinado seus alunos a fazer o mesmo. Mas na verdade ele considerava todas essas coisas brincadeiras infantis e se preocupava somente com a filosofia, o guia sagrado e infalível para o caminho da Sabedoria e Felicidade. Ele tinha aprendido ambos os *Yoga*s. Falando sobre a relação entre *chela* e guru, ele disse que existiam para o primeiro três tipos de serviço reconhecidos: dar dinheiro, ensinar ao Mestre algo novo ou prestar-lhe serviços domésticos. Ele me contou uma longa fábula sobre um *Deva*[192] e um *Daitya*[193]. O primeiro desejava tornar-se o aluno do segundo para aprender um segredo da ciência oculta. O *Daitya* tinha o poder de restaurar a vida aos mortos. O aluno-*Deva* foi cortado em pedaços (com o seu consentimento) e cozido, e o professor comeu uma parte dessa comida horrível. Mas o aluno foi dessa maneira incorporado no corpo e na essência do Guru. Enquanto isso, sua filha perdeu a vida, mas como o pai – o *Deva* – havia passado no teste probatório, ele a ressuscitou quando se separou do corpo do Mestre; seu corpo mutilado foi recomposto, e a vida fluiu de novo plenamente através de suas veias e nervos. Qual dos três modos de serviço eu escolheria? Eu disse a ele. Depois disso, ele adiou a demonstração de seus supostos poderes espirituais, e nunca mais o vi.

---

192 "Devas são divindades regentes da natureza. Não são bons nem maus, mas podem ser manipulados pelos humanos para finalidades boas ou ruins. Em um certo ponto de evolução, eles se individualizam, e podem ser confundidos com anjos, ou fadas. Em um certo estado de consciência, algumas pessoas podem vê-los. Podem se apresentar como gnomos, duendes, fadas, sereias, sílfides e outros. Na mitologia hindu, os devas equivalem aos anjos do cristianismo." (Wikipédia)

193 Membro de uma raça de gigantes que combateram os deuses porque eles eram invejosos dos seus meios-irmãos *Devas*.

CAPÍTULO VIII

VISITAS A ALLAHABAD E A BENARES

A primeira nuvem – sem contar o incidente com Hurrychund – se formou no nosso horizonte indiano mais ou menos nessa época. A causa que acabaria por desmembrar nosso quarteto de exilados começou a se moldar no final de novembro. Na melhor das hipóteses, nosso grupo era uma aliança estranha e não natural, um capricho de HPB, que evidentemente iria criar problemas. Ela e eu – como eu disse antes – tínhamos as mesmas ideias em relação aos Mestres, sobre nossa conexão com eles e sobre nossa prontidão para servir. Qualquer que fosse o atrito entre nós, em razão de nossas diferentes personalidades e modos de ver as coisas, estávamos em perfeita harmonia quanto à excelência de nossa causa e à necessidade de um cumprimento estrito do dever. Era bem diferente com os nossos colegas, o Sr. Wimbridge e a Srta. Bates, que eram ingleses insulares[194] no fundo e asiáticos apenas em uma fina camada de verniz superficial que havia sido colocada sobre eles pela brocha do entusiasmo fascinante de HPB. Ele era um desenhista e arquiteto, ela uma professora ou governanta, de cerca de trinta e cinco anos de idade. Ambos tinham vivido alguns anos na América, e tinham sido apresentados a HPB por conhecidos dos três. A deusa Fortuna não estava sorrindo para nenhum deles, e ambos concordaram com o

---

194 Olcott quer dizer que eles eram típicos ingleses (como aqueles da ilha na qual se encontra a Inglaterra), não ingleses já adaptados na Ásia.

projeto de HPB de eles irem conosco para a Índia e exercerem suas respectivas profissões, com a ajuda que pudéssemos dar através de nossa influência sobre hindus respeitáveis. Eu não tinha nada contra Wimbridge, mas tinha instintivamente um mau pressentimento quanto à Srta. Bates. Pedi insistentemente a HPB para não levá-la conosco. Sua resposta invariável era que os dois, sendo ingleses patrióticos, ofereceriam, pela sua companhia, a melhor garantia possível para as autoridades anglo-indianas de que não tínhamos qualquer projeto político. E disse que se responsabilizaria por todas as consequências, pois sabia que essa relação teria apenas bons resultados. Como em cem outras ocasiões, cedi a sua presumivelmente superior capacidade oculta de previsão; e assim nós quatro pegamos o navio e, em Bombaim, nos instalamos juntos. Má sorte para nós! Ela começou por fomentar um mal-entendido entre HPB e uma jovem senhora, teosofista simpática, de Nova Iorque, o que depois de algum tempo também fez Wimbridge se afastar de nós e quebrou a harmonia de nossa casa. Eu não tinha nada a ver com a briga, mas, em última instância, tinha que assumir a tarefa desagradável de forçar a Srta. Bates a sair da Sociedade. Esta foi sempre minha sina: HPB entrava em uma briga e eu tinha que aguentar os golpes e afastar os intrusos. Esse fato é conhecido por todos os nossos conhecidos. Minha colega sempre falava de seu "faro oculto", mas ele muito raramente a ajudou a sentir o cheiro de um traidor ou de um alguém predestinado a ser inimigo, que vinha sob o disfarce de aparente simpatia. Sem entrar em mais detalhes, basta citar como provas disso os casos de Madame Coulomb e de Solovioff, o cruel traidor e espião que se auto-acusou.

Para o dia 23 de novembro convocamos uma reunião em nosso salão para organizar a Sociedade "*Aryan Temperance*"[195]. Eu achava uma vergonha que os principais hindus e parses se mantivessem passivos e indiferentes à chocante propagação do consumo de álcool em toda a Índia e ao fato de que os missionários realizassem

---

195 "*Temperance*" tem vários sentidos. Provavelmente Olcott quis dizer "abstinência de álcool".

sozinhos um contra-movimento. O falecido Rao Bahadur Gopal Rao Hari Deshmuk, um brâmane marata muito influente, aceitou presidir a reunião. Foi decidida a criação da Sociedade, e garantimos setenta e sete assinaturas para o programa de organização. Em seguida, encerramos a sessão. Mais uma reunião foi realizada, e tivemos mais quarenta assinaturas, mas o movimento fracassou, pois ninguém, além de mim, parecia muito interessado nisso, e eu estava ocupado demais com meus deveres oficiais para dedicar-lhe o tempo necessário.

No dia 29 de novembro houve um acontecimento de grande importância: celebramos com grande pompa o quarto aniversário da formação da Sociedade Teosófica. Foi a primeira cerimônia pública desse tipo, pois a única comemoração anterior de aniversário, a do primeiro ano completo, havia sido realizada em uma reunião privada de membros no Mott Memorial Hall, em Nova Iorque, com um discurso meu. A mudança de nossa sede para a Índia e a muito maior divulgação da Sociedade pareciam exigir uma mudança de política e um novo começo com relação às celebrações de aniversário.

O Sr. Wimbridge desenhou e litografou um artístico cartão de convite, pelo qual nossos amigos eram convidados a "assistir na sede, Girgaum Back Road 108, Bombaim, no dia 29 de novembro de 1879 às 20h30, a uma reunião comemorativa do Quarto Aniversário da Sociedade, à fundação de *The Theosophist* e à abertura da Biblioteca. Haverá discursos e uma exposição de máquinas feitas por artesãos nativos". Assinada por mim, como Presidente, e H. P. Blavatsky, como Secretária Correspondente. A área em volta da casa e o caminho que levava da via pública a ela estavam totalmente iluminados; arcos com chamas e pirâmides de coloridos lampiões indianos haviam sido colocados no início do caminho e na entrada do terreno; lanternas chinesas estavam penduradas em fios esticados entre as palmeiras; um arco de jatos de gás, com a palavra "Bem-vindos", iluminava a fachada da biblioteca; todo o chão estava coberto de tapetes indianos listrados; quatrocentas cadeiras tinham sido colocadas para os convidados; uma banda de vinte músicos tocava músicas indianas e estrangeiras (entre estas o hino nacional americano). O ambiente estava realmente bonito. Muito acima das palmeiras dominava o céu azul, tropical, cravejado de estrelas. Dentro do prédio da biblioteca, mesas e paredes estavam cobertas com peças artesanais indianas em latão, marfim, sândalo, aço: mosaicos em mármore de Agra, lindos xales e outros produtos macios de lã da Caxemira, musselines tecidos à mão, de Daca e outros lugares, artigos de cutelaria de Pandharpur e trabalhos da Escola de Artes de Baroda. O *Dewan* de Cutch[196], o culto Sr. Manibhai Jasbhai, enviou uma coleção completa de armas e algumas das famosas obras de prata desse estado.

Cerca de quinhentos convidados – as pessoas mais conhecidas e respeitáveis em Bombaim – estiveram presentes. Fizeram discursos os Srs. Gopal Rao Hari Deshmuk (que presidiu a reunião); Naoroji Furdonji, um político parse muito querido; Kashinath Trimbak Telang, posteriormente juiz do Tribunal Superior de Bombaim; Shantaram Narayan, o mais respeitado advogado marata; Nurshunkar Lalshunkar, o "Poeta de Guzerate", e eu. Isso foi uma ajuda bem apropriada e encorajadora para nosso trabalho na Índia. Os europeus presentes se mostraram encantados com a exibição do artesanato e fizeram elogios merecidos aos artefatos mecânicos de Vishram Jehta.

Dois dias depois, HPB, um amigo europeu e eu jantamos, convidados à moda hindu, na casa de Gopalrao Vinayak Joshi, M.S.T., marido da pobre Anandabhai, que foi à América para estudar Medicina, se formou com louvor[197] e morreu logo após seu retorno à Índia, deixando seu abnegado marido com a vida arrasada e o coração partido. Os incidentes do jantar – do qual vários brâmanes participaram, todos sentados em frente a nós – foram descritos de maneira cômica por HPB, com seu exagero

---

196 Também escrito "Kutch", até 1948 um principado, hoje uma região no estado de Guzerate.
197 Em inglês: "*with honors*" (com honras); corresponde à menção latina "*cum laude*"; significa que se obteve bom resultado, mas não tão bom como indicado pelas menções "*magna cum laude*" (com grande louvor) e "*summa cum laude*" (com máximo louvor).

usual, então não preciso repeti-los. O que provocou muita risada foi o fato de eu tomar emprestada a comprida corrente de ouro de HPB e usá-la como o cordão dos brâmanes, para completar minha semelhança com eles, já que, da cintura para baixo, minha roupa, como a deles, consistia apenas do *dhoti*, e o tronco estava nu. Nosso amigo europeu estava vestido da mesma maneira, mas HPB declinou respeitosamente nosso convite, feito em tom de brincadeira, a fazer o mesmo.

No dia 2 de dezembro, ela e eu, junto com Damodar e Babula, saímos de trem para Allahabad para visitar os Sinnett, que ainda não conhecíamos pessoalmente.

Na segunda manhã, chegamos cedo em Allahabad e fomos recebidos na estação pelo Sr. Sinnett, com carruagem, puxada por dois cavalos, cocheiro e dois criados em belos uniformes. Na casa, a Sra. Sinnett nos recebeu de maneira encantadora, e antes que terminasse uma dúzia de frases, sabíamos que tínhamos ganho uma amiga inestimável. Naquele dia, estavam entre os visitantes um juiz da Suprema Corte e o Diretor de Instrução Pública, e na manhã seguinte compareceram o Sr. A. O. Hume e senhora. No dia 7 apareceu a querida Sra. Gordon, que tinha viajado uma longa distância para ver HPB, e pouco a pouco chegamos a conhecer a maioria daqueles anglo-indianos da cidade que valia a pena conhecer por causa de sua inteligência e largueza mental. Alguns deles eram encantadores, mas ninguém nos atraiu tanto quanto os Sinnett e a Sra. Gordon, que estava na época no auge de sua beleza e de uma brilhante inteligência. Pensei que a viagem à Índia já tinha valido a pena apenas para conhecer aqueles três, e penso assim ainda.

Entre os anglo-indianos existe a rígida etiqueta de que os recém-chegados visitem os moradores, mas como HPB não iria visitar ninguém, aqueles que se interessavam em conhecê-la tinham que ignorar o costume e visitá-la – tantas vezes quantas quisessem.

O nosso tempo esteve bastante preenchido com a recepção de visitantes e com jantares. Mencionando esses últimos, me lembro de um fato interessante. Uma noite, quando os Sinnett, HPB e eu estávamos indo para jantar fora, tivemos que passar por uma parte da cidade que nós não havíamos visto antes. Em um ponto em que duas estradas se cruzavam, HPB de repente estremeceu e disse: "Meu Deus, que terrível sensação eu tenho. Parece que algum crime terrível foi cometido aqui e sangue humano derramado." Sinnett disse: "Você não sabe onde estamos?" – "Não tenho a menor ideia", ela respondeu. "Como poderia, se esta é a primeira vez que saio de sua casa?" Sinnett apontou então para um grande edifício à nossa direita e disse a ela que aquele era o próprio refeitório no qual os oficiais de tal-e-tal regimento tinham sido assassinados no Motim por seus cipaios durante o jantar. Isso levou HPB a dar uma breve, mas muito instrutiva explicação sobre a permanência de registros de feitos humanos na Luz Astral. Os Sinnett, o juiz do Tribunal Superior e sua família e outros convidados, a quem os Sinnett contaram a história imediatamente após nossa chegada à casa, estão vivendo em Londres e podem corroborar minha narrativa. Aliás, este é o lugar apropriado para eu dizer que, com exceção dos relativamente poucos casos em que HPB e eu estivemos sozinhos, casos que eu sempre assinalei, seus fenômenos aconteceram na presença de muitas testemunhas, que, suponho, na sua maioria ainda estão vivas, podendo corrigir quaisquer enganos ou exageros que eu, depois deste longo lapso de tempo, possa ter cometido involuntariamente. Ao mesmo tempo, é muito gratificante para mim saber que, embora as minhas "*Old Diary Leaves*" tenham aparecido no *Theosophist* desde março de 1892 e tenham encontrado leitores e provocado correspondência e comentários editoriais em todo o mundo, nenhum dos fatos que relatei foi desmentido, e apenas uma modificação foi sugerida, aquela do Sr. Massey sobre alguns detalhes da história do elemental da borboleta em um dos meus primeiros capítulos. Contudo, minhas narrativas deram a muitas pessoas a convicção de que sou um crédulo, um ingênuo, mas visto que esses críticos ridículos não conhecem os fatos, e possivelmente na maioria dos casos também desconhecem toda a ciência psíquica, sua opinião não vale muito. Sempre "a verdade é mais estranha que a ficção", e apesar de todo o possível descrédito lançado sobre HPB, o que há a seu crédito é imenso.

Quarenta e seis anos de modernos fenômenos mediúnicos[198] ainda não ensinaram aos cientistas ocidentais os princípios da lei dos contatos com o mundo espiritual, nem os da anormalidade psicofisiológica. A maneira autocomplacente com que discutem os dons de HPB do ponto de vista de sua natureza moral pessoal é uma triste prova de sua ignorância das lições ensinadas por Charcot[199] e Liébault[200]. Seu tempo também[201] não seria desperdiçado se eles passassem alguns meses estudando bem a literatura oriental. Como uma amostra da descrença preconceituosa dos cientistas ocidentais, conto o seguinte: Um dia jantamos na nossa casa com um professor de Ciências Físicas da universidade local, um homem de grande renome e uma companhia encantadora. Ele discutiu com HPB a teoria das "batidas"[202] e no final lhe pediu para produzir algumas, o que ela fez em várias partes da sala: no chão, nas paredes, nos vidros das fotos penduradas, em um jornal segurado pelo Sr. Sinnett ou pelo professor – esqueci qual dos dois – e na mão do professor. Às vezes ela nem mesmo tocava a superfície na qual apareciam as batidas, lançando, por assim dizer, à distância uma corrente de força psíquica contra ela. Em seguida, Sinnett colocou uma grande tampa de relógio de vidro no tapete na frente do fogo e ela produziu batidas nela. Finalmente, para dar a melhor prova possível de que está errada[203] a teoria do professor (ou melhor, a de Faraday, Tyndall e

---

198 Como este livro foi publicado em 1899, Olcott se reporta ao ano de 1853. Naquela época começou o fenômeno das mesas girantes. Pouco depois Allan Kardec escreveu, com base nesse fenômeno, *O Livro dos Médiuns*.
199 Cf. nota 90.
200 Cf. nota 90.
201 Olcott diz "também" porque implicitamente sugere estudar Charcot e Liébault.
202 No original: "*raps*"; era a palavra usada para se referir às batidas em sessões espíritas.
203 No original falta essa parte da frase, tornando-a sintaticamente incorreta.

Carpenter[204]) – de que as batidas eram vibrações mecânicas causadas pelo fato de que os dedos do médium tocam intencional ou involuntariamente o local – sugeri um teste, o que foi aceito. Consegui que HPB colocasse as pontas de seus dedos contra um dos vidros de uma porta que dava para a varanda, levei, junto com o professor, o lampião para o lado de fora e o segurei de modo que a pele dos dedos de HPB estivesse bem iluminada, e ela provocou então tantas batidas quantas ele pediu sucessivamente. Os dedos não mudaram de lugar nem um milímetro, e tampouco seus músculos se contraíram, mas nós pudemos ver os nervos tremer antes de cada batida, como se alguma fina corrente de força nervosa estivesse passando por eles. O professor não tinha nada a dizer, exceto que tudo era muito estranho. Parecia-nos, aos amigos de HPB, que não se podia exigir dela uma prova mais conclusiva de sua boa fé. Mas posteriormente o professor a chamou de charlatã. Pobre HPB! É isso que ela recebeu por tentar fornecer a um homem de ciência os fatos a partir dos quais poderia começar o estudo sério da psicologia. Acho que a experiência amarga lhe deu tanto nojo que ela ficou ainda menos disposta do que anteriormente a se preocupar em convencer aquele tipo de observador.

No dia seguinte, dei para uma grande plateia uma palestra sobre a "Teosofia e suas relações com a Índia". Quem presidiu a reunião foi o Sr. A. O. Hume, conhecido como o "Pai do Congresso"[205]. Ele fez um discurso eloquente e excelente, muito

---

204 Michael Faraday (1791-1861), físico e químico inglês. "É considerado um dos cientistas mais influentes de todos os tempos. [...] Em 1853 Faraday publicou os resultados dos seus estudos sobre as mesas girantes. Ele verificou experimentalmente que as mesas se moviam devido ao efeito ideomotor." (Wikipédia)
John Tyndall (1820-1893), físico inglês. Estudou, entre outros assuntos, o magnetismo.
Quanto a Carpenter, não consegui descobrir de quem se trata.
205 Allan Octavian Hume (1829-1912), inglês que viveu de 1849 a 1894 na Índia; reformador político, ornitólogo e botânico; um dos fundadores do partido "Indian National Congress", que lutou pela independência da Índia.

melhor do que o meu; meu cérebro estava confuso porque HPB, de mau humor naquele dia, me atormentou, até mesmo no momento em que subimos no estrado. Sinnett conta em seu *Incidents*, etc.[206], como ela estava furiosa na carruagem no caminho para casa. Ele escreve (p. 222):

> "Logo que saímos da área do edifício, ela abriu fogo contra ele[207] com excessiva amargura. Ouvindo-a falar sobre esse assunto várias vezes durante a noite, alguém poderia pensar que as aspirações de sua vida estavam comprometidas... O Coronel Olcott suportou todas essas birras com maravilhosa calma."

Claro: eu a amava por suas qualidades adoráveis assim como por gratidão pelo fato de me mostrar a Senda, e aguentava seu temperamento descontrolado porque o bem que ela fazia superava em muito todo o meu sofrimento pessoal.

Mas havia um "método claro em sua loucura". Eu percebi isso ao longo de nosso relacionamento: ela maltratava apenas seus mais leais amigos, aqueles que ela sentia tão apegados a ela e devotados à Sociedade que estavam prontos a aguentar tudo dela. Contra outros, como Wimbridge e alguns outros que eu poderia nomear, dos quais ela sabia que não iriam suportar tal tratamento, ela nunca levantou a voz, nem os insultou. Ela parecia ter medo de perdê-los.

No dia 15 de dezembro, partimos com os Sinnett e a Sra. Gordon para Benares, chegando lá como previsto às quatro da tarde. Na estação fomos recebidos por Damodar e Babula assim como pelo *munshi*[208] do marajá de Vizianagram, que nos convidou em nome de seu patrão a ocupar uma das residências do marajá e sermos seus convidados. Aceitamos e fomos até o Ananda Bagh, um pequeno palácio dentro de um jardim cercado de muros altos, no qual flores e árvores estavam plantadas em canteiros geométricos, e assim nos sentimos agradavelmente acomodados. *Swami* Dayanand Saraswati estava nos

---

206 Olcott se refere ao livro *Incidents in the Life of Madame Blavatsky*.
207 Olcott.
208 Secretário ou professor particular.

esperando com uma saudação calorosa, e percebemos que ele havia gentilmente cuidado para que tudo fosse feito para o nosso conforto. Ele estava muito magro, realmente emaciado, após um ataque de cólera, mas isso tinha consideravelmente refinado e espiritualizado seu rosto. Ele tinha sido alojado em um pequeno apartamento perto do portão. O edifício principal compreendia vários quartos pequenos em torno de um grande salão central, que tinha um teto alto e, bem em cima, pequenas janelas dando para o telhado plano, formando um terraço. Na frente, havia arcos, e entre seus finos pilares de alvenaria pendiam pesadas cortinas. Passando por elas, chegava-se a uma plataforma e um largo lance de degraus, todos em alvenaria. O salão estava mobiliado com alguns sofás, uma escrivaninha e uma dúzia de cadeiras. À medida que a noite ia caindo, o ar ficou doce pelo perfume das rosas vindo do jardim, e a lua brilhava radiante sobre um tanque cercado de grama, com dois lances de degraus descendo, em lados opostos, até a água. O agente de Sua Alteza, o culto Dr. Lázaro, tinha mobiliado a casa para nós, fornecido criados e colocado duas carruagens à nossa disposição.

À noite houve uma acalorada discussão entre o Sr. Sinnett e HPB sobre o assunto dos fenômenos. Ele insistiu, aparentemente com razão, que, se ela podia gastar apenas uma determinada quantidade de força psíquica, ela deveria usá-la exclusivamente para produzir fenômenos para homens de ciência, em condições de teste convincentes. Irritada, ela discordou. Embora eu tivesse tomado partido de Sinnett, ela não mudou de opinião e condenou à perdição toda a Royal Society[209], declarando que sua experiência em Allahabad já tinha sido suficiente. Eles se separaram constrangidos, e Sinnett disse que teria que voltar para casa no dia seguinte. Porém, a manhã seguinte trouxe paz, e nós fomos ver o palácio principal do marajá e o Durga Mandir, o famoso Templo dos Macacos, onde inúmeros símios brincalhões eram alimentados e afagados. Naquela noite, enquanto nós

---

209 Nome inteiro: *Royal Society of London for the Improvement of Natural Knowledge* (Real Sociedade de Londres para o Melhoramento do Conhecimento da Natureza).

e dois visitantes estávamos sentados no salão, duas rosas caíram fenomenalmente no meio de nós, e todos ficaram felizes de novo. Na manhã seguinte, depois de um *chota hazri* (chá e torrada), fomos todos para o retiro de Majji[210], uma mulher asceta muito conhecida, versada na Vedanta, que morava em uma *guha* (caverna escavada), com construções acima do solo, na margem do rio Ganges, dois ou três quilômetros abaixo da cidade de Benares. Ela tinha herdado esse *ashram* de seu pai, junto com uma casa na cidade e uma biblioteca extensa e valiosa de sânscrito. É um local delicioso na madrugada fresca, um lugar ideal para meditar e estudar tranquilamente. Sentados em uma plataforma à beira de uma elevação, doze ou quinze metros acima do rio, e abrigados por algumas árvores grandes, achamos encantador conversar com essa notável mulher – uma de muitas experiências indianas que a vida nos países ocidentais nunca poderia nos proporcionar. Naquela época Majji, de pele clara, aparentava ter cerca de quarenta anos. Sua calma dignidade e a graça de seus gestos impunham respeito. Sua voz era terna, seu rosto e corpo, gordos, os olhos cheios de inteligência e entusiasmo. Ela se recusou a nos mostrar fenômenos (o que nós sempre pedimos nessas ocasiões). Devido ao atrito da noite anterior, HPB e eu teríamos ficado felizes em vê-los, mas todos nós compreendemos suas razões de declinar nosso pedido, e a visita, por seu efeito sobre os nossos bons amigos, foi útil. Não sei se ela poderia ter produzido fenômenos ou não, mas como verdadeira vedantina ela falou muito duramente contra a loucura do anseio das pessoas por tais distrações relativamente infantis, em vez de desfrutar o prazer calmo de repousar a mente na realização dos ideais que a filosofia incomparável de Shankaracharya[211] retrata. Não importa para

---

210 Nota de Olcott: "Já falecida."
211 "Shânkara (c. 788-820) foi um monge errante indiano. Foi o principal formulador doutrinal do Advaita Vedânta, ou Vedânta não dualista. Segundo a tradição, foi uma das almas mais excelsas que já encarnaram neste planeta, chegando a ser considerado uma encarnação do deus hindu Shiva." (Wikipédia)

onde se vá na Índia, sempre será a mesma experiência: os ascetas mais reverenciados são aqueles que se recusam a exibir poderes que eles eventualmente possuem, salvo em circunstâncias muito excepcionais. Os milagreiros são considerados de muito menor nível, principalmente como magos negros, e como tais são mais conhecidos e têm sua clientela entre as classes mais baixas.

Os Sinnett foram para casa às duas da tarde. À noite, iniciei a Sra. Gordon na Sociedade com nosso ritual simples, na presença de *Swami* Dayanand, que lhe deu instruções para desenvolver os poderes do *Yoga*.

Na manhã seguinte, a Sra. Gordon e eu, acompanhados pelo *Swami*, fomos para a Escola de Meninas, do marajá de Vizianagram. Lá foi o Dr. Lázaro quem nos mostrou os locais. Vimos um grande número de meninas hindus vivazes e inteligentes recebendo instrução, e foi muito interessante ver o *Swami* fazendo-lhes perguntas. Nós admiramos particularmente como elas escreviam em Devanagari[212]. Elas escreviam sobre tábuas de ardósia com um pedaço de madeira apontado, que elas enfiavam em uma solução cremosa de giz.

À noite, o *Swami*, Damodar e eu revisamos juntos o ritual e fizemos diversas melhorias; mas, na prática, duvido que eu tenha empregado a mesma fórmula duas vezes nas centenas de casos em que admiti pessoas à Sociedade. O ritual é, na verdade, pouco mais do que uma explicação séria para o candidato sobre a natureza da Sociedade, seus princípios e objetivos, seus deveres para com os membros, deles para com ela e de uns para com os outros. Sempre me pareceu que começar o caminho espiritual da busca do Eu mais nobre e dos ideais mais dignos da vida é o passo mais importante que se poderia empreender, e esse acontecimento sempre me impressionou pela sua solenidade. Tenho admitido membros em quase todas as partes do mundo, e nunca deixei de dar uma explicação muito clara e franca sobre a natureza do caminho em que estavam entrando.

---

212 Tipo de escrita (escrita e lida da direita para a esquerda). Em muitas línguas da Índia usa-se essa escrita.

Dois malabaristas muçulmanos, infinitamente inferiores ao milagroso Govindaswamy (que nunca existiu) descrito por Jacolliot[213], foram trazidos para nos mostrar sua habilidade. Além dos truques banais que todos nós vimos muitas vezes, eles fizeram alguns que eram novos e surpreendentes, entre eles os seguintes: bolas de madeira movendo-se em uma corda perpendicular firmemente esticada pararam ao comando dos malabaristas e também subiram ou desceram sem causa visível; em uma bacia de água foi jogada areia, a água foi retirada e a areia estava perfeitamente seca; uma cobra, mutilada e aparentemente morta por um mangusto, foi ressuscitada quando tocada com um pouco de raiz seca.

Na mesma tarde, dei uma palestra na Câmara Municipal diante de um público lotado. Depois de mim, *Babu* Pramada Dasa Mittra, um dos mais respeitados e cultos vedantinos de Benares e que presidiu o evento, agradou a plateia com um discurso luminoso. Meu tema era: "As necessidades materiais e espirituais da Índia". Ilustrei a primeira exibindo uma coleção de utensílios de latão cinzelados – pelos quais a Cidade Santa[214] é renomada – e apontando o mau acabamento como prova de decadência industrial, a qual, nos melhores interesses do país, devia ser interrompida. De fato, mal um dos bonitos vasos ou jarros cobertos ficava reto na mesa diante de mim, as tampas dos jarros estavam mal encaixadas, os pés estavam mal soldados e as duas alças de um vaso estavam fixadas em alturas desiguais. Desde então, a criação de Escolas de Arte pelo Governo tem feito algo para melhorar a situação, mas há tanto anseio por coisas baratas e tão pouca vontade de pagar por um bom acabamento – que nós no Ocidente consideramos indispensável – que há um enorme espaço para melhoria. Na palestra meu amável intérprete foi Munshi Bakhtawar Singh, de Shajahanpur.

---

213 Louis Jacolliot (1837-1890), escritor francês que viveu durante algum tempo na Índia e se interessou pela literatura hindu e pelo ocultismo.
214 Benares (agora Varanasi) é considerada uma cidade santa.

Na manhã seguinte, a visita de Majji para HPB causou surpresa, pois sabíamos que era muito incomum ela visitar alguém além de seu Guru, e europeus nunca. Eu estava sob uma espécie de encantamento por essa mulher devido às histórias que me tinham contado sobre ela. Assim, eu a visitei toda vez que estive em Benares, a última vez com a Sra. Besant e a Condessa Wachtmeister[215]. Creio que eu tenha sido o meio pelo qual ela conseguiu alguns firmes apoiadores, que fizeram inúmeros atos de bondade e reverência para com ela, entre eles, o falecido Nobin K. Bannerji, de Berhampur, e seus colegas em nossa esplêndida Loja naquela cidade. Durante muitos anos mantive minha primeira convicção de que ela era uma Adepta[216]. No momento de sua visita, ela era, lembre-se, uma desconhecida para nós, e, até onde sabíamos, ninguém lhe tinha explicado quem nós éramos, salvo nós mesmos quando visitamos seu *ashram*. No entanto, ela contou livremente para a Sra. Gordon, Damodar e mim, na ausência de HPB, uma história maravilhosa sobre ela. Ela disse que o corpo de HPB estava ocupado por um *yogue*, que estava trabalhando esse corpo tanto quanto podia para a propagação da filosofia oriental. Era o terceiro corpo que ele usava dessa maneira, e sua idade total nos três corpos era de cento e cinquenta anos. Ela cometeu o erro de dizer que ele tinha estado dentro do corpo de HPB por sessenta e dois anos, quando, na verdade, ela tinha na época apenas quarenta e oito: realmente um tiro em falso. Falando sempre como vedantina, ela aludia a si mesma como "este corpo"; colocando a mão no joelho ou no outro braço, ela falava da família, dos estudos, da residência, das peregrinações etc. "deste corpo". Finalmente, perguntei por que ela falava assim e quem ela era. Ela disse que o corpo que nós estávamos vendo tinha sido ocupado em seu sétimo ano por um *sanyasi*, que continuava nele. Esse *sanyasi* não havia concluído seus estudos de *Yoga* e, por isso, renasceu.

---

215 Constance Wachtmeister (1838-1910); de pai francês e mãe inglesa, nasceu na Itália, morou na Inglaterra e depois, com seu marido, um conde sueco, na Suécia; teosofista, amiga de HPB. Escreveu *Reminiscences of H. P. Blavatsky and the "Secret Doctrine"*.
216 Forma feminina – muito raramente usada – de "Adepto".

"Ela", portanto, era um "ele" escondido em um corpo feminino – um caso paralelo ao de HPB. O que é certo é que o ocupante de seu corpo tinha que gerenciar um corpo extremamente recalcitrante.

Naquela mesma noite, dei uma palestra na Escola Bengali, mais uma vez para uma plateia transbordante, e as experiências do dia seguinte foram tão interessantes que elas devem ser contadas em um capítulo à parte.

CAPÍTULO IX

FENÔMENOS E *PANDITS*

Como aquele era o nosso primeiro ano na Índia, cada cena e experiência tinha o charme da novidade, e nós as apreciamos como crianças. Afinal de contas, era algo extraordinário ser repentinamente transferido da América prosaica e de sua atmosfera de pressa louca e dura competição comercial para a calma e paz mental da velha Índia, onde o sábio tinha o primeiro lugar na estima e o santo era glorificado acima de tudo. Dificilmente haveria uma cabeça que não fosse afetada pelo entusiasmo do amor do povo e da óbvia reverência que recebemos, pelo contato com grandes pensadores e famosos eruditos, pelos pitorescos, variados incidentes diários em nossas andanças. A mim, que tinha atravessado o furacão social chamado "Guerra da Rebelião"[217] e o tumulto de um longo trabalho na administração pública, uma reunião da Sociedade Literária dos *Pandits* de Benares, realizada em minha homenagem no dia 21 de dezembro, emocionou em um grau que agora, com meu atual conhecimento de *pandits* e suas maneiras de ser, mal posso compreender. Quem a presidiu foi *Pandit* Ram Misra Shastri, Professor de Sânquia[218] no Benares College[219]; os outros membros eram seus colegas. Era

---

217 Trata-se da Guerra de Secessão, ou Guerra Civil, norte-americana (1861-1865).
218 Também escrito "Sankhya" ou "Sámkhya"; "sistema filosófico indiano [...] desenvolvido concomitantemente com o yoga" (Wikipédia).
219 Esse *College* (Faculdade ou Universidade) foi fundado em 1791. Cf. p. 271.

uma típica reunião oriental. Todos os presentes, exceto eu, estavam vestidos em traje indiano, e todos os rostos revelavam o mais alto tipo étnico ariano. Na chegada fui recebido com muita cortesia e conduzido pelo culto presidente ao lugar de honra. Vindo do fulgor do sol, meus olhos levaram um pouco de tempo para acostumar-se à penumbra da sala fresca, pavimentada com tijolos, na qual havia no ar um agradável aroma de sândalo e de flores de tuberosa. Em meio a um silêncio total, interrompido apenas por sons abafados de veículos e pelo barulho dos discos de latão de *ekkas*, vindos da rua distante, foram feitos discursos para mim em inglês, sânscrito e híndi, nos quais os *pandits* de Benares expressavam seu prazer em saber do interesse de nossa Sociedade em literatura sânscrita e filosofia indiana. Eles me deram cordialmente as boas-vindas e prometeram sua simpatia e boa vontade duradouras. Na minha resposta, aproveitei para assinalar qual imenso serviço os *pandits* de Benares, com a ajuda de pessoas que haviam estudado inglês, poderiam prestar para a erudição ariana criando equivalentes sânscritos para os inúmeros termos derivados do grego e do latim empregados em artigos científicos. Por exemplo, eles poderiam criar sinônimos em sânscrito para "oxigênio", "hidrogênio", "nitrogênio", "carbono", "eletricidade", "magnetismo", "atração de coesão", "gravidade"; para os nomes de elementos e compostos químicos; para aqueles da biologia, botânica, geologia, etc., etc., etc. Já antes disso, quando minhas observações sobre a ciência e suas relações com a Ciência Antiga tinham sido traduzidas para um vernáculo indiano, eu havia descoberto que meus intérpretes precisavam pronunciar somente as palavras técnicas, sem tradução e, portanto, sem transmitir, por exemplo, para um *pandit* ortodoxo que nunca leu um livro científico ocidental, qualquer ideia do que elas significavam. O sânscrito era riquíssimo em termos designando cada objeto, substância, condição física ou mental, lei, princípio, ideal, etc., relacionados com filosofia, psicologia e metafísica, e o Ocidente estaria forçado a criar novos equivalentes para eles ou então adotá-los em suas várias línguas, visto que, aos poucos, a Sociedade Teosófica e outras instituições disseminavam ideias orientais no mundo inteiro. Mas o que a Índia precisava naquele momento era possibilitar a todos os estudantes universitários assim como aos formados ver por si mesmos o quanto o pensamento ariano estava em harmonia com as descobertas científicas modernas, que seus antepassados haviam atravessado todo o campo dos conhecimentos e quão orgulhosos e felizes eles deveriam se sentir por serem de seu sangue, os herdeiros de sua sabedoria. Depois seguiu-se uma discussão entre os *pandits* e mim, na qual citei muitos exemplos da necessidade de uma nova nomenclatura. Como resultado, a Sociedade votou unanimemente pela nomeação de um Comitê Filológico. E finalmente fui honrado com a eleição para Membro Honorário da Sociedade. A reunião terminou depois da habitual colocação de guirlandas nos convidados, da aspersão de água de rosas e da distribuição de bétele e *pan*[220]. Relendo algumas páginas do primeiro volume de *The Theosophist*, encontro um ensaio de *Pandit* Ram Misra Shastri sobre "A *Darsana*[221] Vedanta", do qual, para dar uma ideia do gosto da mente oriental pela hipérbole, me atrevo a citar o seguinte trecho:

> "Aqui na terra de Benares, perfumada, por assim dizer, pelo conhecimento armazenado, chegou Coronel Olcott, com uma mente verdadeiramente desejosa de adquirir o conhecimento das maneiras de ser, dos costumes, das artes mecânicas e outras ciências dos antigos arianos, e, tendo feito amizade com os membros da Associação Brahmamritavarshini, mostrou durante uma reunião um gosto muito grande pelas filosofias indianas (os *Darsana Shastras*).
> "Parece-me que, embora tenha nascido em um país estrangeiro, ele é certamente um nativo da Índia, na medida em que se percebe nele o efeito da relação de parentesco original, e com certa frequên-

---

[220] "O *pan* é usado na Ásia e é extremamente popular na Índia. Na sua forma tradicional, é uma mistura de noz de areca triturada, tabaco e outros ingredientes que lhe melhoram o sabor. É colocada, formando uma pasta juntamente com a cal, numa folha de pimenta de bétele. A folha é dobrada para embrulhar o recheio, e o pacotinho inteiro é então colocado na boca." (Wikipédia, artigo "Noz de areca")

[221] Sistema filosófico. No hinduísmo distinguem-se seis *darsanas*, uma das quais é a Vedanta.

cia ele fez esforços para o bem da Índia. Mas paro aqui com essas conjecturas. Permanece, contudo, o fato de que ele anseia conhecer a filosofia (os *Darsanas*) de nosso país e, desejando difundir em países estrangeiros o conhecimento da *Darsana* Vedanta, solicitou seriamente, e com certa frequência, contribuições védicas para sua[222] famosa revista, que, por assim dizer, faz o papel da lua na expansão do lótus da Sabedoria Indiana."

Saindo dessa reunião, fui apresentar meus respeitos ao Prof. G. Thibaut, Ph.D., reitor da Universidade de Benares[223] e um antigo aluno e apadrinhado do Prof. Max Müller[224]. Achei-o um homem muito agradável, profundamente versado em sânscrito, mas sem pretensão ou pompa: em suma, um perfeito espécime do literato alemão. Depois fui ver o Sr. Wall, o Magistrado local e Coletor, um título que não significa nada para os ocidentais, mas aqui na Índia designa o alto funcionário que governa quase despoticamente em um determinado distrito milhões de hindus, para quem ele é ao mesmo tempo a Providência, o Júpiter Tonante, e todos os deuses e deusas "em um único homem".

Naquela noite, uma lua gloriosa, brilhando em um céu sem nenhuma nuvem, iluminava a terra como se fosse de dia. Doutor Thibaut, os *pandits* de sânscrito da Universidade, *Babu* Pramada Dasa Mitra, *Swami* Dyanand, o Sr. Ram Rao, um dos discípulos do *Swami*, Damodar, a Sra. Gordon, HPB, eu e mais alguns cujos nomes não anotei, estavam sentados em cadeiras e em um grande tapete indiano, na plataforma à frente da escada. A lua transformava nosso bangalô branco em um palácio cor de marfim e prateava a água do tanque de lótus diante de nós, e nós discorríamos sobre temas arianos. O *Swamiji* era, naturalmente, heterodoxo, na medi-

---

222 No original: "*their*", ou seja, referindo-se a várias pessoas, no mínimo a Olcott e HPB, ou à Sociedade Teosófica.
223 Mais exatamente: Government Sanskrit College. George Thibaut foi reitor de 1879 a 1888 e professor no Muir College em Allahabad de 1888 a 1895.
224 Linguista, orientalista e mitólogo alemão (1823-1900). Um dos maiores orientalistas, muito citado e criticado por HPB.

da em que negava que o culto aos ídolos fosse autorizado pelos *Vedas*[225], a fonte primordial de toda religião inspirada e o fundamento do Bramanismo em particular. *Babu* Pramada Dasa e os *pandits* da Universidade eram totalmente ortodoxos, isto é, idólatras; de modo que o leitor pode imaginar o calor do debate, ao qual o Dr. Thibaut e nós, os europeus, prestamos atenção imparcialmente. De vez em quando, HPB pedia que algo que havia sido dito fosse traduzido para ela, e aí ela "entrava na conversa", o que nos divertia muito, pois ela era tão deliciosamente espirituosa e totalmente franca que era irresistível. O que nos fazia rir especialmente era que os seus mais cômicos rompantes fossem recebidos com solenidade pelos professores hindus, que provavelmente tinham uma incapacidade congênita de compreender chistes e não tinham a menor ideia do que aquela prodigiosa mulher estava querendo dizer. Percebendo isso, ela se voltava para nós com uma energia rebelde e ruidosa e chamava os outros de bando de idiotas fanáticos.

Por fim, alguns dos *pandits* se retiraram, e o resto de nós entrou no bangalô e continuou a conversa. Estavam lá HPB, a Sra. Gordon, Dr. Thibaut, *Swami*, Pramada *Babu*, Ram Rao, Damodar e eu. Conversamos sobre o tema do *Yoga*. "Matamm Plavatsky"[226], disse o Dr. Thibaut, com seu forte sotaque alemão, "esses pantits me tizem que, sem dúfita, nos tempos antigos, havia *yogues* que

---

225 "[...] as quatro obras, compostas em um idioma chamado Sânscrito védico, de onde se originou posteriormente o sânscrito clássico. Inicialmente, os Vedas eram transmitidos apenas de forma oral. [...] Os Vedas formam a base do extenso sistema de escrituras sagradas do hinduísmo, que representam a mais antiga literatura de qualquer língua indo-europeia." (Wikipédia)

226 "Madame Blavatsky". Olcott transcreve aqui o sotaque alemão, no qual muitas vezes as consoantes sonoras (b, d, g, v etc.) são pronunciadas como consoantes surdas (p, t, k, f). Tentei manter isso no português na fala do Dr. Thibaut. Em português normal: "esses *pandits* me dizem que, sem dúvida, nos tempos antigos, havia *yogues* que realmente desenvolveram os *Siddhis* descritos nos *Shastras*; que eles podiam fazer coisas maravilhosas; por exemplo, eles podiam fazer cair rosas em uma sala como esta; mas agora ninguém consegue fazer isso."

realmente tesenfolferam os *Siddhis* tescritos nos *Shastras*; que eles potiam fasser coissas marrafilhossas; por eksemplo, eles potiam fasser cair rosas em uma sala como esta; mas akorra ninkuém consekue fasser isso." Peço perdão ao meu amigo por transcrever seu sotaque e suas palavras, mas a cena me volta agora tão vividamente que quase posso ouvi-lo falar. Ele poderá se vingar quando me ouvir falar alemão! Eu o vejo agora, sentado em um sofá, à direita de HPB, com a sobrecasaca abotoada até o queixo, o rosto intelectual e pálido, tão solene como se estivesse pronunciando uma oração fúnebre, os cabelos cortados tão rentes quanto possível e levantando-se como espetos por toda a cabeça. Ele mal havia pronunciado a última palavra e HPB levantou-se da cadeira, olhou-o com desdém e explodiu: "Ah é, eles dizem isso? Eles dizem que ninguém pode fazer isso agora? Bem, eu vou lhes mostrar; e você pode lhes dizer da minha parte que se os hindus modernos bajulassem menos seus mestres ocidentais, tivessem menos vícios e fossem em geral mais como seus antepassados, eles não precisariam fazer uma confissão tão humilhante, nem fazer um velho hipopótamo ocidental, uma mulher, provar a verdade de seus *Shastras*!" Então, apertando os lábios e murmurando algo, ela estendeu o braço direito e fez com a mão um gesto como de um imperador, e – vupt! – sobre as cabeças das pessoas caiu cerca de uma dúzia de rosas. Assim que o momentâneo choque de surpresa terminou, houve uma disputa pelas rosas, mas Thibaut permaneceu sentado como um poste e parecia estar refletindo sobre o acontecimento. Depois, a discussão prosseguiu com renovada vivacidade. *Sânquia* foi o assunto, e Thibaut fez muitas perguntas para HPB, que ela respondeu de forma tão satisfatória que o doutor disse que nem Max Müller nem qualquer outro orientalista tinha esclarecido tão bem como ela o *verdadeiro* significado da filosofia *Sânquia*, e ele lhe agradeceu muito. Mais tarde, em uma pausa na conversa, ele se dirigiu a HPB e – sempre mantendo os olhos fixos no chão, de acordo com seu hábito – perguntou se, visto que ele não tinha tido a sorte de pegar uma das rosas que tinham caído tão inesperadamente, ela faria o favor de lhe dar uma "como uma lembrança desta noite tão agradável". Essas foram suas próprias palavras. Provavelmente seu pensamento secreto era que, se a primeira chuva de rosas havia sido um truque, HPB não estaria pronta para uma segunda, se fosse tomada de surpresa. "Ah, sim, certamente", disse ela, "quantas quiser". Após mais um de seus gestos largos, caiu outra chuva de flores; uma até bateu na parte superior da cabeça do doutor, que estava sentado todo ereto, e caiu em seu colo. Eu estava olhando para ele naquele momento e vi todo o incidente. O efeito foi tão engraçado que tive um ataque de riso. Ele deu um pequeno, muito pequeno, sobressalto, abriu e fechou os olhos duas vezes, pegou uma rosa, olhou para ela e disse com imperturbável solenidade: "O pesso multiplicato pela felocitate prrova que ela fem de uma grrante tistância."[227] Estava falando o duro erudito, o cientista sem imaginação, que reduz toda a vida a uma equação e expressa todas as emoções por sinais algébricos. Lembrei-me da história da decepção dos estudantes brincalhões de Paris, que cobriram um de seus companheiros com a pele de um touro, esfregaram fósforo nos olhos e lábios, ficaram à espera do culto Cuvier[228] no Campus Universitário em uma noite escura e com bramidos pularam na frente dele na esperança de dar-lhe um susto. Como todos sabem, a lenda diz que o grande naturalista apenas parou um momento, olhou para a aparição tola, disse "Hmm... Patas; chifres; herbívoro" e continuou andando em silêncio, deixando os estudantes bem decepcionados. É possível que essa história não seja verdadeira, mas o incidente de Benares é a simples verdade, como todos os presentes irão atestar.

As surpresas da noite ainda não tinham acabado. Dr. Thibaut finalmente despediu-se, e eu o conduzi até a entrada, onde levantei o *purdah* (cortina) para deixá-lo sair. Damodar seguiu-me com a luz: um lampião de leitura de estudante com quebra-luz, uma haste vertical pela qual o corpo do lampião podia deslizar e um anel no topo para carregá-lo. HPB também saiu de sua cadeira e estava se aproximando de nós. O doutor e eu fizemos um co-

---

227 Falado com forte sotaque alemão. Em português normal: "O peso multiplicado pela velocidade prova que ela vem de uma grande distância."
228 Georges Cuvier (1768-1832), naturalista francês.

mentário sobre a beleza da noite, apertamos as mãos, e ele partiu. Eu estava baixando a cortina quando vi no rosto de HPB aquele estranho olhar de poder que quase sempre precedia um fenômeno. Chamei nosso convidado de volta e apontei para HPB, que não disse nenhuma palavra até pegar o lampião da mão de Damodar, o segurou pelo dedo indicador esquerdo, olhou fixamente para ele, apontou para ele com o indicador direito e em um tom imperioso disse: "Suba." A chama subiu e subiu até chegar ao topo do tubo de vidro. "Desça", ela disse, e a chama desceu lentamente até que queimou no pavio, azulada. "Suba", ela exclamou, "para cima: eu te ordeno." A obediente chama mais uma vez subiu até o topo do tubo. "Para baixo", ela gritou, e mais uma vez a chama desceu até o ponto em que ela quase se extinguiu. Nesse momento, HPB devolveu o lampião a Damodar, acenou com a cabeça para o doutor e entrou no seu quarto. Este é um relato nu e cru, sem exageros, do que aconteceu realmente em nossa presença. Os céticos poderiam explicar os incidentes da chuva de rosas pela teoria do conluio[229], pelo menos aqui houve um exemplo de um fenômeno genuíno ao qual a teoria da fraude não se aplica. Ela explicou depois que era muito simples: um *Mahātma* estava lá, invisível para todos, menos para ela mesma, e ele simplesmente subia e descia o lampião quando ela dava as ordens à chama. Essa foi uma de duas explicações dadas por ela em diferentes momentos; a outra era que ela tinha poder sobre os elementais do Fogo e que eles obedeciam a seus comandos. Eu acho que esta segunda é a mais provável das duas. Quanto aos fatos, eles são indiscutíveis, mas qualquer pessoa é livre para criar sua própria teoria. Para mim, o incidente foi mais um em uma longa série que comprova sua posse de poderes psíquicos reais e extraordinários. A esses fatos eu poderia me reportar sempre que a honestidade de HPB pudesse ser contestada por seus

---

229 Nota de Olcott: "Eu deveria ter mencionado que, quando as duas rosas caíram na presença do Sr. Sinnett (ver cap. VIII), ele e eu imediatamente corremos para a escada que conduz ao terraço, subimos e procuramos por algum ajudante que pudesse estar escondido. Não encontramos ninguém."

A HISTÓRIA DA SOCIEDADE TEOSÓFICA – 1878-1883

críticos ou questionada por suas próprias indiscrições nas falas e nas ações. Seus amigos íntimos acreditavam nela, apesar de suas explosões temperamentais, por exemplo, quando ela se dizia pronta para gritar dos telhados que não existiam *Mahātmas* nem poderes psíquicos, e que ela simplesmente nos tinha enganado desde o início. Foram experiências muito penosas e provações de fé. Duvido que algum neófito, postulante ou discípulo tenha tido de sofrer mais terrivelmente do que nós com isso. Parecia um prazer seu nos deixar desesperados com seus caprichos e autoacusações, sabendo o tempo todo que, em vista das nossas experiências com ela, para nós era impossível duvidar. É por isso que hesito em atribuir o mínimo valor à sua assim chamada "Confissão" para o Sr. Aksakof[230] de ter tido um passado turbulento e censurável. De fato, eu mantive durante anos um pacote de cartas antigas que provavam a sua inocência no caso de uma culpa grave de que ela foi acusada, assim como o fato de que ela sacrificou deliberadamente sua própria reputação para salvar a honra de uma jovem senhora que tinha tido um infortúnio. Mas vou parar por aqui com mais digressões. O tempo defenderá a memória dessa vítima infeliz da injustiça social; enquanto isso, seus livros e seus ensinamentos permanecem como seu monumento imperecível. As minhas memórias daqueles longos anos de trabalho comum, de lutas, tristezas e sucessos, ajudarão a mostrá-la como ela realmente era. Embora escritas com a sinceridade do historiador, elas refletirão também, espero, o espírito de amizade afetuosa que anima este autor.

Depois de todos os nossos visitantes terem partido, o *Swami* sentou-se conosco e explicou para a Sra. Gordon a filosofia de fenômenos como aqueles que tínhamos visto. Uma anotação em meu Diário me lembra o intenso interesse com que ele tinha observado HPB enquanto ela os estava produzindo, e, não importa o que ele tenha dito mais tarde, quando preferiu romper conosco, não há a

---

[230] Alexandre Aksakof (1832-1903), "diplomata (conselheiro de Alexandre III), filósofo, jornalista, tradutor, editor [russo] e grande pesquisador dos fenômenos espíritas durante o século XIX" (Wikipédia).

menor dúvida de que naquela época ele estivesse totalmente convencido de que eram autênticos.

Na manhã seguinte, a Sra. Gordon voltou para sua casa. Dr. Thibaut veio e ficou até o momento em que tivemos que ir à estação do trem. Chegamos em Allahabad a tempo para o jantar, e passamos algumas horas tranquilas com nossos amáveis amigos, os Sinnett. No dia seguinte, houve uma recepção para HPB e mim, organizada pelos mais importantes hindus da cidade, no Instituto Allahabad. Fiz um discurso sobre "A antiga *Aryavarta* e a Índia moderna", que suscitou várias respostas fervorosas no final. Houve agradecimentos, junto com as obrigatórias guirlandas e aspersão de água perfumada. HPB também foi persuadida a fazer um breve discurso, o que ela fez admiravelmente.

Visitantes, discussões, jantares e reuniões na nossa casa encheram os poucos dias que restavam em "*Prayag*", a cidade santa – como Allahabad costumava ser chamada.

No dia 26 de dezembro, admiti o Sr. e a Sra. Sinnett como membros. A cerimônia foi muito interessante pelo fato de que, às minhas perguntas se os Mestres ouviram as promessas dos candidatos e se aprovaram sua admissão, uma voz respondeu: "Sim, aprovamos". De fato, os acontecimentos posteriores provaram amplamente o valor da sua adesão à nossa Sociedade, na época ainda com poucos membros. No dia 30, às oito da noite, partimos para Bombaim após esta visita muito agradável, passamos duas noites no trem e chegamos em casa no Ano Novo de 1880. No mesmo dia do ano anterior, estávamos sendo chacoalhados no tempestuoso Atlântico, ansiando por chegar em Bombaim. Nossa vida na Índia começou com nuvens negras, traição e desapontamento; o ano terminou com uma brilhante promessa para o futuro: ganhamos amigos, superamos obstáculos, os inimigos estavam frustrados, fundamos a nossa revista, e os laços que iam ligar-nos à Índia e ao Ceilão para a vida inteira estavam tornando-se mais fortes. No dia 31 de dezembro escrevi: "Hoje temos 621 assinantes do *Theosophist*." Por mais miserável que possa parecer aos ocidentais, acostumados às maravilhosas estatísticas de suas revistas, era um número bastante respeitável para a Índia, onde os principais jornais de Calcutá, Bombaim e Madras têm apenas entre mil e quinhentos e dois mil nomes em suas listas de correio.

A primeira reunião formal da Sociedade Teosófica como instituição na Índia foi realizada em 4 de janeiro de 1880 na biblioteca. As vendas crescentes do *Theosophist* nos deram muito trabalho, pois, sendo pobres demais para contratar auxiliares, tínhamos de empacotar as revistas, endereçar e colar os pacotes assim como fazer o trabalho editorial. Além disso, tínhamos de cuidar de nossa correspondência cada vez mais volumosa; de modo que quase sempre fui dormir muito tarde. Neste[231] mês as vendas da revista começaram a cobrir os gastos.

Para manter o interesse de nossos membros, dei um curso com palestras semanais na nossa biblioteca sobre mesmerismo, psicometria[232], leitura de cristais e assuntos semelhantes, com experimentos para ilustrar o conteúdo. Tratei de tudo isso do ponto de vista de seu valor como evidência da existência da consciência superior do homem. Alguns de nossos membros eram excelentes sensitivos. Nas reuniões havia sempre um público grande.

Em 15 de janeiro recebemos da Rússia a notícia de que a primeira carta que HPB havia escrito na Índia sobre *Caves and Jungles*

---

231 Olcott usou a palavra "*this*" (este, esta), talvez copiando do seu Diário; pois, escrevendo em 1899, a palavra normal seria "*that*" (aquele, aquela).

232 "Psicometria [...] é um termo cunhado pelo médico americano Joseph Rhodes Buchanan, em meados do século XIX (1849), para designar a faculdade extrassensorial que alguns poucos indivíduos possuem para extrair o conteúdo de algum objeto ou ambiente impressos fora de nossa realidade física." (Wikipédia)
Hoje em dia, a "Psicometria [...] é uma área da Psicologia que faz vínculo entre as ciências exatas, principalmente a matemática aplicada – a Estatística e a Psicologia. Sua definição consiste no conjunto de técnicas utilizadas para mensurar, de forma adequada e comprovada experimentalmente, um conjunto ou uma gama de comportamentos que se deseja conhecer melhor." (Wikipédia)

of Hindustan tinha causado grande furor; todo mundo estava falando sobre isso. No dia 1º de fevereiro, assistimos a uma apresentação especial dos alunos do Elphinstone College de uma peça chamada "Harischandra", que nos interessou profundamente, não apenas porque era algo novo e muito pitoresco para nós ocidentais, mas também porque vimos que nesse drama estava sem dúvida representado o protótipo da história bíblica de Jó. Do outro lado do Mar Vermelho tão poucos conhecem a história purânica sobre Harischandra que estou tentado a reproduzir da *History of the Hindus*[233] de Ward um breve resumo, mas com a seguinte introdução importante: A história, tal como é contada em *Harischandrapokhyana*, fala de uma espécie de aposta feita pelos dois grandes *Rishis*, Vashistha e Visvamitra, sobre a inflexível virtude do Rei Harischandra: o primeiro o declarava o mais perfeito entre os mortais, o outro respondeu que o rei nunca tinha sido devidamente testado; se ele tivesse sofrido as misérias dos homens comuns, sua virtude teria desmoronado. A disputa terminou em um acordo: Visvamitra estaria livre para atormentar o rei até estar satisfeito quanto a seu preeminente mérito. O missionário Rev. Ward tirou sua história do *Markandeya Purāna*. Acho bastante divertido o fato de que ele não tenha percebido a semelhança com a história quase idêntica das tentações e da vitória de Jó. Aqui está a sua versão:

> O reino de Harischandra estendia-se por toda a Terra; o rei era tão famoso pela generosidade que Visvamitra, o sábio, desejoso de ver o tamanho dessa generosidade, foi até ele e pediu um presente. O rei prometeu conceder-lhe tudo o que ele pedisse. O sábio exigiu o reino, o que foi concedido. Ele então pediu a taxa que acompanha um presente, e o rei prometeu dá-la um mês depois. Mas onde residiria o rei, uma vez que ele havia entregue a Terra a Visvamitra? Este ordenou-lhe que fosse a Benares, que não era considerada parte da Terra. Visvamitra, rasgando um pedaço de pano em três partes, dividiu-o entre o rei, a rainha e seu filho, e a família partiu: o rei tentou levar consigo uma taça de ouro, mas Visvamitra o im-

---

233 História dos Hindus.

pediu. Eles caminharam quase um mês até Benares. Mal chegaram lá e Visvamitra apareceu e exigiu a taxa. Quando o rei perguntou de onde ele poderia tirá-la, visto que ele já tinha entregado tudo, o sábio o mandou vender sua esposa. Um cobiçoso brâmane a comprou e lhe deu comida apenas uma vez por dia. Visvamitra por sua vez reclamou que a soma levantada pela venda da rainha era muito pequena e se recusou a aceitá-la. Então o rei foi conduzido ao redor do mercado, com uma folha de grama em seus cabelos, que significava que ele estava à venda. Um homem da mais baixa casta o comprou e o tornou pastor de porcos e superintendente do lugar onde os mortos são queimados. A referida taxa foi paga com o dinheiro assim levantado, e Visvamitra voltou para casa.

O filho de Harischandra permaneceu com sua mãe na casa do brâmane; mas o brâmane decidiu que ele não deveria viver ocioso e o enviou diariamente, junto com outros meninos, para colher flores em uma floresta, perto da cabana de um eremita, feita de folhas, onde derrubaram as árvores e causaram muito dano; então o eremita os proibiu três vezes de fazer isso, mas eles continuaram obstinadamente. Por fim, ele avisou que jogaria uma maldição sobre o próximo menino que ousasse desobedecer. O filho de Harischandra logo foi mordido por uma cobra e morreu. A aflita mãe pediu ao brâmane, seu mestre, que, como eles eram da casta Xátria[234], o cadáver não fosse lançado no rio. O brâmane prometeu enviar madeira para queimar o corpo. A mãe levou seu filho para o lugar[235] onde se queimam os mortos, deitou-o e começou a chorar amargamente em voz alta. Harischandra foi despertado por seus gritos e, indo ao local, viu uma mulher que tinha trazido um corpo morto para ser queimado. Ele exigiu a taxa usual para dar a permissão de queimar o cadáver. Em vão ela implorou, dizendo que era uma pobre viúva e não podia dar nada. Ele exigiu que ela

---

[234] Também grafado "*Kshatrya*" ou "*Kshatriya*". "Os xátrias, chátrias ou chatrias formam uma das quatro castas no hinduísmo. Constituem a ordem dos altos postos militares e na sua maioria governantes do tradicional sistema social védico-hindu." (Wikipédia)

[235] No original: "*landing place*", lugar de desembarque. Trata-se de um lugar à beira de um rio onde barcos atracam. É perto de tais lugares que frequentemente se queimam os cadáveres.

rasgasse em dois pedaços o pano que ela usava e lhe desse a metade. Ele estava indo batê-la com um pé-de-cabra, quando ela chorou e começou a contar-lhe sua triste história: sua descendência; que ela era a esposa do rei Harischandra, e que esta criança morta era seu filho. No peito de Harischandra brotaram imediatamente todos os sentimentos de horror, tristeza e amor, e ele confessou à pobre mãe, a qual estava com o coração partido, que ele era seu marido, o pai do filho morto – que ele era Harischandra. A mulher não acreditou nele, mas ele relatou alguns segredos da sua vida quando eles eram rei e rainha, e com isso ela soube que ele era Harischandra. Então ela colocou seu filho morto em seus braços, e ambos se sentaram e choraram amargamente. Finalmente, resolvendo queimar-se junto com a criança morta, eles prepararam o fogo e estavam prestes a se atirar nele, quando Yama e Indra[236] chegaram e disseram a Harischandra que eles haviam assumido essas formas e o fizeram passar por essas experiências para testar sua piedade, com a qual eles estavam agora completamente satisfeitos. Eles ressuscitaram o menino morto e enviaram o rei e a rainha para tomarem posse de seu reino.

O enredo da peça que vimos seguiu as linhas do *Harischandrapokhyana*. Quando a cortina se levantou para o Prólogo, apareceu uma cena no Céu de Indra, com os dois *Rishis* debatendo. A cortina desceu quando Visvamitra estava saindo para testar Harischandra. Gosto não se discute, mas esse início da história parece-me muito melhor do que aquele em Jó I, 6-12; pois aqui há dois iguais – Adeptos humanos avançados – apostando juntos, enquanto no outro caso o Diabo impunemente entra na presença de Deus, zomba, na Sua face, da fingida virtude de Seu devoto servo, e em vez de ser condenado imediatamente, provoca o "Senhor" a entregar um homem muito merecedor, piedoso e inocente ao "Adversário" para este acabar com ele moralmente.

O aniversário do desembarque de nós quatro em Bombaim – 15 de fevereiro – foi comemorado da seguinte maneira: trabalhamos

---

236 Yama: Deus dos mortos.
Indra: "Deus do firmamento, rei dos deuses siderais." (*Glossário Teosófico*, p. 247)

o dia todo, salvo quando recebemos visitantes; o Sr. William Scott, D.P.W.[237], jantou conosco; e eu trabalhei na minha escrivaninha até duas da madrugada.

Por volta dessa época propus a instituição de uma Medalha de Honra. O seguinte trecho do *Theosophist* de março 1880 mostra o objetivo que eu tinha em mente:

> "A referida medalha deverá ser de prata pura, a ser conseguida pela fundição de moedas indianas. Nela deve ser adequadamente gravado, carimbado, esculpido ou incrustado algo que expresse seu elevado caráter como Medalha de Honra. Ela será concedida anualmente, por um comitê de eruditos indianos designado pelo presidente, ao autor indiano do melhor ensaio original sobre qualquer assunto relacionado com as religiões, filosofias ou ciências antigas, sendo dada preferência ao ramo oculto ou místico da ciência, tal como conhecido e praticado pelos antigos."

Foi selecionado um excelente comitê, e a notícia foi publicada de vez em quando, mas nenhum dos ensaios que recebemos foi considerado digno de tal distinção. *Babu* S. K. Ghose e outros amigos me enviaram para o propósito algumas moedas indianas muito antigas, e elas ainda estão sob minha custódia. Entretanto, o objetivo foi principalmente alcançado pela criação, na convenção de 1883, da Medalha T. Subba Row, que foi concedida ao juiz P. Sreenevasa Row, à Madame H. P. Blavatsky, ao Sr. G. R. S. Mead[238] e à Sra. Annie Besant, pelas publicações teosóficas particularmente meritórias.

No dia 4 de março, uma senhora europeia do norte da Índia, esposa de um alto oficial militar, foi admitida na Sociedade. Menciono o fato apenas para lembrar uma circunstância que mostra a total falta de relações sociais entre as duas raças. Após o término da cerimônia de admissão pedi a alguns dos mais inteligentes en-

---

237 *Doctor of Podiatric Medicine* (Doutor em Medicina Podiátrica)
238 George Robert Stowe Mead (1863-1933), escritor, editor, tradutor inglês; secretário pessoal de HPB de 1889-1891.

tre nossos membros parses e hindus para expressar os bons votos e saudações que eles desejassem que o novo membro transmitisse aos nossos colegas em Londres. Os Srs. Seervai, Deshmukh, Mooljee, Patwardhan e outros fizeram breves discursos, e suas opiniões foram expressadas com muito bom gosto e em perfeito inglês. A Sra. M. ficou "surpresa e encantada" – disse ela – de ver tanta inteligência entre os nativos. Em seus dezoito anos de residência na Índia, ela nunca havia falado com hindus, exceto com seus criados – ela, a esposa de um alto oficial!

Uma filiação muito mais importante para nossa Sociedade foi a de Khan Bahadur N. D. Khandalvala, um dos homens mais capazes em nossas fileiras. Ele foi admitido em uma reunião especial da Sociedade no dia 9 de março. O pedido de filiação do Barão J. Spedalieri, de Marselha, um dos mais eruditos cabalistas da Europa e principal discípulo do falecido Eliphas Levi, chegou no dia 19 do mesmo mês. Também em março candidatou-se um coletor de impostos e magistrado do Panjabe, um C.S[239]. Na noite do dia 25, HPB, Damodar e eu tivemos uma experiência muito agradável, que relatei de memória em outro lugar, mas que agora cabe ser contada aqui com base nas anotações escritas em meu Diário.

Nós três havíamos saído no *fáeton*[240] descoberto – que Damodar tinha presenteado a HPB – até o final do dique conhecido como Warli Bridge, para apreciar a brisa fresca do mar. Estava tendo uma magnífica tempestade, sem chuva. Os raios estavam tão fortes que iluminavam tanto o bairro que parecia estar de dia. HPB e eu fumávamos e todos conversávamos sobre isso e aquilo, quando ouvimos o som de muitas vozes vindo da beira-mar à nossa direita, de um bangalô situado em uma estrada transversal não muito longe da esquina onde estávamos sentados. Pouco depois, apareceu um grupo de hindus bem vestidos, rindo e falando juntos. Eles passaram

---

239 "C.S." poderia significar "*Chief of Staff*", algo como "Chefe de Gabinete", ou "*Chief Secretary*". Mas aparentemente Olcott se refere a um "I.C.S.", que é "um oficial-chefe de um distrito, coletor de impostos e magistrado".

240 Carruagem de quatro rodas.

por nós e entraram em suas carruagens, que chegaram uma após a outra na Rua Warli, e foram para a cidade. Para vê-los, Damodar, que estava sentado de costas para o cocheiro, levantou-se e olhou por cima do assento dele. Quando o último grupo desses hindus se aproximava da nossa carruagem, ele silenciosamente tocou meu ombro e fez um gesto com a cabeça para que eu olhasse para algo naquela direção. Levantei-me e vi atrás do último grupo um homem se aproximando sozinho. Ele estava vestido de branco como os outros, mas a brancura de seu traje fez com que a cor da roupa dos outros ficasse cinza, da mesma maneira que a luz elétrica faz a mais brilhante luz de gás parecer fraca e amarela. Ele era mais ou menos trinta centímetros mais alto do que o grupo que o precedia, e seu jeito de andar era extraordinariamente gracioso e digno. Quando ele estava chegando perto de nós, desviou-se do seu caminho e veio em nossa direção, e nós dois, para não falar de HPB, vimos que era um *Mahātma*. Seu turbante branco e sua roupa, os cabelos escuros caindo nos ombros e a barba cheia nos fizeram pensar que era "o *Sahib*[241]", mas quando ele chegou na carruagem e estava a não mais de um metro de nossos rostos, colocando sua mão sobre o braço esquerdo de HPB, nos olhando nos olhos e respondendo a nossas saudações reverentes, nós vimos que não era ele, mas outro, cujo retrato HPB carregava mais tarde em um grande medalhão de ouro e que muitos viram. Ele não disse uma única palavra, mas calmamente caminhou até o dique, sem prestar atenção aos convidados hindus, nem, aparentemente, causar excitação em qualquer um deles, que estavam se afastando em suas carruagens em direção à cidade. Quando ele estava ao nosso lado, a luz dos recorrentes raios o iluminou. Quando sua figura alta se destacava entre o horizonte e a terra escura do dique, notei também que um lampião das últimas carruagens o mostrava em alto relevo quando ele estava no dique a uns cinquenta metros de nós. Não havia nenhuma árvore ou arbusto para escondê-lo de nós, e, evidentemente, nós o observamos

---

241 A palavra "*Sahib*", ou "*Saheb*", de origem árabe, significa "mestre" ou "senhor". Talvez Olcott se refira ao Mestre Serapis, que era chamado de "*Maha Sahib*".

com grande concentração. Em um instante nós o vimos, e no outro, ele desapareceu; desapareceu, como um dos relâmpagos. Muito excitado, pulei para fora da carruagem, corri para o local onde ele foi visto pela última vez, mas ninguém estava lá. Não vi nada a não ser a estrada vazia e a parte traseira da carruagem que acabara de passar.

CAPÍTULO X

PRIMEIRA VIAGEM PELO CEILÃO

Note-se que o incidente descrito no final do último capítulo ocorreu na noite de 25 de junho de 1880. No dia 28, *três dias depois*, os Coulomb[242] chegaram em Bombaim, vindo do Ceilão. A nosso convite, eles se instalaram temporariamente em nossa casa. Eles tinham desembarcado quase sem um tostão. O cônsul francês em Galle e outras pessoas caridosas haviam financiado suas passagens. Os dois possuíam algumas roupas surradas, e o Sr. Coulomb tinha uma caixa de ferramentas. Ficou estabelecido que eles ficariam conosco até que se encontrasse um emprego para ele, e depois eles cuidariam de sua própria moradia. Com base neste acordo solicitei a nossos amigos encontrar um trabalho para ele, e depois de algum tempo consegui para ele um emprego de maquinista em uma fábrica de algodão. Mas ele não permaneceu lá por muito tempo, porque se desentendeu com o proprietário e deixou o emprego. Achei-o um homem muito temperamental e difícil de agradar em relação aos empregadores e, como não surgiu nenhum outro emprego, ele e sua esposa simplesmente ficaram conosco, sem planos definidos para o futuro. Ele era um mecânico inteligente e ela uma mulher prática e trabalhadora, e como ambos tentaram se tornar úteis, e eu, tratando-os gentilmente, consegui me entender com eles, nós os aceitamos na nossa casa. De nenhum dos dois ouvi uma palavra má sobre o comporta-

---

242 Sobre os Coulomb, veja o terceiro parágrafo do capítulo 9.

mento de HPB no Cairo; pelo contrário, eles pareciam ter o maior respeito e afeição por ela. Também eles nunca disseram, a mim ou a qualquer um de nós, uma única palavra ou fizeram alguma alusão a uma participação sua em alguma trapaça ardilosa em relação a fenômenos. Assim, com relação às afirmações posteriores da Sra. Coulomb, no panfleto compilado para ela pelos missionários de Madras (ela era incapaz de escrever uma única frase gramaticalmente correta em inglês), de que ela e seu marido faziam truques para HPB – entre outros, produzindo, com um arranjo de bexigas e musselina, falsas aparições de *Mahātmas* – eu não tenho a mínima evidência que me fizesse acreditar nisso. Posso estar enganado, mas penso que as histórias são puras mentiras, contadas com rancor por uma mulher desprezível.

Se os *Mahātmas* que vimos em Bombaim depois da vinda dos Coulomb eram apenas o Sr. Coulomb mascarado com perucas e uma cabeça falsa, quem era o homem que vimos na Ponte Warli, três dias antes de sua chegada, como descrito no último capítulo? Certamente não o Sr. Coulomb. Então, se o homem era um verdadeiro *Mahātma*, que pôde desaparecer de repente e cujos traços pudemos distinguir quando ele estava a um metro de nós, na luz clara das lanternas de rua, por que as pessoas que vimos mais tarde dentro e em volta da casa também não poderiam ser *Mahātmas*? Seja como for, mesmo que HPB tivesse sido uma mulher comum, sem poderes psíquicos, ela teria direito ao benefício da dúvida. Tal benefício eu sempre lhe concederei, assim como seus outros íntimos. Mas vamos deixar esse assunto para lá.

Entrarão no palco de meu drama histórico todos os nossos membros famosos. Uma anotação de 9 de abril (1880) do meu Diário diz: "Um homem interessante nos visitou hoje, com uma carta de recomendação do Sr. Martin Wood, editor do *Bombay Review*[243]. Seu nome é Tookaram Tatya. É um comerciante[244] de algodão, fala bem inglês, é muito inteligente, diz que está pro-

---

243 Uma revista literária de Bombaim.
244 No original: "*commission merchant*"; é um agente comercial, um comerciante que trabalha por comissão.

fundamente interessado em *Yoga*." Assim começou minha relação com um cavalheiro cujo nome é conhecido agora entre nós no mundo inteiro como um dos trabalhadores mais infatigáveis na Sociedade. Ele tinha se mantido distante e havia nos observado, sendo cético em relação à nossa vinda de boa-fé para a Índia. Seu conhecimento dos europeus não o levara a acreditar que pessoas como nós pudessem desistir de seus interesses ocidentais apenas para aprender a filosofia oriental; ele tinha pensado que no fundo havia alguma coisa escondida. Mas um ano se passou, assim como o primeiro quarto do segundo, e ainda ninguém tinha descoberto nada de ruim sobre nós. Assim, como ele estava profundamente interessado nos assuntos de que tratávamos, ele resolveu vir e ver por si mesmo que tipo de pessoas realmente éramos. Jamais esquecerei aquela conversa particular, que nos fez conhecer um ao outro como se tivéssemos sido amigos havia anos e no final da qual ele me prestou seus respeitos na verdadeira maneira oriental.

A atitude da maioria de nossos membros, naquele tempo, pode ser inferida de uma anotação em um daqueles dias de abril:

> "Foi realizada uma reunião da S.T., na qual consegui que todos os membros presentes expressassem suas opiniões sobre a melhor maneira de aumentar o interesse pela Sociedade. Resolvemos convocar uma assembleia geral. Mas isso vai dar em nada; pois, entre os membros, quer aqui, quer na Europa ou na América, só há pouquíssimos verdadeiros teósofos; os outros são apenas caçadores de milagres."

Isso dificilmente pode ser dito agora, em vista da enorme quantidade de trabalho altruísta que está sendo feito na Grã-Bretanha, Suécia, Espanha, Estados Unidos e Ceilão, para não falar da Índia, Austrália e outros lugares. No entanto, ao mesmo tempo, não se pode negar que, ao longo de todos estes anos, muito trabalho árduo tenha sido realizado na esperança de relações mais íntimas com os *Mahātmas* e, talvez, da obtenção de poderes semelhantes aos de HPB. Acho que esse anseio fez centenas de pessoas dignas tornarem-se vítimas fáceis de evidentes farsas como a "H. B. de L."[245] e de algumas pessoas que são consciente ou inconscientemente impostores espirituais. A Sociedade paga caro tal devoção, quando esta acaba no momento em que se descobre a ilusão sob a qual a fé cega e exagerada nas aparências e nas promessas fez com que as vítimas caíssem. Pois de amigos ardentes elas costumam se transformar em adversários virulentos.

Mais ou menos nessa época estávamos passando pela fase desagradável de nossas relações com *Swami* Dayanand. Sem a menor causa, sua atitude em relação a nós se tornou hostil. Ele nos escreveu cartas exasperantes, depois as modificou, mudou de novo o tom, e assim nos manteve o tempo todo na tensão. O fato é que nossa revista não era de maneira alguma um órgão exclusivamente do *Arya Samaj*, nem consentiríamos em nos manter distantes dos budistas ou parses, como ele quase exigia. Evidentemente, ele queria nos forçar a escolher entre a continuidade de seu apoio e a fidelidade ao nosso ecletismo declarado. E nós escolhemos; pois nós *não* abandonaríamos nossos princípios por nada.

Nosso grupo decidiu viajar para o Ceilão, pois uma visita nossa havia sido solicitada com urgência pelos principais sacerdotes e leigos da comunidade budista. Os preparativos nos ocuparam durante todo esse mês. Tínhamos de redigir com antecedência as matérias para dois ou três números do *Theosophist*; o trabalho noturno que tínhamos de fazer está registrado no meu Diário. Para economizar despesas, foi combinado que HPB, Wimbridge e eu viajaríamos, e a senhorita Bates e os Coulomb permaneceriam em Bombaim para cuidar da Sede. Como a senhorita Bates era uma solteirona e Madame Coulomb uma dona de casa experiente, tive a infeliz ideia de transferir da primeira para a segunda o dever de cuidar da casa. Quinze anos de vida doméstica não haviam me ensinado que é loucura dar a uma recém-chegada a oportunidade de "mandar" em outra mulher! Agora eu sei.

---

245 *Hermetic Brotherhood of Luxor* (Fraternidade Hermética de Luxor).

Entre outras coisas, tínhamos que mandar fazer distintivos para a nossa delegação. HPB gostava de tais coisas. Foi para essa viagem que o emblema de prata com o centro de ouro, agora usado pela Sra. Besant, foi feito para uso de HPB; meu distintivo foi mais deslumbrante e os do resto do grupo muito mais simples.

Um outro assunto, muito mais sério, foi a organização, na noite de 25 de abril, da S.T. de Bombaim: a pioneira de todas as nossas Lojas indianas e, de fato, de nossas Lojas orientais, e a terceira na lista de toda a Sociedade; sem contar Nova Iorque, que ainda era *a* Sociedade[246]. As duas Lojas mais antigas do que a de Bombaim são a britânica, agora a Loja de Londres, e a de Corfu. Os primeiros ocupantes de cargos da Loja de Bombaim foram o Sr. Keshow N. Mavalankar, *Presidente*; Srs. Gopalrao Hari Deshmukh e K. N. Seervai, *Vice-Presidentes*; Framroz R. Joshi, *Secretário*; Krishnarao N. Mavalankar, *Tesoureiro*; Edward Wimbridge, Mooljee Thackersey e os senhores Patwardhan, Warden e Jabouli, *Conselheiros*. O Sr. Tookaram Tatya, tendo superado sua desconfiança, foi aceito como membro na reunião de 2 de maio.

Estando tudo pronto, embarcamos para o Ceilão no dia 7 de maio em um vapor de cabotagem da Índia Britânica. O grupo consistiu nos dois fundadores[247], Wimbridge, Damodar K. Mavalankar, Purushotam e Panachand Anandji (hindus), Sorabji J. Padshah e Ferozshah D. Shroff (parses). Todos, exceto os três primeiros, viajaram como delegados da Loja de Bombaim para se encontrarem com budistas cingaleses e eram portadores de saudações fraternas, demonstrando assim a ampla tolerância de nossa Sociedade em assuntos religiosos. A esposa do Sr. Purushotam, uma pequena senhora delicada e frágil, acompanhou seu marido, e Babula nos acompanhou como criado.

Acho que éramos os únicos passageiros a bordo. O navio estava limpo, os oficiais eram agradáveis, o tempo estava bom, e achamos as visitas diárias nos portos da costa ocidental muito interessan-

---

246 A S.T. foi fundada em Nova Iorque, onde William Quan Judge continuava cuidando dela na ausência de HPB e Olcott.
247 HPB e Olcott.

tes, de modo que apreciamos a viagem como se fosse em um grande iate particular. HPB estava de excelente humor e mantinha também os outros de bom humor. Apaixonada por jogos de cartas, ela passava horas jogando Nap[248] com os oficiais do navio, exceto o Capitão Wickes, a quem o código de etiqueta naval proibia jogar com seus subordinados. O engenheiro-chefe, um Sr. Elliott, logo se tornou o jogador preferido de HPB, e no último dia da viagem ela produziu para ele um fenômeno, substituindo o nome dela, bordado em seu lenço, pelo nome dele. Eu estava presente e vi. Eles tinham terminado um jogo de Nap e começaram a conversar sobre esses supostos poderes psíquicos, e Elliott foi especialmente incrédulo a respeito da possibilidade desse fenômeno de mudar um nome bordado em um lenço para um outro, também bordado. Havia sido contado para ele que HPB fez tal fenômeno para Ross Scott no dia de nossa chegada em Bombaim, e ele lhe pediu várias vezes para fazê-lo para ele. Finalmente ela consentiu, e então fez isso lá onde todos nós estávamos sentados no convés, sob o abrigo de um toldo. Mas quando Elliott abriu a mão na qual tinha segurado o lenço durante a experiência, descobriu que HPB tinha escrito seu nome errado, isto é, Eliot em vez de Elliott. Agora, no verídico[249] panfleto de Madame Coulomb, é afirmado que HPB a mandou bordar nomes de terceiros em alguns de seus lenços depois de retirar o seu próprio. Isso significaria que ela havia preparado dessa maneira o lenço com o nome "Eliot", e que HPB tinha simplesmente trocado o seu próprio por esse. Mas até nós conhecermos Elliott a bordo do navio "Ellora", não sabíamos que existia tal pessoa. Como, então, Madame Coulomb poderia ter bordado seu nome para trapaças posteriores? A explicação é simplesmente absurda.

    O velho capitão era uma pessoa gorda e bondosa, que não acreditava nem um pouco em coisas espirituais ou psíquicas. Ele costumava troçar de HPB a respeito de nossas ideias com uma deliciosa ignorância de todo o assunto que só nos fazia rir. Um dia ela estava jogando o solitário Paciência, seu jogo favorito, quando o capitão

---

248   Um jogo de cartas (abreviatura de "*Napoléon*", "Napoleão").
249   Evidentemente Olcott usa o adjetivo ironicamente.

interrompeu suas meditações desafiando-a a ler sua sorte nas cartas. Primeiro ela recusou, mas finalmente consentiu, e, mandando-o cortar, colocou as cartas sobre a mesa. Ela disse: "Isso é muito estranho. Não pode ser!" – "O quê?", perguntou o capitão. "O que as cartas dizem. Corte de novo." Ele fez isso. Aparentemente houve o mesmo resultado, pois HPB disse que as cartas profetizaram uma coisa tão absurda que ela não quis revelá-la. Ele insistiu; então ela disse que as cartas predisseram que ele não ficaria por muito tempo no mar; receberia uma oferta para viver em terra e abandonaria sua profissão. O gordo capitão riu alto e disse-lhe que era exatamente como ele havia previsto. Quanto a abandonar a vida no mar, nada lhe agradaria mais, mas que não havia tal sorte prevista para ele. O assunto terminou sem mais observações, exceto o fato de que o capitão falou da profecia para o Oficial-Chefe, através de quem ela se tornou a piada do navio. Mas houve uma continuação da história. Um mês ou dois depois de nosso retorno a Bombaim, HPB recebeu uma carta do Capitão Wickes, na qual ele disse que lhe devia um pedido de desculpas pelo seu comportamento a respeito da profecia das cartas e que tinha de confessar que a profecia havia sido cumprida literalmente. Tinha acontecido o seguinte: depois de nos deixar no Ceilão, ele continuou sua viagem até Calcutá; na chegada, recebeu a oferta de tornar-se Oficial de Porto em Karwar (se me lembro bem, ou então Mangalore), aceitou e retornou até mesmo como passageiro em seu próprio navio. Este é um exemplo de um grande número de profecias por cartas de baralho que HPB fez. Eu não acho que as cartas tivessem algo a ver com isso, exceto que elas poderiam ter sido um elo entre seu cérebro clarividente e a aura pessoal do capitão, permitindo assim que sua faculdade clarividente de presciência entrasse em jogo. Contudo, eu praticamente não me lembro de ela – com todos os seus dotes psíquicos – ter previsto qualquer um dos muitos acontecimentos dolorosos causados a ela por amigos traiçoeiros e inimigos maléficos. Se ela os previu, ela nunca contou isso a mim ou a qualquer outra pessoa, que eu saiba. Uma vez, em Bombaim, um ladrão lhe roubou algo a que ela dava muito valor, mas ela não conseguiu descobrir o culpado nem ajudar a polícia, que ela chamou.

Em Karwar e Mangalore colegas nossos que moravam lá vieram ao navio com presentes – frutas e leite fresco – e ficaram o máximo que puderam para falar sobre Teosofia. Em Calecute, alguns de nós desembarcaram para ver a cidade. Entramos em uma casa onde se empacotava gengibre. Vimos como as raízes eram cortadas, secadas, descoradas e moídas em pilões por mulheres que estavam tão *décolletées*[250] como se vê às vezes – embora bem menos – em certas reuniões na sociedade ocidental. Aqui é a moda para mulheres respeitáveis estarem descobertas até a cintura: velha ou jovem, bonita ou feia, é tudo a mesma coisa; uma mulher hindu daquele lugar que se cobre acima da cintura é imediatamente conhecida como de mau caráter. Aliás, em Bombaim, respeitáveis senhoras maratas invariavelmente andam descalças, as de má reputação, calçadas. Por outro lado, uma virtuosa senhora parse não sonharia em andar descalça, nem um educado cavalheiro parse andar com a cabeça descoberta. *Tot homines, quot sententiũ.*[251]

Falando de profecia, acho que fui quase um vidente quando escrevi em meu Diário no dia antes de chegar em Colombo: "Novas e grandes responsabilidades devem ser enfrentadas: questões importantes dependem do resultado desta visita." Nada poderia ter sido mais verdadeiro do que isso.

Ancoramos no porto de Colombo na manhã de 16 de maio. Depois de algum tempo veio um barco grande trazendo Mohattiwatte Gunananda, o orador-sacerdote budista, John Robert de Silva e alguns jovens sacerdotes do *pansala* (monastério) de Megittuwatte. De Silva era nosso primeiro membro leigo no Ceilão; ele tinha se filiado por carta antes de nós termos saído de Nova Iorque. Eu havia cometido o erro – muito natural – de supor, pelo seu nome português, que ele era católico romano e que tanto a carta simpática que ele tinha mandado para mim quanto seu pedido de admissão como membro não passavam de armadilhas de missionários. Então, respon-

---

250 Palavra francesa: "decotadas".
251 Expressão latina; porém, normalmente a palavra certa é "*setentiae*"; a expressão significa "(existem) tantas pessoas quantas opiniões". Mais frequente é a expressão "*quot homines, tot sententiae*" – "quantas pessoas (existem), tantas opiniões (há)".

di gentilmente e mandei o diploma de filiação; porém, enviei tudo dentro de um envelope endereçado a Megittuwatte, com o pedido de que ele não entregasse o conteúdo se o destinatário não fosse o budista que ele disse ser. Mas ele era sim, e de Silva sempre foi um dos melhores, mais eficientes, inteligentes e sinceros budistas que eu já encontrei. Mas é surpreendente – e, na minha opinião, desonra a nação – que os cingaleses tenham mantido os sobrenomes[252] portugueses e holandeses que eles adotaram por motivos políticos durante os sucessivos períodos de supremacia portuguesa e holandesa, sendo que seus próprios nomes sânscritos são infinitamente mais bonitos e mais apropriados.

O famoso Megittuwatte (Mohattiwatte) era um monge de meia-idade, sem barba, de uma estatura média boa, com uma cabeça muito intelectual, olhos brilhantes, boca muito grande e um ar de perfeita autoconfiança e vigilância. Alguns dos monges mais meditativos costumam abaixar os olhos quando conversam com alguém, mas ele olhava os interlocutores direto no rosto, como convinha ao mais brilhante e polêmico orador da ilha, o terror dos missionários. Via-se de relance que ele era mais polemista do que ascético, mais Hilary[253] do que Hilarion[254]. Ele está morto agora, mas por muitos anos foi o mais ousado, brilhante e poderoso defensor do budismo cingalês, o líder (iniciador) do atual ressurgimento. HPB havia lhe enviado de Nova Iorque um exemplar de *Isis Unveiled*[255], e ele tinha traduzido trechos nos quais ela descreve alguns dos fenôme-

---

252 Olcott usa as palavras "*Christian surnames*"; em inglês, "*Christian names*" são apenas os nomes que se recebem no batismo, mas "*Christian surnames*" são sobrenomes derivados de nomes cristãos. Ora, "de Silva" não é um nome relacionado com o cristianismo. Provavelmente Olcott quer dizer que os portugueses e holandeses, cujos sobrenomes os cingaleses adotaram, eram cristãos.
253 Existem muitas pessoas – no passado e no presente – com o nome Hilary, de modo que não está claro a quem Olcott se refere; mas como o nome é derivado da palavra latina "*hilarius*", que significa "hilário", é provável que Olcott queira atribuir essa qualidade ao monge.
254 Nome de um dos *Mahātmas*.
255 Na edição brasileira: *Isis Sem Véu*.

nos que ela tinha pessoalmente presenciado durante suas viagens. Ele nos cumprimentou com especial cordialidade e nos pediu para continuar com o vapor até Galle, onde havia sido preparada uma recepção para nós; ele mesmo iria naquela noite de trem. Na mesma noite, como lembrança de despedida, HPB bateu na cabeça do capitão, ou melhor, fez soar os golpes dentro dela, e tocou seus sinos de fada[256] para alguns dos oficiais.

Antes do amanhecer do dia 17 vimos as luzes de Galle e, depois da vinda de nosso piloto, ancoramos a cerca de quinhentos metros da costa. Chegou a monção, com vento e chuva fortíssimos, mas a vista foi tão linda que ficamos no convés para aproveitar. Uma bela baía; um promontório verdejante ao norte, contra o qual as ondas se arrebentavam e em jatos espumosos subiam alto contra a costa rochosa; uma longa e curvada praia arenosa, atrás da qual bangalôs com telhados de telhas estavam quase escondidos em um oceano de verdes palmeiras; ao sul, o velho forte, a casa da alfândega, o farol, o molhe e os galpões de carvão; a leste, o mar agitado atrás de uma linha de rochas e recifes que o separa do porto; bem longe, no interior da ilha, se elevava o Pico de Adão e as montanhas irmãs.

Depois do café da manhã, durante uma calmaria da tempestade, embarcamos em um grande barco decorado com bananeiras e cordões de flores de cores brilhantes. Estavam lá os principais budistas da cidade. Atravessamos uma fila de barcos de pesca travestidos com panos chamativos e bandeirolas, as proas apontando para dentro. No cais e ao longo da praia uma enorme multidão nos aguardava e gritava em uníssono "*Sadhu! Sadhu!*"[257]. Um pano branco estava estendido para nós desde os degraus do cais até a rua, onde carruagens estavam prontas e mil bandeiras estavam sendo agitadas freneticamente como sinais de boas-vindas. A multidão

---

256 O adjetivo inglês "*fairy*" se refere a fadas, mas pode significar simplesmente "imaginário".

257 "*Sadhu*, no hinduísmo, é um termo comum para designar um místico, um asceta, um praticante de ioga ou um monge andarilho. '*Sadhu*' é, também, uma expressão em sânscrito e páli usada como interjeição para algo bem-sucedido ou realizado com perfeição." (Wikipédia)

cercava nossas carruagens, e a procissão partiu para o alojamento previsto para nós, a casa da Sra. X. Wijeratne, a rica viúva de um fornecedor da companhia de navegação P. & O.[258] As ruas estavam bloqueadas pelo povo em todo o trajeto, de modo que avançamos muito lentamente. Na soleira da casa, três Sacerdotes-Chefes nos receberam e nos abençoaram, recitando versos apropriados em páli[259]. Depois houve uma recepção, e inúmeras pessoas nos foram apresentadas; as pessoas comuns se aglomeravam perto de nós, enchendo cada porta e olhando através de cada janela. Isso durou o dia inteiro, o que nos aborreceu bastante, pois nem tivemos tempo de respirar ar fresco. Mas tudo isso era uma prova tão forte de gentileza que o suportamos da melhor forma possível. Nossa anfitriã e seu filho, adjunto do médico legista de Galle, foram extremamente hospitaleiros, enchendo a mesa com iguarias e frutas deliciosas, como nunca tínhamos visto iguais, e ornamentando-a com flores e bonitas folhas, à encantadora maneira cingalesa; também as paredes estavam embelezadas com elas de forma artística. De vez em quando, um novo grupo de monges vestidos de amarelo, dispostos em ordem de antiguidade de ordenação e cada um carregando seu leque de folha de palmeira, vinha nos visitar e nos abençoar. Foi realmente uma experiência inebriante, um ótimo augúrio para nossas futuras relações com a nação.

Os monges, que haviam lido os excertos que Megittuwatte tinha feito do livro de HPB, a pressionaram para exibir seus poderes, e o jovem Wijeratne, ao ouvir sobre o fenômeno do lenço a bordo do navio, pediu-lhe para repeti-lo para ele. Ela o fez, e novamente para um Sr. Dias, cada vez apagando seu próprio nome que estava bordado no lenço e substituindo-o pelo nome deles. Ela conseguiu

---

258 Nome inteiro da companhia: Peninsular and Oriental Steam Navigation Company (Companhia Peninsular e Oriental de Navegação a Vapor).
259 "Pode-se dizer que o páli é uma forma simplificada de sânscrito. A sua fama advém de ser a língua na qual foram registradas as escrituras do budismo theravada, conhecidas como o cânone páli, [...]." (Wikipédia)

produzir o nome de Wijeratne corretamente, porque ela tinha pedido para ele escrevê-lo em um pedaço de papel, mas "Dias" ela escreveu "Dies", o que, se tivesse sido a Sra. Coulomb quem tivesse bordado os lenços antes, em Bombaim, provavelmente não teria acontecido, já que teria havido muito tempo para se pensar que era absurdo soletrar o nome português daquele jeito. É claro que houve muito alvoroço, que se tornou febril e culminou quando ela fez alguns sinos invisíveis tocarem no ar (em bom som), perto do teto e na varanda. Durante o dia eu tive que contentar a multidão com dois discursos improvisados, e às onze horas da noite nós nos retiramos para descansar, totalmente exaustos.

Na manhã seguinte, bem cedo, Wimbridge e eu fomos dar um mergulho no porto, mas fomos seguidos e observados por multidões, de modo que era muito desagradável andar pelas ruas. O dia todo nossos quartos estavam lotados com visitantes. As discussões metafísicas com o idoso Sumo Sacerdote Bulatgama Sumanatissa e outros lógicos argutos eram intermináveis. Esse velho homem me deixou bem embaraçado. Ele me pediu para visitar um certo número de europeus e escrever para vinte "*burghers*" (mestiços descendentes dos holandeses) convidando-os a se unirem aos budistas para fundarem uma Loja da S.T. Na minha inocência eu o fiz. Na manhã seguinte, eu poderia ter mordido meu dedo de vergonha, pois essas pessoas me enviaram respostas insultantes, dizendo que eram cristãos e não queriam ter nada a ver com Teosofia ou Budismo. Censurei o velho monge pelo seu descuido em fazer-me comprometer inutilmente a dignidade da Sociedade, mas ele apenas sorriu e deu alguma vaga desculpa. Foi uma lição para mim, e durante os muitos anos que se passaram desde então, eu nunca repeti o erro.

As pessoas de toda a região encheram a cidade para nos ver, e todas elas ficaram muito contentes. Recebemos uma dúzia de convites de cidades e aldeias para visitá-las. O tempo todo, sacerdotes visitantes estavam conosco na nossa residência. Um de seus costumes nos fez rir. Nos casos em que a anfitriã não tinha colocado panos sobre os assentos das cadeiras, eles estendiam seus próprios lenços sobre eles, viravam-se e sentavam-se calmamente, fazendo isso com tanta solenidade como se fosse parte de uma cerimônia no templo. É um resquício de uma das precauções do *Yoga*, a saber, a de colocar no chão grama-bermudas[260] ou uma pele de tigre ou de cervo, ou uma esteira de palha, antes de iniciar as *asanas*, ou posturas de *Yoga*. Apenas a sua novidade tornou esse hábito um pouco engraçado para nós.

O velho Bulatgama era um debatedor particularmente persistente, muito eloquente e muito amável. Um dos assuntos de discussão foi o dos poderes psíquicos, e HPB, que gostava muito dele, fez sinos invisíveis tocarem (em um caso houve um som forte e crescendo como o de uma batida em uma grande barra de aço), produziu batidas "de espíritos", fez a grande mesa de jantar tremer e se mover, etc., para o espanto de sua seleta plateia.

Na noite seguinte, fomos levados a uma apresentação de dança dos diabos[261] de bruxos profissionais, que participam de procissões religiosas e são chamados em casos de doença gravíssima para expulsar os maus espíritos que supostamente possuem o paciente. Eles invocam certos elementais por recitações de mantras e se preparam para suas funções através de uma certa abstinência em determinados períodos da Lua. Sua dança é um verdadeiro festival de bruxas, deixando uma lembrança confusa de figuras saltando e girando, enfeitadas com máscaras hediondas e serpentinas de folhas novas de cacaueiros; de tições brandidos e rodopiando, de massas pretas de fumaça de óleo, de posturas tomadas repentinamente, suficientes para deixar nervosas as pessoas histéricas. Uma parte da cerimônia consiste em queimar algumas ervas e gomas em brasas e inalar os vapores com sons ofegantes, até que os participantes tremam como se estivessem com febre e depois caem sem sentido. Na síncope, eles têm visões dos diabos obsessores e dão instruções sobre o que fazer. Eles são trazidos de volta por aspersão com água, enquanto se mur-

---

260 No original: "*durba grass*" (*Cynodon dactylon*); em inglês, usam-se diversos nomes. Essa planta é considerada sagrada na Índia.
261 No original: "*devil dance*"; "*devil dance*" é o nome dado pelos ocidentais à "dança *cham*", executada com máscaras que, segundo alguns, lembram diabos.

mura um encanto. Um nativo culto disse-me que esta dança é considerada eficaz para a cura de várias doenças, especialmente aquelas a que as mulheres grávidas estão sujeitas. Nesse caso, é dito que elas caíram sob a influência do "Príncipe Negro". Se os dançarinos do diabo conseguem dominar o espírito mau perturbador e esse obedece a seu comando de libertar sua vítima, ele quebra, como sinal de sua partida, um determinado galho de alguma árvore perto da casa. Isso aconteceu, ele me disse, no caso de sua própria madrasta.

Como tinha sido combinado que eu desse uma palestra pública sobre Teosofia no dia 22, fiz esforços desesperados para refletir sobre o meu assunto e preparar algumas notas. Naquela época eu era muito inexperiente com relação a palestras, e me faltava confiança em mim mesmo para falar livremente. Mas era como tentar compor uma ária em uma oficina de máquinas onde cinquenta ferreiros martelam em bigornas, cinquenta tornos giram e cinquenta pessoas estão reunidas para criticar minha aparência pessoal, minha caneta e minha caligrafia! Nossa casa era uma Babel, nossos quartos estavam ocupados por uma multidão amigável da manhã até a noite. Teria sido muito melhor se eu tivesse ido para o estrado sem preparação e confiado na inspiração do momento, como eu logo aprendi a fazer.

Acho que minha primeira palestra no Ceilão merece um parágrafo. Eu a dei em uma grande sala do Quartel Militar, imperfeitamente iluminada e lotada de sufocar. Em uma extremidade tinha sido erguido um estrado provisório, com um dossel ornamentado acima dele. No estrado estavam, além da nossa delegação, Sumangala, Maha Thero, o Sacerdote-Chefe Bulatgama, o Sacerdote-Chefe Dhammalankara, da seita Amarapoora, que tinha viajado mais de trinta quilômetros para nos encontrar, e mais alguns. Toda a colônia europeia (quarenta e cinco pessoas) estava presente, e, dentro e fora, uma multidão de cerca de dois mil cingaleses. Eu não estava nada satisfeito com meu discurso, porque, devido às interrupções acima mencionadas, minhas notas eram fragmentárias, e a luz era tão fraca que eu não conseguia lê-las. Porém, eu consegui dar a palestra de alguma forma, embora muito surpreso que nem mesmo as passagens mais cativantes tenham suscitado aplausos; dos antipáticos europeus isso era de se esperar, mas nem os budistas aplaudiram! Assim que se conseguiu abrir uma passagem, nosso grupo saiu, HPB e eu de braços dados e segurando um ao outro firmemente, para não sermos separados pela multidão que estava nos empurrando. "Foi um discurso muito ruim?" perguntei para ela. – "Não, muito bom", respondeu. – "Então, por que não houve aplausos? Por que o receberam com um silêncio total? Deve ter sido muito ruim." – "O quê? O quê? O que você está dizendo?" disse o cavalheiro cingalês que estava segurando o outro braço de HPB. "Quem disse que foi um mau discurso? Nunca antes ouvimos um tão bom no Ceilão." – "Mas não pode ser", respondi, "não houve um único aplauso, nenhum grito de satisfação." – "Bem, se tivéssemos ouvido um, teríamos esfaqueado o homem que ousou interrompê-lo!" Ele então explicou que era costume nunca interromper um orador religioso, mas ouvir em silêncio respeitoso e, depois de sair, refletir sobre o que ele havia dito. E ele muito orgulhosamente destacou o grande elogio que me tinha sido feito pela plateia lotada ao me ouvir em total silêncio. Mas eu não vi isso dessa maneira, e ainda acho que minha palestra foi tão ruim que não valia a pena aplaudir: a não ser que, talvez, o público de Galle tenha combinado obedecer a injunção de Thomson:

"Venha, então, *silêncio expressivo, reflita sobre seu louvor.*"[262]

---

262 No original: "*Come then, expressive silence, muse his praise.*" Frase extraída do poema "*Hymn*" (Hino) do poeta escocês James Thomson (1700-1748). Porém, no poema o pronome "*his*" está escrito com inicial maiúscula ("*His*"), de modo que está claro que o poeta se refere a Deus, o que não é evidente na citação de Olcott.

CAPÍTULO XI

O ENTUSIASMO DO POVO

Este foi o prólogo de um drama tão cheio de emoções como não o havíamos imaginado nos nossos sonhos. Em uma terra de flores e vegetação tropical ideal, sob céus sorridentes, ao longo de estradas sombreadas por muitas palmeiras e enfeitadas por pequenos arcos de guirlandas feitas de tenras folhas por quilômetros e quilômetros, e cercados de um povo feliz, cuja alegria o teria levado – se fosse permitido – à extravagância de nos venerar, passamos de triunfo a triunfo, diariamente estimulados pelo magnetismo do amor do povo. As pessoas se esmeraram para nos agradar, nada lhes parecia suficientemente bom para nós: éramos os primeiros defensores brancos de sua religião, falando em público – diante dos missionários, seus inimigos e caluniadores – da excelência e do abençoado bálsamo do budismo. Foi isso que os emocionou e encheu seus afetuosos corações. Pode parecer que eu esteja exagerando, mas na realidade minhas palavras ficam muito aquém dos fatos. Se alguém procurar provas, deixe-o atravessar a linda ilha agora, depois de quinze anos, e perguntar o que eles têm a dizer sobre essa viagem dos dois Fundadores e seu grupo.

Às três da tarde fomos conduzidos a um *wallawa*, ou quinta de um nobre cingalês, onde falei, de uma varanda alta com vista para uma espécie de anfiteatro natural, para uma audiência de três mil pessoas[263]. A multidão enchia a planície e as colinas adjacentes. O considerável grupo de monges presentes *"deu o*

---

263 Nota de Olcott: "Peço desculpas por falar tantas vezes de mim mesmo, mas o fato é que, como Presidente da Sociedade Teosófica e porta-voz oficial da Delegação, eu tinha que estar sempre à frente."

panchasila"[264], ou seja, entoou os Cinco Preceitos[265] e os Três Refúgios[266], na língua páli, e o povo, como em uma poderosa onda de som, repetiu-os depois deles. Isso nos impressionou muito, pois, afinal, nada em relação ao som é mais impressionante do que a vibração de milhares de vozes humanas juntando-se em uma consonância rítmica.

Como essa nossa visita foi o início da segunda – e permanente – fase do renascimento budista iniciado por Megittuwatte – um movimento destinado a reunir toda a população cingalesa juvenil em escolas budistas sob nossa supervisão geral –, até os detalhes adquirem uma certa importância. O seguinte folheto, emitido oficialmente por Damodar, mostra os primeiros dos nossos passos para formar Lojas da Sociedade Teosófica na ilha:

---

[264] Olcott usou a palavra *"pansil"*, que é a contração de *"panchasila"*; *"pancha"* significa "cinco", *"sila"* significa "disciplina", "conduta", "virtude", "preceito".

[265] "Os cinco preceitos [...] constituem o código de conduta básico do budismo, seguido por seguidores leigos (*upasaka* e *upasika*) de Sidarta Gautama no teravada, bem como nas tradições maaiana [*mahayana*]. Os preceitos em ambas as tradições são essencialmente idênticos e são os compromissos de se abster de: prejudicar os seres vivos, roubar, má conduta sexual, mentir e se intoxicar." (Wikipédia)

[266] Sobre os Três Refúgios: "A expressão 'Joia Tríplice' designa o Buda, o Darma e a Sanga. O Darma é o conjunto dos ensinamentos do Buda; Sanga é a comunidade budista. 'Refugiar-se' significa aceitar publicamente o Buda como mestre, o Darma como seus ensinamentos e a Sanga como sua comunidade religiosa. Ao nos refugiarmos na Joia Tríplice, tornamo-nos discípulos do Buda e assumimos o compromisso de não seguir os ensinamentos de religiões obscuras. A cerimônia do refúgio é extremamente importante, porque marca o início de nosso compromisso com o Buda, o Darma e a Sanga. Mesmo respeitando o budismo e frequentando templos budistas, o indivíduo que não se refugiar na Joia Tríplice pode se considerar apenas um simpatizante do budismo, mas não um budista." (http://www.templozulai.org.br/joia-triplice.html)

A quem interessar possa.

Na próxima segunda-feira, será realizada às 20 horas na residência de Minuvengoda uma reunião na qual o Coronel Olcott irá apresentar brevemente os objetivos e metas da Sociedade Teosófica. Depois disso, senhores desejosos de ingressar na Sociedade poderão registrar seus nomes no livro fornecido para esse fim.
"(Por ordem) DAMODAR K. MAVALANKAR,
Secretário da Reunião.
GALLE, 22 de maio de 1880

O venerável Bulatgama presidiu a reunião, e Megittuwatte fez um discurso entusiasmante.

No dia seguinte fomos levados para a fazenda de café e canela do Sr. Simon Perera Abeyawardene, um rico budista de Galle. Estávamos muito interessados em observar os processos de descascar, secar e empacotar a casca de canela. Se voltamos para casa vivos, não foi mérito de nosso anfitrião, pois ele nos ofereceu um "almoço" gargantuesco, no qual *cinquenta e sete* tipos de curry eram servidos com arroz, e havia o mesmo tanto de tipos de doces. Fomos mesmo importunados de "só provar" cada um desses doces, e foi muito difícil fazê-lo compreender que nosso estômago não era elástico o suficiente para aceitarmos suas ofertas.

No dia 25 de maio, HPB e eu "tomamos o *panchasila*"[267] do venerável Bulatgama, em um templo do Ramanya Nikaya[268], cujo nome no momento me escapa, e fomos formalmente reconhecidos como budistas. Um grande arco de plantas, com as palavras "Boas-vindas aos membros da Sociedade Teosófica" havia sido erguido

---

267 "Tomar o *panchasila*" significa tornar-se budista (leigo), entoando os cinco preceitos e, com isso, prometendo obedecê-los.
268 "Nikaya" pode referir-se a coleções de textos budistas, mas aqui significa "escola", "ramo", "ordem"; Ramanya Nikaya, ou Ramanna Nikaya, é hoje uma das três maiores ordens budistas do Sri Lanka.

dentro do complexo do *Vihara*[269]. Nós já havíamos nos declarado budistas muito antes, na América, tanto privada quanto publicamente, de modo que esta era apenas uma confirmação formal de nossa profissão de fé anterior. HPB ajoelhou-se diante da imensa estátua do Buda, e eu a acompanhei. Foi bastante difícil para nós entender as palavras em páli que tínhamos que repetir depois do velho monge, e não sei como teria sido se um amigo não tivesse se colocado atrás de nós, sussurrando as palavras sucessivamente. Uma grande multidão estava presente e dava as respostas logo depois de nós, mas na hora em que estávamos lutando com as frases desconhecidas, manteve-se um silêncio total. Quando terminamos o último dos *Silas*[270] e oferecemos flores de acordo com o costume, ouviu-se um grito tão estrondoso de assustar, e as pessoas não conseguiram se acalmar por alguns minutos, de modo que tive que esperar para fazer o breve discurso que o Sacerdote-Chefe me pediu.

Acho que alguns dos meus colegas da Europa e da América tentaram dissimular esse incidente tanto quanto possível e esconder o fato de que HPB foi tão completamente aceita como budista como qualquer cingalês na ilha. Essa mistificação é desonesta e inútil, pois não só vários milhares de pessoas, incluindo muitos *bhikkus*[271], a viram e ouviram tomando o *panchasila*, como também ela mesma proclamou corajosamente em todos os lugares que era budista. Mas ser um budista verdadeiro é uma coisa, e ser um degradado sectário budista moderno é outra. Falando por ela e por mim mesmo, posso dizer que se o budismo contivesse um único dogma que estivéssemos obrigados a aceitar, não teríamos tomado o *panchasila* nem permaneceríamos budistas por dez minutos. Nosso budismo era o do Mestre-Adepto Gautama Buda, que é idêntico à Religião-Sabedoria dos *Upani-*

---

269 Monastério budista.
270 Cf. nota 264.
271 *Bhikku* ou *bhikshu*: Monge de sexo masculino, geralmente budista. Na Wikipédia em português usa-se também a forma "bico".

shads[272] arianos e a alma de todas as antigas religiões mundiais. Nosso budismo era, em uma palavra, uma filosofia, não um credo.

Almoçamos com um cavalheiro budista na cidade, e à noite admitimos como membros os primeiros onze candidatos, e com eles se formou a Sociedade Teosófica de Galle. *Presidente*: S. P. DB. De Silva; *Secretário*, P. C. Wijeratne. Naquele dia recebi as primeiras cem rúpias para um Fundo de Publicações Budistas, e imediatamente as passei para o Tesoureiro da Loja. Às vinte e uma horas nos sentamos para jantar, e a uma hora da madrugada estávamos muito felizes em ir para cama depois de um árduo dia de trabalho.

Na manhã seguinte, iniciamos nossa viagem para o norte em carruagens fornecidas pelos pescadores de Galle, uma casta grande, pobre, mas muito trabalhadora. É nessa casta que São Francisco Xavier, o "Apóstolo das Índias", recrutou o maior número de seus seguidores. A profissão desses pescadores, envolvendo tirar a vida, é abominada pelos budistas, e seu *status* social é muito baixo. Mas parece que eles gostaram de nós tanto quanto seus correligionários mais respeitáveis. Embora eles mesmos não quisessem aproximar-se de nós, no meio da multidão de pessoas de castas altas que nos cercava, eles me enviaram uma "petição humilde" na qual pediram que eu gentilmente permitisse aos "humildes peticionários", etc., etc., fornecerem ao nosso grupo carruagens para nossa ida a Colombo. Seu porta-voz era um jovem, educado em inglês, de – acho – outra casta. A sinceridade dessas pessoas pobres me tocou, e lhes enviei uma mensagem dizendo que eu queria vê-las, ou um comitê de seus anciãos, para agradecer-lhes pessoalmente sua amável oferta. Assim, encontrei-me com uma delegação. Quando eu disse que não queria que eles tivessem qualquer despesa, eles protestaram tanto que terminei aceitando sua oferta, agradecendo muito.

---

272 "Os Upanixades, também grafados Upanishads, Upanissades e Upanichades [...], são parte das escrituras *Shruti* hindus, que discutem principalmente meditação e filosofia, e que são consideradas pela maioria das escolas do hinduísmo como instruções religiosas." (Wikipédia)

Quase toda a população budista de Galle reuniu-se para nos ver sair da cidade e deu gritos amigáveis. Nosso primeiro trajeto, de oito quilômetros, foi até Dodanduwa, a sede do grande *Vihara* e *pansala*[273] de nosso amigo Piyaratana Tissa Terunnanse, um monge erudito com muita energia e caráter elevado. Em cada ponto favorável ao longo da estrada, multidões tinham se reunido para nos ver. Fomos convidados a parar e refrescar-nos com cocos, leite, chá e bolos. Em vários lugares, onde havia bastante espaço, tive que descer da carruagem e fazer discursos. Em Dodanduwa fomos recebidos com uma chuva de monção tão forte como não tinha sido vista em anos. Durante uma calmaria fomos conduzidos a um imenso galpão que Piyaratana havia mandado erguer, e fiz o esperado discurso para duas mil pessoas. Depois disso, visitamos seu templo, que estava extremamente limpo e bem conservado – algo incomum na ilha. Vimos uma enorme imagem do Buda de pé, de mais de um século de idade. Passamos a noite em um bangalô disponibilizado pelo Sr. Weerisooriya e amigos.

Na manhã seguinte continuamos nossa viagem nas duas carruagens fornecidas por nossos amigos, os pescadores de Galle. Tive que fazer quatro discursos naquele dia: o primeiro nos degraus da carruagem, antes do início da viagem; o segundo nos degraus do bangalô em Ambalangoda; o terceiro em Piyagale, onde tomamos o café da manhã às três horas da tarde (!) e fomos tão assediados que mal podíamos respirar; o quarto no templo em Piyagale, onde um público de três a quatro mil pessoas tinha se reunido. Fomos levados lá debaixo de uma chuva fina, em procissão, com bandeiras e tom-tons que faziam um tremendo barulho, cada percussionista tentando sobrepujar os outros e levando a multidão a uma espécie de frenesi de júbilo. O templo está situado no topo de uma colina íngreme, rochosa; fomos ajudados, ou melhor, arrastados até ele; a pobre HPB ficou agoniada com sua perna coxa, que nunca se recuperou completamente do golpe que recebeu a bordo do "Speke Hall" durante a tempestade, quando ela foi jogada contra a quina

---

273 Parte residencial de um mosteiro budista no Sri Lanka.

da mesa de jantar. A garoa embaçava meus óculos, de modo que não conseguia ver corretamente onde eu estava pisando e, para piorar as coisas, meu pincenê caiu do meu nariz e se quebrou na rocha pela qual eu estava passando, deixando-me, com a minha miopia, em uma situação muito desconfortável. Representando os monges reunidos, seu *Maha Terunnanse*[274] fez um discurso para nós, ao qual eu naturalmente respondi, falando bastante tempo.

Continuando, chegamos finalmente a Kalutara às vinte e uma horas, mas nossos problemas ainda não tinham terminado, pois tivemos que nos encontrar com mais um grupo de monges, ouvir mais um discurso e responder brevemente. Só depois, após uma refeição necessária, fomos para a cama, esgotados.

No caminho para Kalutara, após o anoitecer, um incidente nos divertiu. Um homem saiu correndo de uma casa do lado do caminho com um lampião na mão, parou nossas carruagens, e excitado perguntou o nome de cada um de nós. Pensávamos que ele tinha algo importante a comunicar, talvez a respeito de uma taxa de passagem, talvez até mesmo para nos avisar sobre uma trama do grupo cristão que quisesse nos fazer algum mal[275]. Mas ele não disse nada, apenas repetiu cada um de nossos nomes com um suspiro de satisfação, e depois se afastou. O nosso intérprete chamou-o para saber de que se tratava. "Oh, nada", disse ele, "eu só queria olhar para eles."

Nessa viagem não tivemos tempo para ficar muito na cama. Então na manhã seguinte levantamos ao alvorecer, quando os pássaros começaram a cumprimentar uns aos outros no palmeiral. Nós homens tomamos um banho de mar, embora em circunstâncias mui-

---

274 *Terunnanse* é um tipo de sacerdote ou monge budista cingalês de grau mais elevado (cf. http://translation.babylon-software.com/english/Ganinnanse/). Um *Maha Terunnanse* é o chefe ou líder desses sacerdotes ou monges. (Cf. http://alt.culture.tamil.narkive.com/N4v4M6k8/the-truth-about-the-tamil-kingdom-of-jaffna-peninsula-and-myth-of-eelam)

275 Nota de Olcott: "Isso aconteceu mais tarde: uma vez eles tentaram me matar."

to desvantajosas, pois estávamos pisando em corais pontiagudos, sabíamos da presença de tubarões e havia um público crítico que nos observava como se estivesse em uma aula de Delsarte[276] ou de calistenia[277]! Mesmo assim foi um banho, e isso significa muito nos trópicos.

Travamos conhecimento com um homem encantador, formado pelo Christ College de Cambridge, um dos homens mais intelectuais e refinados que encontramos na Ásia. O Sr. Arunachalam é sobrinho do falecido Sir M. Coomaraswamy, o conhecido orientalista, e na época da nossa visita foi Chefe de Polícia de Kalutara. Seu irmão mais velho é o Honorável P. Ramanathan, que é um grande amigo meu e representante oficial no Conselho Legislativo da comunidade tâmil. Tomamos o café da manhã na casa do Sr. Arunachalam, e sua cortesia fez que HPB se mostrasse de seu lado mais encantador, de modo que a visita foi um episódio muito agradável. Como sobremesa, ou melhor, *pousse-café*[278], minha colega falou mal dos missionários no seu melhor estilo.

Na mesma tarde sentimos o gostinho de outra espécie de oficial: o Agente do Governo – um tipo muito déspota de funcionário público – proibiu o uso de qualquer edifício público, até mesmo a varanda ou os degraus da escola, para a minha palestra. A pobre criatura agiu como se supusesse que, excluindo-se os budistas dos edifícios que haviam sido erguidos com seu dinheiro de impostos e que seriam disponibilizados a qualquer um que pregasse contra o budismo, eles pudessem ser intimidados e abandonar sua religião, ou acreditar que o cristianismo fosse mais digno de ser amado. Mas o campo e o céu nos foram deixados, um como

---

276 O francês François Delsarte (1811-1871) "desenvolveu uma teoria sobre a expressão humana intitulada 'Estética aplicada'. [...] Influenciou uma geração de pedagogos e as bases da educação física, do teatro e da dança, da ginástica rítmica e da educação somática." (Wikipédia)

277 Uma atividade que usa o peso do próprio corpo para fazer os mais diversos exercícios físicos.

278 Expressão francesa significando "bebida normalmente tomada após o jantar".

auditório, o outro como telhado, e a reunião foi realizada em um coqueiral. Alguns panos claros, colocados sobre cordas esticadas entre as árvores, serviram de dossel assim como para melhorar a ressonância, e uma cadeira colocada sobre uma grande mesa foi minha tribuna. O público era de duas ou três mil pessoas. Obviamente aproveitei a ocasião para apontar o espírito malicioso dos cristãos na ilha e seu temor de que os cingaleses fossem ser levados a ver os méritos do budismo.

Nossa seriedade foi duramente testada na manhã seguinte. Wimbridge, Panachand, Ferozshah e eu fomos obrigados a subir em uma espécie de carro triunfante; escoltados por um grupo de homens vestidos de uniformes cômicos, carregando armas de madeira e paus, suas faces morenas escuras branqueadas com farinha ou giz (para dar-lhes um aspecto quase europeu), e com muita música e muitos estandartes, fomos levados até a aldeia de Wehra, a quatro quilômetros de distância, para uma cerimônia de recepção. Falei para um grande público, em uma casa de pregação (*Dharmasala*[279]) muito fina, com duas fileiras de colunas brancas, vitrais, lustres pendurados e um grande púlpito. À moda oriental, fiquei sentado enquanto falava. Depois disso, fomos cumprimentar Waskaduwe Subhuti, *Terunnanse*, um monge mais conhecido entre os orientalistas ocidentais do que qualquer outro, salvo Sumangala, que, é claro, é *o* representante e personificação da erudição páli. Depois do almoço na casa do Sr. Arunachalam, visitamos outro sacerdote famoso, Potuwila Indajōti, *Terunnanse*, que goza de grande renome como *Vederale*, ou Médico Nativo. Ele é chamado de todas as partes budistas da ilha e fez inúmeras curas. Achamos sua conversa muito interessante. Suas opiniões sobre a sobrevivência do ego no Nirvana são as de seu falecido Guru, o sacerdote de Polhawatti[280], e opostas às da escola Sumangala. Ele se candidatou à admissão como membro em nossa Sociedade e foi aceito.

---

279 Normalmente, um *dharmasala* é uma estalagem para peregrinos (cf. *A Popular Dictionary of Buddhism*, p. 57).
280 Esse nome não se encontra em nenhum lugar (no Google) fora o livro de Olcott.

Naquela época a ferrovia terminava em Kalutara, e lá pegamos o trem para nossa próxima parada, Panadure (pronunciado popularmente Pantura), a localidade onde Megittuwatte debateu com os missionários os méritos respectivos do budismo e do cristianismo, e, segundo dizem, venceu o debate. Fomos alojados em um novo *pansala* adjacente a um *Vihara*, que tinha sido construído, a seu próprio custo, por um homem de aspecto pitoresco, chamado Andres Perera. Era alto, magro, de pele escura, tinha uma testa muito grande, usava o cabelo escovado para trás e torcido para formar no final um longo tufo, que, por um pente enorme e caro de concha de tartaruga, estava segurado em cima como o cabelo de uma mulher; e um pente circular – uma moda cingalesa – formava um arco sobre sua bela cabeça. Usava o *dhoti* típico do interior e um casaco do século passado, de pano azul, não dividido no meio, com saia longa, punhos virados, vinte botões de ouro de um lado da frente e o mesmo tanto de laços e galões de renda dourada do outro lado, e a mesma ornamentação na gola e nos punhos. Um boldrié escarlate com galões dourados, passado sobre um ombro e debaixo do braço oposto, segurava uma espada curta com uma bainha de ouro; uma enorme medalha de ouro, tão grande quanto um prato de sobremesa, estava pendurada diagonalmente na direção contrária em uma corrente dourada, e também havia um pesado cinto de ouro, ricamente ornamentado. Seus pés estavam nus, e ele usava sandálias de couro! A figura era tão impressionante, tão diferente de qualquer outra que vimos, que notei todos esses detalhes em meu Diário. Ele deu alguns passos em nossa direção para nos receber; atrás dele estavam seus seis filhos altos, de aspecto impressionante, e três filhas bonitas. Ficamos pasmos com esse grupo pitoresco. Pensei em Torquil of the Oak e seus fiéis filhos.[281] Sem

---

281 Torquil of the Oak é um personagem do romance histórico do escocês Walter Scott (1771-1832) *The Fair Maid of Perth*. Na frase seguinte (do original), Olcott dá sobre esse assunto mais um detalhe, que não cabe traduzir.

demora, o velho *"mudaliar"*[282] nos levou até um grande galpão no qual se costumavam fazer sermões, e falei para cerca de quatro mil pessoas. Desde a nossa chegada, os missionários tinham feito o que podiam para tentar enfraquecer nossa influência sobre os budistas; então eu os elogiei tanto quanto sua política questionável[283]. Isso produziu uma sequela que será mencionada mais tarde. Na verdade, esses missionários protestantes são uma peste. Com os católicos nunca tivemos muito trabalho.

O *habitat* primitivo dos mosquitos nunca foi descoberto, creio eu, mas se não foi o *pansala* de Perera em Panadure, pelo menos esse era, com certeza, um ótimo lugar para o seu desenvolvimento: eles simplesmente pululavam. O prédio era oblongo, com pequenos quartos dando para uma varanda que se estendia por todos os lados, e um pequeno corredor no meio. Não havia banheiros, pois o lugar era destinado apenas para *bhikkus*, que se banham ao ar livre. As abas das janelas eram de madeira, e quando estavam fechadas durante o dia, os quartos ficavam escuros. HPB tinha um dos quartos no final sul do prédio. Ela quis banhar-se, e, como não havia outro lugar, arranjei uma banheira que foi instalada em seu próprio quarto. Como ela estaria no escuro, se a janela estivesse fechada, deixamos as abas abertas e amarrei uma grande esteira macia na extremidade delas, e ela começou seu banho. Nós outros estávamos sentados na outra varanda, conversando, quando ouvi meu nome sendo gritado e corri para ver o que estava acontecendo. Naquele momento, três mulheres cingalesas estavam saindo por debaixo da esteira, e a velha senhora[284] estava insultando-as em grande estilo. Ao ouvir minha voz, ela disse que essas criaturas impertinentes, para

---

282 Olcott explica entre parênteses que se trata de um *"title of a Headman's office"* (título, ou nome, do ofício de chefe). Mais exatamente é um título "geralmente usado pelo topo dos funcionários da administração e comandantes do exército" entre os tâmeis no Sri Lanka (Wikipédia).
283 Olcott está sendo irônico.
284 Naquele ano (em maio), HPB, nascida em agosto de 1831, tinha apenas 48 anos.

satisfazer sua curiosidade, haviam realmente passado por debaixo da esteira e, quando ela virou a cabeça, as viu bem perto do parapeito da janela, observando calmamente sua ablução. Sua indignação era tão trágica que, enquanto eu afugentava as intrusas, não pude deixar de rir bem alto. Pobrezinhas! Elas não queriam fazer nenhum mal: era simplesmente o costume do país espiar as coisas de todo mundo e ignorar qualquer direito de privacidade. Esse é um exemplo das situações pelas quais tivemos de passar durante toda a nossa visita ao Ceilão.

Às quatorze horas fiz um discurso para mais uma enorme plateia, no mesmo lugar onde a famosa "controvérsia de Pantura" tinha ocorrido. Depois de mim falou HPB, e Ferozshah (parse) e Panachand (hindu) fizeram algumas observações como representantes de suas respectivas religiões[285] em nossa Sociedade, demonstrando o espírito eclético que nos animava e pedindo uma ampla tolerância religiosa. Megittuwatte presidiu a reunião e fez dois discursos eloquentes. No dia seguinte, admiti como membros Megittuwatte, Sri Weligama – erudito especializado em páli, sânscrito e elu[286] – e Waskaduwe Subhuti. Sr. J. R. de Silva traduziu para mim; o *mudaliar* Andres Perera, seu genro, e outros leigos se juntaram a nós no dia seguinte, e às quatro da tarde partimos de trem para Colombo, chegando na capital durante um forte aguaceiro. Fomos levados para um bangalô muito espaçoso chamado "Radcliffe House", no distrito Slave Island[287], do outro lado do bonito lago artificial. Muitas pessoas estavam nos esperando, entre elas Sumangala e cinquenta outros monges. Após o jantar, o Sumo Sacerdote fez um discurso em páli para nós, seguido de discussões e variadas conversas, e finalmente pudemos ir para cama.

O assédio das multidões era ainda pior do que em qualquer outro lugar; não tínhamos nenhum momento livre nem a menor privacidade. Os jornais estavam cheios de histórias sobre nós, e os

---

285 Olcott usou a palavra "*races*" (raças).
286 Língua antiga no Ceilão.
287 "Ilha dos Escravos", uma parte de Colombo onde viviam os escravos durante a ocupação pelos portugueses.

cristãos se enfureciam. Para preparar minha palestra para a noite seguinte, tive de me retirar para a Faculdade de Sumangala e escrever na biblioteca com portas trancadas. Na manhã seguinte, foi realizada na Faculdade uma conferência séria entre Sumangala, Subhuti, Megittuwatte e mim. Terminei minha palestra sobre "Teosofia e Budismo"[288], e às oito horas da noite eu a proferi em nossa própria residência, onde o salão tinha sido convertido em uma sala de conferências com acomodação para quinhentas pessoas. Além de cingaleses importantes, estiveram presentes o Inspetor-Geral Europeu da Polícia, o Secretário Colonial, editores de jornais etc.

No dia 5 de junho, dei uma palestra no templo de Megittuwatte em Kotahena, que é visitado pela maioria dos passageiros dos navios que ancoram no porto. Ele e eu falamos em pé sobre uma grande mesa, colocada no meio do salão de pregações, para sermos mais bem ouvidos pela multidão. O salão e todo o templo estavam cheios de pessoas, como arenques em um barril, e fazia um calor opressivo. O lugar estava alegremente decorado com bandeiras e panos coloridos; do lado de fora, havia um bonito arco de folhas de palmeira divididas, apresentando diversos tipos de belos desenhos sobre uma armação de madeiras de areca; e na parede acima do púlpito estava suspensa uma réplica gigantesca, em papel dourado, do selo da nossa Sociedade. Na mesma noite, dez candidatos se tornaram membros.

No dia seguinte, houve duas palestras. A primeira foi proferida em Kotta, uma aldeia a nove quilômetros da cidade, a antiga sede de um rei poderoso, onde havia arcos de triunfo e um sem-fim de bandeiras e plantas na beira das estradas, e onde o Sr. Tepannis Perera nos ofereceu uma boa refeição em uma varanda ampla e fresca. A outra, dada na Faculdade Widyodaya (de Sumangala), teve como tema "Nirvana, Mérito e a Educação de Crianças Budistas". Eu tinha começado meus apelos nesse sentido em Galle, e durante todo o *tour* fiz o maior esforço para fazer as pessoas perceberem o risco de deixar que seus filhos fossem predispostos contra sua reli-

---

288 Nota de Olcott: "Cf. *Theosophy, Religion, and Occult Science*." (É um livro de Olcott, publicado em 1885.)

gião ancestral pelos inimigos confessos dessa religião, que estavam no país para nenhum outro objeto do que fazer isso. É uma grande satisfação saber que as admoestações não eram em vão e que o presente movimento abrangente e bem-sucedido para promover a fundação de escolas budistas data dessa importante viagem.

O dia seguinte estava ocupado com uma visita ao templo de Kelanie, um dos santuários mais reverenciados da ilha, onde a grande estupa[289] (cone de tijolos) se eleva sobre relíquias genuínas do próprio Buda, e também dei uma inevitável palestra diante de uma multidão. Um dia depois, em 8 de junho, organizamos a S.T. de Colombo, com inicialmente vinte e sete membros. Submeti à Loja meu plano para a criação de uma seção budista, a consistir em duas subdivisões, uma exclusivamente para leigos e Lojas leigas, e a outra, não subdividida, exclusivamente para sacerdotes – isso por causa do fato de que as regras de ordenação do *Vinaya*[290] proíbem que, nos assuntos mundanos, os monges sejam tratados da mesma maneira que os leigos. O esquema foi aprovado por todos e colocado em prática no seu devido tempo. Sumangala foi nomeado presidente da associação de sacerdotes, bem como um dos vice-presidentes honorários da Sociedade.

No dia 9 partimos de trem para Kandy, e após uma viagem de quatro horas e meia através de uma das mais pitorescas paisagens, chegamos aproximadamente às sete horas da noite. Junto com a multidão habitual, uma delegação de líderes de Kandy – cuja posição feudal assemelhava-se à dos chefes de clãs das montanhas de an-

---

289 Em inglês: *stupa*; monumento, geralmente redondo e em forma de cone, construído sobre os restos mortais (geralmente cremados) de um monge budista importante.

290 "*Vinaia* (*Vinaya*, uma palavra em páli e sânscrito, significando 'educação', 'disciplina') é a base regulatória da comunidade monástica budista, ou sanga, baseada nos textos canônicos chamados Vinaia Pitaca. Os ensinamentos do Buda, ou o Budadarma podem ser divididos em duas categorias abrangentes: Darma, ou doutrina, e Vinaia, ou disciplina. Um outro termo para Budismo é darmavinaia." (Wikipédia)

tigamente – nos recebeu na estação e nos levou até nosso alojamento em uma grande procissão, iluminada por tochas e acompanhada de estridentes tom-tons e trompetes. Houve dois discursos dirigidos a nós; um foi feito pelo Comitê dos Chefes, o outro por uma associação de budistas de alguma forma ligada ao Templo do Sagrado Dente de Buda, o Dalada Maligawa. Sumangala veio, e foi combinado que eu falasse nesse templo no dia seguinte.

Na manhã seguinte, recebemos visitas cerimoniais dos principais sacerdotes dos templos de Asgiriya e Malwatte, os mais importantes *bhikkus* da ilha, uma espécie de arcebispos da Cantuária[291]. Sob os soberanos de Kandy, eles eram os funcionários reais, guardiães do Templo do Dente, e tinham precedência em todas as procissões religiosas reais. Sumangala é inferior a eles com relação ao grau, mas imensamente superior na estima do povo, assim como na habilidade.

Fomos ao templo às duas da tarde para a minha palestra, mas uma multidão tão grande tinha se enfiado nele que foi só com a maior dificuldade que consegui chegar a minha mesa. E depois, o barulho de pés inquietos sobre o chão de pedra criou um eco tão confuso no teto, também de pedra, que nenhuma palavra minha era audível. Depois de alguns minutos de tentativas vãs de fazer silêncio, resolvemos continuar do lado de fora, no belo gramado. O nosso grupo, junto com Sumangala, subiu em um largo muro à direita. Cadeiras foram colocadas para ele e para HPB, e eu falei debaixo dos galhos de uma árvore de fruta-pão, que servia muito bem para melhorar a ressonância. A grande multidão estava em pé ou sentada no gramado em um semicírculo enorme, e finalmente pude me fazer ouvir muito bem. Os missionários, antes de nossa chegada, tinham espalhado todo tipo de calúnias contra nós, e na noite anterior haviam pregado severamente contra o budismo nas ruas de Kandy. Como eles eram homens brancos, os tímidos cingaleses não ousaram confrontá-los, mas trouxeram suas queixas para nós. Então, antes de entrar no assunto de meu discurso,

---

291 O Arcebispo da Cantuária (em inglês: *Archbishop of Canterbury*) é o líder espiritual da Igreja Anglicana.

mencionei esses fatos e, retirando meu relógio, disse que eu daria a qualquer bispo, arquidiácono, sacerdote ou diácono de qualquer igreja cinco minutos para chegar e provar suas afirmações de que o budismo era uma religião falsa; se não o fizessem, os cingaleses estariam livres para tratá-los, assim como suas falsidades, como mereciam. Cinco missionários haviam sido apontados para mim na plateia, mas, embora eu, relógio na mão, esperasse os cinco minutos, nenhum deles ergueu a voz. O resultado da minha palestra em Panadure, acima mencionada, também está relacionado com esse episódio.

Como havia sido combinada para a noite seguinte uma palestra na Câmara Municipal sobre "A vida de Buda e suas lições", trabalhei desesperadamente durante o dia para conseguir escrevê-la sob as mais desencorajadoras circunstâncias. HPB quase me deixou louco, me chamando no andar de baixo umas dez vezes, quer para ver pessoas que não tinham nenhuma importância para mim, quer para sentar-me em um grupo para o insistente fotógrafo tirar fotos. No entanto, consegui elaborar a palestra de alguma forma, e a proferi na hora marcada para uma multidão que enchia o salão e as cercanias. A maioria dos funcionários governamentais influentes estava presente, e os aplausos foram frequentes o suficiente para nos fazer pensar que foi um sucesso. Naquela noite, dezoito candidatos à filiação foram admitidos.

No dia 12, encontrei-me com um comitê de líderes de Kandy e Sacerdotes-Chefe para discutir o estado da Igreja. Depois de muito debate, todos os planos que apresentei foram adotados. Às três da tarde falei novamente do lado de fora do templo Dalada Maligawa para cerca de cinco mil pessoas. No dia seguinte fomos a Gompola a convite de um budista entusiasta, o *Mohandriam* (Chefe[292]) do lugar, um homem idoso. Na estação de trem, uma multidão retirou os cavalos da carruagem em que HPB e eu viajávamos, e, colocando cordas, a puxou para a casa preparada para nós. Uma longa procissão com música e bandei-

---

292   No original: "*Headman*", que significa "chefe", "líder".

ras nos acompanhou, e incessantes gritos de alegria deixaram a ida bem animada.

Depois da nossa volta a Kandy, organizamos à noite a S.T. daquela cidade com dezessete membros. O dia terminou com uma colação fria, oferecida pelos representantes de Galle que nos acompanhavam e por um dos admiradores mais entusiasmados de HPB, Sr. S. Perera Dharmagunavardene, *Aratchi* (Chefe[293]) de Colombo.

Às nove da manhã seguinte, nos deram a honra incomum de nos permitir ver uma exposição especial da Relíquia do Dente de Buda. Ela é guardada em uma torre separada, protegida por uma porta grossa, cravejada de ferro e fechada com quatro grandes fechaduras, cujas chaves são mantidas sob a custódia dos Sumos-Sacerdotes de Asgiriya e Malwatte, o Agente do Governo e o Devanilami, um oficial especial cujo cargo sobreviveu à queda da dinastia de Kandy que o criou. A relíquia é do tamanho do dente de um jacaré, está fixada em uma haste de arame de ouro subindo de uma flor de lótus do mesmo metal, e está muito desbotada pela idade. Se for genuína, evidentemente tem vinte e cinco séculos de idade. Quando não está exposta, está envolta em uma folha de ouro puro e mantida dentro de uma caixa dourada, apenas suficientemente grande para contê-la e coberta externamente de esmeraldas, diamantes e rubis. Essa caixinha, por sua vez, fica em uma pequena dourada *karandua*, ou campânula, incrustada de pedras preciosas, que está dentro de uma maior do mesmo metal precioso, similarmente ornamentada; essa, dentro de uma terceira, que se encontra em uma quarta campânula igualmente valiosa; finalmente, essa quarta está guardada em uma ainda maior feita de grossas placas de prata, de 1,70 metros de altura e três metros de circunferência. Quando exposta, a relíquia e seus vários suntuosos envoltórios repousam sobre uma plataforma de um metro de altura, junto com estatuetas de cristal de rocha e de ouro do Buda e outros objetos preciosos. Do teto pendem pedras preciosas e joias, entre as quais

---

293 Cf. a nota anterior.

um pássaro, pendurado em uma corrente de ouro e formado inteiramente de diamantes, rubis, safiras azuis, esmeraldas e olhos de gato, tudo isso colocado em ouro e juntado de maneira a ocultar a base de metal. O repositório é uma pequena sala no segundo andar da torre, sem nenhuma janela ou lacuna para a luz entrar. O ar é carregado de perfumes de flores e especiarias, e à luz de lampião tudo cintila por causa das pedras preciosas. O arcabouço da porta é de ébano incrustado de marfim, os painéis são de latão. Na frente do estrado encontra-se uma simples mesa quadrada onde se põem presentes valiosos ou flores.[294] Desnecessário dizer que fomos quase esmagados pela multidão de pessoas importantes que entraram junto com nosso grupo, e ficamos contentes de sair ao ar fresco o mais rápido possível. Acho que a relíquia não tinha sido exposta desde a visita do Príncipe de Gales, de modo que essa visita foi considerada a maior honra para nós. Ao retornarmos ao nosso alojamento, os cingaleses cultos em nossa volta estavam ansiosos para conhecer a opinião de HPB sobre a autenticidade da relíquia, se ela é ou não é um dente real do Buda. Essa era uma pergunta boa, para não dizer capciosa. Agora, se acreditarmos nos historiadores portugueses Ribeiro e Rodrigues de Sá e Menezes, o verdadeiro dente, depois de passar pelas vicissitudes mais românticas, chegou nas mãos dos inquisidores intolerantes de Goa, que proibiram o vice-rei D. Constantia de Bragança[295] aceitar uma soma fabulosa – não menos de quatrocentos mil cruzados (uma moeda valendo 2s. 9d.[296]) – oferecida pelo rei de Pegu[297] para o resgate. Eles or-

---

294 Nota de Olcott: "Para um relato completo sobre a relíquia e sua história maravilhosa, bem como sobre o templo e seu conteúdo, ver *Memoir of the Tooth Relic of Ceylon*, de Dr. Gerson da Cunha (Londres, Thacker & Co., 1870)."

295 Nome correto: Dom Constantino de Bragança (Vice-rei de 1558 a 1561).

296 Abreviaturas: s = *sovereign*, soberano (uma moeda), ou então libra esterlina; d = *penny* ("d" do latim *denarius*, cujo plural é "*pence*"; correspondia a 1/240 de uma libra esterlina.

297 Cidade e antigo reino na Birmânia.

denaram que fosse destruído. Assim, o arcebispo, na presença dos inquisidores e de altos oficiais de Estado, triturou o dente em um pilão, jogou o pó em um braseiro, no qual as brasas já estavam preparadas, e depois as cinzas e o carvão foram jogados no rio, diante de uma multidão "que se aglomerava nas varandas e janelas que davam para a água". Dr. Da Cunha – ele mesmo um católico português – é muito sarcástico em suas reflexões sobre esse ato de vandalismo abjeto. Ele diz:

> "Pode-se facilmente imaginar o efeito que essa imponente reunião de vice-rei, prelados e dignitários da velha cidade de Goa, reunidos com o propósito de esmagar um pedaço de osso e espalhar o pó, teve nas mentes do povo aglomerando-se nas ruas, a consternação da pobre embaixada de Pegu à vista da destruição da relíquia de seu santo e a sinistra exultação dos inflexíveis inquisidores sobre a dissolução do *Dalada*[298] nas águas sagradas do Gomati e a consequente promoção da glória de Deus, da honra e do prestígio do cristianismo e a salvação das almas. Se alguma vez houve um ponto onde dois extremos se reuniram, era esse. A queima de um dente para a glória do Todo-Poderoso era o ponto de contato entre o sublime e o ridículo."

Eu disse que a relíquia de Kandy é do tamanho do dente de um jacaré, mas na verdade não tem nenhuma semelhança com qualquer dente, seja animal ou humano. É ligeiramente curva, tem cerca de cinco centímetros de comprimento e um pouco mais de dois de largura na base, e está arredondada na extremidade. Isso é explicado por alguns budistas por uma história que diz que nos dias de Buda "os seres humanos eram gigantes, e seus dentes acompanhavam, por assim dizer, a sua maior estatura". O que, evidentemente, não faz nenhum sentido. As histórias arianas não dão suporte a essa ideia. É dito que o presente objeto de adoração foi feito de um pedaço de chifre de cervo pelo rei Vikrama Bahu, em 1566, para substituir o original, queimado

---

298   A relíquia do Dente de Buda.

pelos portugueses em 1560. Porém, outros acreditam que a relíquia é na verdade apenas um substituto, que o dente real está escondido em um lugar seguro, e que também foi um substituto aquilo que caiu nas mãos dos sacrílegos portugueses. De fato, há inúmeras lendas sobre o *Dalada*. Remeto os curiosos ao panfleto do Dr. Da Cunha e ao de Sir M. Coomaraswamy, do qual aquele foi compilado em grande parte, às *Transactions*[299] da Real Sociedade Asiática, ao trabalho de Tennent[300] no Ceilão e a outras fontes. Uma das lendas poéticas sobre a Relíquia do Dente diz que, quando o dente foi lançado em um poço com chamas por um imperador indiano incrédulo, "uma flor de lótus do tamanho de uma roda de carruagem surgiu das chamas, e o dente sagrado apareceu no topo, emitindo raios que ascenderam aos céus e iluminaram o universo". Alguns supõem que isso explica o significado esotérico da fórmula tibetana "*Om Mani Padne Rum*"[301]. Para mais histórias, veja o *Dhatavarsa*, uma antiga obra cingalesa sobre a história do Dente. O Padre Francisco de Souza, em seu livro *Oriente Conquistado*, repete a história popular de que "no momento em que o Arcebispo colocou o dente no pilão e estava prestes a pulverizá-lo, o dente foi para o fundo e apareceu sobre uma flor de lótus em Kandy". Embora não possamos ir tão longe, não podemos negar que é um consolo para toda a nação cingalesa considerar o Dente de Kandy como uma relíquia genuína do mais sublime dos homens, e podemos aproveitar isso, lembrando que

---

299 *Transactions* são anais ou relatórios de discussões. Olcott refere-se à revista *Transactions of the Royal Asiatic Society of Great Britain and Ireland,* que tem desde 1991 o nome *Journal of the Royal Asiatic Society.*

300 Sir James Emerson Tennent (1804-1869), político e viajante britânico. Viveu entre 1845 e 1850 no Ceilão, onde foi Secretário Colonial.

301 Normalmente o nome desse mantra budista é transcrito "*Om Mani Padme Hum*" (cf. https://pt.wikipedia.org/wiki/Om_mani_padme_hum)

Na Fé e na Esperança o mundo discordará,
Mas a preocupação de toda a humanidade é com a caridade.[302]

Talvez tenha sido essa reflexão que motivou a engraçada resposta de HPB aos que lhe perguntaram: "Claro que é o seu dente: um que ele teve quando nasceu como tigre!"

Após a visita ao *Dalada Maligawa*, fizemos uma reunião final da nova Loja local da S.T., e às duas da tarde pegamos o trem para Colombo.

---

302 Trecho do poema "Essay on Man", do poeta inglês Alexander Pope (1688-1744).

CAPÍTULO XII

FIM DA VIAGEM PELO CEILÃO

Como havia sido programada uma palestra sobre "As Ciências Ocultas" para a tarde do dia seguinte, passei a manhã escrevendo-a, e às cinco e meia da tarde a proferi em uma enorme tenda de circo para um público ainda maior. Era uma visão impressionante – aquela multidão de orientais enchendo cada centímetro de espaço disponível debaixo da lona oval. O nosso grupo sentou-se em um estrado avançado, que deu a nós e às pessoas uma boa oportunidade de ver uns aos outros.

O incessante trabalho duro da turnê tinha me cansado bastante; por isso, foi em meu quarto que foi realizada uma conferência com Sumangala, Megittuwatte, Bulatgama e outros sacerdotes-chefes sobre assuntos budistas. À noite, efetuou-se a organização permanente da S.T. de Colombo, e os membros subscreveram a soma de mil e cinquenta rúpias para as despesas da Loja.

O dia seguinte foi um dia muito ocupado: às oito e trinta, o insaciável fotógrafo; às nove e trinta, fomos tomar o café da manhã fora de casa; às treze e trinta, uma reunião na Faculdade Widyodaya para a filiação de sacerdotes; Sumangala, Bulatgama e outros entraram na Sociedade naquela ocasião; às dezesseis horas, uma palestra em um templo; ela resultou na filiação de dez novos membros; em seguida, nova sessão de fotografias, de um grupo composto por Sumangala, Bulatgama, Megittuwatte, Hyeyentaduwe – Assistente Principal da Faculdade –, Amaramoli, um monge bem-educado, amável e excelente, e por mim mesmo. Desse grupo, três já faleceram – Megittuwatte, Bulatgama e Amaramoli –, de modo que a foto é histórica e interessante para o povo cingalês. Às dezenove e trinta (sem que eu tivesse tido tempo para as refeições), fiz uma reunião em nosso alojamento e admiti doze novos membros. Finalmente, às vinte e uma horas, ainda sem jantar, organizamos a S.T. de Lanka, uma Loja não budista, composta por livres-pensadores e amadores de pesquisa ocultista. O ato final do dia foi ouvir e responder a um discurso da comunidade budista de Colombo. Depois, finalmente, jantar e cama!

Na manhã seguinte partimos de trem de Colombo para Morotuwa. Muitos amigos nos acompanharam até a estação. HPB recebeu de uma senhora budista, Sra. Andrew Perera, um medalhão de ouro esmaltado. Damodar e eu recebemos algo melhor: uma bênção do Sumo Sacerdote e vários outros monges; eles recitaram *Pirit* – versos de bênçãos – e colocaram as mãos sobre nossos peitos. Como HPB era (visivelmente) uma mulher, os celibatários não podiam tocá-la. Ela se divertiu muito com isso durante toda a viagem; em Galle, depois de sua admissão no budismo, ela costumava provocar o venerável Bulatgama – a quem chamava de seu Pai em Deus – para fumar, e, enrolando um cigarro, o passava para ele em um *leque*, para que ele não precisasse ser contaminado tocando-a; ela ria o tempo todo e fazia o velho monge compartilhar sua alegria!

Dentro das vinte e quatro horas do nosso último dia em Colombo, recebemos onze convites para visitas a vários lugares; na verdade, todos na ilha teriam nos pedido para visitá-los se o tempo o tivesse permitido. Em Morotuwa, o Comitê de Recepção nos levou em carruagens da estação para Horitaduwe, onde tomamos o café da manhã. Às quinze horas, a multidão estava reunida para a palestra. Mas eu estava tão doente com o retorno de uma velha disenteria no Exército, que não pude fazer mais do que dizer algumas palavras, e Wimbridge foi forçado a me substituir. Para dar uma ideia da aflição mental pela qual um noviço passa nesses países orientais, ao ser interpretado em um vernáculo, e quando sabe que as pessoas não estão recebendo nenhuma ideia correta do que está dizendo, menciono um incidente ocorrido durante a palestra. Para ilustrar uma observação que ele tinha feito, Wimbridge disse: "Vamos pegar um caso." Descobrimos mais tarde que o intérprete traduziu assim:

"Vamos pegar uma caixa."[303] Uma vez, no Japão, depois de dar uma palestra na Universidade Imperial de Tóquio, fiquei extremamente chateado, quando dois amigos ingleses que sabiam japonês me disseram que o intérprete tinha transformado meu discurso inocente sobre educação quase em um discurso político que poderia ofender o governo! Felizmente, esses dois amigos tinham suficiente influência pessoal para corrigir as coisas, relatando ao Ministro da Educação o que eu realmente havia dito. Muitas dessas experiências finalmente me tornaram suficientemente calejado, e agora não me preocupo em absoluto com mudanças caricaturais introduzidas em meus discursos públicos. Sempre, mesmo quando estou me dirigindo às massas que não sabem inglês, alguns poucos terão compreendido o que eu realmente disse.

Depois da palestra, fomos até Panadure e voltamos para os nossos alojamentos, apinhados de mosquitos no hospitaleiro *pansala* do velho *mudaliar*. Um delicioso banho no início da manhã nos refrescou para a palestra das quatorze horas no *dharmasala* redondo do *mudaliar*. Poucas horas depois, recebi um desafio do Diretor da Escola Missionária da S.P.G., em nome dos cristãos da ilha[304], para debater a religião cristã. A nota referia-se ao meu desafio dos Cinco Minutos[305] em Kandy e tinha um tom insultante. Evidentemente estávamos seguindo uma programação fixa, em que cada horário do nosso tempo estava marcado, e tínhamos de estar em Galle em determinado dia para pegar nosso navio. Isso era conhecido publicamente; obviamente o desafio era um truque. Os cristãos pensaram que o desafio fosse recusado, de modo que eles ficassem livres para deturpar os nossos motivos após nossa partida. Eu queria

---

303 A palavra inglesa usada por Wimbridge era "*case*" (que tem vários significados, inclusive "caso", "estojo", "caixa"). O intérprete traduziu por "*box*" ("caixa").
304 Olcott usa a expressão "*Christian party*" (literalmente "partido cristão" ou "grupo cristão"; mas não se tratava de um partido no sentido político, e tampouco era apenas um grupo; Olcott refere-se aos cristãos morando no Ceilão, ou, em outros casos, na Índia).
305 Veja capítulo 11, p. 184.

ignorá-lo, mas HPB se opôs à ideia e disse que tínhamos que aceitá-lo justamente por isso. Wimbridge concordou, e então enviei uma aceitação, sob certas condições. Em primeiro lugar, que o debate se realizasse no prazo de três dias; segundo, que meu oponente fosse um sacerdote ordenado de alguma seita ortodoxa, alguém com bom prestígio entre os cristãos locais, e que fosse reconhecido como um respeitável representante de sua fé. Telegrafei imediatamente para cancelar um dos compromissos fixos da nossa viagem, a fim de que pudéssemos permanecer em Panadure até que esse assunto fosse resolvido. Meu motivo para a segunda condição era que em Colombo tínhamos encontrado um desses perniciosos papagaios religiosos sem juízo cuja tagarelice torna a comunicação com eles insuportável: criadores de modismos, tormentos sociais; e eu suspeitei que ele fosse ser meu oponente. De uma disputa com tal pessoa não se poderia ganhar benefício ou honra para o Budismo: se o homem fosse silenciado, os cristãos recusariam a responsabilidade por seus pontos de vista; se ele me vencesse, os budistas ficariam envergonhados com a derrota de seu defensor por alguém que nenhum dos dois lados respeitava, que não era um sacerdote ordenado e cujas opiniões religiosas eram as mais heterodoxas. Em Colombo, esse homem nos tinha aborrecido até a exaustão com uma exposição, mais exatamente um falatório, de suas ideias. Ele tinha fundado – no papel – uma sociedade chamada *Christo-Brahmo Samaj*, e havia me apresentado um panfleto em que os princípios da nova sociedade estavam explicados. Eles eram heterodoxos e fantasiosos; como prova disso, preciso somente mencionar que ele declarou que o Espírito Santo deve ser uma mulher, pois, de outra forma, o Céu seria como um frio Salão de Solteiros, com Pai, Filho, mas sem Esposa!

Depois do recebimento e da aceitação do desafio seguiu-se uma troca de mensagens, nas quais tentamos colocar o assunto em uma base justa e honrosa, enquanto nossos oponentes recorreram a truques e subterfúgios para nos colocar em uma falsa posição, pela qual esperavam beneficiar-se. Nossos amigos nos mantinham informados sobre cada passo, inclusive sobre as discussões secretas (ouvidas por pessoas dos dois lados, o que o tipo das casas no Ceilão

– com muitas aberturas – tornava muito fácil) entre o professor e os líderes locais dos cristãos. Todos os clérigos protestantes respeitáveis, desde o Bispo até os mais simples, haviam sido perguntados, mas tinham se recusado a me enfrentar, e os inteligentes advogados cristãos do Supremo Tribunal seguiram o exemplo. Na verdade, o professor – me disseram – tinha sido criticado por colocá-los em tal situação constrangedora. Mas, no final, como tínhamos suspeitado, houve um arranjo secreto com aquele indivíduo para que ele se apresentasse como meu adversário. Como eu soube disso de uma fonte confiável, consultei Sumangala e os outros seis sacerdotes-chefes que, com ele, representavam todos os *bhikkus* do Ceilão e que estavam todos presentes para me dar suporte. Foi combinado o que eu deveria fazer. No dia anterior àquele marcado para a discussão, HPB e Wimbridge foram levar meu *ultimatum* – pois nossos oponentes tinham sido irritantemente evasivos e determinados em não colocar nosso entendimento por escrito. Eu simplesmente recusei-me a fazer ou dizer mais alguma coisa, a menos que se chegasse a um acordo definitivo.

Finalmente, a reunião foi um episódio emocionante. Foi realizada às duas da tarde na escola da S.P.G. Era uma construção agradável, arejada, oblonga, pavimentada com ladrilhos, com telhado alto e bem ventilado, e duas portas opostas no centro do edifício. A metade direita tinha sido atribuída aos cristãos, a metade esquerda, aos budistas. Duas mesas simples e quadradas haviam sido colocadas para o meu adversário e para mim. De um lado estava sentado meu bravo homem do *Christo-Brahmo Samaj*, com uma enorme Bíblia na sua frente. Tanto o prédio quanto os arredores estavam lotados. Quando HPB e eu entramos com nosso grupo, houve um silêncio total. Curvei-me para ambas as partes e, sem sequer olhar para o meu adversário, sentei-me. Vendo que deixaram para mim a iniciativa de começar, me levantei e disse que em todas essas ocasiões era costume entre nós, ocidentais, escolher um presidente da reunião, que deveria ter plena autoridade para conter os oradores quanto ao tempo das falas e às próprias falas, assim como para resumi-las no encerramento. Os budistas, que não desejavam nada além de jogo limpo, estavam perfeitamente dispostos a aceitar que o presidente fosse nomeado pelos cristãos, sendo a única restrição que ele fosse alguém conhecido por sua inteligência, bom caráter e imparcialidade. Por isso, pedi aos cristãos para nomear uma pessoa adequada. Seus líderes se reuniram por um longo tempo e, finalmente, nomearam .... o homem mais intolerante e preconceituoso da ilha, alguém particularmente malvisto pelos budistas. Nós o rejeitamos e pedimos que tentassem novamente: mesmo resultado. Outra tentativa não teve resultado diferente. Eu disse então que, como eles manifestamente não tinham a intenção de cumprir os acordos, nomeando um presidente adequado, eu nomearia, em nome dos budistas, um cavalheiro que nem era budista, mas cristão, porém em cuja imparcialidade nós sentimos que podíamos confiar. Propus um conhecido Inspetor de Escolas. Mas esse não era o tipo de homem que *eles* queriam, então eles o rejeitaram e nomearam mais uma vez seu primeiro nomeado. Assim, essa farsa continuou até que uma hora e meia havia sido desperdiçada. Então eu, com a concordância de Sumangala, disse que, se dentro dos dez minutos seguintes os cristãos não nomeassem ou aceitassem um presidente apropriado, nós sairíamos. Mas isso não surtiu efeito. Assim, quando o tempo da graça[306] expirou, me levantei e li uma nota que, em antecipação a tal resultado, eu tinha preparado. Depois de listar a sequência de fatos, incluindo as condições em que o desafio foi aceito, apontei os obstáculos que haviam sido colocados em nosso caminho assim como o insulto proposital de apresentar como meu adversário um homem que não havia sido ordenado, quem eles não reconheciam como sendo ortodoxo, cuja derrota não teria nenhuma consequência para eles e que tinha sido escolhido como último recurso, depois de tentarem em vão conseguir um melhor defensor. Como aparentemente eles não conheciam os verdadeiros sentimentos religiosos de seu defensor, pois o folheto dele, acho, era

---

[306] A expressão "o tempo da graça acabou" é usada na religião cristã e se refere à graça concedida por Deus. Mas aqui Olcott quer dizer simplesmente que o tempo previamente estabelecido (10 minutos) acabou.

uma publicação bastante recente, mostrei o precioso documento e li as passagens relativas à Trindade. A consternação entre eles parecia grande, tanto que fizeram um grande silêncio, durante o qual nosso grupo se levantou e saiu da escola, precedido pelos sete grandes sacerdotes e seguido por uma multidão entusiasta. Eu nunca havia visto os cingaleses tão efusivos. Eles nem queriam nos deixar entrar em nossas carruagens; tivemos que andar com uma massa humana tão grande em nossa volta que dava para imaginar como seria sentir-se no centro de um fardo de algodão. Eles gritavam, disparavam espingardas, estalavam chicotes enormes (um costume do Ceilão importado da Índia, séculos atrás), acenavam bandeiras, aplaudiam e cantavam, e – um costume muito bonito – jogavam para o alto *lotahs* (recipientes de água) de latão muito bem lustrados, contendo alguns seixos cada um, e os apanhavam de novo. O sol fazia brilhar os *lotahs* como luzes cintilantes, e os seixos recaíam neles, produzindo um agradável som de chocalho e de tintilar. Assim, a alegre multidão nos acompanhou até nosso alojamento, ou melhor, até o grande prédio que havia ao lado, onde tivemos, nós mesmos e os sacerdotes-chefes, que mostrar-nos e eu tive que fazer discursos adequados. Trocaram-se as mais calorosas congratulações entre amigos, e aparentemente a opinião geral era de que os protestantes haviam dado a si mesmos o golpe mais duro que já tinham recebido na ilha. Como eu disse em outro lugar, os católicos não nos molestavam. De fato, acabei de encontrar no nosso álbum de recortes um texto do *Ceylon Catholic Messenger*[307], de 20 de maio de 1881, do qual apresento o seguinte trecho:

> "Os teosofistas não podem, de maneira alguma, ser piores do que os missionários sectários, e se o coronel Olcott pode induzir os budistas a fundarem escolas próprias, como ele está tentando fazer, ele estará nos prestando um serviço, porque, se os budistas tivessem suas próprias escolas religiosas, como nós temos as nossas, eles acabariam com a desonestidade agora praticada pelos missionários sectários de obter dinheiro do governo para propósitos de proseli-

---

307 Mensageiro Católico do Ceilão.

tismo, sob o pretexto de subsídios para a educação. Embora estejamos interessados principalmente na educação de nossos correligionários, não é nosso desejo nem nosso interesse como católicos que a educação não seja universal."

Por causa da amável neutralidade prenunciada nessa passagem, não vou discutir a afirmação feita na última frase. Quanto ao infeliz defensor "cristão", ele foi levado com pressa para a sala privada do chefe de estação de trem e mantido trancado até a chegada do próximo trem para Colombo, por receio de represálias de seus "correligionários".

Na manhã seguinte fomos a Bentota via Kalutara. A viagem foi deliciosa, tanto de trem à beira-mar, onde os trilhos quase margeiam a arrebentação, quanto pela estrada através dos contínuos palmeirais, que me lembraram a alameda que atravessa a estufa de palmeiras em Chatsworth, salvo que lá eram mil metros quadrados, enquanto aqui as palmeiras se estendiam por muitos quilômetros.

Nossa recepção em Bentota foi realmente principesca. Havia uma procissão de um quilômetro e meio de comprimento; pelo menos quinze quilômetros de decorações de *ola* (tenras folhas de coqueiros penduradas em fios amarrados em postes) ao longo das ruas e ruelas, e catorze arcos de triunfo em pontos bem visíveis. Eu discursei em um grande pavilhão, ou estrado, decorado, de onde tínhamos uma bela vista da plateia e das decorações. Passamos a noite na estalagem, ou Bangalô dos Viajantes, pertencente ao governo. O gerente era um caloroso budista, que fez tudo para nos dar conforto. Estávamos todos de acordo de que nunca tínhamos visto uma casa tão deliciosa nos trópicos. Os altos tetos, os pisos de ladrilhos vermelhos, as paredes de laterita[308], espessas e frias, uma ampla varanda na parte de trás acima da beira rochosa do mar, os quartos de pelo menos nove metros quadrados, a brisa do mar passando por eles dia e noite, na praia um lugar para banhar-se, abundância de flores, uma farta mesa e um anfitrião simpático

---

308 Tipo de solo com grande concentração de hidróxidos de ferro e alumínio.

– não podíamos desejar nada mais. HPB declarou que gostaria de passar um ano inteiro lá.

Naquele dia, vinte e três nomes de candidatos foram entregues, e à noite formamos a S.T. de Bentota, que, aliás, quase não fez nada desde então – nada para a Teosofia, mas deu alguma ajuda no campo da educação. Não foi por falta de bons sentimentos, mas apenas por causa do semi-analfabetismo dos membros. Foram filiados também sete sacerdotes, enviados a mim por Potuwila para esse propósito.

Depois de um banho de mar cedo de manhã, partimos para Galle, em uma carruagem de correio especial fretada para nós pelo comitê. Após uma viagem muito agradável chegamos lá às cinco da tarde. Nos dois dias seguintes, Ferozshah e eu ficamos acamados[309], e eu não pude fazer nenhuma aparição pública. Na noite de 25 de junho, em uma reunião da S.T. de Galle, o Sr. Simon Perera foi eleito presidente. No dia seguinte fomos a Matara, nosso destino mais ao sul, e chegamos lá às duas da tarde. A seis quilômetros da cidade fomos recebidos por uma procissão, estimada em um quilômetro e meio de comprimento, sob a liderança de um chefe local, que tomou conta de nós. Essa procissão tinha as características mais estranhas e marcantes de uma antiga *perehera* (procissão) cingalesa, e para nós era muito atrativa pelo pitoresco e pela novidade. Havia fantasiados dançarinos de espada, dançarinos do diabo, *nautchnis*[310] com rostos de cor ocre, um templo giratório em um carro alegórico – com marionetes – porque deve ser lembrado que os *fantoccini*[311] são de origem oriental e são vistos em quase todos os encontros festivos na Índia, no Ceilão e na Birmânia[312] – e homens e meninos carregavam e acenavam com inúmeras bandeiras e flâmulas em

---

309 No original: "*were laid up*". Estranhamente, Olcott não diz qual era a causa.
310 Dançarinas.
311 No original inglês está escrito erradamente "*faxtoccini*". Fantoccini (do italiano, embora em italiano se use "*fantocci*" ou "*burattini*") são marionetes, fantoches.
312 Hoje o estado de Myanmar.

forma de rabo de andorinha. Música foi tocada, houve a batida de tom-tons, canções compostas em nossa honra foram cantadas, e, como em Bentota, havia cerca de quinze quilômetros de decorações de *ola* na beira das estradas. Pode-se imaginar o tamanho do público que se reuniu no local da minha palestra por causa dessas demonstrações. Ela foi proferida em um palmeiral à beira-mar, eu estava de pé na varanda de uma casa, as pessoas sentadas ao ar livre. Tive um intérprete que realmente deu nos nervos. Primeiro, ele me pediu para falar muito devagar, porque ele "não entendia muito bem o inglês"; depois, ele se plantou na minha frente, olhando para a minha boca, como se tivesse lido Homero, e me observou para ver quais palavras "escapariam através da barreira de meus dentes". Ele ficou agachado, com as mãos abraçando seus joelhos. Falei de improviso, sem notas, mas mantendo-me sério com dificuldade, pois era forçado a ver em seu rosto sua intensa ansiedade. Quando não entendia uma frase, ele dizia: "Por favor, repita isso." Em resumo, foi uma palestra dada com muita dificuldade, mas demos conta de alguma maneira, e as pessoas estavam muito pacientes e de bom humor.

Nós estávamos instalados em uma espaçosa casa de dois andares, que tinha sido decorada abundantemente com bandeiras, cachos de cocos verdes, folhas de palmeiras e flores, o que lhe dava uma aparência alegre. Na manhã seguinte tomamos café com a Sra. Cecilia Dias Illangakoon, uma rica senhora budista, de uma santa piedade, cuja gentileza para comigo cessou apenas quando ela faleceu, alguns anos depois. Foi ela que forneceu o dinheiro para a publicação das primeiras edições, em cingalês e inglês, do meu *Buddhist Catechism*[313], e que tinha preparado, a um custo de cerca de três mil rúpias, o esplêndido conjunto do Tripitika[314], que enfeita

---

313 Livro traduzido para o português e publicado em 1983 pela Editora Ibrasa com o título *Catecismo Budista*.
314 O nome comum é "Tripitaca". Trata-se de uma "compilação dos ensinamentos budistas tradicionais, conforme preservados pela escola Teravada"; um "compêndio doutrinário composto por três grandes grupos ou pitacas" (Wikipédia).

a Biblioteca de Adyar[315]. Depois do café da manhã, ela e seu genro, Sr. E. R. Gooneratne, de Galle – o funcionário nativo mais influente do sul do Ceilão e representante local da Pali Text Society[316] do Professor Rhys Davids –, foram admitidos na S.T., na presença de Potuwila, Wimbridge, Padshah e Damodar.

Às quatro da tarde falei para duas mil e quinhentas pessoas no terreno dessa casa. Na entrada havia sido construído e decorado um estrado no qual eu fiquei em pé. Na sala atrás de mim estavam setenta sacerdotes das seitas Siam e Amarapoora, as duas únicas na ilha. Não são exatamente seitas no sentido estrito da palavra, pois não há nenhuma diferença de dogma entre elas; a palavra significa apenas que um grupo recebeu a sua ordenação (*upasampada*) do Sião[317], o outro da Birmânia. Mais tarde, vou ter que dar alguma explicação a esse respeito, tanto mais necessária que HPB não parecia compreender que tal era o caso, e muitas vezes escreveu sobre eles como se fossem agremiações teológicas bastante diferentes.

O dia 28 de junho foi um dia muito atarefado. Intermitentemente foram feitas iniciações, houve uma visita de sacerdotes que encheram a sala, chefiados pelo Sumo Sacerdote da "seita" de Sião do sul do Ceilão. Ele e um jovem sacerdote de grande influência pessoal nessa província leram, cada um, um discurso em páli para mim. Às sete da noite, esses dois e mais cinco monges e nove leigos entraram na S.T. Foi realizada uma reunião e organizou-se devidamente a S.T. de Matara, na presença de trinta e dois dos trinta e cinco membros locais. À meia-noite ainda estávamos trabalhando, mas depois, completamente exaustos, fomos finalmente para a cama.

Na manhã seguinte fomos a Weligama. Passamos por experiências semelhantes às anteriores, com procissões, música, aldeias

---

315 A biblioteca da sede internacional da S.T. em Adyar.
316 Sociedade de Textos em Páli, fundada em 1881 pelo inglês William Thomas Rhys Davids (1843-1922). Ela ainda existe (cf. http://www.palitext.com/).
317 Hoje Tailândia.

decoradas, *feux de joie*[318], chicotadas, bandeiras, bandeirolas, hinos de boas-vindas e hurras. Fomos colocados na estalagem à beira-mar, um lugar tão encantador que o Prof. Haeckel[319], que esteve lá posteriormente, deixou no Registro de Visitantes uma nota entusiasmada de sua visita, que copiei e coloquei em algum lugar. O Ceilão é realmente um paraíso de belezas naturais para quem pode apreciá-las, e não me admiro da relutância que os cingaleses sempre demonstraram em se aventurar em terras estrangeiras, mesmo para ganhar dinheiro. Após um leve almoço fiz uma palestra em cima de uma mesa colocada em um coqueiral. Depois uma multidão tão densa cercou nossa casa que quase todos nós adoecemos. HPB e eu certamente fomos envenenados por essas emanações. Partimos do lugar às quatro da tarde, e às dezoito horas chegamos em Galle, onde fomos capazes apenas de ir para nossos quartos, nos quais permanecemos, apesar de todos as importunações. Meu mal-estar continuou o dia seguinte inteiro, mas na segunda manhã fui com o Sr. S. Perera e seus irmãos visitar o templo particular deles, isto é, um que eles construíram – principalmente às suas próprias custas – para um sacerdote cuja vida era mais rigorosa e ascética do que a da maioria da ordem.

    Seguiram-se dois ou três dias de relativa calma, que dediquei à preparação de um discurso a ser lido em uma convenção das duas seitas que eu tinha convocado com o objetivo de criar um sentimento mais gentil entre eles e torná-los igualmente interessados no novo movimento que havíamos iniciado no interesse do budismo. A convenção foi realizada a uma hora da tarde em uma casa de dois andares bem arejada na praia do porto, pertencente ao Sr. S. Perera. Uma preliminar necessária foi oferecer um café da manhã aos trinta representantes – quinze de cada seita. Para evitar qualquer fricção, coloquei as duas partes em salas contíguas comunicando por uma porta larga. Os monges primeiro banharam os pés, lavaram rostos

---

318 Expressão francesa, mas também usada em inglês. No singular: *feu de joie*. Em francês significa "fogueira de festa" (por exemplo, junina). Em inglês, no plural, significa "tiros de alegria".
319 Deve tratar-se do cientista alemão Ernst Haeckel (1834-1919).

e mãos e bochecharam. Depois tomaram seus lugares em pequenas esteiras colocadas para eles, os mais velhos na extremidade das linhas paralelas, cada um com sua tigela de mendicância – de cobre – à sua frente. Em seguida, os anfitriões – leigos – trouxeram da cozinha que se encontrava do lado de fora travessas enormes de arroz bem cozido, comidas com curry, frutas, leite e outras coisas e colocaram uma generosa quantidade de comida em cada tigela. No seu caminho da cozinha para as salas de jantar, eles permitiram que a multidão de pobres, reunida com esse objetivo, *tocasse* os pratos e murmurasse alguma palavra de bênção; acredita-se que quem toca a comida recebe uma parte do mérito obtido pelo ato caritativo de alimentar os monges. Nosso grupo tomou um lanche em outra parte da casa.

Quando tudo estava pronto, me posicionei na porta entre as duas salas, li a convocatória para a reunião e fiz meu discurso, que foi traduzido corretamente. Também li meu Aviso Executivo, anunciando a criação da Seção Budista. Os sete principais sacerdotes das duas seitas fizeram algumas observações, um comitê conjunto de cinco representantes de cada parte, com Sumangala como presidente, foi escolhido para executar o meu plano, e a reunião foi suspensa *sine die*[320]. Era um novo começo; nunca antes havia ocorrido uma ação conjunta em um caso administrativo, nem seria agora possível, se não fôssemos estrangeiros que não estavam ligados a nenhuma das partes, nem interessados em qualquer um de seus grupos sociais. Representávamos o budismo e os interesses budistas como um todo, e nenhuma das duas partes ousou manter-se afastada, por medo do desprezo popular, mesmo que estivesse inclinada a isso. Devo dizer que nunca, durante os dezessete anos seguintes, tive motivo para queixar-me de qualquer mudança desse bom sentimento em relação ao nosso trabalho por qualquer das seitas. Ao contrário, eles deram mil provas de sua disposição para ajudar – na medida em que sua natural inércia lhes permite – o grande movimento de renascimento do budismo do Ceilão, que está destinado a colocá-lo finalmente so-

---

320 Expressão latina significando "sem fixar data futura" (literalmente: "sem dia").

bre a base mais segura e estável, visto que é a da boa vontade de um povo educado e que quer isso. Sempre foi motivo de profundo pesar para mim pessoalmente que não pude dedicar todo o meu tempo e minhas energias para a causa budista desde o início de minha idade adulta, pois tenho a certeza de que, no momento da nossa primeira visita à ilha, em 1880, eu poderia ter conseguido a unificação completa das "Igrejas" – para usar uma palavra absurda – do Norte e do Sul e poderia ter fundado uma escola em cada encruzilhada nessa bela terra de palmeirais e de pomares de especiarias. Mas deixemos esse "poderia ter": meu tempo não foi desperdiçado.

No dia 5 de junho, realizei uma convenção de nossas novas Lojas de leigos. Kandy foi representado pelo Sr. – agora o Honorável – T. B. Pannabokke; Colombo, pelo Sr. Andrew Perera; Panadure, pelo Sr. J. J. Cooray; Bentota, pelo Sr. Abeyasekara; Galle, pelo Sr. S. Perera; e Matara, pelo Sr. Appuhami.

Nossos temas de discussão foram: a desejada secularização das escolas; o resgate de terras de templos, doadas e depois espoliadas; a maneira correta de restaurar a supremacia dos sacerdotes mais antigos sobre os mais novos, eliminada desde que a dinastia nativa havia sido substituída por um governo cristão; a preparação e divulgação de literatura de propaganda etc. etc.

Dois dias de descanso; depois, uma viagem para Welitara, onde formamos a nossa sétima nova Loja da S.T., sob os auspícios de dois dos sete monges mais influentes acima referidos, a saber, Wimelasara Maha Terunnanse e Dhammalankara Maha Terunnanse, dois homens ótimos, de grande habilidade, e liderando dois grandes grupos da seita Amarapoora. Dezoito monges deste último e doze do primeiro aceitaram ser membros. Com eles, quase todo sacerdote de alguma influência no Ceilão tinha entrado em nossa Liga e prometeu sua ajuda leal ao movimento. Suponho que o fato seja que eles foram levados por uma onda de entusiasmo popular e não poderiam ter ficado de fora de qualquer maneira. Meu maior erro foi não ter aproveitado esse sentimento para coletar – como eu facilmente poderia ter feito – um fundo de dois ou três *lakhs* de rúpias para a fundação de escolas budistas, a impressão de livros budistas e para a propaganda em geral. Ao atrasar tal coleta indispensável até o ano seguinte, meu trabalho tornou-se infinitamente mais difícil, e a quantia conseguida foi infinitamente menor. Pois nesse meio tempo houve uma safra ruim, e Colombo – em vez de Galle – tornou-se o porto de escala dos navios, e isso fez toda a diferença.

Para o dia 11 de julho foi convocada uma reunião final da S.T. de Galle para a eleição permanente de ocupantes de cargos. Com o Sr. Proctor G. C. A. Jayasekara como presidente, a Loja ganhou um dos melhores administradores possíveis. O dia 12 foi o nosso último dia na ilha. No dia 13 chegou o nosso vapor e às duas da tarde embarcamos. Deixamos para trás muitos amigos chorando, e levamos conosco muitas lembranças de amáveis gentilezas, de alegre ajuda, de viagens encantadoras, de multidões entusiásticas e de experiências estranhas o suficiente para encher a memória de imagens vívidas, a serem recordadas com deleite em anos futuros – como estou fazendo agora com a ajuda de algumas linhas escritas em um velho Diário.

CAPÍTULO XIII

UMA PEQUENA EXPLOSÃO DOMÉSTICA

Em contraste com as experiências agradáveis durante a viagem pelo Ceilão, tivemos que suportar um mar extremamente agitado entre Galle e Colombo, e todos nós ficamos terrivelmente enjoados. Ficamos no porto de Colombo o dia seguinte inteiro, com o navio sacudindo muito e a água tão agitada que muito poucos dos nossos amigos se sentiram inclinados a vir a bordo; entre estes poucos estava Megittuwatte. Como de costume, o nosso número – o sete – apareceu: sete pessoas nos visitaram; o último barco que veio para o vapor (trazendo-nos um exemplar do último número do *Theosophist*) tinha o número sete; e os motores do navio foram ligados às sete e sete da noite. Seguiu-se mais uma noite de tempestade, e finalmente chegamos, com várias horas de atraso, em Tuticorin, nosso primeiro porto indiano.

Achei divertido encontrar no meu Diário uma anotação sobre os nossos pesos, em comparação com aqueles que tínhamos antes de começar a viagem. HPB havia engordado 3,6 quilos, de modo que a balança acusou 107,50 quilos; eu tinha perdido 6,8 e pesava 77,5 quilos; Wimbridge não tinha nem ganho nem perdido peso; Ferozshah tinha ganho 5,4 quilos, e Damodar, a antítese de HPB, pesava somente 40,8, tendo perdido 2,7, o que ele mal podia se permitir.

No último dia de nossa viagem de volta chovia a cântaros – como quase todos os dias. Os conveses estavam molhados; do toldo caía água das grandes depressões que se formavam onde as cordas estivessem folgadas; HPB fez absurdos esforços para escrever em uma mesa colocada para ela pelo capitão sobre algumas barras, em um lugar comparativamente seco, mas ela usou mais palavras fortes do que tinta, pois seus papéis estavam sendo espalhados pelas rajadas que varriam todo o navio. Por fim, entramos no porto de Bombaim e, pouco depois, tínhamos a paz da terra firme sob nossos pés.

No entanto, não havia outra paz: ao chegar ao nosso quartel-general, encontramos uma tempestade moral tão forte como qualquer família poderia desejar para seus vizinhos mais queridos: Srta. Bates e Madame[321] Coulomb estavam se afrontando, e as duas mulheres furiosas encheram das mais diversas acusações e contra-acusações nossos ouvidos, que não queriam ouvir isso. A Srta. Bates acusou a Madame Coulomb de ter tentado envenená-la, e esta revidou no mesmo nível. Eu deveria ter querido enxotar as duas com uma vassoura, e se tivéssemos feito isso, teria sido uma coisa excelente, tendo em vista o que aconteceu depois. Mas em vez disso me pediram para arbitrar suas diferenças, e assim fiz o papel de juiz, escutando suas absurdas alegações em dois dias durante várias horas até tarde da noite. Ao final, decidi em favor da Madame Coulomb quanto à estúpida acusação de envenenamento, que não tinha um único fato para substanciá-la. A verdadeira causa, a *teterrima causa belli*[322], foi o fato de que, antes de partir, havíamos deixado a governança doméstica nas mãos da Madame Coulomb. A Srta. Bates não estava satisfeita com a tarefa de subeditora, que havíamos lhe dado. Enquanto a arbitragem prosseguia, HPB estava sentada perto, fumando mais cigarros do que de costume, e fazendo ocasionalmente alguma observação, cuja tendência era antes aumentar do que acalmar a confusão. Wimbridge, que era o amigo mais próximo da Srta. B., finalmente se juntou a mim para forçar as beligerantes a consentirem em uma "neutrali-

---

321 Olcott usou a abreviatura "Mme.".
322 Expressão latina significando "a mais vergonhosa causa da guerra".

dade armada"[323], e a nuvem de tempestade passou por enquanto. Os dias seguintes estavam inteiramente ocupados com o trabalho literário para a revista, tornado necessário pela nossa longa ausência.

Pouco antes de nossa volta, nosso leal amigo Moolji Thackersey tinha morrido, e a Sociedade perdeu assim um de seus trabalhadores que tinha a maior boa vontade. Na noite de 4 de agosto, um *Mahātma* visitou HPB, e eu fui chamado para vê-lo antes de ele sair. Ele ditou a HPB uma longa e importante carta para um influente amigo nosso em Paris e me deu importantes esclarecimentos sobre a gestão dos assuntos correntes da Sociedade. Fui mandado embora antes que sua visita terminasse, e como ele estava sentado no quarto de HPB quando eu saí, não posso dizer se sua partida foi um desaparecimento fenomenal ou não. Foi uma visita oportuna para mim, pois no dia seguinte houve uma grande explosão de ira da Srta. B. contra nós dois – contra HPB por causa de uma certa senhora de Nova Iorque, uma conhecida das duas, e contra mim por causa de minha decisão na disputa com Madame Coulomb. Em um momento em que ela estava de costas para mim e estava insultando HPB, um bilhete do Mestre que tinha nos visitado na noite anterior caiu do ar em meu colo. Ao abri-lo, encontrei conselhos sobre como eu deveria agir naquela situação difícil. Talvez interesse a nossos colegas americanos recentes saber que o Mestre discutiu a situação como se fôssemos a S.T. *de jure*[324] e não apenas uma instituição *de fato*. Aparentemente a teoria engenhosa levantada nos últimos tempos não conseguiu ser aceita pelos membros da Grande Loja Branca[325].[326]

---

323 Olcott deve estar pensando na "Liga da Neutralidade Armada". Existiram duas. Por exemplo, a primeira foi uma "coligação de Estados marítimos, liderados pela Rússia de Catarina II, que durante a Guerra da Independência Americana teve por objectivo proteger com as respectivas marinhas de guerra o comércio marítimo dos países neutros" (Wikipédia).
324 Expressão latina significando "de direito".
325 "Grande Loja Branca": é a "Grande Fraternidade Branca", o conjunto de Mestres de Sabedoria.
326 Nota de Olcott: "Uma referência ao pretexto absurdo apresentado pelos membros que saíram da S.T. e seguiram, há sete anos, o Sr. Judge – já falecido – como desculpa para sua ação ilegal."

No dia seguinte começou a separação de nós quatro: o Sr. Wimbridge tomou partido da Srta. Bates. As coisas começaram a se tornar desagradáveis. Havia sido acordado que compraríamos uma passagem e mandaríamos a senhorita de volta para Nova Iorque; mas, depois de o Sr. Seervai ter tomado as providências necessárias, ela rejeitou esse plano. No terceiro dia jantamos separadamente: HPB, Damodar e eu no pequeno bangalô de HPB, e Wimbridge e Srta. B. na sala de jantar, que deixamos para eles. A cada dia as coisas pioravam; no final, paramos de falar uns com os outros; HPB se irritou tanto que ficou com febre. No dia 9 houve um impasse, e no dia 10 ocorreu a completa separação entre as duas partes. Os Coulomb mudaram-se do bangalô adjacente para o alojamento da Srta. Bates, e ela foi para o bangalô deles; Wimbridge continuou em seu alojamento, em um pequeno bangalô dentro da mesma área cercada; a porta que tinha sido feita na parede entre as duas propriedades foi fechada com tijolos. Assim, a família original se separou em duas. E pensar que todo esse aborrecimento surgiu de algumas desprezíveis rivalidades femininas e ciúmes; que tudo isso era totalmente desnecessário e não desejado; que nenhum grande princípio estava envolvido; que essa situação poderia ter sido evitada com um pouco de autodomínio; e que, mesmo que tivesse nos importado pouco individualmente, esse acontecimento teve um efeito negativo sobre a Sociedade e lançou um fardo sobre ela sob o qual ela cambaleou durante muitos dias. Um mau resultado disso foi que os desertores conseguiram ganhar o favor de um dos principais jornais vernáculos de Bombaim – nunca muito cordial para conosco –, que usou suas colunas para insultar a Sociedade e a Teosofia em geral com uma amargura que continua, que eu saiba, até os dias de hoje.

Antes da separação eu tinha conseguido, através de minha influência pessoal, que um amigo parse obtivesse capital para Wimbridge, a fim de que ele pudesse montar um negócio de móveis de arte e decoração artística; sua formação em arte e sua habilidade de desenhar eram boas condições para ele dedicar-se a tal empreendimento. Depois de algum tempo, ele se instalou adequadamente em outra parte de Bombaim e estabeleceu relações que se tornaram extremamente lucrativas, de modo que, acredito, ele e seus associados ganharam uma fortuna.

Nós dois pobres "companheiros" literários, ao contrário, continuávamos caminhando pelo caminho escolhido, sem olhar para as panelas de carne egípcias[327] de cada lado do nosso caminho espinhoso; perversamente – do ponto de vista mundano – preferimos às perspectivas mais sedutoras de recompensa mundana a nossa pobreza e o contínuo sofrimento causado por calúnias cruéis. Na verdade, isso era o melhor escudo que HPB podia usar – e usava constantemente – para repelir os ataques de seus críticos hostis: nenhum deles podia mostrar que ela tivesse ganho dinheiro com seus fenômenos ou sua labuta teosófica. Eu costumava pensar que ela exagerou nisso e que, ouvindo-a falar, alguém poderia imaginar que ela queria que as pessoas acreditassem que, pelo fato de ela não dar importância a seus fenômenos, nenhuma das outras acusações feitas contra ela – por exemplo, plágios ou citações erradas de textos, ou interpretações erradas dos ensinamentos dos autores – podia ser verdade. Lembro-me muito bem que várias pessoas em Simla e Allahabad pensavam assim, e eu disse isso muitas vezes para ela.

O que aumentou a tenebrosidade das perspectivas no nosso retorno do Ceilão foi o fato de que encontramos os membros de Bombaim inertes e a nova Loja adormecida. Os dois meses de nossa ausência pareciam ter quase suprimido o interesse em nosso trabalho, e quando o jornal vernáculo acima referido abriu suas baterias contra nós, nosso céu parecia bem nublado. Mesmo assim, continuamos com muita coragem, conseguindo publicar o *Theosophist* pontualmente cada mês e cuidando de nossa sempre crescente correspondência. Essa foi uma dessas crises durante as quais HPB e eu, quase isolados, fomos levados a estarmos mais perto um do outro para apoio mútuo e encorajamento. Embora os amigos mais que-

---

327 No original: "*Egyptian flesh-pots*". Essa expressão, usada por vários autores, refere-se ao trecho da Bíblia (Êxodo 16:3) em que os "filhos de Israel" criticam Moisés por ele tê-los tirado do Egito, onde eles tinham estado "sentados junto às panelas de carne", ou seja, podendo comer carne.

ridos pudessem revelar-se falsos e os mais fiéis membros pudessem afastar-se, nós dois expressávamos mutuamente ainda mais palavras de alegria, e cada um conspirava para fazer o outro pensar que a dificuldade não valia a pena ser mencionada e que ela passaria como uma nuvem passageira de verão. E também sabíamos – pois ambos tínhamos a prova constante disso – que os Grandes Seres com quem trabalhávamos nos envolviam com seu pensamento poderoso, um escudo contra todas as desgraças, um prenúncio do total sucesso de nossa causa.

Alguns de nossos colaboradores hindus e parses nos visitavam regularmente e, aos poucos, recuperamos na Índia o terreno perdido. Na América, as coisas estavam paralisadas: naquele momento ninguém tinha a capacidade ou a energia de impulsionar o movimento. Judge, que era apenas um novato sonhador de vinte e cinco ou vinte e seis anos, estava passando fome como advogado, e o General Doubleday, o único outro membro quase eficaz, estava vivendo de sua pensão do Exército, isolado no interior, e incapacitado por várias razões de dedicar-se à divulgação de nosso movimento. Mais do que nunca, o centro da evolução da Sociedade se limitava a nós dois, e a única esperança de sobrevivência do movimento era que nós permanecêssemos em vida e nunca permitíssemos que nossas energias enfraquecessem por um momento.

Por outro lado, não estávamos tão sozinhos como anteriormente, pois, entre outros verdadeiros colaboradores que encontramos na Índia, estava o pobre, magro e frágil Damodar Mavalankar, que havia se atirado no trabalho com uma insuperável devoção. Apesar de ser delicado como uma moça, ele ficava sentado à sua mesa escrevendo, às vezes a noite toda, até eu o chamar e mandar para a cama. Nenhuma criança jamais foi mais obediente a um pai, nenhum filho adotivo mais abnegado em seu amor a uma mãe adotiva, do que ele a HPB: a mais leve palavra dela era lei para ele; o desejo mais extravagante dela era uma ordem imperativa que ele obedecia, pronto para sacrificar a própria vida. Quando era jovem e uma febre quase o fez morrer, e ele estava se remexendo e delirando, ele teve uma visão de um sábio bondoso, que veio, tomou sua mão e disse-lhe que não morreria, e sim que viveria para fazer um trabalho útil. Depois de ele encontrar HPB, sua visão interior se abriu gradualmente, e ele viu que o visitante de sua crise na juventude era aquele que conhecemos como Mestre K.H. Isso selou sua devoção à nossa causa e sua vontade de ser discípulo de HPB. Em relação a mim, ele mostrou inquebrantável confiança, carinho e respeito; na minha ausência, ele me defendeu de calúnias públicas e privadas, e ele se comportou como um filho para um pai. Eu o guardo na memória com respeito e amor.

No mesmo dia da ruptura entre nossos dois grupos, recebemos do Sr. Sinnett um convite para visitá-lo em Simla. Era como um copo de água doce para uma caravana, e HPB telegrafou logo sua aceitação; o correio era lento demais para ela. Ela bravejava até a tarde, quando me levou para um passeio de compras, durante o qual comprou uma nova roupa para sua estreia em "Coerulia", como a capital do Governo da Índia nas montanhas é às vezes chamada,[328] e começou a contar as horas até a partida, prevista para ocorrer o mais cedo possível. O que resultou disso é amplamente conhecido por meio de vários livros e muitas revistas. Uma notícia sobre nossa presença foi dada por Marion Crawford em seu livro *Mr. Isaacs*, onde ele fala de nós dois e do Sr. Sinnett, movendo-nos através dos rododendros. Mas como a verdade exata não foi contada, fica para mim fornecer em outro capítulo os elos que faltam.

---

328   Trata-se de Simla.

CAPÍTULO XIV

SWAMI DAYANAND SARASWATI SOBRE *YOGA*

Quatro dias antes de nossa partida para o norte da Índia, ocorreu no meu escritório um incidente que relato segundo minhas anotações no Diário. Acho que vale a pena, embora sua autenticidade tenha sido contestada por Madame Coulomb. Devo acrescentar que nunca tive nenhuma prova que apoie suas afirmações, ao passo que a reputação de sua honestidade é de tal ordem que seria necessária uma corroboração de suas declarações ainda maior do que normalmente, antes que eu pudesse acreditar nelas contra a evidência de meus próprios sentidos.

HPB, Damodar e eu estávamos sentados no escritório conversando quando o estranho retrato do *yogue* "Tiruvalla", que havia sido produzido fenomenalmente para o Sr. Judge e mim em Nova Iorque – e que tinha desaparecido de sua moldura no meu quarto pouco antes de deixarmos a América –, caiu do ar sobre a mesa em que eu estava sentado. Depois, uma fotografia de *Swami* Dayanand, que ele tinha me dado, caiu igualmente do espaço. Anotando na mesma noite as circunstâncias, escrevi: "Vi o primeiro quando bateu em uma caixinha de latão que estava na minha mesa, e a segunda quando estava vindo obliquamente pelo ar." O que evidentemente implica que ninguém deixou a fotografia cair através de uma fenda no pano do teto, como Madame Coulomb, que tanto ama a verdade, afirma. Três dias depois, à noite, na presença de três testemunhas além de mim, HPB deu seu cartão de visita a um visitante que o pediu, e um pouco mais tarde uma cópia do cartão caiu do teto aos pés do cavalheiro e foi apanhado por ele.

Nós – HPB e eu, com nosso criado Babula – saímos de Bombaim para o Norte no dia 27 de agosto à noite pelo trem do correio. Depois de uma parada em Allahabad, chegamos em Meerut no dia 30. Todo o grupo local do *Arya Samaj* nos cumprimentou na estação ferroviária, nos acompanhou até a residência do Sr. Sheonarian, e logo depois chegou *Swami* Dayanand. Na presença de seus seguidores, iniciamos uma discussão para sabermos suas verdadeiras ideias sobre o *Yoga* e os supostos *Siddhis*, ou poderes psicoespirituais humanos, pois seus ensinamentos aos seus samajistas desencorajavam a prática do ascetismo e até lançavam dúvidas sobre a realidade desses poderes, enquanto suas afirmações nas conversas conosco haviam sido diferentes. O relato de nosso debate pode ser encontrado no *Theosophist* de dezembro de 1880, de modo que eu poderia me contentar a remeter meus leitores a esse número da revista, mas pelo fato de que provavelmente muito poucos têm acesso a ele e que é interessante demais para os interessados em *Yoga* – e importante na sua relação histórica com a nossa Sociedade – para ignorar isso, vou, portanto, reproduzir o seu conteúdo aqui, como segue:

> "A primeira pergunta feita ao *Swami* era se o *Yoga* é uma verdadeira ciência ou apenas uma especulação metafísica, se Patañjali[329] descreveu os poderes psíquicos que o ser humano pode conseguir e se eles haviam sido alcançados ou não. A resposta do *Swami* foi que o *Yoga* é verdadeiro e baseado no conhecimento das leis da Natureza. Foi então perguntado se esses poderes ainda podiam ser adquiridos, ou se pertenciam ao passado. A resposta foi que as leis da natureza são imutáveis e ilimitáveis: o que foi feito no passado podia ser feito também agora. Não somente o homem de hoje pode aprender a fazer todas as coisas descritas pelos escritores antigos, mas ele

---

[329] "Patañjali tem a reputação de ser o autor dos *Yoga Sutra*, bem como do comentário sobre a gramática do sânscrito por Panini (*Ashtadhyayi*) [...]. Os *Yoga Sutra* compilados por Patañjali provavelmente datam de 150 d.C.. É uma pequena obra, redigida em linguagem muito condensada, constituída por vários aforismos sobre a prática e a filosofia do *yoga*." (Wikipédia) Cf. *A Ciência do Yoga* (Editora Teosófica, 1996)

mesmo, o *Swami*, poderia ensinar os métodos a qualquer um que desejasse sinceramente assumir esse tipo de vida. Muitos haviam chegado a ele com esse desejo, afirmando que tinham a capacidade de ter sucesso. Ele disse que tentou isso com três, mas todos falharam. Um era um residente de Agra. Eles começaram bem, mas logo ficaram impacientes por terem de restringir-se a fazer o que eles consideravam esforços triviais, e, para sua surpresa, desistiram de repente. *Yoga* é a ciência mais difícil de todas a ser aprendida, e agora poucos homens são capazes de dominá-la. Perguntaram para ele se agora estão vivendo verdadeiros *yogue*s que conseguem produzir à vontade os maravilhosos fenômenos descritos em livros arianos. Sua resposta foi que existem tais homens. Seu número é pequeno. Eles vivem em lugares isolados, e raramente ou nunca aparecem em público em pessoa. Seus segredos nunca são comunicados aos profanos, e eles não ensinam sua ciência secreta (*Vidyā*[330]), exceto para aqueles que, depois de testá-los, eles julgam merecedores.
O Coronel Olcott perguntou se esses grandes mestres (*Mahātmas*) estão sempre vestidos com as roupas cor de açafrão dos *sanyasis* ou faquires que vemos todos os dias, ou com trajes comuns. O *Swami* respondeu que eles podem estar vestidos das duas maneiras, como eles preferirem ou as circunstâncias o exigirem. Em resposta ao pedido de que ele mencionasse os poderes específicos que o *yogue* proficiente possui, ele disse que o verdadeiro *yogue* pode fazer o que as pessoas comuns chamam de milagres; que era desnecessário fazer uma lista desses poderes, pois praticamente seu poder é limitado apenas pelo seu desejo e pela força de sua vontade. Entre outras coisas, ele pode mandar pensamentos para seus irmãos *yogue*s a qualquer distância, mesmo que estejam tão afastados quanto um polo do outro, e não tenham nenhum meio externo visível de comunicação, como o telégrafo ou o correio. Ele pode ler os pensamentos dos outros. Ele pode passar (em seu ser interior) de um lugar para outro, e assim ser independente dos meios comuns de transporte, e isso a uma velocidade incalculavelmente maior do que a dos trens. Ele pode andar sobre a água ou no ar acima da superfície do solo. Ele pode passar sua própria alma (*Ātma*) de seu próprio corpo para o de outra pessoa, seja por

---

330 Saber, conhecimento oculto.

um curto período ou por anos, como ele preferir. Ele pode prolongar o tempo natural da vida de seu próprio corpo, retirando seu *Ātma* durante as horas de sono, reduzindo assim ao mínimo a atividade dos processos vitais, evitando desse modo a maior parte do desgaste natural. O tempo ocupado dessa maneira é um tempo a ser adicionado à soma natural da existência física da máquina que é nosso corpo.

P[331]: Até que dia, hora ou minuto de sua própria vida corporal o *yogue* pode exercer esse poder de transferir seu *Ātma*, ou ser interior, para o corpo de outro?

R: Até o último minuto, ou mesmo o último segundo, do fim natural de sua vida. Ele sabe de antemão, até mesmo em termos de segundo, quando seu corpo deve morrer, e até esse segundo ele pode projetar sua alma no corpo de outra pessoa, se houver algum pronto para ser ocupado. Mas se ele deixar esse instante passar, então ele não pode fazer mais nada. O cordão é interrompido para sempre, e o *yogue*, se não estiver suficientemente purificado e aperfeiçoado para estar apto a obter *Moksha*, deve seguir a lei comum do renascimento. A única diferença entre o seu caso e o de outros homens é que ele, tendo se tornado um ser muito mais intelectual, bom e sábio do que eles, renasce em melhores condições.

P: Pode um *yogue* prolongar sua vida da seguinte maneira? Digamos que a vida natural de seu próprio corpo é de setenta anos; pode ele, pouco antes da morte desse corpo, entrar no corpo de uma criança de seis anos, viver nesse corpo mais setenta anos, retirar-se daquele para um outro, e viver nesse mais uma vez setenta anos?

R: Ele pode, e pode assim prolongar a sua permanência na terra para cerca de quatrocentos anos.

P: Pode um *yogue* passar de seu próprio corpo para o de uma mulher?

R: Com a facilidade com que um homem pode, se quiser, vestir o vestido de uma mulher, ele pode colocar seu *Ātma* em uma forma física feminina. Externamente, ele estaria então, quanto ao aspecto físico e às relações, uma mulher, mas internamente ele mesmo.

P: Eu encontrei dois assim; ou seja, duas pessoas que pareciam mulheres, mas que eram inteiramente masculinas em tudo, exceto o corpo. Uma delas, você se lembra, nós visitamos juntos em Bena-

---

331 P = Pergunta; R = Resposta.

res, em um templo à margem do Ganges.
R: Sim, 'Majji'.
P: Quantos tipos de prática de *Yoga* existem?
R: Dois – *Hatha Yoga* e *Rāja Yoga*. No primeiro o estudante se submete a provações e dificuldades físicas com a finalidade de submeter seu corpo físico à vontade. Um exemplo: balançar pendurado em uma árvore, de cabeça para baixo, a uma pequena distância de cinco fogueiras. No *Rāja Yoga* nada desse tipo é necessário. É um sistema de treinamento mental pelo qual a mente é feita a serva da vontade. Um – *Hatha Yoga* – dá resultados físicos, o outro – *Rāja Yoga* – dá poderes espirituais. Quem quer se tornar perfeito em *Rāja* deve ter passado pelo treinamento em *Hatha*.
P: Mas não há pessoas que possuem os *Siddhis* – ou poderes – do *Rāja Yoga*, sem nunca ter passado pela terrível provação do *Hatha*? Recentemente encontrei três deles na Índia, e eles mesmos me disseram que nunca submeteram seus corpos à tortura.
R: Então eles praticaram *Hatha* em sua vida anterior.
P: Explique, por favor, como podemos distinguir fenômenos reais dos falsos quando produzidos por alguém que supostamente é um *yogue*.
R: Os fenômenos e aparecimentos fenomênicos são de três tipos: os mais baixos são produzidos por prestidigitação ou destreza; os segundos, por meio de equipamentos ou outros dispositivos químicos ou mecânicos; o terceiro tipo, o mais alto, pelos poderes ocultos do homem. Sempre que algo surpreendente é exibido por meio de qualquer um dos dois primeiros tipos, e é falsamente apresentado como sendo de caráter não natural, ou supranatural, ou milagroso, tal fenômeno é apropriadamente chamado de *tamasha*, ou trapaça desonesta. Mas se é dada a explicação verdadeira e correta de tal fato surpreendente, ele deve ser classificado como uma simples exibição de habilidade científica ou técnica, e deve ser chamado de *Vyavahara-Vidyā*. Efeitos produzidos pelo exercício apenas da vontade humana treinada, sem aparelhos ou dispositivos mecânicos, são o verdadeiro *Yoga*.
P: Defina a natureza do *Ātma* humano.
R: No *Ātma* há vinte e quatro poderes. Entre eles estão a vontade, a passividade, a ação, a percepção ou o conhecimento resolutos, a memória forte, etc. Quando todos esses poderes são usados

para fazer algo no mundo externo, o praticante produz efeitos que são devidamente classificados como pertencentes à Ciência Física. Quando ele os aplica ao mundo interno, isso é Filosofia Espiritual, *Antaryoga,* ou *Yoga* interior. Quando dois homens conversam um com o outro de lugares distantes por meio do telégrafo, isso é *Vyavahara-Vidyā*; quando eles fazem isso sem o uso de qualquer aparelho, aplicando apenas seu conhecimento de forças e correntes naturais, é *Yoga Vidyā*. Também é *Yoga Vidyā* quando um Adepto faz com que artigos de qualquer tipo cheguem a ele de longe, ou quando ele mesmo os envia para qualquer lugar distante, nos dois casos sem meios de transporte visíveis, como trens, mensageiros ou qualquer outro meio. O primeiro fato é chamado *Akarshan* (atração), o segundo, *Preshana*. Os antigos entendiam perfeitamente as leis de atração e repulsão de todas as coisas na Natureza entre si, e os fenômenos do *Yoga* se baseiam nesse conhecimento. O *yogue* altera ou intensifica essas atrações e repulsões à vontade.

P: Quais são os pré-requisitos para quem deseja adquirir esses poderes?

R: São: (1) O desejo de aprender, um desejo tão grande como o homem faminto tem por alimento, ou um sedento tem por água; um desejo ardente. (2) Controle perfeito sobre as paixões e desejos. (3) Castidade; puro companheirismo; alimento puro – aquele que traz para o corpo apenas influências puras; frequentar locais puros, livres das manchas de vícios de qualquer espécie; ar puro; e reclusão. Ele deve ser dotado de inteligência – para que possa compreender os princípios da Natureza; de concentração – para que seus pensamentos sejam impedidos de vagar; de autocontrole – para que ele possa sempre dominar suas paixões e fraquezas. Cinco coisas ele deve abandonar: Ignorância, Egotismo[332] (presunção), Paixão (sensual), Egoísmo e Medo da Morte.

P: Você não acredita, então, que o *yogue* age contrariamente às leis naturais?

R: Nunca; nada acontece contrário às leis da Natureza. Pelo *Hatha Yoga* pode-se conseguir uma certa gama de fenômenos menores, como, por exemplo, concentrar toda sua vitalidade em um único

---

332 Egolatria, amor exagerado pela própria personalidade.

dedo, ou, quando em *Dhyana* (um estado de quietude mental), conhecer os pensamentos de outrem. Pelo *Rāja Yoga* ele se torna um *Siddha*[333]; ele pode fazer o que quiser, e saber tudo o que ele deseja saber, mesmo línguas que ele nunca estudou. Mas tudo isso em estrita harmonia com as leis naturais.

P: Ocasionalmente tenho visto objetos sendo duplicados diante de meus olhos, como cartas, moedas, lápis, joias. Como isso se explica?

R: Na atmosfera estão as partículas de cada coisa visível, em um estado altamente difuso. O *yogue*, sabendo como concentrá-las, faz isso pelo exercício de sua vontade e dá a elas qualquer forma, portanto também a forma do modelo.

Coronel Olcott perguntou ao *Swami* como ele chamaria certos fenômenos produzidos por Madame Blavatsky na presença de testemunhas, como fazer rosas caírem como chuva em uma sala em Benares no ano passado, causar sinos tocarem no ar, fazer a chama de um lampião diminuir gradualmente até quase extinguir-se, e depois a seu comando chamejar outra vez até o alto do tubo do lampião, sem tocar no regulador em nenhum momento, etc. A resposta foi que esses eram fenômenos do *Yoga*. Alguns deles poderiam ser imitados por trapaceiros e então seriam mero *tamasha*; mas os de HPB não eram desse tipo.

Penso que esse é um dos mais simples, mais claros, mais sentenciosos e mais sugestivos resumos da visão indiana da alta ciência do *Yoga* na literatura. Meu interlocutor era um dos personagens mais claramente arianos da época, um homem de grande erudição, um asceta experiente, um orador poderoso e um grande patriota. É importante atentar para a afirmação do *Swami* de que não se pode passar à prática do *Rāja Yoga* sem antes ter subjugado o corpo físico por um curso de *Hatha Yoga*, ou treinamento físico, e que, se alguém se limita com sucesso ao *Rāja Yoga*, isso é prova *prima facie*[334] de ele ter feito seu *Hatha Yoga* na encarnação anterior. Essa ideia é compartilhada por to-

---

333 Aquele que tem *siddhis*.
334 Expressão latina significando "nítido", "claro", "aparentemente correto, não necessitando de provas".

dos os hindus ortodoxos cultos que conheci, mas meus leitores decidirão por si mesmos se ela é razoável ou não. De qualquer modo, podemos dizer que nada é mais evidente do que o fato de que a evolução pessoal do homem em direção à vida espiritual é progressiva e que é necessário passar por cada estágio de autodomínio físico antes que a "libertação" possa ser alcançada. Para a maioria daqueles que acreditam na teoria da reencarnação, essa hipótese não parecerá desprovida de um fundamento razoável; mesmo assim, para mim ela não é clara o suficiente para eu sentir a necessidade de dormir sobre pregos, ou me pendurar pelos meus calcanhares, ou sentar entre chamas ardentes, ou limpar meu estômago diariamente pela façanha do *dhoti*[335] – a deglutição de metros de pano de algodão molhado, puxando-o em seguida de volta para cima –, ou encher minha cavidade abdominal com litros de água, para chegar apenas ao meu estágio inferior de capacidade espiritual. Penso que a vontade pode ser fortalecida melhor sem tortura física.

Tivemos a sorte de encontrar na casa do Sr. Sheonarian a agora famosa Pandita[336] Ramabai, então casada com um advogado bengali[337], mas naquele dia fazendo uma visita com seu irmão (já falecido) durante uma viagem. O nome e a história de Ramabai são agora tão bem conhecidos em todas as partes do mundo que só preciso dizer que naquela época ela conhecia perfeitamente a

---

335 *Dhoti* é um pedaço de pano, servindo de vestimenta (tipo saia) para homens. A "façanha do *dhoti*" é aquilo que está descrito entre os travessões.
336 Forma feminina de "*pandit*" (sendo que para "*pandit*" se usa em português também "pândita").
337 Membro do grupo étnico que vive em Bengala, no nordeste da Índia.

Gitā[338] e o *Rāmāyana*[339], podia conversar e escrever com grande fluência em sânscrito e compor nessa língua de improviso versos sobre qualquer assunto dentro dos temas sobre os quais ela tinha lido. Depois de uma palestra que dei na noite de 6 de setembro, ela expôs seus próprios pontos de vista, primeiro em híndi e, em seguida, por solicitação, em sânscrito, mostrando igual fluência nas duas línguas. Ela não tinha aprendido inglês ainda, mas podia dar aulas em sânscrito, híndi, urdu[340], marata, guzerate e canarês[341] (essa última é sua língua materna). Ela tinha vinte e dois anos de idade; era uma jovem pálida, esbelta, de aparência ascética, nada reconhecível na corpulenta e experimentada matrona que vi recentemente em Pune em uma palestra da Sra. Besant. A Ramabai de 1880 era do tipo das mulheres brâmanes altamente meditativas; a de Pune poderia ser o tipo de mulher de negócios ocidental, que se sente mais à vontade com inquilinos e contabilidade do que com a literatura.

Meu debate com o *Swami* continuou todos os dias, até de noite, apesar de um calor tão opressivo que era quase insuportável. Certa manhã, HPB veio me chamar muito antes do amanhecer, temendo uma apoplexia devido ao calor, e determinou que fôssemos de imediato para Simla, apesar de os avisos sobre minha palestra pública acima mencionada já terem sido publicados. Depois, achando que, se ela adotasse o costume hindu de dormir fora da casa, ela poderia se sentir melhor, ela mudou de ideia, mandou um novo telegrama corrigindo um anterior, e na noite seguinte colocou sua

---

338 O (ou a) *Bhagavad-Gitā*, que é "um episódio do *Mahābhārata*, o grande poema épico da Índia. Contém um diálogo no qual Krishna, 'condutor do carro', e Arjuna (seu *chela* [discípulo]), têm uma discussão sobre a mais elevada filosofia espiritual. Esta obra é eminentemente oculta e esotérica." *Glossário Teosófico*) Cf. *Bhagavad-Gitā – A Canção do Senhor* (Editora Teosófica)
339 Épico indiano, escrito em sânscrito, atribuído ao poeta Valmiki.
340 Um dos idiomas nacionais da Índia; língua oficial do Paquistão.
341 Em português, há várias grafias para essa língua, por exemplo, "canarim".

cama – de pés altos – perto de minha cama de campanha e da do nosso anfitrião, e, protegida de todos os insetos voadores por uma grande rede mosquiteira, dormiu profundamente até que os corvos que gorjeavam em uma mangueira chamaram uns aos outros com seus gritos roucos.

Naquele dia, o *Swami* e eu, como Presidentes de nossas respectivas Sociedades, tivemos uma longa e séria conversa particular. O resultado foi que "Concordamos que nenhuma das duas será responsável pelos pontos de vista da outra: as duas Sociedades são aliadas, mas independentes".

Às quatro e quatorze da tarde saímos de Meerut em direção a Simla. A partir de Ambala – depois de uma parada até as onze da noite, com amigos indianos – subimos a noite toda a estrada de montanha até a capital de verão do vice-rei em um *dak-gharry*, um veículo oblongo de madeira, algo parecido com um grande palanquim sobre rodas. Dormimos muito pouco, pois estávamos entrando no sopé dos Himalaias e HPB tinha que tratar com os *Mahātmas*. Cabe observar que foi nessa noite que ela me contou que o corpo de *Swami* Dayanand foi ocupado por um Mestre, o que me influenciou tanto nas minhas relações posteriores com ele. Em Kalka paramos por cinco horas, e depois continuamos até Simla em um *tonga* – um carro muito baixo de duas rodas, com molas, e com assentos para quatro pessoas, incluindo o motorista. A estrada – uma estrada militar – era boa, embora um tanto perigosa nas curvas mais apertadas (com pôneis teimosos). A paisagem é imponente em razão das altitudes e dos contornos e enormes massas das montanhas, mas há uma grande falta de florestas, o que rouba das paisagens o elemento refrescante que é o verde. Avistamos Simla pouco antes do pôr do sol, e suas casas ensolaradas deram-lhe uma aparência atraente. Quando estávamos entrando na cidade, um criado do Sr. Sinnett veio nos encontrar com *jampans* – cadeiras sobre longas varas transportadas por carregadores –, e pouco depois estávamos sob o telhado hospitaleiro de nossos bons amigos, os Sinnett, onde nos esperava uma calorosa recepção.

CAPÍTULO XV

SIMLA E OS COERULIANOS[342]

Quando acordamos na manhã seguinte, refrescados e felizes, Simla se apresentou a nós com uma aparência encantadora. A casa do Sr. Sinnett estava localizada em uma encosta de colina, de tal modo que se tinha uma vista maravilhosa, e da varanda se viam as residências da maioria dos altos funcionários anglo-indianos que dirigem o governo desse gigantesco império.

A primeira coisa que o Sr. Sinnett fez foi ter uma conversa séria com HPB sobre a linha de conduta que ela deveria adotar. Anotei que ele lhe pediu insistentemente que considerasse essa visita como um passeio de férias e que durante três semanas não falasse uma única palavra sobre a S.T. ou sobre o fato absurdo de que tínhamos sido observados pelo governo como possíveis espiões russos; em suma, que ela esquecesse tudo isso; para alcançar bons resultados, seria necessário conquistarmos a simpatia das pessoas, o que não aconteceria se as obrigássemos a ouvir nossas ideias heterodoxas e nossas queixas das injustiças sofridas. Obviamente, HPB prometeu isso, e, também obviamente, esqueceu tudo quando o primeiro visitante chegou. Notícias de Bombaim sobre a direção que o caso da Srta. Bates estava tomando deixaram-na extremamente agitada, e na manhã seguinte, como de costume, fez de mim o bode expiatório. Andando para lá e para cá no quarto, ela deixou entender que eu era a causa imediata de todas as suas provações e tribulações. Minhas anotações dizem que Sinnett expressou-me em particular seu

---

342 Cf. nota 328. Olcott havia explicado que Simla é às vezes chamada de "Coerulia"; portanto, os coerulianos são os habitantes de Simla.

sentimento de desespero ao ver que ela não se controlaria, jogando fora todas as suas chances de fazer amigos entre aquela classe, cuja boa vontade era a coisa mais importante que tínhamos que garantir. Os ingleses, disse ele, sempre associam o verdadeiro mérito ao autocontrole sereno.

Nossa fiel amiga Sra. Gordon foi a primeira a nos visitar em Simla. Depois dela, veio uma sucessão dos mais importantes funcionários do governo, que Sinnett trouxe para a casa a fim de encontrar HPB. No meu Diário vejo que ela começou logo a produzir fenômenos. Ela produziu pancadas nas mesas e em outras partes do quarto, e de um lenço, no qual estava bordado seu nome, tirou um outro lenço, no qual estava bordado, no mesmo estilo, o nome do Sr. Sinnett, a pedido dele. Dois dias mais tarde, ela fez um fenômeno estranho para um cavalheiro que nos visitou: sentada em uma cadeira coberta de tecido chita, ela raspou o tecido e tirou um duplicado de uma das flores do desenho. A flor não era um fantasma, como o sorriso do gato de Cheshire[343], mas um objeto material, como se um pedaço do pano correspondente ao contorno da flor tivesse sido removido da chita sob suas mãos; a chita, no entanto, estava intacta. Provavelmente aquilo foi um *Māyā*.

A partir desse momento, nenhum jantar para o qual fomos convidados era considerado completo sem uma exibição dos fenômenos de pancadas em mesas e de toques de sinos fantasmagóricos. HPB os fez soarem até mesmo sobre e dentro das cabeças dos mais importantes personagens oficiais. Um dia, depois do almoço, ela pediu para as senhoras e cavalheiros presentes colocarem suas mãos umas sobre as outras, e então, pondo sua própria mão sobre a mais alta, produziu batidas com fortes estalos metálicos sob a mão mais baixa. Não havia possibilidade de trapaça, e todas as pessoas presentes estavam muito interessadas nessa prova de que uma corrente de força psíquica podia ser enviada através de uma dúzia de mãos e produzir sons na mesa abaixo delas. Essa experiência foi repetida em várias ocasiões, e uma

---

343 "O Gato de Cheshire ou Gato Que Ri é um gato fictício, personagem do livro *Alice no País das Maravilhas* de Lewis Carrol." (Wikipédia)

vez ocorreu em uma circunstância marcante. Em um jantar estava entre os convidados um conhecido Juiz da Suprema Corte. Quando ele punha suas mãos na pilha, nenhuma corrente passava, mas no momento em que ele as retirava, as batidas estalavam novamente. Talvez ele tenha pensado que era sua astúcia que impedia que houvesse trapaça, mas evidentemente a explicação é que seu sistema nervoso não era um condutor para a aura nervosa de HPB.

Entre outras pessoas notáveis que conhecemos estava o Sr. Kipling, o diretor da Escola de Artes de Lahore[344]. Naquela época, o gênio de seu filho Rudyard[345] ainda não tinha irrompido para impressionar o público.

Até então, o governo tinha suspeitado de sermos agentes russos, e um de nossos objetivos era acabar com esse tolo mal-entendido para que nosso trabalho na Índia doravante não fosse estorvado. Mas esperei até que tivéssemos pessoalmente encontrado os principais dirigentes e dado a eles a oportunidade de julgar por si mesmos quem nós éramos e quais eram nossos prováveis motivos ao virmos para a Índia.

Quando me parecia que tinha chegado a hora certa, tive, depois de um jantar, uma conversa amistosa com o Secretário do Governo no Ministério das Relações Exteriores. Combinamos uma troca de cartas, com cópias de minhas credenciais do Presidente dos Estados Unidos e do Secretário de Estado[346]. Por causa do seu interesse histórico e da importância dos resultados da minha carta, reproduzo aqui o texto:

Simla, 27 de setembro de 1880.
Senhor Secretário,
Referindo-me à nossa conversa de sábado passado com relação à Sociedade Teosófica e seu trabalho na Índia, tenho a honra, de acordo

---

344 Lahore, cidade localizada no Panjabe, fica hoje no Paquistão, perto da fronteira com a Índia.
345 Rudyard Kipling (1865-1930), famoso escritor britânico nascido na Índia; tinha então apenas 15 anos.
346 "Secretário de Estado" é o título do Ministro das Relações Estrangeiras nos Estados Unidos.

com sua sugestão, de dar-lhe por escrito as seguintes informações:
1. A Sociedade foi organizada em Nova Iorque no ano de 1875 por um grupo de orientalistas e estudantes de Psicologia, com o propósito de estudar as religiões, filosofias e ciências da Ásia antiga, com a ajuda de estudiosos e especialistas nativos.
2. Ela não tinha outro objetivo; especialmente, não tinha nenhum interesse ou disposição em intrometer-se na política – na Índia ou em qualquer outro lugar.
3. Em 1878 dois de seus fundadores – Madame H. P. Blavatsky, uma cidadã norte-americana por naturalização, que havia estudado a vida inteira a psicologia asiática – e eu, junto com dois outros membros (cidadãos britânicos), vieram à Índia para realizar o trabalho previsto. Visto que dois do grupo eram ingleses, a terceira uma cidadã naturalizada norte-americana e o quarto um cidadão nato dos Estados Unidos, não havíamos de maneira alguma pensado em intrometer-nos na política indiana. Eu próprio tinha um passaporte especial (um passaporte diplomático) do Sr. Secretário de Estado Evarts, com uma carta de apresentação do Departamento de Estado[347] para ministros e cônsules norte-americanos, e uma de importância similar do próprio Presidente – uma honra sem precedentes, me disseram. Cópias desses documentos estão arquivadas agora no governo de Bombaim, e triplicatas serão enviadas a seu Departamento assim que puderem ser conseguidas de Bombaim.
4. Como haviam sido dadas ao Governo da Índia, por ignorância ou maldade, informações falsas sobre os objetivos de nosso trabalho na Índia, fomos colocados sob vigilância; mas essa vigilância foi feita tão desajeitadamente que atraiu a atenção de todo o país, e na mente dos indianos foi colocada a ideia de que, se fossem conhecidos como nossos amigos, eles desagradariam aos altos funcionários, e seus interesses individuais poderiam ser afetados seriamente. Assim, os planos louváveis e benéficos de nossa Sociedade foram seriamente estorvados, e fomos submetidos a muitas injúrias inteiramente imerecidas, como consequência da ação do Governo baseada em rumores falsos e enganosos.
5. Todos aqueles que tiveram a oportunidade de familiarizar-se com os fatos perceberam que, durante nossa estada de dezoito meses na

---

347 Ministério das Relações Exteriores.

Índia, exercemos uma influência benéfica e conservadora sobre os nativos, e fomos aceitos por eles como verdadeiros amigos de sua raça e de seu país. Temos cartas de todas as partes da Península[348] para provar isso. Se o Governo desfizesse o mal que nos causou involuntariamente e restabelecesse a reputação que tínhamos até que o estigma de suposta intriga política fosse tão cruel e injustamente colocado sobre nós, poderíamos prestar um grande serviço não só aos hindus, mas também à literatura e ciência ocidentais. Não basta que a ordem anterior para nos vigiar seja revogada, pois a suspeita passou dos funcionários de seu Departamento para todas as classes da população nativa, e uma desgraça paira sobre nós. Um remédio eficaz seria que o Departamento mandasse seus subordinados divulgarem em suas localidades o fato de que não estamos mais sob suspeita, e que, na medida em que nosso trabalho é para o bem da Índia, ele é aprovado. E é isso que eu, como oficial e cavalheiro norte-americano, peço de V.Sr.ª como representante da equidade britânica.

Mui respeitosamente, Senhor Secretário,
Seu obediente criado.

A resposta do governo não foi exatamente o que eu desejava. Embora ele nos assegurasse que não haveria mais interferência enquanto não nos envolvêssemos na política, não foi dito que as ordens aos Residentes Britânicos nos Estados Nativos[349] para nos vigiarem seriam revogadas. Em uma segunda carta, levei isso ao conhecimento do Ministério das Relações Exteriores, e algum tempo depois consegui tudo o que eu queria. Desde aquele momento estamos livres.

No dia 29 de setembro, a Sra. Sinnett, HPB e eu fomos ao topo do monte Prospect. Lá, no telhado de ardósia de um pequeno santuário hindu, entre os rabiscos de muitos nomes de visitantes, descobri o criptograma do *Mahātma* M. com meu próprio nome

---

348 A Índia.
349 Em inglês: Native States; na época, eram os numerosos estados semi-independentes na Índia, governados por indianos, mas dependentes em diversos graus das autoridades britânicas.

escrito abaixo dele; mas como eles chegaram lá, eu não sei dizer. Quando estávamos sentados lá conversando, HPB perguntou o que nossas almas mais desejariam. A Sra. S. disse: "Que um bilhete dos Irmãos caia no meu colo." HPB tirou um pedaço de papel cor-de-rosa da carteira[350], desenhou nele com os dedos alguns sinais invisíveis, dobrou-o em forma triangular, caminhou até a beira da colina, a vinte metros de distância, se virou para o oeste, fez alguns sinais no ar, abriu as mãos e o papel voou. Em vez de receber a resposta em seu colo, a Sra. Sinnett a conseguiu subindo em uma árvore próxima; a resposta estava no mesmo papel cor-de-rosa, dobrado triangularmente e espetado em um galhinho; em uma letra estranha estava escrito: "Creio que fui solicitado a deixar uma nota aqui. O que você deseja que eu faça?" A assinatura estava em caracteres tibetanos. Querendo-se considerar essa resposta como prova, o ponto fraco nesse incidente foi que a nota não foi entregue da maneira desejada.

Agora chego ao acontecimento muito discutido da descoberta de xícara e pires extras em um piquenique. Vou narrá-lo exatamente como o contei em meu Diário no dia 3 de outubro de 1880.

Um grupo de seis de nós – três senhoras e três cavalheiros – estava saindo de casa para ir a um vale a certa distância da cidade, onde pretendíamos encontrar um lugar adequado para nosso propósito. O mordomo dos Sinnett tinha preparado as cestas e colocado nelas uma meia dúzia de xícaras e pires de um desenho peculiar – um conjunto para cada um de nós. Na hora em que estávamos saindo, outro cavalheiro veio cavalgando e foi convidado a se juntar a nosso grupo. Os criados andavam na frente com as cestas, e nós seguimos vagarosamente em fila única, pelo caminho sinuoso e rochoso que conduzia ao vale. Depois de uma cavalgada relativamente longa, chegamos, no topo de uma colina, a um espaço plano coberto com grama verde e sombreado por grandes árvores. Tendo escolhido esse lugar para nosso piquenique, apeamos e nos sentamos sobre a

---

[350] No original: "*pocket-book*", que também pode significar "agenda", "caderno de anotações".

relva, enquanto os criados colocavam a toalha no chão e pegavam os mantimentos. Eles fizeram uma fogueira para ferver a água para o chá. Logo em seguida, o mordomo, com o rosto preocupado, veio falar com a Sra. Sinnett e disse que não havia xícara e pires para o *Sahib* que se juntou a nós no último momento. Ouvi-a dizer, em um tom irritado: "Foi muito estúpido de você não colocar outra xícara e pires quando soube que o outro cavalheiro também iria tomar chá." Virando-se para nós, ela disse rindo: "Parece que dois de vocês terão que beber na mesma xícara." Eu observei que, uma vez, em um dilema similar, nós resolvemos o caso dando a xícara a uma pessoa e o pires a outra. Nesse momento, alguém do grupo disse brincando a HPB: "Agora, Madame, aqui está uma chance para a senhora fazer um pouco de magia útil." Todos rimos pelo absurdo da ideia, mas quando HPB parecia pronta a aceitar seriamente a sugestão, houve exclamações de alegria, e pediram para ela produzir o fenômeno imediatamente. Os que estavam deitados sobre a relva se levantaram e se aproximaram. Ela disse que se realmente era para ela fazer isso, ela precisaria da ajuda de seu amigo Major..... Como ele estava mais do que disposto, ela lhe pediu para pegar algo com que cavar. Ele pegou uma faca de mesa e seguiu HPB. Ela olhou atentamente para o chão, virando seu grande anel de selo em direção a vários lugares, e finalmente disse: "Por favor, cave aqui." O cavalheiro começou a cavar vigorosamente e descobriu que debaixo da grama o chão estava cheio de pequenas raízes das árvores vizinhas. Ele as cortou e puxou para fora, até que, retirando a terra solta, descobriu um objeto branco. Era uma xícara de chá. Quando foi retirada do chão, vimos que ela tinha o mesmo desenho das outras seis. Imaginem as exclamações de surpresa e a emoção do nosso pequeno grupo! HPB disse ao cavalheiro para continuar cavando no mesmo lugar; depois de cortar uma raiz da grossura de meu mindinho, ele retirou um pires com o mesmo desenho, o que resultou no clímax de nossa excitação. Quem soltou as exclamações mais altas de espanto e satisfação foi o cavalheiro que tinha feito o trabalho com a faca. Para completar esta parte de minha narrativa, cabe dizer que, após o retorno de nosso grupo, a Sra. Sinnett e eu, chegando à casa primeiro, fomos direto para a despensa do mordomo e encontramos as outras três xícaras – das nove que tinham sobrado das doze originais –, guardadas em uma prateleira superior, com as asas quebradas e ainda estragadas de outra maneira. Portanto, a sétima xícara, produzida no piquenique, não fazia parte de seu conjunto quebrado.

Depois do almoço, HPB produziu outro fenômeno que surpreendeu a mim mais do que qualquer um dos outros. Um dos cavalheiros disse que estava pronto para se juntar a nossa Sociedade se HPB pudesse lhe dar o seu diploma, lá mesmo e naquele momento, devidamente preenchido! Com certeza, isso era algo difícil de se fazer, mas a velha senhora, nada intimidada, fez um gesto largo com sua mão e, apontando para um arbusto a uma pequena distância, disse-lhe para ver se não poderia encontrá-lo lá, pois árvores e arbustos muitas vezes tinham servido de caixas de correio. Rindo, e aparentemente confiante de que aquele feito não poderia ser realizado, ele caminhou até o arbusto – e pegou um diploma de membro, preenchido com o seu nome e a data do dia, juntamente com uma carta oficial de mim mesmo, que eu tenho certeza absoluta de nunca ter escrito, e mesmo assim ela tinha minha caligrafia. Isso deixou todos nós muito alegres, e como HPB também estava entusiasmada, não se sabe quais outros fenômenos ela ainda poderia ter nos oferecido, se não tivesse ocorrido um contratempo totalmente inesperado e desagradável. Na volta para casa paramos em um certo lugar para descansar e conversar. Dois dos cavalheiros – o Major e aquele que havia se juntado a nós por último – saíram juntos e, depois de meia hora, voltaram muito sérios. Eles disseram que, no momento em que a xícara e o pires foram desenterrados, achavam as circunstâncias perfeitamente convincentes e que iam defender esse ponto de vista diante todo mundo. No entanto, eles haviam revisitado o local e tiveram a ideia de que, cavando-se um túnel a partir da beira do monte, os objetos poderiam ter sido colocados onde foram encontrados. Assim sendo, lamentaram não poder aceitar o fenômeno como totalmente satisfatório e deram a HPB o ultimato de fazer outro fenômeno em condições a serem ditadas por eles mesmos. Deixo a qualquer um que conheça HPB – seu orgulho familiar e seu temperamento vulcânico – imaginar a explosão de ira que se seguiu a essa fala. Ela parecia prestes a ficar fora de si e despejou sobre os dois infelizes céticos toda sua ira com voz trovejante. E assim, nosso piquenique agradável terminou em uma tempestade feia. De minha parte, ao refletir sobre todos os detalhes do incidente da xícara e do pires, e com todo desejo de chegar à verdade, não posso considerar válida de maneira alguma a teoria proposta pelos dois céticos. Todos os presentes viram que a xícara e o pires estavam cobertos de inúmeras raízes, as quais tiveram de ser cortadas e arrancadas para se chegar a esses objetos, e ambos pareciam estar enterrados no solo como se fossem fragmentos de pedra; a relva acima deles estava verde e intocada, e se os dois objetos tivessem sido introduzidos através de um túnel, a modificação da superfície não poderia ter escapado aos olhos de todo o nosso grupo, que estava ao lado do Major, enquanto ele estava escavando.

Seja como for, o mérito de HPB como instrutora do público em geral não depende dos muitos fenômenos que essa mulher extraordinária produzia de vez em quando para aqueles que soubessem aproveitá-los. E, certamente, é melhor ter lançado a Doutrina Oriental[351] do que ter produzido no chão um serviço de chá inteiro de porcelana.

---

351 No original: "*Eastern Doctrine*"; ou seja, Olcott não se refere à obra *A Doutrina Secreta*, e sim aos ensinamentos existentes nas tradições orientais.

CAPÍTULO XVI

O QUE ACONTECEU EM SIMLA

Após a publicação do último capítulo destas memórias[352], encontrei uma circular impressa por Damodar, para uso particular dos nossos membros, contendo trechos de minha carta particular datada assim: Simla, 4 de outubro de 1880 (o dia depois do piquenique descrito). Ao lê-la, acho que o Diário me serviu perfeitamente no que diz respeito aos detalhes das ocorrências, com uma única exceção: a carta oficial encontrada pelo Major ... no arbusto junto com seu diploma, em resposta a sua demanda, foi assinada "Fielmente seu ... (o nome em caracteres tibetanos) para H.S. Olcott, Presidente da Sociedade Teosófica". Mas o corpo da carta estava escrito com minha caligrafia, e, se eu não soubesse o contrário, estaria pronto para jurar que eu mesmo a tinha escrito.

O incidente do achado do broche da Sra. Hume, tão universalmente conhecido e tão frequentemente comentado, ocorreu na mesma noite na casa do Sr. A. O. Hume. Vou contar a história exatamente como aconteceu, já que os fatos não somente estão claramente presentes em minha mente, como também são narrados em minha carta a Damodar acima mencionada. Até agora, uma das circunstâncias mais importantes foi omitida em todas as versões publicadas por testemunhas oculares, uma que pesa fortemente em favor de HPB e contra a hipótese de fraude. Os fatos são os seguintes. Um grupo de onze de nós – incluindo o Sr. e a Sra. Hume, o

---

[352] As memórias de Olcott (pelo menos as primeiras), reunidas em *Old Diary Leaves*, foram anteriormente publicadas aos poucos na revista *The Theosophist*.

Sr. e a Sra. Sinnett, a Sra. Gordon, o Capitão M., o Sr. H., o Sr. D., o Tenente B., HPB e eu – estava jantando na casa do Sr. Hume. É claro que o ocultismo e a filosofia eram os assuntos da conversa. A psicometria também foi abordada, e a Sra. Gordon, obtendo o consentimento de HPB para tentar um experimento, foi para seu quarto e fechou uma carta em um envelope simples, que ela deu a HPB para ler o conteúdo por psicometria. HPB a segurou na testa por um momento e começou a rir. "Isso é estranho", disse ela, "eu vejo apenas o topo da cabeça de alguém com os cabelos levantados como espetos por todos os lados. Não consigo ver o rosto. Ah, agora ele começa a subir lentamente. É o Dr. Thibaut, é claro!" De fato era uma carta dele para a Sra. Gordon. O incidente deu a todos a maior satisfação, e – como geralmente acontece nesses ambientes de caça-fenômenos – foram pedidos mais milagres. Será que Madame B. não poderia fazer com que algo fosse trazido de longe? Ela olhou calmamente ao redor da mesa e disse: "Bem, quem quer alguma coisa?" A Sra. Hume imediatamente falou: "Eu." – "O quê?" perguntou HPB. "Se eu pudesse realmente obtê-la, eu gostaria de ter uma antiga joia da família que não tenho visto por um longo tempo, um broche com pérolas ao redor." – "Sim, claro, perfeitamente, ele acabou de chegar a mim como um lampejo." HPB olhou fixamente para a Sra. H. por algum tempo, parecia estar conversando consigo mesma, olhou de novo para a Sra. H. e disse: "Não será trazido para esta casa, mas para o jardim, disse-me um Irmão." Depois de uma pausa, ela perguntou ao Sr. Hume se ele tinha em seu jardim um canteiro de flores em forma de estrela. Sim, disse o Sr. Hume, havia vários. HPB se levantou e apontou em certa direção. "Quero dizer: lá", ela disse. Sim, havia um naquele lado. "Então, venha comigo e encontre o broche, pois eu o vi cair como um ponto de luz em um tal canteiro de flores." O grupo se levantou, colocou seus casacos e reuniu-se no salão para ir ao jardim – todos salvo a Sra. Hume, que não ousou expor-se à brisa fria da noite. Antes de sairmos, pedi ao grupo para lembrar todos os incidentes e dizer se eles estavam pensando em alguma teoria de cumplicidade, ou se houve alguma conversa ou sugestão mental exercida por HPB. "Pois", disse eu, "se uma sombra de dúvida pairar sobre a ocorrência, será inútil continuarmos." Os presentes olharam indagando uns para os outros e depois afirmaram unanimemente que tudo tinha sido correto e feito de boa fé. Esse é o elo que faltava em todas as versões anteriores da história, e considero que, visto eu tê-los desafiado e advertido, é um absurdo inventar qualquer teoria de truques quando os fatos foram tão simples e que houve tanta candura em tudo.

Fomos procurar no jardim com lanternas, pois era uma noite escura e não se via nada. Fomos a dois ou três aqui e ali, HPB com o Sr. Hume, a Sra. Sinnett com o Capitão M., etc. Achamos o grande canteiro de flores em forma de estrela. A Sra. Sinnett e o Capitão M. tiveram a sorte de encontrar um pequeno pacote de papel branco com algo duro dentro. Eles tinham puxado uma intrincada rede de capuchinha e de outras plantas rastejantes, que constituíam uma cobertura perfeita de verde. HPB e o Sr. Hume estavam a alguma distância, eu também, quando os dois que fizeram o achado nos chamaram para ver o que eles tinham encontrado. A Sra. Sinnett entregou o pacote ao Sr. Hume, que o abriu dentro de casa. Nele estava o broche desaparecido que a Sra. Hume havia pedido. Por sugestão de alguém – não de HPB ou de mim – foi feito um protocolo pelos Srs. Hume e Sinnett; ele foi lido diante do grupo e assinado por todos. Essa é a história simples, sem embelezamento, ocultação ou exagero. Que qualquer leitor de espírito justo diga se aquilo foi ou não foi um fenômeno verdadeiro. Foi sugerido que o broche estava entre algumas joias recuperadas de um aventureiro que tinha tido intimidade com a família do Sr. Hume e o tinha roubado. Mesmo que isso seja verdade, tal fato não diminui em nada o mistério do pedido da Sra. Hume e da descoberta do broche no canteiro de flores. Da mesma forma, o fato de que HPB provavelmente possuía o anel de ouro sólido que ela fez sair de uma rosa que eu estava segurando na minha mão[353] não enfraquece de maneira alguma a maravilhosa força desse fenômeno em si.

---

353 Nota de Olcott: "Acontecimento descrito no primeiro volume destas memórias."

[354]Quando Madame Blavatsky, em resposta a pedidos por um fenômeno do tipo de *apport*[355], olhou ao redor da mesa, ela não identificou ninguém, mas a Sra. Hume foi a primeira a falar, e quase simultaneamente um ou dois outros dos presentes fizeram o mesmo. Mas, sendo ela a anfitriã, os outros desistiram por cortesia, e foi então que HPB perguntou o que ela desejava. Se o grupo tivesse dado preferência ao desejo de outra pessoa, HPB teria sido obrigada a atender essa pessoa. Nesse caso, onde teria entrado a teoria de que ela mentalmente sugeriu à Sra. Hume pedir o broche? Evidentemente, pode-se deixar de pensar nessa dificuldade prática e fazer outra sugestão: a de que HPB hipnotizou todo mundo em relação a cada detalhe, de modo a fazer a Sra. Hume pedir o artigo que ela, HPB, poderia mais facilmente fornecer. Continuando as reflexões, somos confrontados com os seguintes fatos importantes: (a) de que HPB nunca tinha pisado no jardim do Sr. Hume; (b) que ela nunca tinha sido levada pela estrada até a porta, exceto durante a noite; (c) que o jardim não estava iluminado; (d) que o canteiro de flores em forma de estrela não estava visível para quem estivesse nos caminhos do jardim, e, portanto não poderia ter sido notado por ela; (e) que a partir do momento em que a Sra. Hume pediu o broche, ninguém saiu da mesa até que todos se levantaram; e que foram a Sra. Sinnett e o Capitão M. que encontraram o pacote, ou seja, não foi HPB que levou o Sr. Hume a ele, como ela poderia ter feito se soubesse o lugar exato do broche. Além disso – novamente supondo que HPB estivesse com o broche – teríamos que explicar a sua ida até o canteiro entre o momento em que o broche foi solicitado e o momento do achado: apenas alguns minutos. Aqueles que não odeiam totalmente a nossa querida falecida Mestra lhe concederão, com certeza, em vista do que precede, o benefício da dúvida e inscreverão esse incidente na lista de provas genuínas de sua faculdade psico-espiritual. Agora passo adiante.

---

354 Aqui Olcott retoma a discussão do incidente do broche.
355 Palavra francesa; o verbo "*apporter*" significa "trazer"; então trata-se de um fenômeno em que algum objeto é trazido, ou levado, colocado, em algum lugar.

O ultimato brutal apresentado pelo Major H., que acabou com a alegria que reinou durante nosso piquenique, manteve HPB em estado de grande agitação por vários dias, mas as ocorrências durante o jantar na casa do Sr. Hume resultaram na filiação a nossa Sociedade de vários cavalheiros europeus influentes e na manifestação de muita simpatia amistosa para com minha pobre colega.

No dia 7 de outubro dei uma palestra na United Service Institution[356] sobre "Espiritismo e Teosofia"[357]. Fui apresentado pelo Capitão Anderson, Ilustríssimo Secretário da Instituição, e recebi um voto de agradecimento em um discurso muito amável do veterano Tenente-General Olpherts[358]. O público foi o maior já reunido em Simla, foi-me dito. Na mesma noite, participei do baile do Vice-Rei, Lorde Ripon, na Casa do Governo e recebi muitos parabéns dos amigos pela palestra e pela melhoria de nossas relações com o governo indiano.

Dia após dia, continuamos recebendo visitantes, jantando fora e em geral sendo tratados como personagens importantes. HPB produziu mais fenômenos, alguns deles muito insignificantes e indignos, pensei, mas mesmo assim fazendo a metade da população de Simla acreditar que ela era "ajudada pelo Diabo". Essa expressão está no meu Diário, e anotei que o autor dessa teoria foi um certo Major S., que disse isso pessoalmente a HPB com toda a seriedade. Em 16 de outubro, os Sinnett, o Major S. e nós mesmos estávamos em um piquenique a convite da Sra. Gordon, e HPB se destacou fazendo

---

356 Uma instituição fundada em 1870 em Simla com o objetivo de promover o interesse e conhecimento da arte, ciência e literatura no Serviço de Defesa.
357 Nota de Olcott: "Veja o texto em *Theosophy, Religion and Occult Science*, p. 216. Também publicado em forma de panfleto pela T.P.H."
T.P.H. = Theosophical Publishing House, que é a Editora Teosófica de Adyar.
Em inglês, "Espiritismo" é "*Spiritualism*", que, em outros contextos, pode significar "Espiritualismo". No referido texto, Olcott trata do Espiritismo.
358 Olcott escreveu as seguintes siglas após o nome: C.B., V.C., R.A. Não consegui descobrir o que significam.

sair de um lenço embebido em um pires com água uma duplicata desse lenço com o primeiro nome da Sra. Sinnett bordado em um canto. Naquela noite, o Sr. Hume entregou a ela sua primeira carta a K.H., pedindo para ela passá-la ao Mestre, o que constitui o início da interessantíssima correspondência sobre a qual tanto tem sido dito de tempos em tempos. Mais alguns jantares e piqueniques preencheram os dias finais de nossa agradável visita a Simla, e um ou dois excelentes fenômenos mantiveram um interesse febril por HPB. Um deles foi muito bonito. Naquele dia estávamos jantando em casa, e a Sra. Sinnett, HPB e eu estávamos esperando o Sr. S. na sala de visitas. As senhoras estavam sentadas juntas em um sofá, e a Sra. S. segurava a mão de HPB, admirando pela vigésima vez um belo anel de diamante amarelo, que HPB havia recebido da Sra. Wijeratne de Galle por ocasião da nossa visita naquele mesmo ano. Era uma joia rara e cara, cheia de brilho e luz. A Sra. Sinnett queria muito que em algum momento HPB fizesse uma duplicata para ela, mas HPB não tinha prometido isso. Porém, agora ela o fez. Esfregou dois dedos da outra mão na joia, parou depois de um momento e levantou a mão, mostrando a joia. Ao lado dela, entre o dedo anelar e o próximo, havia outro diamante amarelo, não tão brilhante como o dela, mas de qualquer maneira uma pedra muito bela. Creio que nossa amável e querida amiga ainda a possui. No jantar daquele dia, HPB não comeu nada. Enquanto os outros continuavam a refeição, ela aquecia as palmas das mãos no prato de água quente[359] diante dela. Em seguida, ela as esfregou uma na outra, e uma ou duas pequenas gemas caíram no prato. Os leitores da biografia de M. Oxon[360] se lembrarão que esse *apport* de gemas era um fenômeno que ele produzia muito frequentemente; às vezes elas caíam sobre ele e pela sala como chuvas, às vezes caíam grandes pedras soltas. Os orientais dizem que essas são trazidas por elementais pertencentes ao reino mineral – que os ocidentais cha-

---

359 Um prato de água quente é um prato que é mantido quente pela água que está embaixo dele em um recipiente.
360 Pseudônimo do inglês William Stainton Moses (1839-1892), que foi médium e divulgou o Espiritismo. Dirigiu a revista espírita *Light* e escreveu quatro livros. É mencionado em várias cartas dos *Mahātmas*.

mam de gnomos, os espíritos das minas – e na língua tâmil eles são chamados de *Kalladimandan*.

Uma ocorrência de 20 de outubro foi descrita e publicada pelo Sr. Sinnett. Ele a chamou de "o incidente da almofada". Ela parece ter sido um caso completamente genuíno. Nós estávamos fazendo um piquenique no monte Prospect. Sinnett estava esperando uma resposta a uma carta que tinha dirigido a um dos Mestres, mas ele não esperava recebê-la lá, já que estávamos reunidos puramente por prazer. No entanto, alguém – esqueci quem, e estou escrevendo com base nas escassas anotações em meu Diário e sem me referir à narrativa do Sr. Sinnett – pediu outro fenômeno (eles sempre pedem; essa água salgada nunca aplaca a sede), e ficou combinado que algo deveria ser trazido por magia. "Onde você quer a coisa?", perguntou HPB. "Mas não em uma árvore. Não devemos tornar nossos fenômenos obsoletos pela repetição." Uma consulta entre nossos amigos terminou no acordo de que o objeto deveria aparecer na almofada em que se encostava a Sra. Sinnett na sua liteira. "Tudo bem", disse HPB. "Abra-a e veja se há alguma coisa dentro." O Sr. S., com seu canivete, começou a abrir a almofada. A capa exterior estava bordada na parte da frente, apoiada em couro ou algum tecido forte, costurada com um fio bem grosso, e a costura estava coberta com um cordão de seda, que por sua vez estava costurado muito junto à outra costura. Era uma almofada velha, e a costura tinha ficado tão dura com o tempo que foi difícil cortá-la. Mas finalmente o Sr. S. conseguiu. No interior havia uma segunda capa de almofada em volta das penas, também fortemente costurada. Depois de essa costura ter sido cortada, o Sr. Sinnett colocou sua mão dentro da almofada, procurou entre as penas e logo trouxe para fora uma carta e um broche. A carta era de "K.H." e referia-se a uma conversa entre o Sr. S. e HPB. O broche era da Sra. S., que o havia visto sobre sua penteadeira pouco antes de sair da casa. Que pessoas sensatas tirem suas conclusões a partir desses fatos.

A fim de que nada falte para completar o registro de nossas primeiras relações com o Governo da Índia e para mostrar a que absurdos extremos ele foi para se proteger dos possíveis projetos políticos (!) de nossa Sociedade, decidi – após refletir sobre isso – mostrar aqui a primeira resposta das autoridades de Simla às minhas reclamações, feitas na minha carta de 27 de setembro, cujo texto se encontra no capítulo anterior desta minha narrativa. A resposta era bastante cordial, mas não cobria totalmente o nosso caso.

Nº 1025 E.G.
Do Ilustríssimo Sr. H. M. Durand
Subsecretário do Governo da Índia
Para Coronel H. S. Olcott
Presidente da Sociedade Teosófica
Departamento das Relações Exteriores,
Geral

Simla, 02 de outubro de 1880

Senhor,
Como o Sr. A. C. Lyall deixou Simla, estou encarregado de responder a vossa carta de 27 de setembro, dirigida a ele.
2. Vossa Senhoria afirma que a Sociedade Teosófica não tem nenhum interesse ou disposição em se intrometer na política, seja na Índia ou em qualquer outro lugar; que, mesmo assim, Vossas Senhorias, por representarem essa Sociedade, foram submetidas a uma vigilância desagradável durante suas viagens na Índia, em nome da Sociedade; e que, consequentemente, os planos benéficos da Sociedade foram seriamente estorvados. Vossa Senhoria solicita que o Governo da Índia desfaça o mal causado involuntariamente a Vossas Senhorias neste assunto pelo fato de seus movimentos terem sido vigiados.
3. Devo agradecer as informações que Vossa Senhoria teve a gentileza de fornecer sobre os objetivos e operações da Sociedade Teosófica, e devo assegurar-lhe que o Governo da Índia não deseja de maneira alguma sujeitar Vossas Senhorias a qualquer inconveniente durante a vossa estada no país. Enquanto os membros da Sociedade se limitarem a fazer estudos filosóficos e científicos inteiramente desvinculados da política – o que, segundo Vossa Senhoria explicou, é seu único objetivo –, eles não precisam temer nenhum aborrecimento por parte das autoridades policiais.

4. Devo acrescentar que o Governo da Índia será muito grato se Vossa Senhoria tiver a bondade de enviar ao Ministério das Relações Exteriores cópias dos documentos mencionados no terceiro parágrafo de vossa carta.
Tenho a honra de ser, senhor,
Seu criado mais obediente,
(Assinado) H. M. DURAND,
Subsecretário do Governo da Índia.

No dia 20 de outubro recebi do Governo da Índia finalmente a carta que eu esperava e que nos posicionou bem em relação a todos os funcionários anglo-indianos, o que certamente é importante o suficiente para ela ser inserida nesta retrospectiva. Eis o texto:

Nº 1060 E.G.
De H. M. DURAND, Esquire,
Secretário em exercício do Governo da Índia,
Ao Coronel H. S. Olcott,
Presidente, Sociedade Teosófica.
Datado SIMLA, 20 de outubro de 1880.
Departamento das Relações Estrangeiras
Geral

SENHOR,
Estou encarregado de acusar o recebimento de vossa carta de 4 de outubro, na qual Vossa Senhoria encaminhou certos documentos informativos ao Governo da Índia e solicitou que todos os funcionários do Governo anteriormente advertidos contra Vossas Senhorias fossem informados de que vossos propósitos em vir à Índia foram explicados.
2. Devo agradecer a Vossa Senhoria as cópias dos documentos enviados, que serão arquivadas no Ministério das Relações Estrangeiras.
3. No que diz respeito a vosso pedido, estou encarregado de dizer que as autoridades locais às quais foram dirigidas as comunicações relacionadas à vossa presença neste país serão informadas de que as medidas anteriormente ordenadas foram canceladas.

4. No entanto, devo acrescentar que esta decisão foi tomada em consequência do interesse por Vossa Senhoria por parte do Presidente dos Estados Unidos e do Secretário de Estado do seu Governo, e que ela não deve ser interpretada como implicando qualquer expressão de opinião por parte do Governo da Índia sobre a "Sociedade Teosófica", da qual Vossa Senhoria é Presidente.

Tenho a honra de ser, senhor,
Seu criado mais obediente,
(Assinado) H. M. DURAND,
Secretário em exercício do Governo da Índia.

A referência no parágrafo final da carta do Sr. Durand diz respeito aos documentos que eu lhe havia enviado, entre eles uma carta escrita à mão pelo Presidente Hayes, na qual ele me recomenda a todos os ministros e cônsules norte-americanos, e uma de conteúdo semelhante do Ilustríssimo W. M. Evarts, então Secretário de Estado, além do meu passaporte diplomático.

Nada mais restando para nós fazer em Simla, deixamos essa deliciosa estação de montanha em um *tonga*[361] para fazer uma excursão pré-arranjada nas planícies. Resumindo os resultados da visita, pode-se dizer que ganhamos alguns amigos, aliviamos nossa Sociedade dos embaraços políticos e fizemos muitos inimigos entre o público anglo-indiano, que sustentava a teoria das interferências satânicas nos assuntos humanos. Em um mundo social tão primário e conservador, era apenas de se esperar que as maneiras não convencionais de HPB chocassem o senso geral de propriedade, que sua imensa superioridade intelectual e espiritual despertasse inveja e ressentimento, e que seus poderes psíquicos misteriosos fizessem que ela fosse olhada com uma espécie de terror. Ainda assim, olhando as coisas de um ponto de vista amplo, o ganho superou a perda e a visita valeu a pena.

---

361 Mais frequentemente escrito *"tanga"*; é uma pequena carruagem, de duas grandes rodas, puxada por um cavalo.

CAPÍTULO XVII

CENAS DESLUMBRANTES

N ossa viagem para casa foi tão lenta, cheia de paradas, visitas, *conversazione*[362] de HPB e palestras minhas, que chegamos em Bombaim somente no septuagésimo dia depois de deixar Simla. Os incidentes durante nossa volta foram memoráveis, pitorescos, às vezes importantes – entre esses últimos uma doença que pôs em perigo a vida de HPB. Vou tratá-los na devida sequência.

Nossa primeira parada foi em Amritsar, a cidade que é adornada com aquela beleza arquitetônica que é o Templo Dourado dos sikhs guerreiros. É também o entreposto e um importante centro de fabricação dos xales da Caxemira e de *chuddars*[363] de Rampur, tão apreciados por mulheres de bom gosto. Como, na época, estávamos a favor de *Swami* Dayanand Saraswati, as nossas relações com os seus seguidores foram extremamente amigáveis, e os grupos locais de seu *Arya Samaj* fizeram recepções cordiais para nós e mostraram uma generosa hospitalidade em todos os lugares. Trinta samajistas vieram nos receber na estação ferroviária de Amritsar e nos levaram a um bangalô vazio, emprestaram um cozinheiro para cuidar de nossas refeições e forneceram alguns artigos de mobiliário necessários, incluindo grandes listrados *durries*, ou tapetes indianos de algodão, colocados em uma parte do chão de barro batido, para os nossos visitantes poderem sentar-se de pernas cruzadas. As paredes

---

362 Palavra italiana significando "conversas", "conversações", mas também "palestras".
363 Tipo de xale usado especialmente por mulheres hindus e muçulmanas.

eram de tijolos, assentados com barro, como em quase toda a Índia, e decoradas com uma série de pinturas alemãs baratas de mulheres de vida fácil, mais ou menos cobertas espalhafatosamente de joias e flores, e com muito pouca roupa. Eu quase explodi de rir quando – o Comitê de Recepção tendo saído e HPB e eu ficando sozinhos na grande sala – ela olhou de uma para a outra das figuras e de repente fez uma violenta e insultuosa observação sobre a respeitabilidade das donzelas que figuravam nelas como alegorias. Durante horas, nos divertimos e nos instruímos estudando um enorme ninho de argila de formigas brancas que sobressaía de uma das paredes. Puxando nossas cadeiras para perto, vimos os pequenos construtores indo e vindo aos milhares e construindo suas paredes sob a supervisão evidente de seus engenheiros. Fizemos pequenos buracos no ninho e observamos as formigas reparando as brechas. HPB colocou um pedaço de fósforo ou uma ponta de um cigarro não fumado nos furos e mediu o tempo em que as formigas os cobriam com barro. Depois de uma cansativa espera, o nosso menino Babula e o outro cozinheiro prepararam comida para nós, e em seguida saímos para ver o Templo Dourado.

O templo é uma coisa eminentemente poética. É composto por uma cúpula central canelada, elevando-se sobre quatro arcos que coroam as paredes de uma torre central, e ele é flanqueado em cada um dos quatro cantos do edifício principal, quadrado, por um pavilhão mourisco, como os do Taj Mahal. As paredes do templo estão coroadas com minúsculas cúpulas bem perto umas das outras; janelas ornamentais salientes, com artísticas treliças de pedra esculpida e telas, se projetam dos quatro lados; e as paredes do primeiro andar estão divididas em grandes e pequenos painéis esculpidos. A construção se encontra em uma plataforma pavimentada de mármore, circundada por um corrimão em bronze, em uma pequena ilha no centro de um grande tanque, ou lago, de água cristalina, como o palácio ilusório de um mágico emergindo do mar. O acesso se faz por uma calçada pavimentada com peças quadradas de mármore italiano, e todo o tanque é circundado por um largo passeio do mesmo rico material. A parte superior do templo é coberta de ouro; sua aparência radiante quando o sol indiano no céu azul bate sobre ele pode ser melhor imaginado do que descrito. Tal como se encontra hoje, o templo não remonta a mais de um século, pois a construção original, iniciada por Ram Das em 1580 e terminada por seu filho, foi explodida com pólvora por Ahmad Shah em 1761. O sagrado tanque – *Amrita Saras*, a fonte da Imortalidade – estava cheio de lama, e o local foi profanado pelo abate de vacas lá mesmo: uma prova tocante da superioridade de uma religião sobre outra, pela qual os fanáticos soldados e os políticos teológicos têm grande predileção. Mas, como não vou fazer o papel nem de guia nem de arqueólogo moralizante, devo levar HPB de volta ao nosso bangalô de barro, na nossa *ticca gharry* (carruagem alugada) cheia de poeira e lama e balançando, puxada por dois cavalos esqueléticos, para receber visitantes. Antes de partir, jogamos nossa oferta de moedas de cobre no chão do salão central do templo, e demoramos mais um minuto para ouvir os *akalis*[364] entoando versos do *Granth*, ou livro sagrado *sikh*, que está escrito em peles curtidas de touros. Estávamos felizes em descansar cedo depois de um dia cansativo.

No dia seguinte, uma delegação de samajistas veio de Lahore, chefiada por Rattan Chand Bary e Siris Chandra Basu, dois cavalheiros muito inteligentes e honrados, cuja amizade tive a sorte de manter até o presente momento. Houve uma conversa e uma discussão muito interessante com cerca de trinta ou quarenta seguidores do *Swamiji*[365], e à noite, quando estávamos sozinhos com os dois amigos acima mencionados, HPB tocou os "sinos de fadas" de forma mais clara e linda do que anteriormente. Ela fez uma proposta para eles, que levou a um infeliz mal-entendido entre eles e ela, e é melhor eu contar isso para evitar que, no futuro, esse fato seja citado contra ela por algum inimigo. Até aquela época, o Sr. Sinnett não tinha tido oportunidade de discutir a filosofia mística indiana com qualquer indiano culto, o que tanto ele quanto nós lamentamos muito. Sua correspondência com *Mahātma* K.H. estava continuando, mas ele queria vê-lo pessoalmente, ou um de seus

---

364 Sikhs batizados.
365 *Swami* Dayanand Saraswati.

discípulos. Achando o Sr. Rattan Chand bem qualificado para ser tal porta-voz, HPB, com a concordância do Mestre – como ela disse a mim e a ele –, tentou persuadi-lo a levar uma nota de K.H. ao Sr. Sinnett, ou seja, desempenhar o papel de mensageiro do Mestre. Ele devia abster-se de informar ao Sr. S. quaisquer fatos sobre si mesmo, seu nome, condição e lugar de residência, mas devia responder plenamente todas as perguntas do Sr. S. sobre assuntos religiosos e filosóficos; HPB lhe garantiu que cada ideia e argumento necessários seriam colocados em sua mente na hora certa. O Sr. R. C. e seu amigo S. C. B., sem saber até que ponto essa transferência de pensamento poderia ser feita, e não vendo nenhum *Mahātma* e nenhuma carta com HPB, mostraram a mais forte repugnância para fazer o que foi sugerido. Finalmente, no entanto, eles consentiram e partiram para Lahore para obter o necessário breve afastamento do trabalho e retornar no dia seguinte. Quando eles tinham partido, HPB me expressou sua satisfação, dizendo que a tarefa seria uma verdadeira missão, teria uma consequência muito feliz para o Sr. Sinnett e seria muito boa para o *Karma* dos dois jovens. No dia seguinte, em vez de retornarem, um telegrama chegou dizendo que eles se recusaram a cumprir o combinado; e em uma carta disseram claramente que não participariam de tal ato de trapaça, como aquilo lhes parecia. HPB expressou fortemente seu aborrecimento e indignação. Ela não hesitou em chamá-los de dois idiotas por jogarem fora tal chance, que poucas pessoas tinham tido, a de trabalhar com os Mestres e conseguir grandes resultados; e ela me disse que, se eles tivessem vindo, a carta teria caído do ar diante de seus olhos e tudo teria dado certo. Esse é apenas um daqueles casos em que uma coisa, inteiramente possível para um ocultista, cujos sentidos internos estão despertos e cujos poderes psicodinâmicos estão plenamente ativos, parece totalmente impossível para o homem comum, que não consegue conceber que o objetivo pode ser alcançado sem o uso de truques e conspiração fraudulenta. Nossos jovens amigos não desenvolvidos, produzindo seu próprio *Karma*, escolheram o que consideraram o único caminho honrado, e assim, como foi dito por HPB, prejudicaram a si mesmos. Em quantas dezenas de casos a pobre HPB não foi similarmente mal compreendida e punida pela ignorância espiritual dos outros, a quem ajudar era o seu principal desejo?

Nesse mesmo dia tivemos outra experiência desagradável. A franca exposição de nossas opiniões ecléticas em relação às diferentes religiões, na discussão no dia anterior, parecia ter esfriado tanto o ardor de nossos anfitriões samajistas, que nos deixaram sozinhos em nossos tristes alojamentos; e quando quisemos comer, Babula nos disse que nenhum alimento, combustível, *ghee* ou outras coisas necessárias para cozinhar tinham sido enviadas. Portanto, não havia outra coisa a fazer senão mandá-lo ao bazar para comprar nossos próprios suprimentos. Ao pôr do sol, como ninguém tinha aparecido, HPB e eu tomamos uma carruagem de aluguel e fomos procurar os dirigentes do *Samaj*. No final, encontramos um e chegamos a um entendimento com ele, e através dele com os outros; eles se desculparam profusamente, e na manhã seguinte tínhamos muitas coisas para comer e combustível para cozinhar os alimentos.

À tarde, visitamos o templo de novo para desfrutar de suas belezas mais uma vez. Vimos algumas centenas de faquires e *gossains*[366], de aparência mais ou menos desagradável; *akalis* orando; multidões de peregrinos se prostrando; lampiões acesos brilhando dentro do templo; panjabis[367] muito altos movendo-se majestosamente sobre os pavimentos lisos de mármore, e em toda parte muita animação e vida. Multidões nos seguiram com amável civilidade; no templo recebemos guirlandas e doces de açúcar; e em um santuário onde as espadas, discos de aço afiados, couraças e outras armas dos sacerdotes-guerreiros *sikhs* estão expostos, a cargo de *akalis*, fui saudado, para minha surpresa e alegria, com um sorriso amoroso por um dos Mestres, que naquele momento estava entre os guardiões, e que deu a cada um de nós uma rosa fresca, com uma bênção em seus olhos. O toque de seus dedos, quando ele me entregou a flor, causou uma emoção que correu por todo o meu corpo, como pode ser facilmente imaginado.

---

366 Essa palavra, derivada do sânscrito, tem vários significados, um deles sendo "discípulo de um guru na tradição dos *sanyasis*".

367 Membros da comunidade etno-linguística vivendo no Panjabe.

No dia 27 do mês (outubro), dei uma palestra para um grande público sobre "*Arya Samaj* e a Sociedade Teosófica", e uma outra no dia 2 sobre "O Passado, Presente e Futuro da Índia", cujo texto se encontra em meu livro *Theosophy, Religion, and Occult Science*. Pessoas que imaginam que os hindus estejam desprovidos de sentimento patriótico deveriam ter visto o efeito dessa palestra sobre o enorme público. Quando eu descrevia a grandeza da Índia antiga e o estado caído da Índia moderna, ouviam-se murmúrios de prazer ou suspiros de dor; em um momento eles gritavam de alegria e aplaudiam veementemente, no outro ficavam em silêncio, enquanto lágrimas escorriam de seus olhos. Fiquei surpreso e encantado, e meus próprios sentimentos estavam tão abalados por causa da sua tristeza silenciosa que eu quase não consegui continuar. Foi uma dessas ocasiões, tão frequentes em nossas relações com os indianos, quando laços de afeição fraternal se estreitavam entre nossos corações, e quando sentíamos que éramos abençoados por ter podido vir aqui para viver e servir entre os nossos irmãos espirituais. Recordo apenas uma dessas experiências, quando eu acompanhava a Sra. Besant em seu primeiro *tour* pela Índia. Foi em alguma cidade no sul da Índia, onde ela estava dando uma palestra – sobre "O Lugar da Índia entre as Nações", se minha memória não falha. Cedendo ao impulso divino, e empregando, quase de maneira idêntica, minhas frases, ela entusiasmou a plateia, que respondeu como se fosse uma grande harpa, de cujas cordas os dedos hábeis da Sra. Besant pudessem tirar as harmonias que ela escolhesse. Voltando de carruagem para casa, nenhum de nós conseguiu falar uma única palavra; permanecemos silenciosos, extasiados, como quem acaba de sair de uma sala onde um Mestre da Música evocou as sinfonias do *Devaloka*[368]. Aquele que não sentiu a emoção da inspiração pulsar através de seu ser, não sabe o que a palavra "oratória" significa.

Devo mencionar a visita de um *pandit* de Jummoo, Caxemira, pelo que ele disse sobre a nossa aprendizagem do sânscrito. Ele tinha uma voz clara, firme, grande fluência na fala e uma aparência

---

[368] Um plano da existência onde existem deuses e devas, um lugar de luz eterna e bondade. (Wikipédia inglesa)

impressionante. Tivemos uma longa e interessante discussão com ele, mas achamos que ele era mais um fanático do que um eclético. Quando ele estava saindo, se virou para mim e disse que eu devia sem falta aprender sânscrito, pois era a única língua que seria útil para mim no meu próximo nascimento. Talvez ele tenha pensado que poderíamos reencarnar em algum *Panditloka*[369] ainda não descoberto!

Prolongamos a nossa estada em Amritsar por alguns dias, para que pudéssemos ter o imenso prazer de ver o Templo Dourado e o tanque iluminados para a celebração de Divali, festa de Ano Novo dos *sikhs*[370]. Valeu muito a pena esperar esse espetáculo. No anoitecer, uma carruagem foi enviada para nós e fomos levados para a Torre do Relógio, uma construção moderna em frente ao tanque, de onde tivemos uma vista perfeita. O belo templo estava coroado com lampiões dourados e vermelhos, colocados alternadamente – uma glória. Do final da cúpula central até os pavilhões nos cantos havia cordas das quais pendiam lanternas coloridas. A base do edifício era uma teia de *chirags* iluminados, pequenos lampiões de argila em forma de *yoni*[371], fixados em uma estrutura feita de troncos de bambu arranjados nos padrões geométricos artísticos que se veem em toda a Índia Setentrional em varandas, janelas, portas, etc. Assim, à distância o templo parece estar envolvido em um brilhante rendado dourado. A calçada, os degraus ao redor do tanque inteiro e as fachadas das casas em volta dele estavam iluminados com inúmeros lampiões semelhantes. Uma grande apresentação de fogos de artifício – pelos quais os indianos

---

369 "*Loka*" significa "lugar"; então "*Panditloka*" significa "lugar dos *pandits*".

370 O Divali (ou Diwali) é uma festa religiosa hindu. "O Diwali é um grande feriado indiano, e um importante festival para o hinduísmo, o sikhismo, o budismo e o jainismo." (Wikipédia)

371 "*Yoni* é uma palavra do Sânscrito [...] que significa 'passagem divina', 'lugar de nascimento', 'fonte de vida', 'templo sagrado' e ainda o órgão sexual feminino. É considerado igualmente um símbolo de Shakti e de outras deusas de natureza similar." (Wikipédia)

sempre foram famosos – transformou a cena em uma espécie de país de fadas. Havia vasos enormes de fogos coloridos, grandes vasos de flores de onde jorravam chamas. Rodas de Catarina, velas romanas[372], foguetes e bombas partiram dos altos dos edifícios nos quatro cantos do recinto. Cada labareda de cor tingindo o céu se refletia na superfície lisa e calma do lago, iluminando a grande cópia de um antigo navio hindu que estava ancorado perto da calçada. De vez em quando, balões de fogo subiam suavemente para o céu azul, totalmente sem nuvens, e formavam linhas de pequenas luzes como estrelas flutuantes. Grandes fogos de artifício desenharam emblemas religiosos, o falo, a vulva, o duplo triângulo – selo de Vishnu[373] – e outros. Cada um foi recebido com um grande grito de vozes misturadas ao clangor de sinos e a música de uma banda militar. No auge da excitação uma procissão de milhares de *sikhs* se movimentou em torno do tanque, liderada por um *akali* alto carregando a bandeira dos Grandes Gurus, e todos entoaram cantos de hinos em louvor ao fundador[374], Guru Nanak.

No dia seguinte, pegamos o trem para Lahore, onde uma recepção calorosa nos aguardava. Uma grande delegação de samajistas estava nos esperando na estação ferroviária e nos levou para nosso alojamento – um bangalô junto a uma grande pensão anglo-indiana perto do Jardim Público. Os samajistas foram para suas casas para o jantar. Voltando às vinte e uma horas, sentaram-se no chão junto conosco e falaram sobre metafísica até tarde. Depois, nós dois estávamos felizes de podermos descansar. Na nossa conversa, o ponto crucial tinha sido a natureza de *Ishvara*[375] e a natureza de Deus, sobre o que HPB e eu tínhamos ideias muito antagônicas às deles.

---

372 Rodas de Catarina e velas romanas são tipos de fogos de artifício.
373 Na religião hindu, o deus responsável pela manutenção do universo. Juntamente com Shiva e Brahma, forma a *trimúrti*, a trindade sagrada do hinduísmo.
374 Fundador da religião *sikh*.
375 "*Ishvara*" tem vários significados. Entre outros, é o título dado a Shiva e a outros deuses da Índia (cf. *Glossário Teosófico*).

Os jornais anglo-indianos estavam justamente naquela época cheios de artigos malévolos contra nós, o que nos fez apreciar ainda mais a gentileza dos indianos. Em 7 de novembro, um domingo, dei uma palestra para um público enorme, como habitualmente. Entre os europeus presentes estava o Dr. Leitner, o famoso orientalista, então presidente da Universidade do Panjabe. No final, um homem que se intitulava Yoga Sabhapathy Swami leu um longo discurso de cumprimentos no qual seus louvores a nós foram misturados com muita autoglorificação. Ele veio nos visitar no dia seguinte e nos regalou com sua companhia das nove e trinta até as quatro da tarde – quando ele tinha esgotado bastante a nossa paciência. Se antes tínhamos possivelmente uma boa opinião dele, ela foi arruinada por uma lorota que ele nos contou sobre suas façanhas como *yogue*. Ele disse que no lago Mansarovara[376], no Tibete, ele tinha sido levantado no ar e transportado trezentos quilômetros nas alturas até o Monte Kailas, onde viu Mahadeva[377]! Embora pudéssemos ser ingênuos forasteiros, HPB e eu não conseguimos digerir uma mentira tão ridícula como essa. Eu disse isso a ele muito claramente. E disse que se ele tivesse dito que ele tinha ido no corpo astral ou pela visão clarividente a qualquer lugar que quisesse, poderíamos ter acreditado que fosse possível, mas no corpo físico, do Lago Mansarovara, em companhia de dois *Rishis* mencionados no *Mahābhārata*[378] até o Monte Kailas, que não existe fisicamente – não, obrigado; isso ele deveria dizer a outra pessoa.

---

376 No *Glossário Teosófico* consta: "Manasa-sarovara [...]. Foneticamente, pronuncia-se Mansoravara [ou Mansarovara]. Um lago sagrado no Tibet, nos Himalayas [...]."
377 Significa "Grande Deus" e refere-se a Shiva.
378 "O Maabárata, conhecido também como Maabarata, Mahabarata, Mahabharata e Maha-Bharata [...], é um dos dois maiores épicos clássicos da Índia, juntamente com o Ramaiana [Ramayana]. [...] é visto por alguns autores como o texto sagrado de maior importância no hinduísmo, e pode ser considerado um verdadeiro manual de psicologia-evolutiva de um ser humano." (Wikipédia)

Sete dos samajistas, incluindo os nossos dois céticos visitantes de Amritsar, se filiaram à S.T. e ajudaram a formar uma Loja local. Nosso tempo em Lahore foi em grande parte ocupado com visitantes e discussões sobre temas religiosos, mas também não faltaram outras distrações. Por exemplo, o Vice-Rei, Lorde Ripon, chegou no dia 10, e vimos o pomposo desfile na sua recepção. Ele estava montado em um gigantesco elefante que estava coberto com um cintilante pano dourado e tinha enormes ornamentos de ouro, ou dourados, na sua cabeça. O *howdah* era dourado, e sobre a cabeça de Sua Excelência um criado asiático pitorescamente vestido segurava um guarda-sol também dourado. Os marajás e *rajás*[379] seguiam montados em elefantes de acordo com seu direito de precedência, e todos estavam sendo escoltados – a HPB parecia até que estavam sendo vigiados – por civis europeus, também em cima de elefantes. Havia cavalaria europeia e bengalesa, soldados nativos em vermelho, lanceiros indianos e alabardeiros, batedores, bandas de músicos, tambores de guerra e címbalos sendo tocados; em suma, um espetáculo parecido com o circo Barnum[380], só faltavam as caravanas de animais selvagens, o carro com banda de música e um ou dois leopardos em rodas girantes para completar a ilusão. Tenho certeza de que todos os ingleses presentes no desfile se sentiram tolos, e que cada um dos chefes nativos outrora independentes se sentiu humilhado por essa exibição pública de conquistador e conquistado. Todos sabiam que todos os outros também conheciam o verdadeiro significado dessa encenação. HPB e eu vimos o espetáculo de uma das torres da estação de trem, uma estação ameada, semelhante a uma fortaleza, construída de fato para servir de forte em caso de necessidade. Seus comentários sobre o espetáculo e os participantes exageradamente enfeitados me fizeram rir o tempo todo, e mais

---

379 A palavra "*maharaja*" (ou "*maharajah*", *mahārāja* em sânscrito) – que se tornou "marajá" em português – significa "grande rei". *Rajá*, ou *rajah*, significa "rei".
380 Famoso circo ("o maior espetáculo do mundo") criado por Phineas Taylor Barnum e James A. Bailey na segunda metade do século 19. Existiu até maio de 2017.

tarde, em uma de suas incomparáveis cartas para *Russky Vyestnick*[381], ela fez toda a Rússia rir do incidente da ausência do marajá da Caxemira: ela revelou que inicialmente se suspeitava que atrás da falta do marajá no desfile havia alguma trama política, mas que se soube depois que foi apenas um caso de diarreia.

Os Jardins de Shalimar – o famoso parque mandado instalar por Ali Mardan Khan no século XVII – foram iluminados em homenagem à visita do Vice-Rei. De todos os espetáculos que vi na Índia, esse foi um dos mais agradáveis. O jardim havia sido dividido em sete partes, que representam os sete graus do Paraíso do Islã, mas apenas três ainda existem. No centro há um tanque parecido com um lago, circundado por uma calçada e repleto de tubos para fontes. Nele cai uma cascata formada por um declive em mármore ondulado, esculpido com padrões ornamentais. Há quiosques, torres e outras construções, e em várias direções se estendem bacias longas e estreitas com calçadas quase tão baixas quanto os gramados que as emolduram. Imaginem esse local prazeroso em uma noite indiana estrelada, iluminada por *chirags* que delimitam os tanques e todas as calçadas; árvores iluminadas por lanternas coloridas, o lago central coberto de magníficos matizes de fogos de artifício, e cada centímetro nos caminhos e alamedas ocupado pela mais pitoresca, vistosamente vestida multidão de homens que o mundo poderia produzir; e acima de tudo isso, no céu sereno, as brilhantes estrelas olhando para baixo. Eu vi muitos países e povos, mas nenhuma multidão se compara com essa de *sikhs*, de panjabis, de caxemires e de afegãos, em seus trajes de ouro e prata, com suas belas tezes verde-oliva e seus turbantes, que têm todos os delicados matizes de cor que a arte dos tintureiros já produziu.

---

381   Uma revista russa.

CAPÍTULO XVIII

BENARES, A SANTA

No dia após a festa do Jardim de Shalimar, tivemos a nossa primeira oportunidade de conhecer de primeira mão os princípios do *Brahmo Samaj*, quando *Babu* Protap Chandra Mozumdar deu uma palestra à qual assistimos juntos. Nossas primeiras impressões foram provavelmente idênticas às dos milhares e dezenas de milhares que ouviram seus eloquentes e eruditos discursos. Como todos os que visitam a Índia, ficamos surpresos com o domínio de inglês alcançado por um hindu culto, e ficamos sob uma espécie de encanto até que ele terminou. Mas depois começamos a avaliar o conteúdo, e descobrimos que havia no discurso mais música do que sólido alimento para nós; tratava-se mais de retórica do que de erudição, e saímos com um sentimento de insatisfação, como depois de um jantar com *meringues-à-la-crème*[382]. Sem dúvida ele definiu muito claramente a natureza de sua Sociedade e seus princípios, sendo o tema "O *Brahmo Samaj* e suas relações com o Hinduísmo e o Cristianismo". Ele falava de forma extemporânea, ou, de qualquer modo, sem manuscrito, e não somente nunca hesitava em escolher as palavras, como também nunca deixava de usar o melhor sinônimo para expressar os significados. Nisso ele se parecia com a Sra. Besant. "O *Brahmo Samaj*", ele nos disse, "aproveita tudo o que é bom nos *Vedas, Upanishads, Purānas, Bhārata e Gitā*[383], assim como no Cristianismo e

---

382 Expressão francesa significando "merengues, ou suspiros, com creme".
383 *Purānas*: pertencem "à classe de livros sagrados hindus denominados *smirtis*, ou livros a serem memorizados" (Wikipédia). – *Bhārata*: é o *Mahābhārata*. – *Gitā*: é a *Bhagavad-Gitā*.

outras religiões, e rejeita apenas a escória." Durante muito tempo, o "*Brahmo Dharma Book*" continha apenas extratos dos *Upanishads*, e eu achei uma pena que eles não tivessem se limitado a isso. Concordam com os cristãos em sua visão do desamparo do homem e da dependência de um Deus pessoal. Uma vez, quando eu estava do lado de fora de uma de suas reuniões de serviço religioso e ouvia o que estava sendo dito, eu não pude deixar de ficar impressionado pelo não conformismo que percebi. Eles praticam algum tipo de *Yoga* e estão claramente seguindo o *Bhakti Mārga*[384], no qual andam também os Salvacionistas[385] com seus barulhentos instrumentos de metais e com seus címbalos tinindo. Convicto teísta, Protap *Babu* disse que Jesus foi alguém mais glorioso do que qualquer outro personagem da história, mas ainda assim um homem.

Um vívido contraste com essa experiência foi o *Durbar* que Lorde Ripon organizou no dia quinze de novembro debaixo de uma lona. Um vasto salão havia sido criado da seguinte maneira: grandes peças de lona com listas azuis haviam sido estendidas horizontalmente sobre postes; o espaço tinha sido fechado nas laterais com outras peças de lona, e o chão, coberto com tapetes carmesins. O salão assim criado foi iluminado com lustres espalhafatosos. O Vice-Rei estava sentado em um trono prateado e dourado, vestido com trajes de Corte, com profusão de rendas douradas e bordadas, calção branco, meias brancas de seda, e a fita azul da Ordem de Bath[386] cruzando o peito em meio a uma profusão de ordens, como um riacho azul entre margens cheias de joias. Atrás dele, criados panjabis de pele escura e em trajes orientais abanavam grandes leques indianos cor de carmesim, com o brasão real bordado neles; dois outros seguravam espanta-moscas (*chamars*) feitas das caudas brancas do iaque tibetano, e outros dois seguravam cornucópias – todos emble-

---

384 Um movimento religioso; "*Bhakti Mārga*" significa "Caminho do Amor"; geralmente é considerado como "Caminho de Amor e Devoção".
385 Membros do Exército da Salvação, uma organização cristã protestante, uma das maiores instituições de caridade do mundo.
386 Também chamada de "Ordem do Banho" (cf. Wikipédia).

mas de soberania; tudo junto um arranjo altamente decorativo para olhos norte-americanos.

A assembleia estava sentada em fileiras de cadeiras paralelas, umas de frente para as outras, os europeus à direita de Sua Excelência, os indianos à sua esquerda, deixando no meio um largo caminho da porta para o trono. Aos *rajás*, marajás e outros príncipes indianos foram atribuídos lugares em ordem hierárquica, os mais altos na hierarquia ficando mais próximos do Vice-Rei. Cada um, ao aparecer na porta, era recebido com uma salva de artilharia; as tropas apresentavam armas, a banda tocava; o Mestre de Cerimônias, Sr. (agora Sir Alfred) Lyall, em uniforme diplomático, recebia cada um e o escoltava ao pé do trono; o príncipe oferecia um *nuzzur* (uma oferta de um certo número de moedas de ouro), que o Vice-Rei "tocava e devolvia" (isto é, não pegava); ambos se curvavam, o príncipe era conduzido a seu assento, e era a vez do seguinte. Imaginem quão monótono deve ter sido estar sentado lá horas a fio durante essa tola e tediosa cerimônia. Perguntei-me se no final o Vice-Rei conseguiria evitar bocejar diante de seus rostos. Mas foi um espetáculo esplêndido, algo que vale a pena ver uma vez. Depois de todos os príncipes terem sido recebidos, o Vice-Rei ainda teve que suportar a cerimônia de dar bonitos presentes de joias, armas prateadas, selas, etc., etc., que os príncipes "tocavam" e deixavam para serem levados pelos criados. Não podia haver contraste maior do que aquele entre os magníficos trajes e turbantes com joias dos príncipes e as roupas comuns, sombrias e pouco elegantes dos observadores europeus civis.

Dois dias depois deixei HPB em Lahore e fui a Multan a fim de dar uma palestra para a qual tinha me comprometido. Exatamente cinco anos antes eu havia feito meu discurso inaugural diante da recém-nascida S.T. em Nova Iorque.

A rua principal de Multan é larga, pavimentada de tijolos e cheia de lojas que se comparam bem com as de outras cidades indianas. Há manufaturas de objetos de prata esmaltada, de artigos de seda, de tapetes de algodão e de lã, etc. Existia um grande grupo local do *Arya Samaj* e também uma Loja da nossa própria Sociedade, liderada por um dos melhores homens da Índia, o Dr. Jaswant Roy Bhojapatra. Dei palestras em duas noites sucessivas, e durante o dia fui levado pela cidade para ver os pontos turísticos, entre eles um que se iguala à sepultura de Adão em termos de patética sugestividade! É o templo do Avatar[387] Narasimha de Vishnu. Esse avatar tem a forma de um homem-leão com o propósito de proteger a virtude e punir pessoas más. A história (e que "história" !) diz que Vishnu partiu um dos pilares de ferro do salão do *durbar* do rei mau, saiu desse pilar e despedaçou o tirano. Imaginem, eles realmente mostram o *pilar idêntico* nesse templo de Multan. O que se poderia ter de melhor do que isso, a não ser o túmulo de Adão, sobre o qual Mark Twain[388] – seja dito a seu louvor – chorou lágrimas honestas pela perda daquele respeitável antepassado e deu um exemplo para toda a raça regenerada da humanidade![389]

Quando voltei a Lahore, encontrei a pobre HPB tremendo com uma forte febre e o fiel menino Babula cuidando dela. Ela estava inquieta, queimando de calor e queixando-se de uma sensação de sufocamento. Fiquei sentado ao lado dela a noite toda, mas ela não me deixou chamar um médico, dizendo que tudo ficaria bem de manhã. Mas estava tudo errado, e quando o melhor médico do lugar foi chamado, ele disse que era um caso grave e prescreveu quinina e digitalis. Na noite seguinte tive que dar uma palestra e o fiz; depois voltei a ser enfermeiro de HPB. Os remédios deram a HPB uma boa noite de descanso. No dia seguinte, a crise passou, e o médico a declarou fora de perigo. Outra boa noite se seguiu para ela, e no dia seguinte ela deu provas inconfundíveis de sua conva-

---

[387] Avatar: "uma manifestação corporal de um ser imortal segundo a religião hindu, por vezes até do Ser Supremo. Deriva do sânscrito *Avatara*, que significa "descida", normalmente denotando uma das encarnações de Vishnu (tais como Krishna), que muitos hinduístas reverenciam como divindade. Muitos não hindus, por extensão, usam o termo para denotar as encarnações de divindades em outras religiões." (Wikipédia)
[388] Escritor norte-americano (1835-1910).
[389] Olcott está sendo irônico.

lescença comprando por cem rúpias xales, bordados e outras coisas de um daqueles mascates indianos chamados *box-wallahs*, que assediam todo hóspede de *dak bungalow*. Ela se interessou por um simples experimento mesmeriano que fiz naquela noite em alguns dos meus visitantes hindus que desejavam saber qual deles era mais sensível à influência mesmeriana. Eu os mandei se posicionar com o rosto e os dedos dos pés tocando uma parede, os olhos fechados, enquanto eu ficava em silêncio atrás de cada um deles, e, estendendo as palmas das minhas mãos em direção a suas costas, mas sem tocá-las, concentrava minha força de vontade e os fazia cair para trás em meus braços estendidos. Ela olhou seus rostos para ver se houve jogo limpo, e eu escolhi um ao acaso. Eu gostaria de saber como hipnotizadores que negam a existência de uma aura mesmeriana explicariam essa experiência simples, mas impressionante. Nenhum dos homens tinha a menor familiaridade com a ciência mesmeriana, e eu não pronunciei uma única palavra sobre meu propósito.

Seja qual foi a causa – talvez suas compras –, o fato é que HPB teve uma recaída de febre e passou uma noite ruim, agitando-se, gemendo e ficando distraída de vez em quando. Na manhã seguinte ela estava melhor e consolou-se fazendo mais compras. À tarde, realizamos uma reunião e organizamos uma Loja local com o nome de Sociedade Teosófica do Panjabe. Lembro-me de um divertido incidente ligado a isso.

Um senhor e seu filho, ambos hindus ortodoxos, e ambos muito interessados em nossos pontos de vista, embora mantendo o sigilo, pediram separadamente para conversar comigo. Cada um queria filiar-se à Sociedade sem que o outro o soubesse. Assim, eu decidi que o filho deveria encontrar-se com os outros candidatos no quarto de HPB, e o pai iria no meu, quinze minutos mais cedo. Mandei HPB conversar com os outros, enquanto eu recebi o homem mais velho e o admiti na Sociedade. Depois, pedindo licença para me ausentar por meia hora e deixando-lhe um livro para ler, fui ao quarto de HPB e iniciei os outros candidatos, e em seguida pedi licença por cinco minutos. Voltei ao pai, disse-lhe que estávamos formando uma Loja e o fiz ir comigo para participar da eleição de dirigentes. Imagine sua surpresa ao ver seu filho agachado no chão com os outros, já membro da S.T.! Houve apenas um momento de embaraço, seguido de gargalhadas quando expliquei os fatos, e HPB foi quem mais se divertiu com o desenlace.

Naquela noite tomamos o trem para Ambala, e daí fomos para Cawnpore, onde tivemos longas discussões metafísicas e eu fiz duas palestras. Depois disso voltamos para Allahabad ao encontro de nossos queridos amigos, os Sinnett.

Deixando minha colega com eles, fui a Benares como hóspede do venerável marajá de lá, já falecido, cujo título é mencionado com tanta frequência nas obras hindu e budista, e é consequentemente de grande antiguidade. Ele enviou uma carruagem para a estação e alguns homens de seu séquito para me receber em seu nome. Fui hospedado em uma casa de jardim perto de seu palácio e ao lado de um grande tanque, em cujas águas plácidas se refletia um esplêndido templo que ele tinha mandado construir.

Tive minha primeira entrevista com Sua Alteza na manhã seguinte. *Babu* Pramada Dasa Mittra, o competente e respeitado sanscritista, e o *não* respeitado *Rāja*[390] Sivaprasad, vieram me levar lá. Como era o aniversário do jovem príncipe, houve um grande *nautch*[391] no palácio. O marajá de cabelos e bigode brancos, um patriarca muito bonito, me recebeu com muito carinho, fazendo-me sentar com ele e seu filho sob um baldaquim feito de xales da Caxemira bordados, apoiado por quatro varas de prata caneladas, cujos pés estavam em cima de banquinhos cor de carmesim e prata. Ele estava vestido com uma roupa verde da Caxemira, parecida com uma toga, com um casaco debaixo dela, calça de seda e um capelo de brocado. Seu filho usava um brocado verde, com desenhos, entremeado de ouro, e um capelo adornado com um penacho de diamantes e plumas.

O *nautch* indiano é o mais tedioso dos divertimentos, que faz qualquer homem ocidental bocejar. Estavam lá três garotas bonitas,

---

390 Aqui "*Raja*" tem o sentido de "príncipe", ou seja, era o filho do marajá.
391 Na Índia, espetáculo coreográfico com bailarinas profissionais.

jovens e ricamente trajadas, e uma velha, que se moviam ao som de instrumentos musicais indianos em uma interminável série de posturas, batendo seus pequenos pés no chão e dando voltas, girando as mãos e movendo os dedos semelhantes a serpentes, cantando canções inflamadas em híndi, piscando os olhos e fazendo gestos lascivos, até sentirmos arrepios por todo o lado e desejarmos ir ao jardim para fumar um cigarro tranquilamente. Mas o velho marajá parecia gostar, e sorria benévolo para todos nós através de seus óculos de ouro; então fiquei e aguentei o melhor que pude. Na frente dele estava um monstruoso *chillum* de prata, ou narguilé, com um tubo flexível muito longo envolvido em seda branca e terminando em uma piteira com joias, pela qual ele inalava continuamente. Quando, finalmente, tive permissão de despedir-me, ele colocou no meu pescoço uma guirlanda trançada de fita vermelha entremeada de ouro, colocou perfumes indianos nas minhas mãos e expressou o seu grande prazer em me ver. Ele me ofereceu de me instalar no seu grande palácio conhecido como a Casa da Moeda, e me pediu para dar uma palestra na terça-feira seguinte.

 A Casa da Moeda é assim chamada por ter sido anteriormente o lugar onde seus antepassados cunhavam as moedas. É uma grande construção cheia de recantos, quase lembrando um Palácio de Versalhes *in petto*[392], e um terreno ideal para fantasmas. De fato, naquela noite, quando eu estava sozinho em um imenso quarto, maior que muitos salões de conferências, me senti assim e estava preparado para ser despertado por um destacamento de fantasmas maldosos. Mas nenhum apareceu e fiquei em paz. O erudito Dr. G. Thibaut, Reitor da Universidade de Benares, veio jantar comigo e passou algumas horas em conversa proveitosa. No dia seguinte fui eu quem o visitou, e também visitei Raja Sivaprasad e *Babu* Pramada Dasa Mittra. Um dia depois, fomos cumprimentar a asceta – ou *Yogini*[393] – Majji, e a achamos muito amável e comunicativa em questões religiosas. Mais tarde visitamos, em seu retiro – um jardim – o velho e amável *yogue* Bhaskaranda *Swami* (que andava nu), com

---
392 Expressão italiana significando "secretamente", "em caráter sigiloso".
393 Forma feminina da palavra "*yogue*".

quem fiquei encantado. Às dezoito horas dei uma palestra sobre a Índia na Câmara Municipal para um público lotado de – como me disseram – "toda a aristocracia e todas as pessoas cultas de Benares". O velho marajá e seu filho estavam presentes, e Raja Sivaprasad me serviu como tradutor com grande habilidade; seu conhecimento do inglês era perfeito, não importando seus deméritos. Ele está morto agora, e nada do que se diga, bom ou mau, pode afetá-lo, mas ele foi durante toda a vida um dócil bajulador, que bajulava todos os oficiais europeus, recebeu títulos, propriedades e assim chamadas honras, ganhou o desprezo de seus compatriotas e, ao mesmo tempo, o dos brancos diante de quem ele "dobrou as articulações do joelho para que"[394] – bem, para que ele conseguisse o que cobiçava. Nunca vou esquecer como o Dr. Thibaut olhou para mim quando o falecido Raja nos deixou depois de nos contar como, durante a campanha de Lawrence no Panjabe, ele entrou no acampamento de Runjit Singh[395], contou quantas armas havia lá e informou o Lorde Lawrence. Levantando as sobrancelhas, o tranquilo orientalista alemão disse: "Der Radja Sahib temm noçoes muito peculiarres te patrriotissmo."[396] Concordei plenamente.

Nós três estávamos voltando de um passeio matutino de barco a vela no Ganges, ao longo da beira do rio, para ver aquele espetáculo único: as abluções matinais de dezenas de milhares de

---

394 No original: "*bent the pregnant hinges of the knee, that thrift might follow fawning*", sendo que Olcott omitiu a parte após "*that*" (para que). Trata-se de uma frase (sobre o General Grant) citada por vários autores.
395 Aparentemente o príncipe, Raja Sivaprasad, se referiu a uma campanha nas guerras entre a Companhia das Índias Orientais e o Império Sikh (primeira guerra entre 1845 e 1856, segunda guerra entre 1848 e 1849), mas o marajá sikh Ranjit Singh já tinha morrido em 1839. Embora o nome Lawrence é mencionado, não há nenhuma referência a uma campanha de Lorde Lawrence. O "*Resident*" da época, Sir Lawrence, estava na Inglaterra.
396 Tentei reproduzir o sotaque alemão. "*Der*" é o artigo masculino "o". Em português normal: "O Raja Sahib tem noções muito peculiares de patriotismo."

devotos hindus. Eles se aglomeravam nos degraus dos *ghats*[397] e dos palácios meio arruinados que se alinham na borda do rio; eles estavam sentados orando nas plataformas de madeira, abrigados por toldos ou telhados de folhas de palmeira; eles estavam na água até os joelhos; eles batiam nos degraus de pedra os panos que tinham lavado; ascetas untavam seus corpos com cinzas sagradas; as mulheres poliam com barro suas jarras de latão brilhantes até que parecessem ser de ouro novo, enchiam-nas de água do Ganges e se afastavam carregando-as sobre seus quadris esquerdos; muitos se aglomeravam no *ghat* da cremação, onde os cadáveres estavam sendo queimados nas piras e outros esperavam sua vez; e o sol da manhã brilhava sobre cintilantes objetos de latão, roupas vermelhas, turbantes brancos e multidões fervilhantes que se empurravam para cima e para baixo pelas largas escadarias que sobem até o nível das ruas da cidade, também cheias de pessoas, enquanto pitorescos barcos com figuras de pavão nas proas esperavam nos seus ancoradouros ou flutuavam rio abaixo. Tal cena não pode ser vista em nenhum outro lugar – somente na Santa Benares nas primeiras horas do dia.

O que a torna mais impressionante é o fato de que essa mesma cena tem sido repetida diariamente desde os primeiros tempos; tal como ela é agora, ela era quando o Avatar Krishna estava entre os homens. Mas ninguém pode prever por quanto tempo ela vai existir. O Tempo já pesa sobre as construções que se alinham na margem do rio. Alguns dos melhores e mais majestosos palácios e *ghats* de banhos estão caindo em ruína. Grandes massas de alvenaria, solapadas por inundações, caíram umas sobre as outras, ou suas fundações afundaram abaixo da superfície da água; o estuque caiu dos muros dos palácios, deixando os tijolos expostos; com as pedras de templos antigos que os conquistadores muçulmanos tinham demolido, foi construída uma grande mesquita, cuja cúpula e minaretes dominam a cena; está em vergonhoso estado de desolação o *ghat* das cremações, onde as piras são construídas em cima de montes de entulho; e até os homens pertencentes a alguma casta, muitos dos

---

397 *Ghat*: escadaria que leva até um rio, especialmente um rio sagrado.

quais são vistos em suas devoções matinais ao longo da margem do rio, parecem, na maioria, fazer isso de uma maneira superficial, como se fosse para serem vistos, não movidos por profundo impulso religioso. Parece estar escrito "Ichabod"[398] nesse santíssimo santuário ariano, escrito pela mão daquele Progresso Ocidental que desespiritualiza as nações enquanto as enriquece, que esvazia o coração enquanto enche o bolso.

Meus bons amigos *Babu* Pramada Dasa Mittra e Ram Rao gentilmente me levaram para ver um notável *yogue*, cujo nome, infelizmente, não anotei em meu Diário. Ele estava sentado ao ar livre em um pátio triangular de uma casa junto à margem do Ganges, com um grupo de cinquenta ou sessenta pessoas reunidas ao seu redor. Era um homem grande e bonito, de aspecto venerável, aparentemente meditando e parcialmente em transe. Sua limpeza fazia um agradável contraste com a repugnante sujeira e imundície da maioria dos *sanyasis*. Foi-me dito que ele conhecia profundamente o sistema de Patañjali, e durante muitos anos tinha sido considerado um dos principais *yogues* da Índia. Sendo novo na Índia, obviamente aceitei a opinião pública e, me dirigindo a ele, o cumprimentei respeitosamente à moda antiga. Conversei com seus discípulos e fui embora. Minhas ilusões foram logo dissipadas, pois eu soube que ele estava naquele momento envolvido em um processo judicial no valor de setenta mil rúpias, dinheiro que ele estava exigindo com todo o vigor possível. Um *yogue* com fome de rúpias era realmente uma anomalia e, desnecessário dizer, não fui visitá-lo de novo.

De lá, fui a uma reunião da Sociedade dos *Pandits* de Benares realizada em minha honra. Novamente solicitei que eles pensassem no projeto de nomear uma comissão apropriada para empreender a criação de equivalentes sânscritos para nossos termos científicos ocidentais, gregos e latinos e outros. Obviamente eles o prometeram, também obviamente nunca fizeram nada.

---

398 Olcott se refere ao primeiro livro de Samuel no Velho Testamento, onde é dito: "[A mulher de Pinhás, dando à luz um filho] deu ao menino o nome de I-Kabod [Ichabod], que significa: não há mais glória: 'A glória, disse ela, foi banida de Israel [...].'" (1 Samuel 4, 21)

No dia seguinte encontrei pela primeira vez o *pandit* Bala Shastri. Dr. Thibaut o considerava o maior sanscritista em toda a Índia. Ele era o guru de vários dos mais importantes príncipes indianos e era universalmente respeitado. Nesse meio tempo ele morreu, e o país sofreu assim uma perda que parece irreparável. Eu gostaria que nossos literatos ocidentais pudessem tê-lo visto como eu o vi naquele dia. Um homem pálido, franzino, de estatura mediana, calmo e digno, a expressão de seu rosto suave e cativante, nenhum vestígio de animalismo ou paixão sórdida – o rosto de um poeta ou de um sábio, de alguém que vivia no mundo do pensamento, com pouco contato com o mundo agitado; iluminando o rosto com um brilho de intelecto, olhos negros, brilhantes, suaves, serenos, cuja memória me persegue depois de todos esses dezesseis anos. Outro *pandit*, bibliotecário da Universidade de Benares, acompanhava-o e participou da discussão. Eu fiz o possível para imprimir em suas mentes a necessidade de um renascimento da literatura sânscrita por causa do seu conteúdo inestimável, tão necessário no momento em que as esperanças espirituais do mundo estavam se afundando no mar do materialismo. Tive a coragem de dizer a Bala Shastri que, se a religião e a filosofia hindus entrassem em eclipse, ele seria em grande parte responsável pelo desastre, já que ele, mais do que qualquer outro homem, era capaz de deter a corrente materialista. Propus que ele e eu, como representantes, de um lado, da classe dos *pandits*, e, do outro lado, da agência de propaganda mundial[399], uníssemos forças; eu lhe pedi para convocar uma reunião particular dos principais *pandits* de Benares e me deixar dirigir-me a eles, com o que ele concordou, e deixamos *Babu* Pramada Dasa Mittra fazer os arranjos necessários.

Às quatro horas daquele dia, HPB chegou de Allahabad pelo trem lento, e ficamos tão felizes em nos ver como se tivéssemos estado separados havia muito tempo.

---

399 Expressão estranha usada por Olcott. Provavelmente ele quis dizer que a Sociedade Teosófica quer propagar suas ideias no mundo inteiro.

CAPÍTULO XIX

UM MESTRE DE *DJINNS*[400]

Estivemos juntos em Benares por oito dias, durante os quais vimos frequentemente o velho marajá, seu séquito e outros dignitários da cidade. Logo após a chegada de HPB, Sua Alteza enviou seu secretário cedo de manhã para perguntar sobre a saúde dela, e mais tarde ele veio – com *Babu* Pramada Dasa e Raja Sivaprasad como intérpretes – e discutiu durante horas sobre assuntos filosóficos e religiosos. Em outra ocasião, ele veio com seu tesoureiro e ofereceu dar, na mesma hora, uma grande soma de dinheiro (muitos milhares de rúpias) para a nossa Sociedade, se HPB "lhe mostrasse alguns milagres". É claro que ela recusou, como ela já tinha feito anteriormente com outros ricos hindus – um deles, o falecido Sir Mungaldas, em Bombaim –, mas assim que ele partiu, produziu uma série de fenômenos para os visitantes pobres, que não poderiam lhe dar nem mesmo dez rúpias. Porém, ela contou ao velho príncipe um segredo importante sobre o esconderijo de certos documentos de família que estavam perdidos, pois, se não me engano, haviam sido escondidos às pressas durante o Motim. Embora ele estivesse desapontado, tenho razões para acreditar que o marajá a respeitou então muito mais do que se ela tivesse aceito o presente. Na Índia, a indiferença em relação ao dinheiro é sempre considerada uma boa prova da piedade desinteressada dos instrutores religiosos. O *yogue* de Lahore, que mostrou seu *samadhi* ao marajá Runjeet Singh, perdeu para sempre a estima deste último aceitando seus presentes caros. "Se não fosse isso", disse um velho

---

400   Segundo o *Glossário Teosófico*, a palavra "*djin*", ou "*djinn*", vem do árabe e significa "elemental; espírito da Natureza; gênio".

criado seu para mim uma vez em Lahore, "o marajá o teria mantido a vida inteira perto de si e o teria reverenciado como um santo".

Com HPB repetimos de manhã o passeio de barco Ganges abaixo, passando pelos *ghats*; os mesmos dois cavalheiros de antes nos acompanharam. Dessa vez, fizemos nosso barco parar por muito tempo perto do *ghat* da cremação e assistimos a todo o processo, desde a chegada do cadáver e sua submersão no rio sagrado até que suas cinzas fossem varridas para dentro da água. É uma cena brutalmente realista, sem poesia ou refinamento, e se a cremação tivesse sido introduzida no Ocidente dessa forma nua e crua, tenho certeza de que nenhum corpo seria incinerado. Com o uso de crematórios, todos os fatores repulsivos são eliminados, e não é de admirar que esse método de eliminação dos cadáveres tenha se tornado tão popular.

Na mesma tarde, visitamos uma feira muçulmana que estava acontecendo. Vimos pela primeira vez exemplos da destreza fenomenal que é adquirida na Índia no manejo das espadas. Um homem está deitado de bruços no chão, com o queixo descansando sobre uma goiaba, digamos do tamanho de uma pera média; um outro homem está de costas para ele, movendo os pés e o corpo ao ritmo de um tom-tom; também move ritmicamente um sabre, que tem o gume de uma navalha, enquanto a parte traseira é grossa e pesada; de repente ele se vira, corta o ar com seu sabre e o passa sob o queixo do homem; esse último, levantando-se, mostra a goiaba cortada em metades. Mesmo agora, a simples lembrança disso me faz tremer ao pensar o que teria acontecido se aquela lâmina cortante tivesse se desviado apenas um pouco do seu caminho através da fruta. A mesma habilidade foi mostrada com goiabas e limões colocadas sob o calcanhar nu de um homem. Deve-se ter em mente que em todos os casos o espadachim está de costas para o assistente, e que ele vê seu alvo somente quando ele se vira, com a espada já cortando o ar.

No dia 4 de dezembro, o esperado encontro – e conferência – entre mim, como P.S.T.[401], e os principais *pandits* da Índia, ocorreu

---

401 Presidente da Sociedade Teosófica.

na residência de *Babu* P. D. Mittra. A dignidade da assembleia será evidente para todos os orientalistas bem informados quando lerem a seguinte lista de nomes, alguns deles os dos homens mais renomados na literatura sânscrita contemporânea:

> Dr. G. Thibaut, Reitor do Benares Anglo-Sanskrit College[402].
> *Pandit* Bala Shastri, professor (já falecido) de Direito Hindu, da mesma Faculdade.
> *Pandit* Bapu Deva Shastri, Professor de Astronomia, da mesma Faculdade.
> *Pandit* Yagenswara Ojha, da mesma Faculdade.
> *Pandit* Kesavli Shastri, da mesma Faculdade.
> *Pandit* Damodara Shastri, professor de Gramática, da mesma Faculdade.
> *Pandit* Dhondiraga Shastri, Bibliotecário, da mesma Faculdade.
> *Pandit* Ramkrishna Shastri, Professor de Sankhya, da mesma Faculdade.
> *Pandit* Ganghadeva Shastri, Professor de Poesia e Retórica, da mesma Faculdade.
> Bapu Shastri.
> *Babu* Shastri.
> Govinda Shastri.
> *Babu* Pramada Dasa Mittra, antigo professor de Literatura Anglo-Sânscrita, da mesma Faculdade.

Esse último cavalheiro traduziu o meu discurso com a mesma rapidez e fluência para o sânscrito como ele traduziu as respostas e observações dos *pandits* para mim, para o inglês, que ele escreve e fala como um inglês. Duvido que haja um orientalista em algum país ocidental, do Professor Max Müller para baixo[403], que pudesse

---

402   Faculdade Anglo-Sânscrita de Benares. Na internet, encontra-se apenas o nome "Government Sanskrit College". Essa faculdade foi fundada em 1791 pela Companhia das Índias Orientais. George Thibaut foi o quarto reitor (cf. https://www.revolvy.com/topic/Government%20Sanskrit%20College%2C%20Varanasi&uid=1575).
403   Olcott diz "para baixo" porque Max Müller era considerado o maior dos orientalistas.

fazer isso. Com certeza, as pessoas que visitaram a Índia e o Ceilão e tentaram conversar em sânscrito com nossos *pandits* não impressionaram esses últimos com seu domínio da "língua dos deuses"[404], a julgar pelo que me disseram.

Nossa conferência durou várias horas. Ponto após ponto foi cuidadosamente considerado, cada uma das duas partes estando vigilante para evitar a aparência de ter se tornada subordinada à outra. O resultado final foi a adoção e assinatura dos seguintes artigos de nosso acordo:

> "Considerando que o assunto 'literatura sânscrita e a filosofia e ciência védicas' será enormemente favorecido por uma união fraternal de todos os amigos da erudição ariana em todo o mundo; e
> "Considerando que é evidente que a Sociedade Teosófica se dedica sinceramente à realização desse nobre objetivo, e que ela possui instalações que é desejável aproveitar;
> "Resolve-se que este *Samaj* aceita a oferta feita pela Sociedade Teosófica, e declara-se que ele está em união amigável com a referida Sociedade para os especificados fins e se oferece para prestar a assistência que puder para a execução de planos a serem acordados entre os dirigentes dos dois *Samajas*[405];
> "Contanto que este ato de união não seja entendido como subordinação de qualquer uma das duas Sociedades às normas ou jurisdição da outra."
> (Assinado) BAPU DEVA SHASTRI,
> *Presidente*
> (Assinado) BAL SHASTRI,
> *Vice-Presidente*
> Aceita em nome da Sociedade Teosófica,
> H. S. OLCOTT, *Presidente*
> Atesta,
> PRAMADA DASA MITTRA,
> *Secretário da Reunião*

---

404 O sânscrito é também chamado de *devabhaṣa*, "língua dos deuses".
405 Plural de *Samaj*. "*Samaj*" significa "sociedade, associação". A S.T. é chamada nesse documento de *Samaj*.

BENARES: *Margasirsha suddha 13*
Samvat 1937.[406]

Sem a ajuda de *Babu* Pramada Dasa, tal resultado teria sido impossível, e temos que agradecer-lhe por nos possibilitar de vindicar, tão cedo em nossa estada na Índia, o ecletismo de nossa Sociedade. Vindo logo após nossa viagem triunfante entre os budistas no Ceilão, e ainda por cima após nossa conversão pública – de HPB e minha – ao budismo no templo em Galle, esse acordo mostrou o espírito elevado dos eruditos de Benares, cuja ortodoxia hindu era incontestável. No entanto, o culto presidente do *Sabha*[407] revelou muito claramente seu sentimento quando declarou que, na verdade, ele preferia o cristianismo ao budismo; mas ao mesmo tempo ele reconheceu que uma aliança como a proposta com base na neutralidade sectária[408] poderia trazer algum bem para o hinduísmo. Pelo fato de HPB ser do sexo feminino, os *pandits* não quiseram que ela participasse da conferência.

Nossos dias estavam inteiramente ocupados com conversas, palestras públicas, visitas do marajá e outros príncipes, assim como de plebeus, e visitas nossas a diversos templos e outros monumentos locais do passado. Ficamos muito interessados em um dos nossos visitantes, um certo Mohammed Arif, um funcionário de um dos tribunais e uma pessoa muito instruída. Ele tinha um conhecimento extenso da literatura do Islã e mostrou-nos um quadro que havia preparado, no qual estavam inscritos os nomes de cerca de mil quinhentos Adeptos e místicos renomados, desde o Profeta até nossos dias. Ele também tinha um conhecimento prático de química oculta, e, a nosso pedido, consentiu em fazer um experi-

---

406 A data conforme o calendário nacional indiano. Segundo a Wikipédia (artigo "Calendário nacional indiano"), o mês de *Margasirsha* começa em 22 de novembro, e *Samvat* significa "ano".
407 Reunião, assembleia, congregação; ou seja, Olcott refere-se a *Bapu Deva Shastri*.
408 Tradução literal do original. Olcott quer dizer "neutralidade entre as seitas, entres as religiões".

mento com minha ajuda. Ele tinha trazido do bazar alguns *bratties* grossos e grandes, isto é, bolos de esterco seco de vaca (que servem de combustível), um pouco de carvão, duas rúpias de Jeypore (de prata pura) e alguns produtos vegetais secos. Ele fez uma pequena cavidade no lado plano de cada *bratty*, encheu-a com sementes de cravo trituradas, cascas de *ahindra*[409] e *bechums* (acho que são abrunheiros-de-jardim[410]), colocou uma rúpia em uma delas, pôs um outro *bratty* sobre ela e ateou fogo no bolo de baixo. Com a outra rúpia ele fez a mesma coisa. Os *bratties* queimaram lentamente, sendo reduzidos a cinzas somente depois de algumas horas. As rúpias foram então transferidas para outros pares de *bratties* e deixadas até eles estarem consumidos pelo fogo. Uma terceira vez elas foram colocadas em *bratties* frescos e deixadas neles a noite inteira. Era de esperar que de manhã as moedas estivessem completamente oxidadas, isto é, que o metal puro tivesse se transformado em óxido com a consistência de cal e se esfarelasse entre os dedos. Porém, o experimento foi apenas parcialmente bem-sucedido, pois a superfície das moedas estava oxidada, mas o interior ficou inalterado. Mohammed Arif estava insatisfeito com o resultado e quis repetir o experimento em melhores condições, mas nenhum de nós tinha tempo para isso; tivemos que partir de Benares antes que uma nova tentativa pudesse ser feita. De qualquer forma, obteve-se uma oxidação parcial, e não consigo entender como isso pôde ser realizado, com agentes tão simples como o fogo fraco em seis *bratties* e algumas pitadas de cravo e de outros produtos vegetais. O velho cavalheiro, embora prestando total reverência às realizações da ciência moderna, sustentava que ainda havia muito a aprender com os antigos sobre a natureza dos elementos e suas combinações potenciais. "Entre os alquimistas indianos", ele disse, "existe há muito tempo uma teoria universalmente aceita de que, se um diamante é reduzido a cinzas – por um determinado processo que eles conhecem –, essas cinzas,

---

409 Não consegui descobrir de que se trata.
410 No original: "*myrobolams*". Trata-se de "*Prunus cerasifera, prunus myrobolana*, ou abrunheiro-de-jardim" (Wikipédia, artigo "Prunus cerasifera").

adicionadas a estanho derretido, são capazes de transformar este último em prata." É claro que comercialmente o experimento é sem valor, pois o agente transformador é mais caro do que o produto resultante. Mas a ideia é importante pela sua sugestividade, pois se as cinzas de uma substância contendo carbono, quando obtidas por um determinado processo, transmutam o estanho em prata, surge a pergunta se as cinzas semelhantes de outra substância carbonácea não podem, em condições adequadas, dar o mesmo resultado. Se a adição de carbono ao ferro converte este último em aço – por alguma lei secreta ainda não totalmente compreendida –, por que seria impensável que sua adição ao estanho também possa, por algum processo melhor do que aqueles conhecidos atualmente pelos químicos europeus, endurecer esse metal e dar-lhe propriedades tão diferentes do metal-mãe como as do aço são diferentes das do ferro? "É verdade", continuou o velho homem, olhando-me com seus olhos inteligentes, "que a química moderna não mostra nenhuma afinidade entre o carbono e o estanho, mas também não mostra que não haja. Sabemos que nos tempos antigos se conhecia um processo para conferir às ferramentas de cobre a dureza do aço; e esse segredo está perdido. Então, os químicos deveriam parar para pensar antes de dogmatizar o que era ou não era possível para os alquimistas. Eles têm ainda muito a aprender antes de recuperar as Artes Perdidas dos tempos antigos. Os alquimistas indianos provaram que podem endurecer o estanho combinando-o com carbono; portanto, cobrem um terreno mais amplo do que os químicos modernos no campo da metalurgia." – "Mas por que, então, a Alquimia é tão esquecida?", perguntei. – "A Ciência Alquímica está desonrada", ele respondeu, "pela negligência das pessoas cultas e pelas trapaças e infames fraudes de charlatães, mas ainda é uma grande Ciência. Eu acredito – ou melhor, eu sei – que a transmutação de metais é possível."

 O velho entusiasta falava em urdu e foi admiravelmente traduzido por Rai Baldeo Buksh e outro alto funcionário local. As conversas que tive com ele foram entre as mais interessantes que já tive. Ele demonstrou uma profunda familiaridade com as literaturas árabe e persa, e seu ar de dignidade era o de um erudito de espírito elevado e altamente dedicado à aquisição de conhecimento. Consegui que ele colocasse suas ideias no papel e mandei traduzir esse texto para o *Theosophist* (número de maio de 1888, p.178). Na minha última visita a Benares, eu soube que agora ele está aposentado e vive com uma pensão muito modesta em alguma pequena aldeia, onde ele talvez não tenha um único vizinho que possa apreciar sua erudição e sua grande inteligência.

Encontramos várias pessoas em Benares que tinham tido conhecimento pessoal dos poderes maravilhosos de Hassan Khan Djinni, o feiticeiro muçulmano mencionado anteriormente. Entre outros, um Sr. Shavier nos disse o seguinte. Ele tinha colocado seu relógio e a corrente em uma caixa pequena, que foi trancada em uma caixa um pouco maior na presença de Hassan Khan, mas logo em seguida os dois objetos estavam na mão deste último, que os havia tirado através das duas caixas pelo poder de seus espíritos elementais. O homem era de Hyderabad, no Decão. Ele havia aprendido sua arte de seu pai, um adepto do Ocultismo maior do que ele mesmo, e evidentemente o pai o havia iniciado em certas cerimônias estranhas. Ele – o filho – tinha recebido poder sobre sete *djins*, com a condição de que ele levasse uma vida moral e moderada. Mas suas paixões tomaram posse dele, e, um por um, os elementais saíram de seu controle, até que ele tinha apenas um para fazer pedidos, e deste ele tinha constantemente medo. Ele dependia da conveniência desse espírito, e assim não era capaz de realizar fenômenos a seu próprio prazer. C. F. Hogan, que o conhecia intimamente, nos diz (*Theosophist*, janeiro de 1881, p. 81[411]) que pela interrupção de sua respiração através de uma de suas narinas ele ficava sabendo que o gênio estava perto. Hassan Khan tinha um tamanho um pouco acima da média, uma tez morena escura e um físico bastante robusto; no geral, sua aparência era bastante agradável. Contudo, suas dissipações enfraqueceram sua força mental – se não a física –, e dizem que ele morreu na prisão.

O Sr. Shavier me contou uma história estranha que bem poderia ter sido tirada das *Mil e Uma Noites*. Há alguns anos, vivia em

---

411 Na verdade, o texto se encontra na página 87 daquele número do *Theosophist*.

Ghazipur um pobre mas culto *Moulvi*[412], que, por falta de um emprego melhor, abriu uma escola diurna para meninos. Entre os seus alunos estava um rapaz brilhante, que demonstrava muita aptidão e sempre foi respeitoso com seu professor, para quem ele frequentemente trazia presentes. Um dia ele trouxe alguns doces raros com os comprimentos de sua mãe. O professor expressou seu desejo de prestar seus respeitos aos pais; o rapaz disse que iria dizer-lhes isso e trazer de volta a sua resposta. No dia seguinte, tendo recebido uma resposta positiva, o professor vestiu-se com seu melhor traje e acompanhou o rapaz à casa dos pais. O jovem o levou para fora da cidade e até a certa distância; como não se via nenhuma casa, o *Moulvi* começou a ficar preocupado e, finalmente, exigiu uma explicação. O aluno então lhe disse que estavam perto de sua casa, mas antes de levá-lo para lá ele devia contar-lhe um segredo. Ele era da raça dos *Jinnaths* (*djins*), e para o professor era uma grande honra ter a permissão de ver sua cidade oculta. Mas antes ele tinha que jurar que, em nenhuma circunstância, ele revelaria o caminho; e se ele um dia quebrasse seu juramento, com certeza seria punido com cegueira total. O *Moulvi* fez o juramento exigido, o rapaz levantou um alçapão que tinha sido invisível aos olhos do primeiro, apareceu uma escada, eles desceram e finalmente chegaram na cidade dos *Jinnaths*. Para os olhos do *Moulvi*, tudo parecia como no Mundo Exterior: ruas, casas, lojas, veículos, dança, música e tudo mais. O pai do rapaz recebeu seu convidado com cordialidade, e a intimidade assim iniciada continuou durante anos, para grande benefício e satisfação do professor. Seus amigos se admiraram com sua prosperidade, e finalmente convenceram o pobre tolo a mostrar-lhes o caminho para o alçapão no topo da misteriosa escada. Mas no momento em que ele estava pronto a revelar o segredo protegido pelo juramento, ficou cego e nunca mais recuperou a vista. Quando o Sr. Shavier me contou a história, o *Moulvi* estava morando na cidade de G..., e dizem que todos os seus conhecidos estavam cientes da causa de sua cegueira. Essa cidade subterrânea de *Jinnaths*, com suas

---

412 Um *moulvi*, ou *mawlawi*, é um erudito muçulmano. Mas na Índia a palavra "moulvi" designa geralmente, no Islã, um homem religioso.

casas e os elementais como habitantes, lembra o conto similar de *The Coming Race* de Bulwer Lytton, e sugere uma origem folclórica comum para ambos.

Nossa visita a Benares estava chegando ao fim. Empacotamos nossas coisas, mandamos nossa bagagem para a estação ferroviária e fomos da Casa da Moeda até o Forte Ramanagar, para nos despedir de nosso gentil e venerável anfitrião, e agradecer-lhe por sua hospitalidade. O velho príncipe foi muito cortês e carinhoso para conosco, pediu-nos que voltássemos e disse que deveríamos ficar na casa dele sempre que visitássemos Benares. Quando nos levantamos para sair, ele colocou um esplêndido xale da Caxemira sobre os ombros de HPB, que ela quis "tocar e devolver", mas ele parecia tão magoado com sua rejeição de sua bem-intencionada bondade, que ela cedeu e, através do cavalheiro que atuou como intérprete, expressou seus agradecimentos. De lá fomos até a estação, e às seis da tarde chegamos em Allahabad e logo depois na casa dos Sinnett. HPB, sofrendo dores atrozes no pulso esquerdo, estava com dengue, aquela terrível febre de "quebra osso" que causa mais sofrimento do que mesmo os persuasivos instrumentos pelos quais a paternal[413] Inquisição defendia a ortodoxia.

---

413 Evidentemente, Olcott está sendo sarcástico.

CAPÍTULO XX

EXPLICANDO O BUDISMO CINGALÊS

A febre reumática de HPB continuou por vários dias, causando-lhe dores horríveis: o braço inchou até o ombro, e ela se agitava noite após noite, apesar de todos os cuidados de seu devoto e altruísta médico, Dr. Avinas Chandra Banerji, de Allahabad, que ganhou nossos corações pela sua bondade e paciência. O primeiro sinal de sua completa convalescença foi o fato de ela ir comigo a uma grande loja e comprar muitas coisas. No dia 24 de dezembro, em uma cerimónia de iniciação de novos candidatos, alguns de seus melodiosos sinos astrais tocaram, para surpresa e deleite das pessoas presentes.

Durante nossa breve estada com os Sinnett, vários dignitários nos visitaram, e desfrutamos de muitas horas de boas conversas com o Prof. Adityram Bhattacharya, o erudito sanscritista, e outros, sobre a Filosofia Indiana. Dei duas ou três palestras para grandes plateias. Quando HPB recuperou sua saúde habitual, tomamos o trem para Bombaim no dia 28 de dezembro e, sem aventuras, chegamos em casa no dia 30. Assim, passamos os últimos dias de 1880 em nosso novo bangalô, "The Crow's Nest"[414], na encosta rochosa do morro de Breach Candy. Ele tinha sido selecionado e alugado para nós em nossa ausência, e ficamos encantados com seus quartos espaçosos e altos, suas grandes varandas e sua vista ampla para o mar e a terra. Desde o início do ano de 1879, vivíamos no densamente povoado bairro indiano de Girgaum Back Road, em um bosque de palmeiras onde as brisas marinhas mal pene-

---

414   Significado: o ninho do corvo.

travam, e a mudança para o novo local foi muito agradável. Também foi uma vantagem o fato de que o número de visitantes diminuiu por causa da distância do centro, de modo que encontramos tempo para ler, e vejo que o meu Diário contém referências frequentes a esse fato. Permanecemos nas nossas novas instalações até dezembro de 1882, quando nossa sede permanente foi estabelecida em Adyar. O aluguel normal do bangalô era de duzentas rúpias por mês, mas nós o conseguimos por sessenta e cinco rúpias por causa de sua má reputação de estar assombrado. Os supostos fantasmas não nos perturbaram, salvo em um único caso, e esse foi rapidamente resolvido. Em uma noite eu tinha ido para a cama e estava adormecendo, quando senti que um canto do meu *charpai*[415] estava sendo levantado; esse canto estava encostado na parede, assim parecia que quem estava levantando-o estivesse dentro da parede. Recuperando imediatamente plena consciência, pronunciei uma certa palavra árabe de poder, que HPB tinha me ensinado em Nova Iorque, e a cama foi recolocada sobre suas pernas; o intrometido fantasma sumiu e nunca mais me incomodou.

Na virada do ano, eu estava escrevendo na minha mesa artigos editoriais para o *Theosophist* até as duas da madrugada. As primeiras semanas do ano se passaram, no geral, sem grandes acontecimentos, mas entramos em relações – quer amigáveis quer não – com certas personalidades. Em 20 de janeiro veio, pela primeira vez, o autor do tratado *The Elixir of Life*, bastante conhecido desde então, um Sr. Mirza Murad Ali Beg[416]. Ele era de nascimento europeu, um descendente da antiga família dos Mitford, de Hampshire[417], família que produziu

---

415 Uma cama muito simples (veja figuras no Google).
416 "Moorad Ali Beg (ou Mirza Murad Ali Beg). Pseudônimo de Godolphin Mitford, um teosofista que escreveu notáveis ensaios para o *Theosophist* [...]. Inglês nascido em Madras, Índia, converteu-se ao Islã e também serviu como Chefe de Cavalaria do marajá de Bhavnagar e outros. Depois ele se tornou ateísta, em seguida um místico após encontrar um guru, se filiou à Sociedade Teosófica, ficou louco e depois entrou para a Igreja Católica." (http://theosophy.ph/encyclo/index.php?title=Moorad_Ali_Beg)
417 Condado no sul da Inglaterra.

vários escritores notáveis, incluindo Mary Russell Mitford, autora de *Our Village* e outras obras. O avô desse jovem havia vindo para a Índia com alguns franceses, e serviu sob o sultão Tippoo. Quando esse líder cruel e sensual foi morto, Mitford se empregou na Companhia das Índias Orientais. Seu filho[418] nasceu em Madras e, entre outras excentricidades, tornou-se muçulmano. Quando o conhecemos, estava no serviço militar do marajá de Bhavnagar como "Chefe de Cavalaria" – praticamente uma sinecura. Sua vida tinha sido muito aventureira, mais cheia de miséria do que o contrário. Ele se interessava, entre outras coisas, pela magia negra, e me disse que todos os sofrimentos pelos quais havia passado nos últimos anos eram diretamente ligadas às perseguições malignas de certos poderes do mal que ele havia invocado para ajudá-lo a conquistar uma senhora virtuosa que ele cobiçava. Sob as instruções de um guru muçulmano de magia negra, ele tinha permanecido sentado em uma sala fechada, durante quarenta dias, com o olhar fixado em uma mancha preta na parede, na qual ele devia imaginar o rosto da vítima pretendida, e repetia, centenas de mil vezes, um mantra prescrito, meio árabe, meio sânscrito. Ele deveria continuar até que realmente visse o rosto da senhora como se ela estivesse lá; e quando os lábios dela se movessem como para falar, ela estaria completamente fascinada e viria a ele por vontade própria. Tudo isso aconteceu como predito, seu nefasto objetivo foi alcançado, a mulher, arruinada, e ele próprio caiu no poder dos maus espíritos que ele não tinha a força moral para dominar depois de ter aceito o seu serviço. Ele era uma pessoa angustiante. Nervoso, excitado, fixando-se em nada, escravo de seus caprichos, percebendo as possibilidades mais elevadas da natureza humana, mas incapaz de alcançá-las, ele veio a nós como para um refúgio, e pouco depois se mudou para nossa casa por algumas semanas. Para um inglês, ele era uma criatura estranha. Sua roupa era a de um muçulmano, mas seu longo cabelo castanho claro estava amarrado em um nó grego atrás da cabeça, como o de uma mulher. Sua tez era clara e seus olhos, azuis. Em meu Diário eu digo que ele parecia mais um ator preparado para

---

418 Aqui Olcott errou; ou se trata do neto (não do filho) daquele que foi para a Índia, ou aquele era seu pai, não seu avô.

uma peça do que qualquer outra coisa. A redação de *The Elixir of Life* ocorreu algum tempo depois, mas posso muito bem contar a história enquanto ele está sob meus olhos.[419]

Desde o momento em que chegou, ele parecia estar envolvido em um forte conflito mental e moral dentro de si mesmo. Queixava-se de ser arrastado para cá e para lá, primeiro por boas, depois por más influências. Ele era inteligente e tinha lido muito. Ele queria se juntar à nossa Sociedade, mas, como eu não tinha confiança em sua resistência moral, o recusei. No entanto, HPB se ofereceu a se responsabilizar por ele, então cedi e deixei que ela o aceitasse. Alguns meses depois, ele lhe devolveu muito bem a gentileza, pegando na estação de Wadhwan[420] uma espada de um cipaio e tentando matá-la, gritando que ela e seus *Mahātmas* eram todos demônios. Em suma, ele enlouqueceu. Mas voltando.... Enquanto ele estava conosco, escreveu alguns artigos que foram publicados no *Theosophist*. Uma noite, após uma conversa conosco, sentou-se para escrever sobre a questão de o poder da vontade poder influenciar a longevidade. HPB e eu permanecemos na sala. Quando ele começou a escrever, ela se posicionou atrás dele, exatamente como tinha feito em Nova Iorque, quando Harisse estava fazendo o desenho de um dos Mestres por transferência do pensamento dela.[421] O artigo de Mirza Saheb, quando saiu na revista (veja *Theosophist*, III, 140, 168)[422] atraiu uma merecida atenção, e desde então é considerado um dos textos mais sugestivos e valiosos em nossa literatura teosófica. Ele estava indo bem, e havia uma boa chance de ele recuperar grande parte de sua espiritualidade perdida se ficasse conosco; mas

---

419 Certamente Olcott quer dizer que ele estava vendo em seu Diário as anotações sobre esse homem.
420 Uma pequena cidade no estado de Guzerate.
421 Esse acontecimento é descrito no volume 1 de *Old Diary Leaves*, onde o nome do artista é escrito "Harrisse". Cf. p. 341 do volume 1 de *A História da Sociedade Teosófica* (Editora Teosófica, 2019).
422 Mais exatamente o referido texto encontra-se nas páginas 140 a 142 do número de março, com continuação nas páginas 168 a 171 do número de abril de 1882.

depois de prometer fazer isso, ele obedeceu a um impulso irresistível e correu de volta para Wadwhan e para a destruição. Sua mente não recuperou o equilíbrio; ele se tornou católico, depois se retratou e voltou para o Islã, e finalmente morreu e foi enterrado em Junagadh, onde eu vi seu humilde túmulo. Seu caso sempre me pareceu um exemplo terrível do perigo que se corre ao se envolver com a ciência oculta enquanto as paixões animais estão desenfreadas.

Vou passar rapidamente pelos acontecimentos de 1881 e falar apenas sobre dois ou três que tiveram importância intrínseca. O caso de Damodar foi um deles. Quando esse querido jovem se juntou à Sociedade e se pôs à obra com todo seu coração, obteve de seu pai a permissão de morar conosco, independentemente das restrições de casta e como se tivesse feito os votos de *sanyasi*. O pai e um tio também eram membros ativos naquela época. De acordo com o costume dos brâmanes de Guzerate, Damodar tinha sido prometido em casamento ainda na infância, naturalmente sem seu consentimento, e o tempo chegou quando teria que se casar. Mas sua única ambição na vida era agora levar a vida de um recluso espiritual, e ele via o casamento com a maior repugnância. Sentia-se vítima do costume e ansiava ardentemente por ser liberado do abominável contrato de casamento para se tornar um verdadeiro *chela* do *Mahātma* K. H., que ele tinha visto na juventude, e de novo depois de nos ter visitado. Seu pai, um homem sábio e de espírito elevado, finalmente consentiu, e Damodar passou para ele sua parte da propriedade ancestral, avaliada, se me lembro bem, em umas cinquenta mil rúpias, com a condição de que a prometida esposa-criança fosse levada para a casa de seu pai e mantida confortavelmente. Esse arranjo funcionou bem por algum tempo; mas quando Damodar se identificou completamente conosco e chegou mesmo, junto conosco, a se tornar budista no Ceilão, a família se revoltou e começou uma perseguição para obrigar o pobre rapaz a voltar para sua casta. Isso ele não quis fazer, e o resultado foi que seus parentes se retiraram da Sociedade. Eles travaram uma guerra não muito respeitável contra nós – objetos inocentes de sua raiva – com folhetos caluniosos e outros ataques contra a nossa reputação, que foram impressos e circulados por pessoas em Bombaim. Lembro-me de que um folheto particularmente difamatório foi distribuído entre meu público, quando dei uma palestra no Framji Cowasji Hall. Uma cópia me foi entregue quando eu estava entrando. Ao chegar ao estrado, li o folheto e, mostrando-o ao público, o coloquei no chão e pisei nele, dizendo que essa era a minha resposta ao caluniador sem princípios, quem quer que fosse. A explosão de aplausos que se seguiu mostrou que não era necessário dizer mais nada, e comecei meu discurso.

Damodar permaneceu conosco na mais íntima amizade, trabalhando com incessante devoção e absoluto altruísmo até 1885, quando foi de Madras para o Tibete via Darjeeling, e ainda está lá, em treinamento para seu trabalho futuro para a humanidade. Falsos rumores de sua morte nas neves do Himalaia têm circulado de vez em quando, mas tenho boas razões para acreditar que ele está vivo e bem e que no devido tempo retornará. Voltarei a isso mais tarde. Seu enlutado pai morreu logo após a desagradável ruptura entre eles, levando consigo todo o nosso respeito e melhores votos.

Tinha sido combinado que eu voltaria sozinho ao Ceilão para iniciar uma coleta para um Fundo Nacional de Educação para promover a educação de meninos e meninas budistas. O projeto tinha – como me assegurava HPB – a plena aprovação dos *Mahātmas*, e ela mesma concordava totalmente. Então escrevi para o Ceilão e fiz todos os arranjos necessários com nossos amigos. Mas, no dia 2 de fevereiro – me parece – HPB brigou comigo porque eu não queria cancelar meus compromissos para ajudá-la no *Theosophist*. Evidentemente eu me recusei a fazer qualquer coisa desse tipo, e como consequência natural ela ficou com muita raiva de mim. Ela se fechou no seu quarto uma semana inteira, recusando-se a me ver, mas me enviando bilhetes formais de diversos tipos. Em um deles ela escreveu que a Loja[423] não teria mais nada a ver com a Sociedade ou comigo, e que eu poderia ir para Timbuktu[424] se quisesse. Eu

---

423 Trata-se da Grande Loja Branca.
424 Cidade (também escrita "Tomboctu") no centro do estado africano de Mali. Muitas vezes, o nome é associado a um lugar misterioso e extremamente distante; corresponde aproximadamente à expressão "onde Judas perdeu as botas".

simplesmente respondi que minha viagem tinha sido inteiramente aprovada pela Loja e que eu deveria realizá-la, embora eu nunca mais tivesse visto o rosto de um Mestre; eu disse ainda que eu não acreditava que eles fossem criaturas tão vacilantes e caprichosas, e que, se eles fossem assim, eu preferia trabalhar sem eles. Seu mau humor finalmente acabou, e no dia 18 daquele mês ela e eu saímos na nova carruagem que Damodar lhe tinha dado de presente. Um Mestre visitou-a no dia 19 e expôs-lhe toda a situação, sobre a qual não entrarei em detalhes, visto que tudo aconteceu como ele nos preveniu. Ao sair, ele deixou para trás um tipo de chapéu, de forma peculiar, bem usado e bordado de ouro, que peguei para mim, e que tenho até hoje. Um resultado dessa visita foi que, no dia 25, ela e eu tivemos uma discussão longa e séria sobre o estado das coisas, resultando – como diz meu Diário – "em um acordo entre nós para reconstruir a S.T. em uma base diferente, colocando a ideia da Fraternidade em posição mais proeminente e deixando o ocultismo mais no segundo plano, em suma, tendo uma seção secreta para ele". Então foi essa a semeadura da E.S.T.[425] e o início da adoção da ideia da Fraternidade Universal em uma forma mais definida do que anteriormente. A redação dos parágrafos foi inteiramente minha, e está aberta para alterações.

Nas anotações de um daqueles dias registrei no meu Diário uma admirável descrição do possível reaparecimento de imagens latentes de coisas passadas, descrição que encontrei ao ler aquele maravilhoso livro *The Dabistan*[426]. "Diz Abu Ali, o príncipe dos médicos (que Deus santifique seu espírito):

> Toda forma e imagem que no presente parece estar eliminada
> Está guardada seguramente no tesouro do tempo.

---

425 *Esoteric Section of Theosophy* (Seção Esotérica de Teosofia), posteriormente chamada de "Escola Esotérica de Teosofia".

426 Aparentemente trata-se do livro *The Dabistan, or School of Manners*, traduzido do persa para o inglês e publicado em 1843. No texto disponível na internet, Abu Ali é mencionado entre as páginas 168 e 175, mas não se encontra o trecho que Olcott cita.

Quando a mesma posição dos céus novamente ocorre,
O Todo-Poderoso reproduz cada uma, trazendo-a de detrás do véu misterioso."

Essas imagens latentes são aquelas que os psicômetros de Buchanan[427] podem ver e descrever quando são colocados em conexão com os focos de *Akasha*, onde estão latentes.

No dia 23 de abril embarquei para o Ceilão em companhia do Sr. Æneas Bruce, da Escócia, um viajante veterano e um cavalheiro muito amável, que tinha se filiado à nossa Sociedade. No quarto dia chegamos ao Point de Galle[428] e fomos recebidos com muito entusiasmo. Nossos colegas mais importantes vieram a bordo com saudações e guirlandas e nos acompanharam até a costa, onde mais de trezentos meninos budistas da primeira das escolas por nós fundadas estavam enfileirados para nos receber. No lugar de desembarque haviam sido colocados panos brancos, sobre os quais nós caminhamos; não faltavam belas folhagens e bandeiras, e as expressões de alegria e aclamações alegres não pararam. Uma grande multidão estava esperando e seguiu nossas carruagens até a escola, um prédio de dois andares na praia do porto, onde haviam sido preparados quartos para nós. Como de costume, vários monges em vestes amarelas, encabeçados pelo venerável Bulatgama Sri Sumanatissa, Sacerdote-Chefe do principal templo de Galle, estavam lá para nos receber cantando *gathas*, ou versos, em páli.

O principal objetivo dessa minha visita foi, como dito acima, a criação de um Fundo para a Educação e o despertar do interesse popular para o assunto "educação" em geral. Para isso eu precisava da cooperação de todos os principais sacerdotes da ilha; se eu pudesse ter cerca de oito ou nove homens do meu lado, o resto seria uma mera questão de detalhe. Esses homens eram H.

---

427 Joseph Rhodes Buchanan (1814-1899). "Psicômetros" é a tradução literal de "*psicometers*"; *psicometers* são as pessoas que praticam a psicometria.
428 Point de Galle é o nome de um promontório na entrada da baía de Galle.

Sumangala, Dhammalankara, Wimalesara, Piyaratna, Subhuti, Potuwila e Weligama. E havia Megittuwatte, o "orador da língua de prata", incomparavelmente o melhor orador da ilha, com quem era necessário conversar, mas não como com os outros. Ele havia sido por muitos anos um *Thera*, ou monge ordenado, mas devido a certas irregularidades de conduta tinha sido rebaixado para o nível de *samanera*[429]. Esse grupo de homens intelectuais tinha todo o poder nas duas "seitas" reconhecidas mutuamente, a seita Sião e a Amarapoora. Como expliquei em outro lugar, não há nenhuma diferença de dogma entre essas duas seitas budistas cingalesas, apenas a das fontes de suas respectivas ordenações. Os sacerdotes da seita Sião haviam obtido a ordenação naquele país em uma época passada, quando a guerra civil havia quase eliminado a religião do Buda na ilha condimentada[430]. Invasores tâmiles hindus haviam derrubado o soberano budista indígena, destruído os melhores templos e queimado os livros religiosos, em pilhas "tão altas quanto as copas dos coqueiros". Após a expulsão da dinastia estrangeira e a retomada do poder pelo soberano cingalês, este enviou uma delegação para a corte do Sião para pedir que santos monges fossem emprestados para reordenar os monges cingaleses remanescentes. Como esse pedido foi atendido, o resultado foi o estabelecimento da nova seita de Sião sob o patrocínio real. Muito mais tarde, quando a Irmandade aristocrática, principalmente da casta *Willalla*, negou a ordenação aos postulantes das castas inferiores, estes enviaram uma delegação ao rei da Birmânia, cuja capital estava então em Amarapoora, para obter a ordenação. Eles tiveram sucesso e retornaram para o Ceilão como *bikshus* ordenados, e assim surgiu a nova seita Amarapoora. Como é de costume entre os religiosos, não havia relações entre os dois grupos; eles nunca trabalharam juntos, nem no Conselho nem prestando serviços religiosos nos templos um do outro, ou se dirigindo conjuntamente ao povo. Tudo isso era absurdo demais para mim e intolerável. Como eu me entendia bem com os líderes

---

429 Noviço.
430 No original: "*spicy Island*", ilha condimentada ou picante, ilha dos temperos picantes, isto é, o Ceilão.

dos dois grupos, solicitei que, se possível, houvesse uma cooperação cordial para o bem da religião como um todo. Justamente naquele período estava surgindo uma terceira seita – um cisma dentro da seita Amarapoora – encabeçada por um monge de grande força de caráter, boa formação e energia inesgotável. Seu nome era Ambahagawatte, e ele chamou a sua seita de Ramanya Nikaya (eu soletro o nome como é pronunciado). Naturalmente seu grito de chamamento era "Reforma": os sacerdotes se tornaram preguiçosos, não estavam cumprindo seus deveres, a educação religiosa do povo estava sendo negligenciada; deve haver uma mudança. Ele mesmo dava o exemplo de austeridade, observando estritamente as regras de *Vinaya*, e exigia o mesmo daqueles que queriam segui-lo. Desde o início, ele impressionou muito, sua seita gradualmente se tornou forte, e, embora ele tenha morrido há vários anos, ela prosperou e agora conta com um grande número de monges zelosos e capazes, e também com dedicados leigos. Eu tinha que juntar esses vários fios de poder em um laço forte, unido, e comecei a realizar esse propósito. Iniciando com entrevistas pessoais com os líderes e obtendo suas promessas individuais de ajuda, escolhi dar palestras, indo de aldeia em aldeia na Província Ocidental, da qual Colombo é a principal cidade e centro de influência. Primeiro, o Sr. Bruce[431] e eu escrevemos alguns textos para folhetos de divulgação. Eles foram traduzidos para o cingalês, submetidos aos sacerdotes, impressos e colocados em circulação. Obviamente os missionários[432] não perderam tempo. Calúnias pessoais, insultos públicos, ataques absurdos contra o budismo assim como a divulgação de artigos escandalosos estrangeiros contra a Sociedade e seus fundadores estavam na ordem do dia. Os pobres intrigantes não tinham a sabedoria de perceber que, visto que os budistas nos aceitaram como seus defensores e correligionários, quanto mais éramos insultados e denunciados tanto mais crescia o amor do povo por nós, já que nós e os budistas éramos sofredores em uma causa comum. Descobrindo a chocante ignorân-

---

431 Olcott não diz quem era esse senhor.
432 Como em outras ocasiões, Olcott usa o termo *"the Missionary party"* – o partido, ou grupo, dos missionários – referindo-se aos missionários protestantes.

cia dos cingaleses sobre o budismo, comecei – depois de tentar em vão encontrar algum monge para fazê-lo – a compilação de um catecismo budista, semelhante aos manuais usados com tanta eficácia nas seitas cristãs ocidentais. Trabalhei nele de vez em quando no meu tempo livre. A fim de me preparar para isso, eu tinha lido dez mil páginas de livros budistas, evidentemente em traduções inglesas e francesas. Terminei meu primeiro rascunho no dia 5 de maio, e no dia 7 o levei para Colombo.

Naquela noite, o Sumo Sacerdote – Sumangala – e Megittuwatte vieram discutir comigo meu esquema do Fundo para a Educação. Depois de várias horas de troca de pontos de vista, concordamos nos seguintes pontos: o Fundo seria destinado à propagação do budismo; haveria um conselho administrativo; venderíamos bilhetes de subscrição ou cupons de várias denominações; o dinheiro seria depositado no Post Office Savings Bank[433]; e Megittuwatte iria comigo em uma turnê. Consegui que Sumangala consentisse em lançar um apelo ao público budista para o Fundo e que me aprovasse como coletor do dinheiro. Nos livros de registros do governo descobrimos que oito das onze escolas da ilha estavam nas mãos dos missionários, o resto pertencia ao governo. Nas primeiras, as crianças eram ensinadas que o budismo era uma sombria superstição, nas outras não era dada nenhum ensino religioso. Assim, em todas as escolas, nossas crianças budistas tinham pouca chance de saber qualquer coisa sobre os verdadeiros méritos de sua fé ancestral.

Nosso trabalho foi definido claramente, e nós o começamos *con amore*[434]. Minha primeira palestra de solicitação de contribuições foi dada em Kelanie, no aniversário do Buda, e resultou na venda de bilhetes no irrisório valor de seiscentas rúpias, assim como em uma subscrição de cem rúpias para o Fundo.

O meu *Catecismo* tinha sido traduzido para o cingalês, e no dia 15 de maio fui com ele à Faculdade Widyodaya para rever o texto, palavra por palavra, com o Sumo Sacerdote e seu Assistente

---

433   Conta-poupança no Banco dos Correios.
434   Expressão em italiano, significando "com amor" ou também "com entusiasmo".

Principal, Hiyayentaduwe, um dos seus alunos mais inteligentes e um homem muito culto. No primeiro dia, embora tivéssemos trabalhado durante oito horas, conseguimos revisar apenas seis páginas e meia do manuscrito. No dia 16, começando cedo pela manhã e continuando até as cinco da tarde, revisamos oito páginas; depois a coisa emperrou. O impasse foi criado pela definição de *Nirvāna*, ou melhor, da sobrevivência de algum tipo de "entidade subjetiva" nesse estado de existência. Conhecendo perfeitamente o ponto de vista da escola de budistas do Sul, à qual Sumangala pertence, eu havia redigido a resposta à pergunta "O que é *Nirvāna*?", dizendo apenas que havia uma diferença de opinião entre os metafísicos budistas quanto à sobrevivência de uma entidade humana abstrata, sem dar preferência aos pontos de vista da escola do Norte ou do Sul. Mas logo na primeira olhada naquele parágrafo os dois eruditos me corrigiram, e o Sumo Sacerdote negou que houvesse *qualquer* diferença de opinião entre os metafísicos budistas. Quando citei as crenças dos budistas tibetanos, chineses, japoneses, mongóis e até mesmo de uma escola cingalesa, da qual o falecido Polgahawatte era líder, ele encerrou nossa discussão dizendo que, se eu não alterasse o texto, ele cancelaria sua promessa de me dar um certificado de que o *Catecismo* era adequado para o ensino de crianças em escolas budistas, e ele publicaria suas razões. Como isso iria praticamente eliminar a utilidade da minha monografia educacional e causar uma ruptura entre ele e mim, que tornaria o projeto das escolas dez vezes mais difícil, cedi à força maior e dei ao parágrafo a redação que ele tem desde então, nas muitas edições pelas quais o *Catecismo* já passou. O tedioso trabalho de revisão crítica foi finalmente concluído, o manuscrito, copiado, revisado novamente, partes foram cortadas, outras, adicionadas, e finalmente o texto foi preparado para a impressão. Tudo isso levou semanas e me causou um sem-fim de aborrecimentos. Condensar a essência de todo o conteúdo do *Dhamma*[435] budista em um pequeno manual

---

435 *Dhamma* (em páli), *dharma* (em sânscrito), às vezes escrito "*Darma*" em português, tem vários significados; aqui a palavra se refere aos ensinamentos do Buda.

que poderia ser lido em algumas horas era uma grande novidade, e a herdada tendência dos budistas a resistir a todas as inovações que mudassem a ordem das coisas era tão forte que eu tive que abrir meu caminho centímetro por centímetro, por assim dizer. Não é que os sacerdotes não sentissem uma enorme amizade por mim e não apreciassem o possível bem que poderia resultar do nosso projeto escolar para o país, mas o instinto conservador era demasiado forte para ser abrandado de uma só vez. Além disso, certos pontos do meu texto ainda tinham de ser discutidos, e foram feitas longas discussões sobre o espírito dos livros sagrados budistas, antes que eu fosse autorizado a ir mandar imprimir o meu trabalho. Estou totalmente convencido de que se eu tivesse sido um asiático de qualquer raça ou casta, o livro nunca teria sido publicado, o autor simplesmente teria sido vencido pelo cansaço e teria abandonado a sua tentativa. Mas, conhecendo um pouco a obstinação de buldogue dos anglo-saxões, e tendo uma verdadeira afeição pessoal por mim, os líderes budistas finalmente cederam à minha insistência. As versões cingalesa e inglesa apareceram simultaneamente, em 24 de julho de 1881, e, a partir de então, durante algumas semanas, as impressoras manuais de Colombo não conseguiram produzir exemplares com rapidez suficiente para atender à demanda. Sumangala encomendou cem exemplares para o uso dos alunos-sacerdotes em sua Faculdade; o livro tornou-se livro-texto nas escolas; entrou em todas as famílias cingalesas; e um mês após a sua publicação foi admitido em um tribunal – em um processo que estava sendo julgado na Província do Sul – como autoridade no assunto em questão. Isto, é claro, graças ao Certificado de Ortodoxia de Sumangala, anexado ao texto da obra. Podemos dizer que aquilo foi o início de nossa campanha em prol do budismo, contra seus inimigos – missionários e outros –, e a vantagem nunca se perdeu. Pois, enquanto anteriormente toda a nação praticamente ignorava os princípios básicos de sua religião, e mesmo todas suas características excelentes, agora toda criança, pode-se dizer, está tão bem informada e pronta para reconhecer falsas ideias sobre a fé nacional quanto o está o aluno médio da escola dominical no Ocidente sobre os princípios do cristianismo.

É um dever e um prazer reafirmar aqui que o dinheiro para imprimir as duas versões do *Catecismo* me foi dado por aquela santa mulher e doce amiga, a Sra. Ilangakoon, de Matara, infelizmente já falecida. Graças ao exame cuidadoso pelos dois eruditos monges da Faculdade Widyodaya, o livro tem sido aceito tão bem em todo o mundo que até o presente momento ele foi traduzido e publicado em vinte línguas. Encontrei-o na Birmânia, no Japão, na Alemanha, na Suécia, na França, na Itália, na Austrália, na América, nas Ilhas Sandwich[436], em toda a Índia e em outros lugares: a partir do grão de mostarda desenvolveu-se a grande árvore. O único incidente desagradável em sua história é que um homem que se deu o nome de "Subhadra Bhikshu" plagiou quase todo o conteúdo e se apropriou até do título, em um catecismo em alemão e que depois foi publicado em inglês.

---

436 Nome antigo do Havaí.

CAPÍTULO XXI

CRIANDO UM FUNDO BUDISTA CINGALÊS

Se alguém imaginar que a influência de que nossa Sociedade desfruta no Oriente foi conseguida sem árduo trabalho, deve folhear as páginas deste Diário. Dia após dia, semana após semana e mês após mês, há os registros das viagens realizadas em todos os tipos de meios de transporte: vagões de trem; *hackery*, *jutka* e *ekka*[437] caindo aos pedaços, puxados por um único pônei ou boi; carroças comuns, com suas enormes rodas, seu fundo feito de varas de bambu, algumas vezes apenas cobertas com um pouco de palha, com o par de bois indianos – com altas corcovas – que puxam com força o jugo (um pau grosso colocado sobre o seu cansado pescoço e amarrado a eles por cordas feitas de fibra de coco); barcos construídos de maneira muito simples, cobertos com arcos de folhas secas de palmeiras, mas sem banco nem almofada; elefantes que nos carregam em seus *howdahs*, ou, mais frequentemente, em cima de grandes almofadas, que são simplesmente colchões fixados por gigantescas cilhas. Estão registradas aqui viagens em dias claros, mas também em dias de chuvas tropicais torrenciais; em noites de luar ou iluminadas pelas estrelas, como também em noites de fortes chuvas; às vezes, noites nas quais o sono é interrompido pelos sons ensurdecedores do mundo dos insetos da selva, pelos uivados horríveis de bandos de chacais, pelo barulho distante dos elefantes

---

437 *Hackery* = carro de boi; *jutka* = carruagem de duas rodas, puxada por um cavalo; *ekka* = outro tipo de carruagem puxada por somente um cavalo.

selvagens forçando seu caminho através dos canaviais, os incessantes gritos do cocheiro para os seus bois que andam muito devagar, e suas canções indianas – cantadas geralmente em falsete e desafinando – para manter-se acordado. Depois os mosquitos pululando na carroça em sua volta, com seu zumbido exasperante, ameaçando torturar lentamente; nódulos brancos inchando na pele... Em seguida, as chegadas às aldeias no amanhecer; as pessoas se aglomerando ao longo da estrada para dar as boas-vindas; sua curiosidade, que deve ser recompensada; o banho tomado com dificuldade; o café da manhã, tomado cedo de manhã, com café, *appas* (um tipo espesso de bolos de arroz) e frutas; a visita ao mosteiro; as discussões de planos e as conversas com os monges budistas; a palestra ao ar livre ou, se houver, no pavilhão de pregação, diante de uma grande multidão de pessoas interessadas, de pele morena, observando, cravando os olhos nos lábios do intérprete. Em seguida, vem a colocação das folhas de subscrição impressas sobre uma mesa, o registro de nomes, a venda de folhetos budistas e catecismos; a refeição da tarde, cozida pelo criado entre algumas pedras, sob uma palmeira; talvez uma segunda palestra para visitantes recém-chegados de aldeias vizinhas; os adeuses, os sons de "boa sorte" dos tom-tons e das estridentes flautas de cabaça, o agitar de bandeiras e folhas de palmeiras, os gritos de "*Sadhu, Sadhu*" e a retomada da viagem na carroça, que range sem parar. É assim que, dia após dia, viajei por toda a Província Ocidental em prol do budismo, despertando o interesse popular pela educação de seus filhos dentro de sua própria religião, distribuindo livros e levantando fundos para a continuação do trabalho. Meu desconforto era tão grande que, finalmente, usei minha engenhosidade ianque e mandei construir uma carruagem de viagem, de duas rodas e com molas, na qual havia espaço para quatro pessoas dormirem; nos lados havia banquinhos, provisões enlatadas, uma pequena biblioteca e meus artigos de toalete; sob o chão da carruagem dois grandes compartimentos guardavam as bagagens, sacos de legumes e temperos; um apertado teto de lona amarrado em finas barras de ferro; na frente uma caixa para ferramentas e cordas de reserva; embaixo ganchos para um balde de água, um cocho etc.;

uma prateleira fixada sobre o eixo para os potes de cozinha do cocheiro; e atrás, anéis para prender um boi. Depois que consegui isso, meus problemas acabaram, e eu vivi naquele meio de transporte por semanas a fio. Ele pesava menos do que uma carroça comum, e era bastante confortável. Dentro, eu podia, por uma simples mudança de pranchas longitudinais nas quais eu ficava sentado, ter um local para escrever, uma sala de jantar, um quarto para dormir, ou criar algo como um ônibus, com assentos almofadados para acomodar oito pessoas. Essa carruagem era uma novidade tão grande para as pessoas simples do campo quanto o *Catecismo Budista*, e os padres e os leigos costumavam chegar perto para ver suas maravilhas mecânicas. Após quinze anos ela ainda está em condições de andar, e tem sido utilizada por Dhammapala, Leadbeater, Powell, Banbery e vários outros colaboradores no Ceilão. Tenho viajado muitos quilômetros nos melhores carros de boi indianos, mas nenhum se compara com essa carruagem em termos de conforto e conveniência. Seria um ato muito gentil se alguém a construísse para o público, pois ela é útil para qualquer parte do mundo onde haja estradas para um meio de transporte de duas rodas e bois robustos para puxá-lo. Se me permiti falar tanto sobre isso, foi apenas para que meus leitores possam imaginar-se junto comigo na minha pioneira missão educacional entre os cingaleses, e saber de que maneira algum do nosso tempo foi gasto na Ásia.

  Eu estava ocupado com isso até 13 de dezembro, com algumas longas pausas para visitas a Colombo e Galle, e uma a Tuticorin, sul da Índia, com um comitê budista, sobre a qual falarei daqui a pouco. A quantia subscrita por esses pobres aldeões para o Fundo Nacional era apenas cerca de dezessete mil rúpias, e dessa quantia os administradores finalmente recolheram não mais de cerca de cinco mil rúpias; de modo que, pecuniariamente falando, meu tempo não foi gasto de maneira muito lucrativa para o Fundo de Educação. Para mim, é claro, nem pedi nem recebi um centavo. Se esse esquema tivesse sido empreendido no ano anterior, quando toda a ilha estava excitada e fervendo pelo entusiasmo causado pela nossa primeira visita, dez ou vinte vezes mais poderiam ter sido coletadas, mas não se pode sempre pensar em tudo, e esse movimento educacional foi uma evolução natural baseada em nossa experiência.

Tive muitos aborrecimentos e dificuldades para formar, com os melhores homens, dois conselhos, um de "Administradores" e outro de "Gerentes", pois foram exigidas muitas verificações burocráticas, existiam regulamentos e coisas assim. Havia tanto ciúme mesquinho, tantas intrigas desprezíveis para obter o controle do dinheiro e tanta ingratidão para comigo, que em certo momento eu estava com tanto nojo que estava pronto a abandonar tudo e deixá-los coletar, eles mesmos, o dinheiro e fundar as suas escolas. Mas, afinal, eu tinha assumido uma tarefa que ninguém entre eles, com sua inexperiência e seus problemas de antipatia entre as castas e os ciúmes locais, poderia executar, e justamente por causa de sua mesquinhez para comigo, eu senti que precisava continuar meu trabalho. Estou muito feliz por tê-lo feito, pois agora vemos a excelente colheita que veio após aquela semeadura: escolas surgindo por toda parte; vinte mil crianças budistas resgatadas de professores religiosos hostis; a religião revivendo, e a perspectiva melhorando a cada ano. Segundo os termos do contrato de administração, o dinheiro coletado era primeiramente depositado por mim no Government Savings Bank, depois entregue aos administradores, e estes o emprestavam com bons juros para financiamentos imobiliários. O aumento anual era gasto no fomento de empreendimentos educacionais budistas. Era uma política insensata deixar uma aldeia com subscrições não pagas, pois quando a excitação do momento havia cessado, pessoas que faziam boas promessas convenciam os aldeões que rúpias eram rúpias, e que as escolas não existiam senão na imaginação, e eles se agarravam ao dinheiro como algo tangível e real; não sabendo se os sonhos algum dia se tornariam realidade, por que então ...[438] . Mas os sonhos se tornaram realidade, e as rúpias que, naquele momento,

---

438   Olcott não terminou a frase; ele certamente quer dizer que aquelas pessoas que queriam usar o dinheiro para outras coisas diriam aos aldeões: "Por que gastar dinheiro com escolas budistas?"

não me foram entregues têm desde então sido generosamente dadas à causa, uma causa que está junto ao coração nacional – a da sua religião.

Por volta dessa época, um grupo de hindus simpatizantes em Tinnevelly[439] tinha concordado em formar uma Loja da nossa Sociedade e queria que eu fosse lá para inaugurá-la. Parecia-me uma coisa boa e nobre fazer com que uma delegação de teósofos budistas fosse para a Índia comigo e confraternizasse com seus colegas hindus, se para estes eles fossem bem-vindos. Achei a coisa viável, e depois das preliminares necessárias fizemos a viagem. Nossa visita e suas circunstâncias foram das mais pitorescas, além de criar um precedente desconhecido no Hindustão desde que o grande imperador Asoka[440] governou toda a península e fez os sacerdotes brâmanes e os *bhikshus* budistas morarem juntos, em gentil tolerância e no respeito mútuo. Ao mesmo tempo, essa visita mostrou triunfantemente o poder de nosso talismã, a Fraternidade Universal, sobre a qual – como eu disse no último capítulo – HPB e eu demoramos um pouco para concordar em apresentá-la como nossa principal política.

No dia 21 de outubro, nosso grupo embarcou em Colombo. Éramos quatro, a saber, os Srs. Samuel Perera, William D'Abrew Rajapakse, William F. Wijeyesekara e eu. E havia "Bob", meu criado cingalês, um ajudante muito útil e necessário, com seu cesto de utensílios de mesa e cozinha. Na manhã seguinte, chegamos a Tuticorin, o porto indiano mais ao sul, onde esperava no cais uma enorme multidão, incluindo muitos cavalheiros indianos importantes, que nos levaram ao hotel, cuidaram do nosso conforto e soli-

---

439 Cidade no sul da Índia, no estado de Tamil Nadu; nome atual: Tirunelveli.
440 Geralmente grafado "Ashoka"; imperador indiano da dinastia máuria; reinou entre 273 e 232 a.C.; um dos maiores imperadores da Índia; depois de várias conquistas militares, reinou sobre a maior parte do território correspondente à Índia moderna; era bastante sanguinário, mas depois se converteu ao budismo e defendeu a não violência e a tolerância religiosa.

citaram que eu desse à noite uma palestra para um grande público no prédio da Escola Anglo-Vernacular. Lá havia uma multidão tão grande, e que fez tanto barulho com seus pés arrastando no chão, que tive que exigir demais de minha garganta para me fazer ouvir: um mau começo para as atividades do dia seguinte. O presidente e outro representante da Loja de Tinnevelly vieram às dezenove horas de trem e ficaram a noite toda para acompanhar-nos. Tinnevelly fica a apenas cinquenta quilômetros de Tuticorin, por isso não demorou muito para chegarmos lá na manhã seguinte. Mas em uma das estações fomos parados por uma multidão que estava nos esperando, nos fez sair para a plataforma e nos deu cocos, bananas da terra e folhas de bétele em sinal de boas-vindas e colocou em volta de nossos pescoços grinaldas de jasmin para nos homenagear segundo sua maneira poética. Na estação de Tinnevelly havia uma multidão; pelo menos duas mil pessoas estavam quase sufocando no calor dentro e fora do prédio para conseguir nos ver. Todos os dignitários da cidade estavam em trajes de gala, e os enormes elefantes do templo, com suas imensas sobrancelhas pintadas com marcas de castas, foram induzidos a erguer suas trombas e nos saudar com um rugido. Sacerdotes com a fronte larga e alta seguravam diante de nós, como forma de bênção, travessas de latão polidas, com folhas de bétele e pó vermelho, e queimavam pedaços de cânfora. E os dignitários, cada um nos dando dois limões, nos saudavam cortesmente. Houve o clangor de trompas enormes, de longas delgadas trombetas, ou charamelas, sopradas com toda força em meio ao ruído de uma dúzia de tom-tons. Depois foi a vez de uma grande procissão, liderada por elefantes trombeteando, e a nobreza e oficiais, a pé, escoltando nossos palanquins. Meu 'Bob', à nossa frente, carregava na cabeça um jarro de água de bronze, de cuja abertura estreita saía um tufo de folhas de bétele. E no caminho, bandeiras e bandeirolas, grandes e pequenas, cada uma com alguma coisa especial e pitoresca, eram agitadas para cima e para baixo. As duas mil pessoas seguiam e gritavam alegremente. Parece que os presságios eram propícios: uma assustada galinha voou sobre minha cabeça na direção certa; um *nilakanta*, ou pássaro de um azul bem vivo, foi visto em um campo à nossa direita; um lagarto chilreou sobre a varanda da nossa casa o número certo de vezes. Então todo mundo estava feliz sob a luz do sol brilhante, e a cidade estava com ares de feriado.

Eles nos levaram para nossa acomodação, uma casa de andar com uma varanda em cima e embaixo. O pórtico e toda a fachada estavam enfeitados com bandeirolas e plantas. Durante horas, a rua esteve cheia de gente. Fizemos uma espécie de *durbar*, ou recepção, na qual houve discursos, respostas, leitura de saudações escritas, bétele, mais guirlandas, limões, etc. À noite iniciei catorze novos candidatos e organizei devidamente a Loja. Depois, algo para comer, e cama, e, para mim, um sono sem sonhos até a manhã.

Minha garganta estava tão dolorida que previ com alguma apreensão o trabalho que eu iria dar a ela naquele dia e no próximo. No entanto, logo tive algo para desviar meus pensamentos de meu problema físico, pois o correio da manhã me trouxe uma carta do diretor do Colégio Hindu local, pela qual vi as artimanhas do gentil missionário. Meu correspondente disse que, embora se dissesse cristão, não aprovou algumas das medidas adotadas no interesse da propaganda missionária e anexou, para minha informação, uma cópia de um panfleto que havia sido circulado pela cidade no dia anterior para predispor a comunidade contra nós; as cópias tinham sido distribuídas à mão pelos criados dos missionários, com a mensagem verbal de que foram enviadas "com os cumprimentos do Secretário da Sociedade Teosófica de Tinnevelly". Em violação da lei que exige que os nomes da gráfica e do editor apareçam em qualquer trabalho impresso, esse panfleto não os continha.

Seu conteúdo eram dois artigos caluniosos contra nós, copiados de um jornal de Londres e de Nova Iorque. A ocasião para expor as táticas desonrosas do inimigo foi tão convidativa que, antes de começar minha palestra naquela tarde no Colégio Hindu, chamei a atenção para o panfleto e denunciei devidamente seus autores. O golpe voltou-se sobre as cabeças de nossos supostos assassinos, e nossa popularidade dobrou. Esse é o tipo de guerra que tivemos de enfrentar durante todo o período de nosso trabalho na Índia; e quase sempre os ofensores foram missionários protestantes.

No dia seguinte ocorreu um acontecimento que sempre terá que ser recordado: a plantação, por nossa delegação budista, de um coqueiro dentro do conjunto do templo, como um ato de amizade religiosa e de tolerância. O templo, chamado de Pagode de Nelliappa, é uma construção de pedra muito antiga com os habituais *gopurams*[441] piramidais, ornamentados até o topo com figuras em alto relevo, e com os ambulatórios de pedra cobertos, cercando os quatro lados. Quando nossa procissão chegou lá, o templo já estava lotado por uma multidão curiosa – era de sufocar. A procissão tinha a seguinte formação: na frente estava o animado "Bob", com seu pente cingalês[442] e seu cabelo amarrado em um grande nó, carregando na cabeça o jarro de água feito de latão, sobre cujo topo descansava um coco maduro em cima de algumas folhas de bétele; seguia a banda do templo, tocando o mais alto possível, de modo a ferir nossos tímpanos; depois eu, seguido pelos três budistas cingaleses; atrás de nós, um grande número de dignitários, e cerca de mil e quinhentas pessoas na retaguarda. Quando entramos no templo, bandeiras estavam sendo agitadas e música tocava em meio ao barulho de aplausos. Bob continuou firme, e logo seu jarro brilhante parecia flutuando em um mar escuro de homens, pois a multidão se enfiou entre ele e nós. Finalmente conseguimos, com dificuldade, chegar até o estrado preparado para nós e subimos. Cinco mil pessoas começaram a gritar ao mesmo tempo. A poucos metros de nós, ao ar livre, um buraco tinha sido cavado no chão para o coco, e ele foi coberto com um dossel ornamental. Levantei a mão como sinal de silêncio, mas como pelo menos cinquenta ou cem pessoas com fortes pulmões começaram a gritar umas para as outras para manterem-se em silêncio, pode-se imaginar qual sorte tinha o orador. Quando esses berradores perderam a voz, outros tantos começaram a gritar, e assim continuou, até que imaginei que eu teria que dar minha palestra por mímica; aí, curiosamente, voltou à minha

---

441 Um tipo de torre piramidal na(s) entrada(s) para a área dos templos hindus no sul da Índia.
442 Um grande pente com o qual os cingaleses costumavam prender o cabelo.

memória a lembrança das pantomimas – parecidas com contos de fada – da família Ravel, que eu tinha visto na infância! Tentei falar, na esperança de que, ao ver meus lábios e meu corpo se mexerem, a multidão me desse uma chance, mas minha garganta dolorida me obrigou a parar logo. Quando a situação parecia desesperadora, um brâmane de pele clara, de aparência intelectual, nu até a cintura, levantou-se, elevando-se acima da multidão agachada, e, levantando os dois braços inteiros acima de sua cabeça, pronunciou a saudação sagrada *"Hari, Hari Mahadeva-a-a!"* Os sons claros e ressonantes se propagaram até longe, e a multidão fez silêncio: eu consegui ouvir até mesmo os pardais gorjearem e os corvos gritarem do lado de fora. Imediatamente comecei meu discurso. Consegui proferi-lo com mais ou menos sucesso. Era um apelo à tolerância religiosa e ao amor fraterno, ao mesmo bom sentimento que havia trazido esses cingaleses, cujos antepassados eram indianos como os dos hindus presentes e cujo Mestre religioso era considerado por eles como um dos avatares de Vishnu. Pareceu-me que toquei seus corações, pois havia todos os sinais exteriores de amizade. Após o discurso, os cingaleses cantaram *Pirit*, versos bendizentes em páli. Nós quatro fomos para o lugar do plantio, retiramos o coco – trazido do Ceilão – de sobre as folhas de bétele na boca do jarro de água de Bob, o colocamos adequadamente no chão, recitamos a bênção *Mangalam*, e depois, aspergindo-o com a mais cara água de rosas dada por um amigo bengali para esse propósito, batizei aquilo que se tornaria uma árvore auspiciosa, dando-lhe o nome de "Kalpavriksha", segundo aquela árvore maravilhosa do Paraíso de cujos ramos que tudo fornecem os felizes podem pegar qualquer objeto que seu coração desejar. Uma tempestade de aplausos e palmas seguiu a conclusão da cerimônia, e voltamos para nossa acomodação, encantados com os sucessos do dia. No dia seguinte, voltamos ao Ceilão pelo navio "Chanda", e retomei meu trabalho para o Fundo de Educação.

O passageiro comum em um navio a vapor vê pouco da beleza do Ceilão, embora esse pouco seja suficiente para lhe abrir o apetite de ver mais. Os passeios em Colombo, a linda viagem de trem à beira-mar até o Monte Lavinia e a subida de trem para

Kandy e Nuwera Eliya são experiências a nunca serem esquecidas. Mas eu vi a ilha detalhadamente, visitei quase todas as aldeias das Províncias Marítimas em todas as épocas do ano, e posso afirmar que cada palavra de elogio que o Professor Ernst Haeckel escreveu sobre o Ceilão é totalmente merecida. E eu vi as pessoas como elas são, no seu melhor: cheias de sorrisos, de amor e de hospitalidade, e fui recebido com arcos de triunfo, bandeiras sendo agitadas, animada música oriental, processões e gritos de alegria. Ah, maravilhosa Lanka[443], Joia dos Mares de Verão, como a tua doce imagem surge diante de mim enquanto escrevo a história das minhas experiências entre teus filhos morenos, do meu sucesso em aquecer os seus corações para reverenciar a sua incomparável religião e o seu santíssimo Fundador[444]. Um *Karma* feliz me trouxe para tuas costas.

Uma das mais deliciosas das minhas viagens em 1881 foi aquela para o distrito de Ratnapura (Cidade das Joias) nas montanhas, a região onde as famosas pedras preciosas do Ceilão são escavadas e onde o majestoso elefante domina a floresta. A paisagem é encantadora, o verde é daquele tom brilhante peculiar aos trópicos na estação chuvosa. As colinas circundantes são azuis e enevoadas nas nuvens que flutuam acima de seus picos. Quando caminhei pela rua que atravessa a cidade, encontrei uma fila de elefantes domesticados, junto com seus *mahouts*, e os detive para lhes fazer algumas gentilezas. Eu os alimentei com cocos comprados em uma barraca vizinha, afaguei suas trombas e falei amigavelmente com eles, como os sábios fazem. Foi interessante ver como eles chegaram ao conteúdo dos cocos através das cascas duras. Segurando-os em uma curva de suas trombas, eles os bateram contra uma pedra ou os colocaram no chão e pisaram sobre eles sem esmagá-los, apenas o suficiente para quebrar as cascas. Um dos elefantes bateu o coco dele contra uma pedra, deixou a água correr em sua tromba, e depois a derramou em sua boca. Um animal grande vale mil rúpias, isto é, um pouco mais

---

443 Olcott usou aqui o nome "Lanka" em vez do nome inglês "*Ceylon*", comum na época. Somente em 1972 foi adotado o nome "Sri Lanka", que, em sânscrito, significa "ilha resplandescente".
444 O Buda.

de cinquenta e cinco libras, agora que nossas rúpias estão tão desvalorizadas. No Ceilão, o feudalismo ainda se mantém nas regiões das colinas, praticamente não tendo sido extirpado, quando ocorreu a mudança do governo nativo para o domínio britânico.

Dei minha primeira palestra no Dewali, um templo dedicado a uma das "divindades patronais" indianas do Ceilão. Iddamalgodde Basnayaki Nilami, um nobre do antigo regime, é o titular desse templo e consegue dele um rendimento considerável. Esses Dewalis, ou santuários hindus, existem em muitos lugares, de fato adjacentes aos *Viharas* budistas e dentro do mesmo terreno. São uma excrescência em relação ao budismo puro, deixada pelos soberanos tâmiles de épocas passadas e, na maior parte, são dotadas de bonitos campos e florestas.

Uma *perehera*, ou procissão de elefantes, era algo bonito de se ver. Imaginem quinze ou vinte desses animais gigantescos marchando, todos decorados com ricos ornamentos; carroças cobertas de ouropel; sacerdotes budistas em vestes amarelas, carregados em santuários portáteis, tentando parecer humildes, mas na verdade inchados de orgulho; dançarinos do diabo (*kappakaduwe*) em trajes fantásticos e usando máscaras enormes, horríveis, e atrás deles arlequins; os três *Nilamis*, ou nobres líderes, em carruagens, e na retaguarda uma longa procissão de homens transportando comida em cestos pendurados em *pingoes*, paus flexíveis de madeira elástica, os quais são comumente usados para carregar fardos; toda a incrível cena iluminada por incontáveis tochas feitas de folhas secas de coqueiros, ardendo com um brilho intenso que transforma cada pessoa morena em um encantador modelo de artista.

Na manhã seguinte, fomos depois do café da manhã garimpar um pouco em um pedaço de terra que um certo Sr. Solomon Fernando tinha me dado para eu poder procurar pedras preciosas para o Fundo. Pela primeira e única vez em minha vida percebi, como nos jogos, a emoção da mineração. As chances eram equilibradas: eu podia conseguir nada ou achar uma safira valendo mil rúpias. Primeiro eu mesmo trabalhei com a pá, mas o clima logo me fez compreender que era melhor que eu deixasse os fortes cules, que estavam esperando, continuar o trabalho. Cavamos uma meia hora e, retirando a sujeira, conseguimos um punhado de safiras, rubis, topázios e imperfeitos olhos de gato[445]. Eu os peguei com grande alegria, imaginando em minha ignorância que a soma total que precisávamos para o Fundo talvez pudesse ser retirada dessa mina. Infelizmente, quando mandei avaliar as gemas em Colombo, soube que não havia uma única pedra de qualquer valor comercial no lote. Nunca consegui nada da mina, o que não era culpa do generoso Sr. Fernando. Mas estou errado: recebi algo dele – uma boa lupa, que ele havia cortado para mim de um cristal de rocha puro retirado da minha mina.

Às dezesseis horas daquele dia, falei no galpão de pregação da cidade e consegui a subscrição de quinhentas rúpias. Mas a maior parte ainda não foi paga; subscrever, para se mostrar, e pagar, por consciência, são duas coisas completamente diferentes, como percebemos por triste experiência na Índia, bem como no Ceilão. Gente estúpida: acreditar na lei do *Karma*, e depois quebrar tais contratos voluntários. Eles me lembram a história do folclore cingalês sobre um homem bobo que solicitou a um ferreiro fazer-lhe uma faca, e o enganou, dando-lhe ferro mole em vez de metal bom!

Da minha visita a essa cidade resultou uma Loja local da Sociedade. No dia seguinte fiz outra palestra, e os cinco mais importantes *Nilamis* e *Ratemahatmeyas* – principais oficiais – foram admitidos como membros da Sociedade. Um missionário batista, acompanhado por um catequista negro sorridente, veio a minha casa para um combate intelectual comigo sobre os méritos respectivos do budismo e do cristianismo. Eles foram embora mais tristes, ou talvez mais sábios, e não converteram ninguém naquele dia. Às vinte e três horas, nosso grupo embarcou em um "barco" de transportar arroz – uma simples plataforma colocada sobre duas canoas – para descer o rio até Kalutara, onde íamos pegar o trem. O capitão provou ser trapaceiro e traidor, pois, embora tivéssemos combinado que apenas nós seríamos levados, ele deixou

---

445 Também chamados de "olho de tigre" ou "cimófano".

subir cerca de vinte e cinco homens, apesar de nossas reclamações. Achando inútil discutir, pedi a nossos amigos que retirassem nossa bagagem. Peguei o sujeito, o levei diante de um magistrado de polícia, que estava perto, e o deixei lá. Contratamos outro barco e fomos embora imediatamente. Soubemos depois de um conhecido que estava em um terceiro barco que, quando parou na beira do rio em uma aldeia, ele ouviu os homens de nosso primeiro barco falando perto dele sobre o fracasso de seu plano de roubar o dinheiro que eu tinha coletado em Ratnapura, e, se necessário, de me matar. Parece que esses vilões eram notoriamente maus sujeitos do Pettah[446] de Colombo.

Passamos o dia seguinte deliciosamente descendo o rio, admirando os barrancos verdes, a folhagem luxuriante, os pássaros de plumas brilhantes e a cadeia de montanha com suas cores sempre cambiantes. Nossas refeições, cozidas a bordo da maneira mais primitiva, consistiram em arroz com curry. Nós as comemos sobre folhas servindo de pratos, com nossos dedos, no modo oriental. A noite foi maravilhosa como o paraíso: primeiro o resplendor de estrelas e depois um luar de contos de fadas, criando em torno de nós uma paisagem de sonho e um rio de prata. Para mim, um estrangeiro, os ruídos da selva eram bem estranhos, assim como um enorme animal rastejante que vimos movendo-se à beira d'água, que eu imaginei ser um jacaré, mas que era um enorme lagarto, aparentemente com quase dois metros de comprimento. Em um lugar passamos por corredeiras, e apreciamos a emoção de ver se a nossa frágil embarcação ia se despedaçar e deixar-nos afundar. Mas nosso capitão se mostrou um excelente timoneiro, e seu filho, de treze anos, um rapaz bonito e com bom corpo, segurou seu remo de proa com sangue frio e coragem, e logo chegamos na água calma abaixo das corredeiras. Esse menino era impressionante. Ele não comia nada além de arroz com curry, e não tinha atingido o tamanho normal para sua idade, mas ele manejou o remo durante toda a viagem de noventa quilômetros, durante vinte e duas horas, exceto alguns curtos descansos, e estava

---

446 Pettah é um bairro de Colombo, conhecido pelo seu mercado.

tão bem-disposto no final como no início. Eu me disse que seria difícil encontrar um jovem ocidental com tal resistência.

Não tínhamos camas de campanha ou qualquer outro móvel para deitar; ficamos sentados o dia inteiro, e a noite inteira dormimos sobre tapetes colocados no chão de bambu, de modo que os ossos doíam de uma maneira que prefiro deixar à imaginação do leitor, em vez de entrar em longos detalhes. Vou apenas dizer que uma noite passada sem colchão, em um telhado de telhas[447], é luxo em comparação com aquilo. Na manhã seguinte, chegamos em Kalutara antes de os galos cantarem, pegamos o trem e voltamos para Colombo, onde chegamos bastante cansados e tomamos o café da manhã bem cedo.

Como todos sabem, não há castas no budismo; a existência de castas é incompatível com seus princípios. Mesmo assim, elas são reconhecidas e tenazmente mantidas entre os budistas cingaleses. Não há nenhum brâmane ou *Kshatriya* entre eles; a divisão social mais elevada é a dos agricultores chamados *Willallas*. É apenas um grau superior de *Sudras*[448], mas eles são os aristocratas da ilha. Abaixo deles, há várias subdivisões sociais, que também têm nomes, como "descascadores da casca de canela", "pescadores", "colhedores de seiva"[449] e outros. De certa maneira é estúpido que eles mantenham suas antigas noções, mas as divisões sociais têm sido acentuadas sob as dinastias hindus, que existem há séculos, e tais hábitos fixos são difíceis de serem erradicados. Minha política era simplesmente ignorá-los; e para criar um laço de simpatia entre os meus colegas no interesse do nosso trabalho, organizei com os líderes inteligentes da S.T. budista de Colombo um jantar de aniversário para comemorar o seu primeiro ano de existência. Essa comemoração ocorreu na nossa sede de Colombo na noite de 3 de julho

---

447 Olcott se refere à experiência contada na p. 84.
448 Os *Sudras* constituem a mais baixa das quatro principais castas hindus.
449 No original "*toddy-drawers*"; eles sobem em coqueiros e palmeiras para colher a seiva, da qual é feita uma bebida alcoólica chamada de "vinho de palma" ("*toddy*" em inglês).

e foi um grande sucesso. Éramos cinquenta e sete homens, sentados à mesa independentemente das castas, e prevaleceram sentimentos de simpatia. Foram feitos muitos discursos, e houve o agradável episódio de nós darmos de presente um anel de diamantes ao Sr. Wijeyesekara, o infatigável Secretário Honorário. "O rei das pedras para o príncipe dos secretários", como eu disse em meu discurso de apresentação em nome dos assinantes. Os membros fizeram generosas doações em dinheiro para as despesas da Loja, e tudo correu tão bem que todo mundo sentiu como se o verdadeiro espírito do budismo tivesse descido sobre nós.

No dia 7 de julho realizei uma segunda convenção de sacerdotes de ambas as seitas, para solicitar conselhos sobre a melhor maneira de impulsionar nosso trabalho. Sessenta e sete deles participaram como representantes. Foi muito agradável ver os membros das duas seitas comerem juntos. Esse foi um avanço em relação à convenção do ano anterior, quando, como os leitores podem se lembrar, eles comeram em salas separadas. Meu discurso, que evidentemente foi traduzido para eles, foi ouvido com muita atenção. Eu tinha solicitado um grande mapa da Província Ocidental, mostrando os limites dos diferentes *Korales* (municípios?), com suas respectivas populações, e lhes aconselhei o que deveria ser feito. H. Sumangala, Waskaduwe Subhuti e Megittuwatte fizeram discursos nos quais aprovaram isso. Como de costume, o de Megittuwatte foi excelente e aqueceu todos os corações. Foram aprovadas resoluções a favor de meus planos, com promessas de ajuda, e nós nos despedimos no melhor dos espíritos.

A agitação religiosa atingiu todas as classes, até mesmo penetrando nas prisões. No dia 20 de agosto recebi uma petição dos condenados na cadeia de Wellikodde, Colombo, para ir lá com Megittuwatte e dar-lhes uma palestra sobre sua religião, o budismo. Para o monge, um professor religioso reconhecido, não era necessária nenhuma autorização especial, mas meu caso teve que ser encaminhado ao Secretário Colonial, que a concedeu depois de alguma hesitação. Nosso público era composto por duzentos e quarenta criminosos, incluindo assassinos e culpados de latrocínio. Um rapaz de quatorze anos, de rosto límpido e de aspecto inocente, tinha se envolvido em nove assassinatos; em seu último caso ele segurou a vítima enquanto seu tio a esfaqueava até a morte! O tio e dois cúmplices viviam de assaltos nas estradas e de assassinatos. O rapaz observava os transeuntes em determinada estrada e dava sinais, e quando tudo estava seguro, os assassinos escondidos saíam e matavam suas vítimas, roubavam seus pertences e enterravam seus corpos na selva. O tio foi enforcado, o menino foi poupado por causa de sua idade. Fiz algumas observações – traduzidas pelo Sr. C. P. Goonewardene – baseando-me na história legendária de Angulimala, ladrão e bandido, que o Senhor Buda converteu e transformou em um homem exemplar.

Como a notícia dessa reunião se espalhou entre as classes criminosas, fui convidado a dar uma palestra, em 25 de setembro, para um grupo de cem condenados que estavam construindo o novo manicômio. Mais uma vez indicaram para mim um menino assassino, um muçulmano, que matou um homem quando tinha apenas dez anos de idade.

Visitas de casa em casa no "Pettah", bairro densamente povoado de Colombo, foi um plano eficiente, adotado para arrecadar dinheiro. O Sr. W. D'Abrew, o Sr. J.R. De Silva e outros membros importantes da S.T. de Colombo executaram esse plano com grande entusiasmo e tiveram sucesso. Eles percorriam uma rua a cada vez, com uma carroça cheia de vasos de barro chamados de "banco de poupança de centavos", reuniam os habitantes de uma dúzia de casas, explicavam os objetivos do fundo e pediam para cada um deles pegar um vaso e prometer colocar nele qualquer soma que pudesse poupar. No final do mês, o comitê iria voltar, quebrar os vasos, contar as moedas na presença dos doadores, escrever os nomes e as quantias em uma lista e dar vasos novos. Dessa forma simples várias centenas de rúpias foram coletadas em um ano. Os grandes empregadores de cules – por exemplo, de estivadores – recebiam doações de seus empregados nos dias de pagamento, e os budistas mostraram sua boa vontade de várias maneiras. Um tocante caso de generosidade me foi relatado uma noite, pouco antes de uma reunião da Loja. Enquanto o comitê estava conversando com alguns homens em uma determinada rua, via-se uma mulher pobre, de aspecto cansado, miseravelmente vestida, ouvindo atentamente. Depois ela se virou, entrou em uma casa, voltou logo, e, aproximando-se do comitê, entregou uma única rúpia para o fundo. Envergonhada, e com olhos chorosos, disse que ganhava seu sustento moendo arroz para uma outra mulher pobre que vendia *appas* – a espécie de bolinhos assados na chapa[450] que mencionei acima; seu marido – um carroceiro – estava acamado e incapaz de trabalhar; nos últimos seis meses ela tinha economizado moedas dos menores valores para comprar um tecido decente, mas sentia que era muito melhor ajudar esse nobre objetivo do fundo do que guardar o dinheiro para si mesma: ela continuaria usando sua roupa velha e rasgada por mais alguns meses. Essa história trouxe lágrimas aos meus olhos. À noite, falei na Loja sobre esse exemplo moderno da "esmola da viúva"[451], e disse: "Cavalheiros, esta pobre mulher ganhou seu bom *Karma* por suas ações piedosas; agora vamos ganhar o mesmo aliviando sua miséria." Joguei uma rúpia no chão e convidei os outros a fazerem o mesmo. Logo foram reunidas trinta rúpias, e eu pedi ao comitê encontrar a mulher e dar-lhe o dinheiro. Algum tempo depois disso, eu a fiz ir à Faculdade Widyodaya, para uma palestra minha, e a fiz sentar-se em silêncio perto do estrado, no qual estavam reunidos o Sumo Sacerdote e muitos outros monges. Apelando ao grande público para fazer contribuições, eu disse que certos cavalheiros de posses – cujos nomes citei – tinham dado quinhentas, duzentas e cinquenta, cem e outras quantias de rúpias, mas que agora iria lhes mostrar uma pessoa que tinha dado mais do que eles todos juntos. Então contei a história e chamei a mulher para o estrado. Ela foi recebida com

---

450 No original: "*girdle-cakes*". "*Girdle*" é uma variante de "*griddle*", que significa "chapa".
451 Referência à fala de Jesus no Novo Testamento (Marcos 12:41) sobre o exemplo de uma viúva que colocou duas moedinhas no cofre de esmolas. Jesus disse: "[...] esta pobre viúva deu mais do que todos os que depositaram no cofre."

trovões de aplausos, e naquele dia conseguimos uma grande subscrição para fins educacionais.

No mesmo ano convoquei uma segunda convenção de monges em Galle. Havia noventa e sete delegados; o Sumo Sacerdote (Sumangala) e o Reverendo Bulatgama eram os oradores principais. O objetivo da reunião era elaborar um programa para o trabalho do ano seguinte, que seria limitado à Província do Sul. No final da convenção, descobriu-se que foram programadas cinquenta e duas palestras, cinco a mais do que eu tinha dado naquele ano na Província Ocidental. Um comitê de doze sacerdotes influentes foi escolhido para cooperar com os membros leigos da S.T. de Galle, para conseguir palestrantes e fixar um calendário. Após dois dias de reuniões, a convenção foi encerrada. Quando a Escritura de Fideicomisso e outros papéis legais tinham sido redigidos e assinados – após atrasos e impedimentos dos mais vexatórios e desnecessários – e todos os outros assuntos resolvidos, embarquei para Bombaim em 13 de dezembro. É meu agradável dever afirmar que, ao longo dos dezenove anos seguintes, vários membros da Loja de Colombo se esforçaram incansavelmente para realizar a tarefa onerosa de manter vivo o movimento budista. Quando se percebe sua inexperiência na gestão de negócios públicos sem a supervisão governamental, suas fraquezas de temperamento, devido a um clima difícil e a séculos de desordem nacional assim como à exclusão dos ancestrais da maior parte deles de responsabilidades públicas, a relação embaraçosa e sem precedentes – neste movimento religioso e educativo – dos leigos com os sacerdotes, as fricções quase irreprimíveis entre as castas e a desconfiança que muitos homens sem cultura e ignorantes sentem em relação aos estrangeiros, sobretudo aos brancos, deveríamos muito mais admirar-nos da tenacidade mostrada por eles no puro trabalho altruísta do que ficar surpresos e chocados com os erros ocorridos no decorrer dos acontecimentos. De minha parte, nunca mudei um iota na minha primeira avaliação dos cingaleses, nem na minha afeição fraternal por eles; e sinto-me cordialmente agradecido quando vejo que esse sentimento religioso renascido fincou raízes profundas no coração da nação e que as perspectivas para o futuro são muito encorajadoras.

As Lojas da nossa Sociedade, com poucas exceções, têm sido inertes e inúteis como centros da Teosofia, mas todas merecem crédito pelo grande número de seus trabalhos filantrópicos. Minha viagem de 1881 pela Província Ocidental foi mal organizada, semanas de meu tempo foram desperdiçadas, apenas uma pequena fração do dinheiro subscrito foi coletada; mesmo assim, a longo prazo, o resultado foi ótimo, e, revendo a história daquele ano, não tenho nenhuma crítica a fazer contra aqueles que fizeram o seu melhor, de acordo com sua compreensão.

No dia 19 de dezembro, cheguei em casa, na nossa sede, e fui recebido com alegria por nosso grupo, que estava com boa saúde. Na minha ausência, as coisas haviam continuado normalmente, a circulação do *Theosophist* e o volume de nossa correspondência tinham aumentado, e tudo estava em paz. Mas um duro choque estava me esperando. HPB transmitiu-me uma mensagem muito gentil dos Mestres sobre o meu sucesso no Ceilão. Aparentemente haviam completamente sido esquecidas a irritação, as ameaças e até declarações escritas de que a Sociedade seria abandonada por eles se eu fosse lá, e que nem com eles nem com ela eu teria mais relações. A partir de então, eu não a amava nem a estimava menos como amiga e instrutora, mas a ideia de sua infalibilidade – se é que antes eu a tive, mesmo aproximadamente – desapareceu para sempre.

CAPÍTULO XXII

DE BOMBAIM PARA O NORTE E DE VOLTA

Durante a primeira semana de janeiro de 1882 ocorreram vários fenômenos na nossa casa, sobre os quais não vou me alongar, visto que todos os detalhes foram publicados e que surgiram dúvidas sobre a autenticidade de alguns. Ao longo dos meus quarenta anos de pesquisas psicológicas, minha regra sempre foi desconsiderar todos os incidentes que me pareciam manchados com a menor suspeita de má-fé; quero contar apenas aqueles que, na minha opinião, têm o selo da autenticidade. Posso estar enganado muitas vezes, mas tento ser honesto.

Um dos primeiros acontecimentos do ano foi a chegada em Bombaim do Sr. D. Bennett, já falecido, editor do *Truthseeker*, que estava fazendo uma viagem ao redor do mundo. Ele chegou no dia 8 de janeiro e foi recebido, a bordo de seu vapor – "Cathay", da companhia P. & O. – por K. M. Shroff (o cavalheiro parse que lecionou nos Estados Unidos), Damodar e mim. O Sr. Bennett era um homem corpulento de tamanho médio, com uma cabeça grande, uma testa alta, cabelos castanhos e olhos azuis. Ele era uma pessoa muito interessante e sincera, um livre-pensador que tinha amargurado um ano de prisão por causa de seus ataques violentos, muitas vezes rudes, contra o dogmatismo cristão. Um detetive sem escrúpulos de uma Sociedade Cristã em Nova Iorque arquitetou um caso fraudulento contra ele, encomendando dele, sob um nome falso, um exemplar de um livro popular sobre fisiologia sexual, que o Sr. Bennett, que era livreiro, forneceu sem mesmo tê-lo lido. Foi iniciado um processo contra ele por difundir livros indecentes pelo correio, e um juiz e um júri evidentemente preconceituosos condenaram-no à prisão. O procedimento maldoso e a astúcia eram idênticos aos dos fanáticos que processaram a Sra. Besant e Bradlaugh no assunto do panfleto de Knowlton.[452] Ele foi obrigado a cumprir a pena de um ano, apesar de uma petição, assinada por cem mil pessoas, que foi enviada ao presidente Hayes em seu nome. Quando saiu da prisão, um público gigantesco o recebeu com entusiasmo no mais elegante salão público de Nova Iorque, e um fundo foi subscrito para pagar as suas despesas em uma turnê mundial de observação do trabalho prático do cristianismo em todos os países. Suas observações foram registradas em um livro interessante, intitulado *A Free-thinker's Journey around the World*.[453] Particularmente impressionantes são suas notas perspicazes e sarcásticas sobre a Palestina.

Em conversa com ele, eu soube que ele e sua esposa tinham sido membros da Sociedade dos Shakers[454] – ele, por vários anos. Sua mente religiosa, porém eclética, havia se revoltado contra a estreiteza e intolerância dos Shakers e dos sectários cristãos em geral; ele e a gentil colega em questão decidiram se casar e ter uma casa própria[455]; deixaram a Comunidade; ele se dedicou ao

---

452 "Em 1877, [Annie Besant e Charles Bradlaugh] publicaram e distribuíram um velho panfleto de controle de natalidade que tinha como objetivo os mais pobres, escrito pelo médico americano Charles Knowlton. O panfleto já estava à venda na Inglaterra havia 40 anos: ele explicava a fisiologia do sexo em linguagem simples, expondo o uso de alguns métodos primitivos de contracepção. Bradlaugh e Besant foram presos, julgados e condenados por publicarem um 'Libelo obsceno' [...]. Ambos ganharam a absolvição com um recurso." (https://eravitoriana.wordpress.com/2016/02/24/o-controle-da-natalidade-no-seculo-xix/comment-page-1/)

453 Tradução do título: A Viagem de um Livre-Pensador ao Redor do Mundo.

454 Também chamada de Sociedade Unida dos Crentes na Segunda Aparição de Cristo; seita religiosa fundada no século 18, na Inglaterra, depois de ter se separado de uma comunidade Quaker.

455 Os Shakers viviam em comunidades e preferiam o celibato.

estudo dos sinais exteriores do cristianismo; tornou-se um cético convicto e, depois de trabalhar alguns anos com comércio, dedicou o resto de sua vida a uma vigorosa propaganda do livre-pensamento. Havia uma sinceridade e gentileza nesse homem que nos fez simpatizar com ele imediatamente. O "Mundo Oculto"[456] do Sr. Sinnett tinha acabado de ser lançado, e o Sr. Bennett o leu com avidez: na verdade, ele fez citações muito extensas dele em seu diário e em seu novo livro. Uma longa discussão com HPB e comigo sobre nossos pontos de vista o fez solicitar sua filiação, o que me colocou no dilema que já descrevi muitas vezes – oralmente e por escrito –, mas que não deve ser omitido neste meu relato histórico, visto que esse caso ensina a todos nós uma lição muito importante.

Um verdadeiro boanerges[457] teológico, chamado Cook – Joseph Cook, o Reverendo Joseph Cook, para ser exato – um homem robusto que parecia acreditar na Trindade (com ele mesmo como a Terceira Pessoa) estava em Bombaim, em uma turnê de palestras, simultaneamente com o Sr. Bennett, e fez muito sucesso entre os anglo-indianos, cujos jornais fizeram muita propaganda para ele, usando a história do martírio do Sr. Bennett como um trunfo, denunciando-o como um corruptor da moral pública e um criminoso habitual que as pessoas decentes deveriam evitar. Em sua primeira palestra na Câmara Municipal, Joseph, parecendo se sentir o Cristo, começou os ataques e cometeu a estúpida insensatez de denunciar também nós, teósofos, como aventureiros – isso diante de um grande público de hindus e parses, que nos amavam e nos conheciam depois de dois anos inteiros de boas relações. Depois

---

456 No original: "*The Occult World*", de A. P. Sinnett, publicado em 1881; a versão brasileira, *O Mundo Oculto – A verdade sobre as Cartas dos Mahātmas*, foi publicada pela Editora Teosófica em 2000.

457 No Novo Testamento (Marcos 3:17) consta que "Boanerges" significa "filhos do trovão" e que Jesus chamou assim Tiago e João, filhos de Zebedeu, provavelmente por causa do caráter impetuoso dos dois irmãos.

dessa acusação eles atacaram e insultaram o Sr. Bennett a tal ponto que hesitei em aceitá-lo como membro, por medo de que isso pudesse nos mergulhar de novo em uma briga pública, atrapalhando, portanto, nosso objetivo de pacificamente cuidar daquilo que nos interessava: estudar e divulgar a Teosofia. Era um instinto de prudência mundana, certamente não um altruísmo cavalheiresco, e fui punido por isso, pois, quando expressei minhas opiniões para HPB, através dela se manifestou um Mestre que me disse qual era o meu dever e me censurou por meu juízo errado. Ele me pediu para eu me lembrar quão pouco perfeito eu tinha sido quando, em Nova Iorque, eles aceitaram minha oferta de servir, quão imperfeito eu era ainda, e que eu não me aventurasse a julgar meu próximo; que eu me lembrasse que, naquele caso, eu sabia que o candidato era o bode expiatório de todo o grupo anticristão e merecia toda a simpatia e encorajamento que pudéssemos lhe dar. Fui sarcasticamente solicitado a olhar toda a lista de nossos membros e apontar um único sem falhas. Isso foi o suficiente; voltei ao Sr. Bennett, dei-lhe o formulário de filiação para assinar, e HPB e eu nos tornamos seus padrinhos. Depois me dirigi ao reverendo caluniador e o desafiei a me encontrar em público em determinada data para reparar suas falsas acusações contra nós. *Swami* Dayanand Saraswati – que estava (então) em Bombaim – também o desafiou em nome da religião védica, e o Sr. Bennett fez o mesmo em seu próprio nome. O *Swami* e eu recebemos respostas evasivas, e a nota do Sr. Bennett ficou sem resposta. A desculpa do Sr. Cook era que ele tinha que ir a Pune. Capitão A. Banon, M.S.T., 39º N.I.[458], que estava conosco na época, enviou-lhe um bilhete desafiando-o a nos encontrar em Pune e avisando-o de que, se ele novamente nos evitasse, ele – o capitão – iria denunciá-lo como mentiroso e covarde. Na noite que tínhamos indicado em nossos desafios, fizemos a prevista reunião no Framji Cowasji Hall, em Bombaim. O Sr. Bennett, Capitão Banon e eu proferimos discursos. Pedi para Damodar ler algumas declarações atestando nosso bom caráter e

---

458 N.I. = *Naval Intelligence* (Serviço de Informações da Marinha)

meus serviços públicos na América. A imensa plateia, que ocupava cada centímetro do salão assim como as entradas, aprovou nossa conduta de forma estrondosa. No dia seguinte, HPB, Banon e eu fomos à noite a Pune, onde soubemos que o Sr. Cook tinha fugido para o outro lado da Índia, sem cumprir seu compromisso com o público da cidade.

Um dia depois, dei uma palestra em Hirabagh, na Câmara Municipal. O público era tão grande que o salão não o comportou, de modo que saímos e falei ao ar livre. Permanecemos quatro dias em Pune, durante os quais houve outra palestra, no mesmo lugar, e formamos a S.T. de Pune, que ainda existe e cujo presidente continua sendo o juiz N. D. Khandalavala, cujo nome é familiar a todas as nossas Lojas no mundo inteiro e que é considerado um de nossos membros mais competentes e fiéis. Depois voltamos a Bombaim. No momento oportuno, o Sr. Bennett foi formalmente admitido à Sociedade, junto com o já falecido Prof. J. Smith, M.L.C., C.M.G.[459], da Universidade de Sydney, e um jovem cavalheiro hindu de Bombaim.

No dia 12 de janeiro (1882), foi comemorado o sétimo aniversário da S.T.[460] no Framji Cowasji Hall, na presença de um de nossos usuais públicos gigantescos. Haviam sido distribuídos livremente folhetos infames para tentar nos prejudicar, mas durante toda a reunião prevaleceu o espírito mais cordial e de simpatia. Além de mim, falaram o Sr. Sinnett, Moorad Ali Beg, D. M. Bennett e K. M. Shroff; todos receberam muitos aplausos. Damodar leu o Relatório do Tesoureiro, que claramente contradisse a caluniosa afirmação de que HPB e eu dirigíamos a Sociedade para lucro pessoal. Uma observação feita alguns dias mais tarde no meu Diário afirma que o Sr. Shroff nos trouxe a notícia de que o encontro

---

459 M.L.C. = *Member of the Legislative Council* (Membro do Conselho Legislativo) ; C.M.G. = *Companion of the Order of St. Michael and St. George* (Companheiro da Ordem de São Miguel e São Jorge).

460 Observação estranha: a S.T. foi fundada em 17 de novembro de 1875; portanto, o sétimo aniversário ocorreria somente em 17 de novembro de 1882.

nos tinha prestado um grande serviço, pois ganhamos muita simpatia do público em geral.

Entre vários fenômenos que ocorreram naqueles dias, vou descrever um que eu acho importante. Damodar recebeu pelo mesmo correio quatro cartas com a letra de *Mahātmas*, como descobrimos ao abri-las. Elas eram de quatro lugares muito longe uns dos outros, e todas estavam carimbadas pelo correio. Entreguei toda a correspondência ao Prof. Smith, dizendo que encontramos tais escritos muitas vezes na nossa correspondência, e pedi que ele examinasse gentilmente cada envelope para ver se havia algum sinal de adulteração. Quando ele os devolveu, afirmando que aparentemente tudo estava em ordem, pedi para HPB colocá-los contra a testa e verificar se ela podia encontrar alguma mensagem de um *Mahātma* em alguma das cartas. Ela fez isso com as primeiras que vieram à mão, disse que em dois envelopes havia tal mensagem e leu as duas clarividentemente. Pedi ao Sr. Smith para abrir os envelopes. Depois de examiná-los de novo cuidadosamente, ele os abriu[461], e nós todos vimos e lemos as mensagens, que eram exatamente como HPB as havia decifrado por visão clarividente.

Nas duas semanas seguintes, vimos várias vezes o príncipe Harisinhji, o príncipe Dajiraj, *Thakur Sahib*[462] de Wadhwan, o *Thakur* de Morvi e outros dignitários, e ocorreram numerosos fenômenos: cartas caíram do teto de alguns quartos, e uma vez uma caiu do céu, quando estávamos no jardim. Esses fenômenos já foram descritos anteriormente, e também se encontram em *O Mundo Oculto*[463].

---

461 Às vezes, Olcott é um pouco confuso. Aqui ele diz que o Sr. Smith abriu os envelopes, mas na segunda frase deste parágrafo ele já havia dito que ele e outros abriram as cartas. Naquela frase, ele deveria ter dito "como descobrimos *posteriormente* ao abri-las".

462 "*Thakur*" e "*Thakur Sahib*" (ou "*Thakur Saheb*") são variantes de um antigo título de reis na Índia e no Nepal. A palavra "*Thakur*", ou "*Thakore*", significa "senhor", "mestre" ou "deus".

463 *O Mundo Oculto – A Verdade Sobre as Cartas dos Mahātmas*, de Alfred P. Sinnett (Editora Teosófica, 2000)

No dia quatro de fevereiro, proferi, na Câmara Municipal de Bombaim, superlotada de parses, e com o Sr. Nanibhai Byramji Jeejeebhoy, um de seus personagens mais ilustres, como presidente da reunião, uma palestra sobre "O Espírito da Religião Zoroastra"[464] (vide *Theosophy, Religion, and Occult Science*, Londres, George Redway, 1882), na qual me esforcei para mostrar seu caráter altamente espiritual e sua identidade com o hinduísmo e o budismo em matéria de treinamento *yoga* e o despertar dos poderes espirituais no homem. O público mostrou sua aprovação de maneira a convencer-nos de que o discurso foi satisfatório. No final, foram feitas algumas observações interessantes e gentis pelo presidente e pelo Sr. K. R. Cama e por Ervad Dastur Jivanji J. Modi, orientalistas competentes. Em seguida se fez circular entre os parses um documento de subscrição, e vinte mil cópias da minha palestra foram impressas em inglês e em guzerate – um elogio gratificante. Devo dizer que só consenti em preparar o discurso depois de ter tentado em vão convencer o Sr. Cama a fazê-lo, pois eu achava um pouco presunçoso que um leigo na matéria lidasse com um assunto tão grande, com tão pouco material disponível para citações. Na verdade, acho que a religião zoroastra nunca tinha sido discutida do mesmo ponto de vista antes. Os comentários da imprensa parse foram diversos; alguns muito favoráveis, outros, ao contrário, muito desfavoráveis. Mas as críticas adversas eram todas de editores que se orgulhavam de seus princípios "reformistas", e estavam em desacordo com a ortodoxia zoroastra: em suma, eles eram livres-pensadores, não acreditando de maneira alguma em espírito ou *Yoga*, e os principais deles consideravam as lendas sobre seus grandes sacerdotes-adeptos de antigamente como contos de fadas e disparate infantil. É claro que, de tais críticos, não tínhamos nada de bom a esperar. Até hoje eles são hostis, mas estamos conseguindo de alguma maneira nos dar bem sem sua aprovação: agora há mais membros parses na S.T. do que nunca, e a S.T. de Bombaim é quase totalmente composta por essas excelentes pessoas e firmes amigos.

---

464 Nota de Olcott: "Publicada em forma de apostila pela T.P.H." – T.P.H.: Theosophical Publishing House, Editora Teosófica.

Uma longa viagem ao Norte foi o meu próximo trabalho importante naquela temporada. Com *Pandit* Bhawani Shunker como companheiro, saí de Bombaim de trem no dia 17 de fevereiro. HPB, Damodar, Shroff e um grande número de outros membros vieram à estação para nossa despedida. Passando pelo Monte Abu, a sagrada montanha jainista com seus picos descobertos e escarpados, e através dos "campos de sono de Malwa"[465], ou região da papoula, chegamos a Jeypore na segunda manhã. Na estação recebemos os habituais cumprimentos com limões e guirlandas, e fomos instalados na muito confortável estalagem dessa cidade, uma das mais luminosas e atraentes da Índia. No colégio do marajá, em um quadrilátero espaçoso, sentado em um estrado sob um dossel vermelho, dei uma palestra para um grande público. Havia no colégio novecentos alunos, dois terços deles hindus e um terço muçulmanos; há também uma escola separada para jovens nobres. Foi-me mostrada a biblioteca do colégio. Quando me pediram para deixar uma anotação no livro de visitantes, escrevi: "Esta é uma boa biblioteca missionária." O que realmente ela era. Algum padre, a quem aparentemente foi confiada a seleção dos livros, havia enchido as prateleiras com as obras mais insípidas, as mais estúpidas sobre teologia cristã. Considerei isso uma mesquinha enganação.

No dia seguinte foi formada a Loja de Jeypore da S.T., com dirigentes e membros respeitáveis.

Depois fui a Delhi, onde tive o prazer de ver pela primeira vez as maravilhas arquitetônicas criadas pelos imperadores muçulmanos do passado e o pitoresco bulevar Chandni Chowk. Dei palestras como de costume e conheci muitas pessoas notáveis. Passeando na mencionada avenida e vendo as marcas dos selos em urdu nas portas das lojas de gravadores de selos, fiquei impressionado com a semelhança que eles tinham com a assinatura criptográfica de

---

[465] No original: "*Malwa's fields of sleep*". Trata-se de uma citação do livro de Edwin Arnold *The Light of Asia*. Na tradução brasileira, *A Luz da Ásia* (Editora Teosófica, 2011), há uma nota (p. 76) sobre "Malwa": "Província da Índia onde se cultiva a dormideira, que serve para a fabricação do ópio."

um dos nossos *Mahātmas*. Por simples capricho, encomendei um selo em latão comum (preço 4d[466]) com aquela assinatura gravada nele, para mostrá-lo a HPB no meu retorno. Eu não tinha nenhuma intenção de fazer algo com ele posteriormente, e como se viu, foi um erro estúpido; pode-se imaginar meu ressentimento quando, muitos anos mais tarde, vi impressões desse miserável objeto, feitas com fumaça de velas, em notas e cartas de *Mahātmas* nitidamente falsas, colocadas em circulação pelo falecido Sr. Judge. Como esse miserável selo chegou a ele, eu não sei, mas quando nos encontramos em Londres, em 1894, ele me disse que ele não existia mais, e esperava que isso me tranquilizasse. Antes disso, eu tinha visto uma marca do selo em uma falsa mensagem, e escrevi para ele que, se eu achasse que algum canalha o estava usando para maus propósitos, eu denunciaria a fraude e publicaria no *Theosophist* um fac-símile do selo. Na sua resposta, ele me aconselhou a não fazê-lo, porque o público pensaria que eu era *particeps criminis*[467]. Escrevi que não me importava de maneira alguma com o que pudesse ser dito sobre mim, pois eu era perfeitamente inocente e estava com a consciência tranquila; mas que, com certeza, eu exporia a fraude. Tenho suas cartas sobre esse assunto, e suponho que as minhas para ele estejam entre seus documentos.

 Em Meerut e Bareilly, as próximas cidades no meu programa, repetiu-se a rotina de palestras e fundação de Lojas. No Instituto Rohilkund, o tema da minha palestra era um prato de latão, uma escolha estranha, mas escolhi esse assunto pelo seguinte incidente. Lá, como em todos os outros lugares, fui tratado com a maior bondade e respeito por meus amigos indianos: eles me forneceram uma casa mobiliada e um cozinheiro brâmane para preparar minha comida – a qual eu comi em um prato de latão. No dia da palestra, três ou quatro indianos estavam de pé, observando-me comer com os dedos à moda antiga. Eles tinham me feito tantos elogios que fiquei tentado a dar-lhes uma lição; então eu calmamente lhes perguntei o que

---

466 Cf. nota 296. Aqui, "d" talvez se refira ao centavo do dólar americano.
467 Expressão latina, significando "participante do crime".

eles fariam com o prato quando eu tivesse ido embora. Eles coraram e ficaram embaraçados demais para falar. Eu disse: "Não hesitem em dizer a verdade, eu sei o que vocês vão fazer. Vocês vão entregar o prato ao catador de lixo ou o passarão pelo fogo para purificá-lo, antes que qualquer um de vocês brâmanes possa tocá-lo. Por que isso? Veja a roupa suja do cozinheiro e sua aparência geralmente descuidada, e diga se não é menos provável que eu profane o prato do que ele." Eles abaixaram as cabeças, não querendo ser indelicados com o hóspede, mas um deles finalmente disse: "Não sabemos a verdadeira razão disso, mas apenas que é inculcado em nossos *Shastras*." – "Muito bem," eu disse, "vou tomar este prato como assunto de meu texto esta noite e explicar o mistério." Assim eu fiz, discursando sobre a natureza da aura humana, a teoria da purificação gradual pelo *Yoga* e o estado teórico de refinamento espiritual que o verdadeiro brâmane alcança. Eu lhes mostrei que seu costume de comer nas refeições separadamente – o pai não tocando o filho, nem irmão tocando irmão, ou parente um outro parente – se baseou nessa teoria do desenvolvimento individual em oposição ao desenvolvimento coletivo da família, e que, como a eletricidade e o magnetismo são transmitidos por condutores de um objeto para outro, assim, se um brâmane avançado tocar uma pessoa menos pura, ele corre o risco de contaminação de sua aura e um consequente dano a si mesmo. O erro cometido nestes dias espiritualmente degenerados, eu disse, era supor que, porque uma pessoa suja tinha nascido como brâmane, ela tenha necessariamente um toque menos poluente do que uma pessoa branca limpa. De casta, apenas o nome está sobrevivendo, e geralmente é um obstáculo e um aborrecimento para todos os interessados. A casta deveria ser restaurada em seu valor e sua utilidade verdadeiros ou jogada fora como uma roupa surrada. Estou vendo no meu Diário que mostrei retratos de deuses hindus para exemplificar o significado esotérico de suas formas esquisitas e dos numerosos símbolos.

Em Lucknow, vi a maltratada Residência[468], que resistiu ao

---

468 Nome de um conjunto de edifícios naquela cidade.

cerco de cinco meses dos milhares de rebeldes – dos cipaios – graças à heroica coragem e intrépida fortaleza de sua pequena guarnição, mal alimentada e mal armada. Vi os porões onde duzentas e cinquenta mulheres e crianças viveram durante esse tempo terrível, e onde a maioria eram heroínas, enquanto algumas morreram de medo.

Entre os novos membros de nossa Loja local estavam alguns príncipes da família real Oudh – muçulmanos – que foram acusados de ter abandonado o Islã, adotando a nova religião da Teosofia! Minha palestra foi dada no Baradari, ou Salão das Doze Colunas, uma construção espaçosa no jardim de recreio, ou Kaiserbagh, do falecido rei, onde ele habitualmente desperdiçava sua vida inútil em festas sensuais com mulheres nuas, dramas de amor e canções. Ele deve ter sido um indivíduo bestial.

Em seguida fui a Cawnpore, o local inesquecível dos massacres brutais da Rebelião. Fundei uma nova Loja, dei duas palestras, e continuei até Allahabad, onde visitei os sempre encantadores Sinnett. Houve reuniões de teosofistas e palestras e alguns fenômenos na casa do Sr. Sinnett, sobre os quais não vou entrar em detalhes. Mandei Bhavani Shunker de volta a Bombaim, e eu mesmo continuei até Behar[469] e Bengala. Berhampore, outrora o centro da atividade militar e política nos dias da Companhia[470], sempre foi um dos melhores núcleos de trabalho do movimento teosófico. O já falecido *Babu* Nobin K. Bannerji, seus colegas Dinanath Ganguly, Satcory Mukerji e alguns outros tinham os dois elementos de sucesso para qualquer movimento público – convicção total e zelo perfeito. Seus nomes figuram com destaque na história indiana de nossa Sociedade. Fizeram muito estardalhaço sobre minha visita, e mesmo assim eles pareciam pensar que não tinham me mostrado suficiente respeito. A carruagem de um *Rajah*, com cocheiro e peões em uniformes espalhafatosos, fez muitos quilômetros para me encontrar do outro lado do Ganges e me levou para Berhampore; em um posto a dez

---

469 Outra grafia de "Bihar", estado no nordeste da Índia, vizinho do estado de Bengala.
470 A Companhia das Índias Orientais.

quilômetros de distância uma guarda de honra de *sowars*[471] vestidos de vermelho se juntou a nós e cavalgou atrás da carruagem. Na cidade, tive que passar entre duas fileiras de cipaios fazendo continência, *silver-sticks-in-waiting*[472], e todos os tipos de lacaios mais ou menos decorativos do palácio; linhas duplas de flâmulas tremulavam em pontas de lança; bandeiras e plantas alegravam minha acomodação, e havia toda sorte de bobagens mundanas que supostamente contribuem para o prazer e complacência de homens públicos.

Além de ver meus queridos colegas, tive a honra e a vantagem de conhecer *Babu* Ram Das Sen, o erudito oriental e estimado correspondente dos principais orientalistas europeus, que também se juntou à nossa Sociedade e permaneceu nosso amigo até sua morte prematura.

Calcutá foi a última etapa desse giro de 1882. Fui primeiro hospedado por meus grandes amigos Coronel e Sra. Gordon, e, mais tarde, pelo marajá, Sir Jotendro Mohun Tagore, principal nobre indiano da Metrópole. Na casa dos Gordon aconteceu o famoso fenômeno de cartas do médium Eglinton e de HPB terem caído do ar. Todos os detalhes foram publicados na época pela Sra. Gordon, e podem ser lidos por quem quiser.

Poucos dias depois, aceitei o convite do marajá e fui seu convidado em sua casa de hóspedes palaciana (*Boituckhana*) pelo resto da minha estada em Calcutá. Esse cavalheiro é um dos mais corteses, mais cultos e estimáveis amigos que já conheci. Ele ocupa uma posição importante com perfeita dignidade e elegância. Desfrutei de sua hospitalidade várias vezes; uma vez com HPB, e uma vez com a Sra. Besant e a condessa Wachtmeister.

Os quatro primeiros dias de abril foram dedicados à elaboração de minha palestra sobre "Teosofia, a Base Científica da Religião", quando eu conseguia encontrar tempo nos intervalos entre outros compromissos. No dia quatro, o marajá deu uma recepção para mim, para eu conhecer os principais indianos da

---

471 Membros de um regimento de cavalaria indiana.
472 Uma expressão que designa os comandantes da cavalaria particular de uma casa real.

cidade. No dia 5, proferi minha palestra na Câmara Municipal diante de uma plateia imensa; acho que ela foi maior porque havia sido publicado, nas revistas locais hostis, o recente ataque feroz – e não provocado – que *Swami* Dayanand Saraswati havia dirigido a nós. Tais tentativas de prejudicar nossa causa ricocheteavam invariavelmente sobre seus autores. O querido autor e filantropo bengali, o falecido *Babu* Peary Chand Mittra, foi o presidente da reunião.

HPB se juntou a mim no dia seguinte no *Boituckhana*, e naquela noite, no mesmo local, organizamos a Sociedade Teosófica de Bengala, uma das nossas mais conhecidas Lojas, com *Babu* Peary Chand Mitra como Presidente, *Babu* Norendranath Sen como Secretário e *Babu* Balai Chand Mullick como Tesoureiro. Durante muitos anos, Norendra *Babu* tem sido o presidente, e quase se pode dizer que ele mesmo, na sua qualidade de editor do jornal *Indian Mirror*, fez a maior parte do trabalho público da Loja, pois foi ele quem informou o público sobre cada evento importante na história de nosso movimento, e seus apelos corajosos fizeram muito pelo renascimento do hinduísmo em Bengala – o que é um fato bem conhecido e universalmente reconhecido.

No dia 9 do mês, fui em companhia da Sra. Gordon para a casa de jardim de *Babu* Janaki Nath Ghosal, um cavalheiro bengali muito influente, e admiti como membro sua belíssima esposa – filha do venerável Debendra Nath Tagore, cofundador, junto com o falecido Rajah Rammohun Roy, do famoso *Brahmo Samaj*. A Sra. Ghosal, além de ser uma *Peri*[473] em questão de beleza, também tem uma das mentes mais brilhantes da atualidade, e seus filhos herdaram seus talentos. Junto com ela, aceitei três outras senhoras indianas na Sociedade Teosófica. Isso soa bastante simples para pessoas ocidentais, mas elas devem se lembrar de que desde os dias da supremacia muçulmana as senhoras da alta sociedade de Bengala foram isoladas atrás do *purdah*, ou cortina da porta de entrada do *Zenana* – com exceção das senhoras do *Brahmo* –, e o fato de eu ter sido admitido

---

473 Espécie de gênio na mitologia persa; mas em inglês também significa "moça bonita e graciosa".

tantas vezes na privacidade das famílias é uma prova clara de que sou visto pelos hindus de forma muito amável.

HPB e eu permanecemos na cidade até o dia 19 de abril, ocupados como abelhas operárias: escrevendo, recebendo visitantes, discutindo com outras pessoas e realizando reuniões da nova Loja local. Vejo que no dia 4 houve um remanejamento dos dirigentes, sendo a nova lista a seguinte: *Presidente*, Peary Chand Mittra; *Vice-presidentes*, Dijendra Nath Tagore e Raja Syama Shankar Roy; *Secretário e Tesoureiro*, Norendranath Sen; *Secretários Assistentes*, Balai Chand Mullick e Mohini Mohun Chatterji.

Embarcamos no dia 19 para Madras, mas durante toda a noite o vapor "India" ficou no cais sendo carregado, e com esse barulho horrível, o calor escaldante das cabines e com os mosquitos, pode-se imaginar o tipo de noite que passamos e qual foi o humor de HPB na manhã seguinte. Tivemos assim a nossa primeira oportunidade de conhecer por experiência própria os perigos e dificuldades da navegação no rio Hughli, mas, depois de ter permanecido à noite no porto, alcançamos o mar no dia 20, em direção a Madras.

Chegamos nesse porto no dia 23 às onze horas, mas recebi uma mensagem de T. Subba Row[474] pedindo-nos para permanecer a bordo até as dezesseis horas, pois havia sido organizada uma recepção formal para esse horário. Fizemos o que foi solicitado. No desembarque, fomos recebidos pelos principais cavalheiros indianos de Madras e uma grande multidão de curiosos. Deleitamo-nos com o trajeto pela avenida à beira-mar – a melhor da Índia – e fomos hospedados no bangalô do já falecido Sir T. Madhava Row no subúrbio Mylapore. Nosso velho colega cingalês, o Sr. W. D'Abrew, estava conosco. O Honorável Mir Humayun Jah, representante da ex-família real de Mysore de Tippoo Sultan, que colocou guirlandas em nós na

---

[474] Tallapragada Subba Row (1856-1890), sempre citado como T. Subba Row, foi um importante membro da Sociedade Teosófica. Ele começou a se interessar por assuntos metafísicos somente depois de encontrar HPB e Olcott, mas desde esse momento conhecia perfeitamente muitos textos sagrados indianos. Trabalhou muito pela Teosofia, mas em 1888 saiu da Sociedade Teosófica.

habitual moda oriental, leu um discurso extremamente bem-redigido, assinado pelos cavalheiros indianos mais conhecidos do lugar e encadernado como um livro em marroquim vermelho. Minha resposta foi recebida calorosamente. Nos dias seguintes, nosso tempo esteve inteiramente ocupado com compromissos, com visitantes e admissão de candidatos à Sociedade. Entre estes últimos estiveram: T. Subba Row, que eu tive de admitir sozinho em particular, por alguma razão misteriosa insondável; o venerável filantropo e estadista *Dewan* Bahadur R. Raghoonath Row; o juiz P. Sreenivas Row, o juiz G. Muthuswamy Chetty (também do Tribunal das Pequenas Causas) e seus filhos, e, de fato, a maioria dos homens importantes de Madras de raça asiática. Por enquanto, a comunidade parecia estar tomada por uma onda de entusiasmo, de modo que não é de estranhar que nós dois tivéssemos acreditado que isso duraria, mas o tempo se encarregou de dissipar a ilusão. Pouco depois, foi criado o Cosmopolitan Club, com salas para descanso, leitura e jogo de bilhar, e nossos entusiasmados amigos gradualmente substituíram metafísica e filosofia *yoga* pelo dignificante bilhar e pelo alimento mental tão maravilhoso que são as coleções de jornais. Porém, por algum tempo nosso roseiral floresceu e nós inalamos os doces odores de cumprimentos. Tão grande foi a corrida para a filiação que tive que admitir os candidatos juntos. Tenho uma entrada no meu Diário dizendo que admiti um grupo de vinte e dois no terraço à luz da lua. É claro que tivemos de explicar o caso da Teosofia para o público em geral; então, no dia 26 de abril (1882), dei uma palestra no Pachaiappah Hall sobre "A Base Comum das Religiões", para uma multidão esmagadora que fez os administradores temerem pela segurança do edifício, pois o salão público estava no primeiro andar, no alto de uma longa escada. Estou feliz em dizer que o mesmo problema surgiu muitas vezes desde então, pois nossas reuniões públicas sempre superlotaram os edifícios. HPB e Abrew estavam no estrado ao meu lado – ela, o centro de atenção de todos os olhares. Na noite seguinte, mais vinte e um candidatos foram admitidos, e após a cerimônia foi criada a Sociedade Teosófica de Madras, com R. Raghoonath Row como presidente, e T. Subba Row como secretário. O primeiro fez o seu melhor para torná-la uma Loja útil, mas não foi bem auxiliado por este último, que, como secretário, era muito indolente.

No dia 30 do mês, HPB levou um grupo de dezessete de nós, entre eles T. Subba Row, o *Dewan* Bahadur e eu, a Tiruvellum, no passado um lugar muito santo, devido às grandes almas que viveram lá (dizem que algumas ainda vivem lá). Uma procissão, com música e flores, foi nos buscar na estação e nos escoltou até o lugar previsto como nosso alojamento. Estávamos particularmente ansiosos para visitar o santuário do templo, mas, como os sórdidos brâmanes que cuidavam do lugar exigiram um extra de vinte e cinco rúpias, sentimos tanta repugnância que recusamos ir até o santuário profanado e retornamos no mesmo dia a Madras.

Como estava no programa uma segunda palestra para o dia seguinte, o *Dewan* Bahadur e seus colegas do comitê tentaram evitar uma repetição da superlotação do primeiro dia e cobraram ingresso para assentos reservados; a renda iria para alguma caridade. Contudo, quando chegamos no Pachaiappah Hall, tivemos grande dificuldade em abrir caminho da porta para o palco através da multidão, e o pobre *Dewan* Bahadur, embora um dos personagens mais honrados em Madras, estava tão encurralado em um canto que, em vez de impedir o público de ir para lá e para cá, ele foi obrigado a pedir a ajuda de meus largos ombros e minha força muscular para salvá-lo dessa situação.

No dia seguinte, iniciamos uma viagem por um canal em uma casa flutuante, que prefiro descrever em um capítulo separado.

CAPÍTULO XXIII

UMA VIAGEM COM HPB EM UMA CASA FLUTUANTE

Em todos os anos em que havíamos estado juntos, HPB e eu nunca tínhamos tido tanto contato como nessa viagem de barco pelo Canal de Buckingham – uma obra contra a fome, que alimentou milhares de camponeses famintos durante uma época trágica do governo do Duque de Buckingham em Madras. Até então vivíamos e trabalhávamos em companhia de terceiros, ao passo que agora nós dois estávamos sozinhos em um *budgerow*, ou pequena casa flutuante, com nosso criado Babula e a tripulação composta de cules como nossos únicos companheiros, quando a embarcação estava em movimento. Evidentemente nossas acomodações eram muito apertadas. Em ambos os lados da pequena cabine havia um baú coberto com um colchão; a tampa podia ser levantada por meio de dobradiças; dentro dos enormes baús guardamos nossos pertences. Entre os dois

– "Uma cama à noite, uma caixa com gavetas de dia[475] –

havia uma mesa portátil que, quando não era usada, podia ser dobrada e pendurada no teto. Um lavatório; uma pequena despensa com prateleiras; do lado de fora, atrás, uma plataforma para cozinhar, com um fundo de um vaso de barro quebrado, colocado sobre

---

475 No original: "*A bed by night, a chest of drawers by day*". Frase tirada do poema "*The Deserted Village*" do escritor irlandês Oliver Goldsmith (1728-1774).

areia, como lugar de fazer o fogo; alguns indispensáveis utensílios de cozinha; uma grande jarra para beber água; uma mesa de campanha; esses eram os nossos objetos domésticos, e eram suficientes. Quando soprava um vento forte, uma vela era levantada e a barca deslizava, empurrada pelo vento; durante as calmarias, os cules saltavam para terra e, com uma corda de reboque passada sobre seus ombros, arrastavam-nos em uma velocidade de talvez cinco quilômetros por hora. Em outro barco seguiam alguns dos nossos melhores e mais gentis colegas de Madras, entre eles aquele velho de coração imenso, P. Iyaloo Naidu, Coletor de Impostos Adjunto[476] (aposentado); para nós era um privilégio conhecê-lo, e sua amizade era uma honra. Nosso destino era a cidade de Nellore, a uma distância de dois dias – pelo canal.

Como tínhamos começado a navegar somente às dezenove horas (3 de maio de 1882) e a lua estava quase cheia, foi uma espécie de viagem de fadas que estávamos fazendo na água lisa e prateada. Quando estávamos fora dos limites da cidade, nenhum som quebrou o silêncio, salvo os gritos ocasionais de um bando de chacais, o murmúrio baixo de nossos cules, falando juntos, e o marulho da água contra o barco. No lugar de janelas de vidro, havia venezianas articuladas, com ganchos para prendê-las às vigas de cima, e através delas soprava uma suave e fresca brisa noturna, trazendo-nos o cheiro de arrozais encharcados de água. Minha colega e eu estávamos encantados com a cena e gratos pelo raro descanso de nossa vida pública agitada. Estando sob o feitiço da noite, conversamos muito pouco, e fomos para nossas camas com a certeza de um sono refrescante.

Empurrada pela brisa da monção, que soprava do sudoeste, nossa barca navegou sem parar durante a noite, e de manhã já tínhamos feito um bom caminho. Bem cedo atracamos na beira do canal para os cules fazerem fogo e cozinharem seu curry e arroz; nossos companheiros do outro barco se juntaram a nós, fui nadar,

---

476 No original: "*Deputy Collector*". Na Índia, um "*Collector*", ou mais exatamente "*District Collector*", não somente é coletor de impostos, como também é administrador e magistrado de um distrito.

e Babula nos preparou um fausto café da manhã, que nossos colegas, por causa de suas proibições de casta, não podiam compartilhar. Em seguida, mais uma vez, as embarcações deslizaram na água tão silenciosas como espectros. HPB e eu nos ocupamos o dia inteiro respondendo – com atraso – à correspondência recebida e redigindo editoriais para o *Theosophist*, com pausas ocasionais para conversar. Naturalmente, o mais importante assunto para nós era a condição e as perspectivas de nossa Sociedade e o provável efeito, sobre a opinião pública contemporânea, das ideias orientais que estávamos espalhando. A esse respeito, éramos igualmente otimistas; nenhum de nós tinha a menor dúvida ou diferença de opinião. Foi esse sentimento de extrema confiança que nos deixou tão indiferentes às calamidades e obstáculos que, sem ele, poderiam nos ter paralisado cinquenta vezes durante nossa carreira. Pode não ser agradável para alguns de nossos colegas atuais, mas é a pura verdade que nossas previsões tinham muito mais a ver com a modificação do pensamento moderno pelas ideias teosóficas do que com a possível expansão da Sociedade em todo o mundo – a respeito da qual não tínhamos praticamente nenhuma expectativa. Quando saímos de Nova Iorque para Bombaim, nem sequer sonhávamos que a Sociedade pudesse cobrir a Índia e o Ceilão com Lojas; então agora, naquela embarcação se movendo silenciosamente, não pensamos na possibilidade de causar uma agitação popular através da qual pudessem ser fundadas Lojas e criados centros de propaganda em toda a América e Europa, para não falar de Australásia[477], África e Extremo Oriente. Por que deveríamos? A quem poderíamos pedir ajuda? Onde estavam os gigantes aptos para carregar um fardo tão pesado em seus ombros? Lembre-se de que estávamos apenas em 1882, e fora da Ásia existiam somente três Lojas da S.T. (sem contar o nosso centro em Nova Iorque, que não tinha sido reorganizado). A Loja de Londres e a de Corfu eram entidades inertes. O Sr. Judge estava na América do Sul para uma Companhia de Mineração de Prata (acho que estou certo a respeito da data), e nenhuma

---

[477] Região que inclui a Austrália, a Nova Zelândia, a Nova Guiné e algumas ilhas menores.

propaganda efetiva tinha sido organizada nos Estados Unidos. Nós dois velhos na casa flutuante estávamos levando a coisa adiante praticamente sozinhos, e nosso campo de ação era o Oriente; e como, na época, HPB não mostrou mais dom profético do que eu, conversávamos e trabalhávamos e construímos os alicerces para o grande futuro que nenhum de nós previu.

Quantos dos muitos atuais membros da Sociedade não dariam quase qualquer coisa para ter podido desfrutar da intimidade da minha amiga naquela viagem de barca! O que tornava a viagem ainda mais agradável e mais proveitosa era que ela estava com boa saúde e de bom humor; e não havia nada que pudesse estragar o encanto de nosso companheirismo; do contrário, eu teria sido quase um companheiro de jaula de uma leoa faminta no zoológico; evidentemente, um de nós deve ter ido às vezes à terra firme e caminhado, ou passado para o barco de Iyaloo Naidoo! Cara amiga, companheira, colega, instrutora, camarada: ninguém poderia ser mais exasperante em seus piores momentos, ninguém mais amável e admirável nos melhores. Eu acredito que nós trabalhamos juntos em vidas passadas, e acredito que nós vamos trabalhar juntos em vidas futuras para o bem da humanidade. Esta página aberta do meu Diário, com suas poucas notas fragmentárias, traz de volta à memória um dos mais deliciosos episódios do movimento teosófico; e vejo uma foto de HPB em sua surrada capa, sentada em cima de seu baú em frente a mim, fumando cigarros, sua enorme cabeça com os cabelos castanhos crespos curvada sobre a página em que estava escrevendo, sua testa cheia de rugas, um olhar de pensamento introvertido em seus olhos azuis claros, sua mão aristocrática conduzindo a caneta rapidamente sobre as linhas, e nenhum som a ser ouvido salvo a música de ondulações contra o casco da embarcação, ou o ocasional roçar do pé nu de um cule no teto acima de nós, quando ele se movia para apertar uma corda ou obedecer a alguma ordem do timoneiro.

Na tarde seguinte, às cinco horas, chegamos a um lugar chamado Muttukur, onde desembarcamos para ir por terra a Nellore, a uma distância de vinte e cinco quilômetros. Uma grande delegação estava nos esperando; fomos conduzidos a uma tenda onde se oferecia algo para comer e beber, e nossas mãos e pescoços logo estavam cheios de flores perfumadas. Respondi a um discurso de boas-vindas, e pouco depois estávamos em um leve fáeton, com cules como cavalos. Rapazes ágeis e ligeiros, eles cobriram a distância – correndo – em três horas. É interessante saber que eles são uma tribo de origem antiga chamada "*Anadhis*", que são hereditários encantadores e exterminadores de serpentes. As pessoas que desejam dormir seguros em suas camas, sem o pensamento de que cobras possam entrar em seus quartos, chamam um *anadhi*, e ele dá voltas pela casa, repetindo encantamentos e colocando algum pau encantado ou outro fetiche, após o que nenhuma serpente se arrisca a incomodar os moradores. Nossos amigos declararam que isso era um fato bem conhecido, e somente com base na sua autoridade registro isso aqui.

Foi-me dito uma coisa que vale a pena ser conhecida pelos viajantes e caçadores que têm de acampar em locais onde há serpentes: aparentemente uma serpente não passará por cima de uma corda feita de crina de cavalo, de modo que se pode impedir a entrada de serpentes colocando-se tal corda em torno da casa, da tenda ou de todo o acampamento. Meus informantes não sabiam se isso se deve à aspereza da corda espinhosa que machuca a pele macia da serpente, ou a alguma propriedade magnética ou oculta do cabelo que é desagradável para o réptil. No entanto, isso não importa tanto quanto o fato em si, se ele for verdade.

Chegamos a Nellore às vinte e três horas, e fomos recebidos com uma ovação. Uma excelente casa tinha sido preparada para nosso grupo; havia muitas flores e plantas decorativas, e, embora fosse muito tarde, eu tive que responder a dois discursos – um em sânscrito, o outro em inglês. Depois disso nos foi permitido ir para nossas camas, exaustos. No dia seguinte dei uma palestra, e o posterior foi dedicado ao trabalho editorial e admissões à Sociedade; à noite veio uma delegação dos *pandits* mais instruídos do distrito e nos fez perguntas; e às vinte e três horas organizamos formalmente a S.T. de Nellore. Nossa estada na cidade terminou com uma segunda palestra no dia 9 de maio, novas admissões de candidatos e mais trabalho de redação. Fomos para Mypaud, um lugar à beira do canal, para onde a casa flutuante tinha sido levada para nos poupar dezoito quilômetros de viagem no canal. Retomamos nosso trabalho de redigir e nossas conversas e, algum tempo depois, chegamos a Padaganjam, o limite da navegação no canal na estação quente, e o lugar de onde, para prosseguir para Guntur, nossa Ultima Thule[478], tínhamos que pegar palanquins e *jampans*, ou cadeiras carregadas. Mas esses meios de transporte apareceram somente no dia seguinte, e como os cules tiveram de descansar, começamos o trajeto apenas pouco antes do pôr do sol.

    Nossa caravana consistia em quatro palanquins e um *jampan*; junto com os carregadores de bagagem, havia cinquenta e três cules. Logo chegamos a um vau, onde um rio teve de ser atravessado. A travessia me fez rir às gargalhadas e fez HPB xingar. A água estava tão profunda que, para manter o chão dos nossos palanquins seco, os portadores, para nos levantar o suficiente, tiveram que equilibrar os paus grossos sobre suas cabeças. Antes de entrarem na água, todos eles se despiram, guardando apenas o *langooti*, ou pano que serve de cueca. Tateando o chão com os pés com a maior cautela e sondando o fundo com seus varais, eles foram cada vez mais fundo até que a água subiu até as axilas. Educadamente eu estava na frente, para que HPB pudesse saber se eu estava me afogando e pudesse voltar para trás. Foi uma experiência delicada ficar sentado totalmente imóvel, para não desestabilizar o equilíbrio do pau redondo sobre as cabeças de meus seis cules; imagine a confusão para mim e meus papéis se um dos homens desse um passo errado; mas, viaja-se para ganhar experiência; então fiquei deitado o mais imóvel que pude. Quando estávamos no meio do rio, comecei a ouvir o som de uma voz familiar vindo do próximo palanquim, e logo HPB começou a gritar para mim que esses homens certamente a deixariam cair na água. Gritei de volta

---

478 Visto que *"ultima"* é palavra latina, ela se escreve sem acento (não "última"). "Na geografia medieval, *Ultima Thule* pode [...] denotar qualquer lugar distante localizado além das 'bordas do mundo conhecido'." (Wikipédia) A expressão é também usada para referir-se ao lugar mais distante para onde se quer ir.

que não importava, porque ela era gorda demais para afundar e que eu iria pescá-la. Ela começou a me repreender pesadamente, às vezes também os cules, que, não entendendo uma palavra, continuavam como antes. Finalmente chegamos à outra margem; minha colega, para descansar, desceu do palanquim e caminhou um pouco, e, depois de alguns cigarros, tinha esquecido seus recentes problemas.

A viagem foi muito tediosa, e fazia muito calor, o termômetro mostrando mais de trinta e seis graus à sombra. Os cules cantarolavam dia e noite, durante os três dias que estávamos viajando, uma música monótona que no fim dava terrivelmente nos nervos. À noite, levavam grandes tochas feitas de um esfregão de algodão, embebido de óleo de coco, que soltavam uma nuvem de fumaça – de um cheiro horrível – que quase nos sufocava nos palanquins. Elas eram carregadas dos dois lados de cada palanquim, para que os cules pudessem ver serpentes que estivessem enroladas no caminho, e como o vento estava soprando, não havia como escapar da fumaça das tochas; quando tínhamos, nas paradas, a oportunidade de nos olharmos, descobríamos que estávamos quase cobertos de fuligem. Mas foi uma compensação suficiente ver o *jemadar*, ou cule da frente, matar uma cobra grande em que os portadores quase certamente teriam pisado, se não fosse a luz das tochas.

Chegamos em Guntur ao pôr do sol no terceiro dia, e fomos mergulhados imediatamente em uma cena de tumultuosas boas-vindas. Disseram-nos que a população inteira, exceto aqueles que eram velhos, jovens ou doentes demais para saírem à noite, tinha vindo para fora da cidade para nos encontrar. Eram milhares, e cada um deles parecia determinado a se aproximar o suficiente para poder nos olhar bem. O resultado pode ser imaginado: nosso avançar foi como abrir um caminho através de uma parede compacta de carne. Primeiro fomos levados a uma barraca, onde recebemos algo para comer e beber e onde os dignitários do lugar nos foram apresentados. Mas a multidão tornou-se tão importuna que isso foi interrompido, e HPB e eu tivemos de montar em cadeiras para nos mostrar. Tivemos que fazer um breve discurso, e só depois disso fomos colocados em algum meio de transporte

– acho que foram *jampans* – e seguimos em frente na procissão. As ruas estavam cheias de pessoas, na frente de todas as casas, e só conseguimos mover-nos a passo de lesma. Holofotes e coloridos fogos-de-bengala iluminavam a noite em nossa volta a cada passo, e era realmente curioso ver a cabeça e ombros grandes de HPB iluminados pelas diferentes luzes. Como ela estava na minha frente, eu tive uma excelente oportunidade para observar os efeitos artísticos. Não se pode imaginar uma ovação mais verdadeiramente popular, pois todos os elementos estavam lá, incluindo o contínuo barulho dos gritos de entusiasmo que nos acompanhavam – um rio de som – durante todo o caminho até nosso destino. Havia milhares de tochas, e a cidade de Guntur estava tão clara como de dia. Dois arcos de triunfo tinham sido erigidos nas principais ruas. Quando chegamos na casa, tivemos de ouvir e responder a dois discursos em inglês e dois em telugo[479]. O tom de elogio exagerado em todos eles nos fez sentir como dois tolos, e me colocou em uma situação difícil para encontrar palavras para responder com a discrição adequada. Depois dessa provação, vieram mais apresentações de pessoas, conversas prolongadas e a iniciação de um candidato, que tinha que deixar a cidade antes da manhã.

A palestra do dia seguinte foi sobre "A alma: argumentos da ciência em favor de sua existência e transmigrações". Esse tema tinha me sido dado por causa do ceticismo predominante entre os jovens cultos do lugar. O chefe da Missão Luterana local, Reverendo L. L. Uhl, e alguns amigos seus estavam presentes e tomaram notas. Se me lembro bem, afirmei em minha fala que o domínio do cristianismo teológico sobre as mentes das pessoas cultas do Ocidente estava enfraquecendo e que uma nítida reação tinha começado: uma onda de livre-pensamento estava varrendo a Europa e a América. Meu amigo reverendo disse que ele iria me responder na sua capela na manhã seguinte e convidou a mim e meus amigos a estar presentes. Nós fomos, e ficamos muito decepcionados, pois seu discurso foi "fraco e descuidado", como anotei em meu Diário. Como seu comportamen-

---

479 Língua oficial no estado indiano de Andhra Pradesh, que se situa ao norte do estado de Tamil Nadu.

to em relação a mim era amigável, eu propus emitirmos um panfleto conjunto sobre os prós e contras do cristianismo, e ele concordou. Prometi enviar-lhe meu manuscrito "assim que pudesse encontrar tempo para prepará-lo". Tive o cuidado de dizer ao Sr. Uhl que eu tinha que cuidar de tantos assuntos oficiais que não poderia prometer que o texto estivesse pronto em determinada data. E aconteceu que o Sr. Uhl, depois de esperar por mim por um longo tempo – talvez dezoito meses ou dois anos –, apresentou seu lado da questão em um panfleto separado, que foi amplamente divulgado por ele como – por assim dizer – um documento de campanha e prova da minha incapacidade de comprovar minhas afirmações. Porém, o fato é que, seis meses após o momento do acordo, eu tinha coletado e enviado ao presidente da S.T. de Guntur um grande número de recortes e notas sobre o assunto, solicitando que a partir delas ele elaborasse o panfleto e o enviasse para mim para revisão, tendo em vista que eu não podia dedicar, de maneira alguma, o tempo necessário ao caso. Também escrevi ao Sr. Uhl a respeito de minhas dificuldades. Mas meu amigo esperou outros amigos, e individual e coletivamente não fizeram nada, e finalmente, depois do desaforo do Sr. Uhl, recebi de volta meu pacote de notas e o joguei na lixeira, e assim abandonei a questão: era mais barato deixar meu crítico reverendo desfrutar de seu triunfo do que tentar o impossível – escrever meu panfleto –, quando eu tinha de resolver assuntos muito mais importantes. Quando seu panfleto apareceu, eu tinha organizado setenta novas Lojas da Sociedade e viajado por toda a Índia e Ceilão.

No dia de nossa partida de Guntur, HPB e eu tivemos o prazer de ter nossa primeira experiência com uma dessas maravilhas do treinamento mental, um brâmane *Ashtavadani*[480]. Existem na Índia muitos homens que, por um curso de treinamento que dura muitos anos, aperfeiçoaram a memória em um grau incrível para aqueles que não testemunharam seus feitos pessoalmente. Alguns podem manter cinquenta, e ainda mais, processos mentais simultaneamente; em comparação com esses fenômenos, as histórias mais

---

480 A palavra sânscrita "*ashtavadhamam*" significa "óctupla concentração". Um *ashtavadani* é alguém que domina essa técnica.

maravilhosas sobre os nossos jogadores de xadrez ocidentais parecem totalmente triviais. O processo é o seguinte: as pessoas que quiserem participar do teste sentam-se por perto, e o *pandit* começa com o primeiro à direita. Digamos, com um jogo de xadrez. Ele indica o primeiro movimento, olha um minuto para o tabuleiro, e passa para o próximo participante, com quem, talvez, jogue algum outro jogo. Aqui, novamente, ele indica o movimento e passa para o terceiro homem, para quem ele talvez seja solicitado a compor um poema original em sânscrito sobre um determinado assunto, sendo a letra inicial ou final de cada verso escolhida pela outra pessoa. Ele reflete profundamente e então dita um verso que cumpre as condições. Do próximo, ele deve pegar – palavra por palavra (as palavras estando fora de ordem, segundo a escolha daquele participante) – um verso em uma língua qualquer, conhecida ou desconhecida do *pandit*; ele recebe uma palavra de cada vez, repetindo-a até que o som se torne familiar ao seu ouvido e a guarda em sua memória, até que, terminada a sessão, ele repete o verso inteiro com cada palavra colocada na sequência correta. O próximo homem, talvez, bata em um sino quantas vezes ele escolher, e o *pandit* tem que lembrar o número de batidas e dizê-lo quando ele faz sua última rodada do círculo. Depois pode ser a vez da criação de um "quadrado mágico"[481] de números em várias colunas, onde os números em cada coluna e cada linha dão a mesma soma. Em seguida, com o próximo homem, ocorre uma disputa sobre qualquer proposição em qualquer uma das seis escolas de filosofia hindu, sendo que a argumentação e demonstração são feitas por etapas enquanto ele se aproxima a essa pessoa. O participante seguinte pode, por exemplo, dar-lhe como tarefa a multiplicação ou divisão – ou alguma outra operação aritmética – de um número gigantesco, digamos uma operação em que tanto o multiplicador quanto o multiplicando consiste em uma dúzia de algarismos. E assim por diante da maneira mais desconcertante, de modo que o observador fica totalmente estupefato e se pergunta se o

---

481 "*Quadrado Mágico* é uma tabela quadrada de números em progressão aritmética em que a soma de cada coluna, de cada linha e das duas diagonais são iguais." (Wikipédia)

cérebro humano é capaz de tal atividade múltipla. HPB aproveitou para ditar ao nosso *pandit* o célebre poema russo sobre o rio Volga, e eu, várias frases em espanhol que aprendi quando menino: ele apresentou tudo isso com precisão no final do entretenimento, cada palavra em seu lugar. Às dez da noite, começamos nossa viagem de volta, sendo carregados em nossos palanquins.

Quando chegou a manhã, tínhamos andado cinquenta quilômetros, com três trocas de portadores, e chegamos ao pequeno vilarejo de Baput, onde os carregadores de nossas bagagens deveriam ter-se encontrado conosco, mas como eles só apareceram às dezenove horas, tivemos que esperar o dia inteiro, e continuamos a viagem somente às vinte e trinta. Naquela noite percorremos uma distância de trinta e sete quilômetros, o que nos levou a Padaganjam e ao Canal. Um amigo muito estimado, o falecido Sr. Ramaswamy Naidu, Assistente do Inspetor de Sal, tinha enviado seus criados para preparar uma casa confortável para nós, na qual passamos o dia à espera de sua própria casa flutuante, que foi colocada à nossa disposição. Ela chegou às duas da tarde, com nossos amigos, Srs. P. Iyaloo Naidu e L. V. V. Nayadu ("Doraswamy", para seus íntimos), e nós embarcamos ao pôr do sol.

Como o vento soprava agora na direção contrária, nossa embarcação tinha de ser puxada pelos cules. Pobres diabos! Foi muito duro para eles, pois no dia seguinte fazia trinta e nove graus à sombra, e nenhum de nós tinha energia para fazer qualquer trabalho; só conseguíamos ficar sentados, sem fazer nada, e suar. Felizmente – para os cules – tivemos que esperar quase o dia todo em Ramapatnam por alguns candidatos à filiação e não continuamos antes da meia-noite. No dia seguinte fez de novo um calor terrível. À noite, ficamos parados várias horas por causa dos obstinados barqueiros, que se recusaram a atravessar uma enseada até o final do refluxo da maré. Às três da madrugada saí para ver como as coisas estavam indo, e vi que o barco estava se movendo silenciosamente; os cules, andando em um caminho à beira do canal, estavam puxando a corda de reboque, e o *serang* (capitão) pilotava e cantava para si mesmo uma melodia monótona. Às seis chegamos a Mypaud, onde os amigos de Nellore nos esperavam com carruagens. Como íamos retornar a Madras por terra, foi necessário pegar nossa bagagem, o que demorou algum tempo, de modo que partimos somente às oito horas, quando o calor já estava sufocante. Os pobres *anadhis* pareciam bastante cansados, mas chegamos em Nellore às onze, agradecidos por podermos nos abrigar na imponente casa, com suas grossas paredes, terraço de tijolos formando o telhado e amplas varandas que mantêm os quartos escuros e comparativamente frescos.

Um conhecido brâmane, um *pandit* da escola vedantina, veio nos ver naquela noite, evidentemente com o único objetivo de mostrar nossa ignorância; mas em nós dois velhos veteranos – especialmente em HPB, com sua sagacidade e sarcasmo – ele tinha achado duas pessoas à altura, e em poucas horas fomos capazes de expor aos presentes seu intenso egoísmo, sua vaidade e seus preconceitos fanáticos. Contudo, nossa vitória não foi de graça, pois vejo uma nota (de *postscriptum*) em meu Diário dizendo que ele depois se revelou "nosso inimigo ativo". Boa sorte para ele e para todo o nobre exército de nossos "inimigos". Seu ódio nunca lhes fez o menor bem, nem causou o menor dano à Sociedade. Nosso navio não navega com o vento dos favores.

Dezessete cartas, três artigos para o *Theosophist* e a leitura de uma pilha de correspondências me mantiveram bastante ocupado no dia seguinte até a noite, quando dei uma palestra sobre "A sabedoria ariana". Os dois dias seguintes foram semelhantes, mas no segundo dia fomos às dezessete horas de carro de boi para Tiruppati, a cento e vinte e cinco quilômetros de distância, onde se encontrava a estação de trem mais próxima para ir a Madras. Em um calor abrasador, foi uma viagem dura e tediosa, mas finalmente terminou, como também terminou nossa espera de doze horas por um trem, assim como a viagem para Madras, onde chegamos no tempo previsto e fomos recebidos por amigos e acompanhados até o nosso antigo bangalô.

Em minhas viagens pela Índia e pelo Ceilão, eu tinha observado lugares, pessoas e climas com vistas a selecionar o melhor lugar para uma sede permanente para a Sociedade. No Ceilão haviam nos oferecido casas, livres de aluguel, e, com certeza, a ilha tinha uma aparência muito charmosa para quem procura uma casa na Ásia; mas várias considerações, como o fato de estar situada fora da Índia, o custo do porte postal e o estado intelectual atrasado do povo como um todo, sobrepujaram sua beleza e nos levaram a preferir a Índia. Até o momento, no entanto, nenhuma boa propriedade nos tinha sido oferecida, e não tínhamos feito planos específicos. Mas em 31 de maio, os filhos do juiz Muttusawmy nos pediram para ir olhar uma propriedade que podia ser adquirida por um preço baixo. Fomos levados a Adyar, e à primeira vista sabíamos que encontramos nossa futura casa. O prédio palaciano existente na propriedade, dois bangalôs menores à beira do rio, estábulos de tijolos, um barracão para carruagens, *godowns* (depósitos) e uma piscina interna, uma avenida ladeada de velhas mangueiras e de figueiras-de-bengala[482], e uma grande plantação de casuarinas (uma das árvores coníferas) constituíam uma encantadora residência rural, e o preço pedido – cerca de nove mil rúpias, ou aproximadamente seiscentas libras – era tão baixo (na verdade, uma bagatela) que o projeto de comprá-la parecia viável até mesmo para nós. Consequentemente, decidimos adquiri-la e, pouco depois, a compra foi efetuada com a gentil ajuda de P. Iyaloo Naidu e do juiz Muttusawmy Chetty: o primeiro emprestou parte do dinheiro, e o outro conseguiu um empréstimo para o resto, em condições muito favoráveis. Fizemos logo um apelo para subscrições, e no ano seguinte tive a satisfação de poder pagar tudo e receber os títulos de propriedade. O preço baixo se explica pelo seguinte: com a expansão da ferrovia até o pé das colinas de Nilgiri, o belo sanatório de Ootacamund tinha ficado a um dia de viagem de Madras, e os altos funcionários passavam metade do ano lá e colocaram seus excelentes bangalôs em Madras à venda, em um mercado sem demanda. O que paguei por "Huddlestone's Gardens"[483] era mais ou menos o preço dos velhos materiais, se os prédios fossem demolidos. De fato, isso teria acontecido se não tivéssemos apare-

---

482 Em inglês: "*banyan tree*"; nome científico: "*Ficus benghalensis*"; é a árvore nacional da Índia.

483 Aparentemente o nome da propriedade antes de ser adquirida por Olcott e HPB.

cido como compradores. Permanecemos em Madras uma semana a mais, durante a qual dei duas palestras e admiti mais membros. No dia 6 de junho tomamos o trem para Bombaim. Mais de cinquenta amigos, com presentes de flores, nos levaram até a estação, e nos rogaram para apressarmos nosso retorno e nos instalarmos permanentemente entre eles. No dia 8, às onze horas, chegamos em Bombaim, onde muitos amigos estavam reunidos para nos encontrar e nos acompanhar até nossa casa.

As pessoas falam superficialmente de Madras como "Presidência Ignorante"[484] e como sendo insuportavelmente quente. Porém, o fato é que, no que diz respeito ao clima, eu a prefiro às outras, e quanto à literatura sânscrita e à filosofia ariana, ela é a mais esclarecida das Presidências indianas. Há mais *pandits* cultos nas aldeias, e a classe educada, como um todo, foi menos corrompida pela educação ocidental. Em Bengala e Bombaim há mais literatos do nível de Telang[485] e Bhandarkar[486], mas não lembro ninguém igual a T. Subba Row, de Madras, quanto à genial capacidade de compreender o espírito da Sabedoria Antiga; e o fato de ele estar em Madras foi uma das causas de nós termos fixado nossa residência oficial naquela Cidade-Presidência. Embora ele já tenha falecido, nós nunca nos arrependemos de nossa escolha, porque Adyar é um tipo de Paraíso.

---

484 Traduzo *"Presidency"* literalmente como "Presidência", embora se trate de algo diferente e específico. Veja a seguinte informação constante na Wikipédia em língua inglesa: "As Províncias da Índia, anteriormente Presidências da Índia Britânica e antes disso Cidades-Presidência, eram as divisões administrativas durante o governo britânico no subcontinente. [...] Em 1851, as quatro divisões governamentais eram a Presidência de Bengala, com a capital Calcutá, a de Bombaim, com a capital Bombaim, a de Madras, com a capital Madras, e a das Províncias do Noroeste, com a sede do Tenente-Governador em Agra."

485 Kashinath Trimbak Telang (1850-1893), juiz e indólogo.

486 Ramakrishna Gopal Bhandarkar (1837-1925), erudito, orientalista e reformador social.

CAPÍTULO XXIV

DE BARODA AO CEILÃO, E AS CURAS DE DOENTES

Uma das tempestades morais que nos bombardearam naqueles dias foi o ataque maldoso que o *Swami* Dayanand Saraswati dirigiu contra nós, em março de 82, e vejo pelo meu Diário que o meu primeiro trabalho após nosso regresso a Bombaim foi a preparação de nossa defesa. Ela apareceu na edição de julho do *Theosophist*, como suplemento de dezoito páginas, e acho que ela deve ter sido bastante convincente, uma vez que os fatos expostos nunca foram contestados pelo *Swami* ou seus seguidores. Entre as provas estava o fac-símile de sua procuração, pela qual ele tinha me dado poderes para votar em seu nome como membro do Conselho nas nossas reuniões. Ele havia negado ser membro da Sociedade, e, tachando nossa conduta de ardilosa e sem princípios, tinha afirmado que usamos seu nome como Conselheiro sem permissão! Quantas acusações, insinuações, difamações e ataques literários igualmente infundados têm circulado contra a Sociedade e seus dirigentes, desde a sua fundação até o momento atual, e em que completo esquecimento eles caíram sucessivamente!

Em junho de 1882, HPB e eu aceitamos um convite para visitar Baroda, a capital florescente de Sua Alteza o *Gaikwar*[487]. O juiz Gadgil, M.S.T., e outros altos funcionários (*Durbaris* é o termo usado para eles em todos os Estados Nativos) vieram nos receber na estação e nos levaram a um bangalô adjacente ao novo e esplêndido

---

487 No original: "*H. H. the Gaikwar*". *Gaikwar* era o título dos regentes de Baroda. "H. H." significa "*His Highness*" (Sua Alteza).

palácio de Sua Alteza. Como sempre em nossas viagens, muitas pessoas vieram nos visitar, o que significa que a nossa sala de recepção estava lotada de curiosos durante o dia e à noite. Como o *Gaikwar* estava realizando um *Durbar* naquele dia, fui convidado, e mais tarde Sua Alteza conversou comigo por mais de três horas sobre Teosofia. Tive grandes esperanças de que ele pudesse ser o nosso amigo mais solidário entre os príncipes indianos. Ele era jovem e muito patriótico, o que, na Índia, significa que ele deveria ter um amor ardente por sua religião ancestral e seria gentil com todos os seus amigos. Sua vida privada era pura, e seus objetivos, elevados – em grande contraste com a maioria de sua classe, que é, via de regra, corrompida pelas influências infernais nas suas cortes. Eu tinha ainda mais razão para minha esperança pelo fato de ele me tratar de maneira particularmente amável e respeitosa. Mas fomos decepcionados: o seu tutor inglês fez dele um tipo bizarro de materialista, as tarefas do Estado o sobrecarregaram e, embora ele fale muito sobre Teosofia, ele não é teosófico nem na sua crença nem na prática. Ao mesmo tempo, ele é um homem de grande energia e habilidade, e sua vida tem sido totalmente pura. Na época de nossa visita, seu *Dewan*, ou primeiro-ministro, era o *Rāja* Sir T. Madhava Row, K.C.S.I., cuja capacidade conspícua como estadista foi apontada por *The Times*[488]. Ele era um homem bonito, de aparência distinta e de comportamento cortês, e tinha um aspecto bastante pitoresco quando vestido em seu traje de corte. Para nós, ele foi educado e cordial, falou inteligentemente sobre questões filosóficas e pediu para HPB fenômenos como provas de seus supostos poderes suprafísicos para convencê-lo da solidez da base de nossas teorias quanto à natureza dupla do homem. Ele não conseguiu dela nada mais do que algumas batidas em mesas e sons de campainha no ar, mas seu *Naib*, ou *Dewan* Assistente, conseguiu mais. Esse cavalheiro, também já falecido, era um daqueles altamente instruídos, intelectualmente talentosos pós-graduados da universidade de Bombaim que deixaram suas marcas na história indiana contemporânea. O Sr. Kirtane era velho amigo e colega de faculdade do juiz Gadgil, que muito queria

---

488 Importante jornal britânico.

que ele se juntasse à nossa Sociedade e ajudasse na formação de uma Loja local. Mas o Sr. Kirtane, embora piedoso e um tanto inclinado para o misticismo, era tão cético quanto seu chefe, Sir T., a respeito do desenvolvimento dos poderes *yóguicos* no nosso tempo, e nos olhou com desconfiança por causa de nossas declarações afirmativas. Sir T. Madhava Row era mais estadista do que erudito, e não tinha nada de um místico; já o Sr. Kirtane era mais erudito e místico do que estadista; por isso ele conseguiu as provas, negadas ao *Dewan Sahib*. Aconteceu da seguinte maneira, como agora me lembro. Eu tinha saído para ver o *Gaikwar*; ao voltar, vi Kirtane e Gadgil na soleira da porta aberta do quarto de HPB, e ela estava no meio do quarto, de costas para nós. Nossos dois amigos me disseram para não entrar, porque Madame B. estava produzindo um fenômeno e tinha acabado de mandá-los para a varanda, onde eu os encontrei. No minuto seguinte, ela veio em nossa direção e, pegando uma folha de papel da mesa, disse para o cavalheiro que colocasse alguma marca para identificá-la. Recebendo-a de volta, ela disse: "Agora vire-me na direção de sua[489] residência." Eles fizeram isso. Então ela colocou o papel entre suas palmas (estendidas na horizontal), ficou calada por um momento, depois o deu para nós, foi para dentro e sentou-se. Os dois *Durbaris* soltaram gritos de espanto ao verem, na folha – limpa poucos instantes antes – uma carta dirigida a mim na caligrafia e com a assinatura do então Residente britânico naquela corte. Era uma caligrafia muito peculiar, pequena, e a assinatura era mais como um pequeno emaranhado de barbante do que o nome de um homem. Depois eles me contaram a história. Parece que eles estavam pedindo para HPB explicar a lógica científica do processo de materialização[490], em papel, tecido ou qualquer outra superfície,

---

489 No original: "*his*" (dele); no momento não está claro a quem HPB se refere, mas aparentemente trata-se do Residente britânico, mencionado pouco depois.

490 No original: "*precipitation*". No português, usa-se muitas vezes a tradução literal "precipitação", mas como nos dicionários de português não se encontra essa palavra com o sentido que "*precipitation*" tem nessa frase, prefiro "materialização".

de uma imagem ou de um texto, até lá invisível para o espectador, e sem a ajuda de tinta – de escrever ou de pintar –, de lápis ou outros objetos. Ela lhes disse exatamente o que expliquei em meu primeiro volume destas *Old Diary Leaves*, em conexão com sua materialização, em Nova Iorque, dos retratos do *Yogue* e de M. A. Oxon, da escrita deste último e outros fenômenos; ela explicou que, visto que as imagens de todos os objetos e incidentes são armazenadas na Luz Astral, não era necessário que ela tivesse visto a pessoa ou conhecesse a escrita cuja imagem desejava materializar; só tinha de ser colocada no rastro delas e podia encontrá-las e vê-las ela mesma e depois materializá-las. Imediatamente eles imploraram para ela fazer tal coisa para eles: "Bem", disse ela finalmente, "então me diga o nome de um homem ou uma mulher muito hostil à Sociedade Teosófica, a quem nem Olcott nem eu possamos ter conhecido". De imediato eles mencionaram o Sr. ..., o Residente britânico, que nutria um grande ódio por nós e nossa Sociedade, nunca perdendo a oportunidade de dizer coisas desagradáveis sobre nós, e que tinha impedido o *Gaikwar* de convidar HPB e a mim para a sua entronização, o que, por sugestão do juiz Gadgil, o *Gaikwar* teria feito. Eles acharam isso[491] uma tarefa difícil – mas não foi, como o resultado provou. Pensei que eles fossem explodir de riso quando lessem o conteúdo da nota. Ela estava dirigida a "Meu querido Coronel Olcott", pediu perdão pelas coisas maliciosas que ele havia dito contra nós, pediu-me que o inscrevesse como assinante de nossa "revista de renome mundial, o *Theosophist*" e disse que desejava tornar-se membro da Sociedade Teosófica; assinada "Atenciosamente" e com o seu nome. HPB nunca tinha visto uma linha da escrita do cavalheiro, nem a sua assinatura, nunca o tinha encontrado em carne e osso, e a nota foi materializada naquela folha de papel, segurada entre suas mãos, enquanto ela estava no meio do quarto, em plena luz do dia, com nós três olhando e testemunhando.

Raramente enfrentei um público mais brilhante do que aquele que ouviu minha primeira palestra em Baroda sobre Teosofia. Eu a

---

491 Olcott se refere à materialização.

proferi no lindo Salão de Casamento, onde os membros da família real de Baroda são casados. O *Gaikwar*, seu primeiro-ministro, todos os nobres e aqueles funcionários do Estado que sabem inglês, além do Residente britânico com seu pessoal, estavam presentes. No final, um *Durbari* muçulmano, que posteriormente se tornou *Dewan*, apresentou um voto de agradecimento. Seu discurso me impressionou como sendo uma joia de retórica inglesa e de educada cortesia. Foi ao mesmo tempo instrutivo e divertido ouvir seus elogios, porque eu sabia que ele não acreditava em nenhuma religião, exceto a de "Se dar bem", não tinha fé em nós, e sua fala foi um feito inteligente de agradar a gregos e troianos. No dia seguinte dei mais uma palestra – dessa vez sobre "Ciência e Hinduísmo" – no mesmo lugar, diante do mesmo público magnífico. À noite, ganhamos um colega muito valioso, o Dr. Balchandra, Médico-Chefe de Baroda, que é um dos homens mais intelectuais e cultos da Índia. Acho que foi especialmente para ele que HPB leu o conteúdo de um telegrama, antes de o envelope ser aberto, e também tocou os seus sinos atmosféricos. No dia seguinte atendeu ao pedido do *Gaikwar* de produzir algumas batidas na mesa durante uma longa entrevista que ele havia pedido.

De Baroda fomos a Wadhwan para ver nosso amigo, o *Thakore Sahib* reinante. Depois regressamos a Bombaim, onde dividimos o trabalho entre nós: eu preparando o material editorial para o próximo *Theosophist*, e ela se movendo para a beira da apoplexia; pois vejo no Diário em uma entrada de 28 de junho que "HPB está ameaçada de apoplexia, então minha partida para o Ceilão está novamente adiada". Ela recuperou sua saúde normal depois de pouco tempo, mas somente depois de ter passado por um acesso de extrema irritabilidade, durante o qual ela infernizou a vida de todos nós.

Finalmente embarquei em 15 de julho. Deixo o leitor imaginar como devo ter estado encantado no vapor da P. & O., quando se sabe que a monção tinha começado quinze dias antes, que o navio rolava como louco no mar raivoso, e que ele estava tão cheio de carga que todas as cabines da segunda classe, exceto as três ou quatro que ocupávamos, estavam cheias de madeira de sândalo, cebolas e madeira de alcaçuz, que misturavam seus vários odores com o do óleo quente do motor e o cheiro desagradável de colchões de algodão úmido. Anoto isso como tendo sido meu pior episódio de viagens marítimas.

Eu estava retornando à ilha, depois de uma ausência de meio ano, para continuar com a propaganda educacional. Minhas primeiras impressões foram das mais desanimadoras. Parecia que toda a vida tinha abandonado as Lojas e os membros quando eu havia partido para Bombaim, e somente cem rúpias das subscrições não pagas – cerca de treze mil rúpias – tinham sido coletadas. Do dinheiro do Fundo Fiduciário, duzentas e quarenta e três rúpias tinham sido usadas para despesas correntes, junto com sessenta rúpias que pertenciam ao Fundo para o *Buddhist Catechism*. Deram diversas desculpas, que tive que aceitar, já que não havia outra coisa a fazer. A única coisa a fazer era voltar a trabalhar, reinfundir vida em tudo, apagar a história da ociosidade de seis meses e pôr a máquina em movimento. Comecei com o Sumo Sacerdote e Megittuwatte, e combinei algumas palestras que o comitê havia me pedido para dar em Colombo. Depois, em uma reunião da Loja, expliquei o sistema de autotributação voluntária adotado por muitos bons cristãos, pelo qual, às vezes, dez por cento de seus rendimentos são reservados para o trabalho religioso e caritativo; eu tinha visto meu pai e outros piedosos senhores cristãos fazendo isso como uma questão de consciência. Depois li um memorando no qual foi provado que o que eles, os nossos mártires de Colombo, haviam dado e gasto para aquele movimento de renascimento budista representava apenas três quartos de 1% de seus rendimentos; era fácil mostrar isso, pois a maioria deles eram funcionários públicos, recebendo salários fixos. Saí da reunião, deixando-os tirar as conclusões por si mesmos.

Dei as palestras previstas, e em 27 de julho a S.T. de Colombo comemorou seu aniversário com um jantar. Nosso salão foi decorado com flores, folhas verdes e ramagens, naquela maneira de bom gosto em que os cingaleses se destacam. Na parede do fundo do salão havia, abaixo da palavra "fraternidade", um desenho de um aperto de uma mão branca com uma mão preta, e nos outros lados estava escrita a seguinte breve afirmação sobre a lei do *Karma*: "O passado você não pode recordar. O presente é seu. O futuro será tal como você o faz no presente." No dia seguinte, fui para Galle para começar a minha turnê naquela província.

Meu primeiro discurso público foi em Dondera, o ponto mais meridional da ilha. Passei meu aniversário de cinquenta anos em Galle, escrevendo e fazendo um retrospecto da minha vida, da qual mais da metade tinha sido dedicada a trabalhar para o público. O fato de saber que eu não iria chegar a outro aniversário semicentenário só fortaleceu minha determinação de realizar o máximo possível para a Teosofia nos anos de que eu disporia.

Não vou sobrecarregar meu relato com anotações sobre as várias aldeias que visitei, nem sobre a soma subscrita para o Fundo Budista. Mas menciono que no dia 9 de agosto dei uma palestra no Wijananda Vihara, onde HPB e eu publicamente havíamos tomado o *panchasila*, nos proclamando assim budistas, no ano de 1880. Minha neutralidade em relação às diferenças de casta e seita fez que eu fosse bem-vindo para todos, e passei de *vihara* a *vihara*, dirigindo-me ora a um público de *Willallas*[492], ora à casta dos pescadores, e depois à grande casta dos descascadores de canela, a cada vez coletando dinheiro para o objetivo comum. Em Kelagana Junction o encontro foi especialmente pitoresco e luminoso, com o verde brilhante peculiar ao Ceilão tropical. Meu palco era formado por grandes mesas, em cima das quais havia um pequeno estrado e três cadeiras, duas das quais estavam ocupadas por dois monges de vestes amarelas, a terceira por mim. Ele estava sob a espessa sombra de uma árvore de fruta-pão. Houve uma longa procissão com bandeiras, bandeirolas e tom-tons; nas fachadas das casas e atravessando as ruas pendiam panos em cores brilhantes; aplausos e gritos não paravam, mas, como anotado em meu Diário, era "muita glória, mas pouco dinheiro para o Fundo". Foram coletadas apenas 42,77 rúpias, e não é de estranhar que acrescentei na minha nota a palavra "*Humbug*"[493]. Ocorreu praticamente o mesmo no dia seguinte,

---

492 A casta dos agricultores.
493 Essa palavra inglesa é uma gíria, que pode significar "fraude", "tapeação", "embuste", "farsa", "bobagem".

quando apenas cinquenta rúpias foram subscritas, e eu resumi a experiência com as palavras "Procissão e tolice[494]". As coisas continuaram assim todos os dias, com sucesso variado, mas em toda parte havia muita boa vontade e gentileza. Eles são um povo amoroso, os cingaleses, e querem fazer tudo o que podem, de acordo com sua compreensão.

No dia 24 de agosto estive em Colombo para participar do casamento de um dos nossos melhores trabalhadores com a irmã de nosso primeiro amigo cingalês, J. R. De Silva. A cerimônia consistiu apenas na assinatura do contrato civil e na troca de promessas no cartório[495]; ainda não havia chegado o tempo para o nosso Tabelião Budista e a cerimônia antiga modificada agora usada por ele. O Sr. De Silva tinha caiado e decorado sua casa ricamente, transformando-a em uma moradia cheia de plantas. Em uma procissão de carruagens fomos com os nubentes ao cartório, e acompanhamos o casal de volta à casa do agora esposo; depois houve comida e bebida, e às dezessete horas fomos todos de trem para a sua futura residência, no vilarejo de Morutuwa. Lá se formou uma procissão a pé, com o casal recém-casado na frente, atrás da banda, a noiva em seu vestido branco, com véu e com chinelos de cetim. Todo o vilarejo estava alegre; luzes azuis estavam acesas, foguetes e velas romanas eram lançados, a banda dos Voluntários tocava música excelente. Mas quando nos aproximamos da casa, foi necessário atravessar uma ponte, então a música cessou e a procissão continuou em silêncio. Isso me deu a impressão de um grupo de fantasmas movendo-se sem ruído, iluminado pelo luar. Uma bela ceia foi servida em uma longa construção coberta de folhas de palmeira, especialmente erguida para a ocasião, e foram brindados todos aqueles a quem valesse a pena brindar, até meia hora antes da meia-noite, quando voltamos para a cidade em um trem especial. O dia seguinte foi ocupado com uma reunião com Sumangala Thero e Hiyeyentaduwe, seu Assistente Principal na Faculdade; tratamos de uma série de novas perguntas e respostas

---

494 No original: "*flummery*", que também significa "mingau de aveia".
495 No original: "*Government Registrar of Marriages*" (literalmente: Registrador Governamental de Casamentos).

que eu tinha elaborado para uma nova edição do *Catecismo Budista*. Depois voltei para Galle e para meus trabalhos relacionados com meu tour pelo Ceilão.

Em 29 de agosto, ocorreu no Jardim da China, um bairro de Galle, um incidente que se tornou histórico no Ceilão. Depois da minha palestra, uma folha para subscrições foi colocada sobre uma mesa, e as pessoas vieram, uma após a outra, para subscrever. Um homem chamado Cornelis Appu me foi apresentado pelo Sr. Jayasakere, o Presidente da Loja, e ele subscreveu a soma de meia rúpia, pedindo desculpas pela insignificância da quantia e explicando que ele tinha estado totalmente paralisado em um braço e parcialmente em uma perna por oito anos, e consequentemente não podia ganhar seu sustento. Acontece que, em Colombo, o Sumo Sacerdote havia me dito que os católicos romanos tinham transformado o poço na casa de um católico, perto de Kelanie, em um santuário de cura, à maneira de Lourdes. Supostamente um homem já tinha sido curado por milagre, mas uma investigação provou que se tratou de uma farsa. Eu disse ao Sumo Sacerdote que isso era um assunto sério e que ele deveria cuidar disso. Se começasse a sugestão hipnótica[496], logo haveria curas reais e poderia haver uma corrida de budistas ignorantes para o catolicismo. "O que posso fazer?", ele disse. "Bem, você, ou algum outro conhecido monge, deve começar a curar as pessoas em nome do Senhor Buda." – "Mas não podemos fazer isso, não sabemos nada sobre essas coisas", ele respondeu. – "Mas tem que ser feito", eu disse. Quando aquele homem meio paralisado em Galle estava falando de sua doença, algo pareceu me dizer: "Aqui está sua chance para o poço sagrado." Eu sabia tudo sobre mesmerismo e cura mesmeriana havia trinta anos, embora eu nunca tivesse praticado isso, salvo para fazer algumas experiências necessárias no início, mas agora, movido por um sentimento de compaixão (sem o qual o curador não tem o poder de curar totalmente), dei alguns

---

496 "No campo da psicologia, a sugestão (do latim *suggestione*) é a influência que um indivíduo exerce sobre o poder de decisão de um ou mais indivíduos. Quando acontece sob efeito de hipnose, é chamada de sugestão hipnótica." (Wikipédia)

passes no seu braço, e disse que esperava que ele pudesse se sentir melhor com isso. Ele partiu. À noite, quando eu estava conversando com meus colegas de Galle em minha casa à beira-mar, o paralítico entrou mancando, pediu desculpas por nos interromper e disse que estava sentindo uma melhora tão grande que tinha que vir para me agradecer. Essa inesperada boa notícia me encorajou a ir mais longe; então cuidei de seu braço por quinze minutos e lhe pedi para voltar na manhã seguinte. Devo mencionar aqui que ninguém no Ceilão sabia que eu possuía ou tinha exercido o poder de curar doentes, nem, imagino, que alguém o tivesse, de modo que a teoria da sugestão hipnótica, ou da alucinação coletiva, dificilmente seria válida nesse caso, pelo menos não nessa fase. Ele veio de manhã, ansioso para me adorar como algo super-humano, por se sentir tão melhor. Eu o tratei de novo, e ainda nos dois dias seguintes; no quarto dia ele conseguia girar seu braço doente em torno de sua cabeça, abrir e fechar a mão, pegar objetos e manuseá-los como sempre. Após mais quatro dias, em uma declaração sobre seu caso a ser publicada, ele pôde assinar seu nome com a mão curada; era a primeira vez em nove anos que ele segurava uma caneta. Eu tinha tratado também um lado de seu tronco e uma perna, e em dois ou três dias ele pôde saltar com ambos os pés, dar pulos com o pé paralisado, chutar igualmente alto contra a parede com os dois, e correr livremente. Como um fósforo aceso na palha, a notícia se espalhou por toda a cidade e o distrito. Cornelis trouxe um amigo paralítico, que curei; em seguida, outros chegaram, primeiro em grupos de dois ou três, depois dezenas, e dentro de mais ou menos uma semana minha casa foi sitiada por doentes desde o amanhecer até tarde da noite, todos clamando pela imposição de minhas mãos. Eles ficaram tão importunos, afinal, que eu não sabia o que fazer com eles. Naturalmente, com o rápido crescimento de confiança em mim, meu poder magnético se multiplicou enormemente, de modo que, se no começo eu precisava de dias para curar um paciente, agora podia fazer isso em meia hora. Uma coisa muito desagradável era a falta de consideração da multidão. Eles me cercavam no meu quarto antes de eu me vestir, me perseguiam a cada passo, não me davam tempo para as refeições, e continuavam me pressionando, não importava o quão cansado e exausto eu estivesse. Eu trabalhava com eles quatro ou cinco horas seguidas, até que sentia que não tinha mais nada em mim, depois os deixava por meia hora para me banhar na água salgada do porto, logo atrás da casa; sentindo correntes de vitalidade entrar no meu corpo e me dando novas forças, voltava e retomava a cura, até que, no meio da tarde, eu tinha me esforçado o suficiente, e então tinha realmente que mandar a multidão sair da casa. Meus quartos ficavam no andar de cima, e na maioria dos casos graves os doentes tinham que ser carregados por amigos e colocados aos meus pés. Alguns estavam completamente paralisados, com seus braços e pernas contraídos de tal modo que eles – homem ou mulher – estavam mais como a raiz nodosa de uma árvore do que qualquer outra coisa; e acontecia às vezes que, depois de um ou dois tratamentos de meia hora, eu conseguia endireitar os seus membros e fazê-los andar. Batizei um dos lados da ampla varanda que circundava toda a casa de "a pista de corrida dos aleijados", porque eu juntava dois ou três daqueles cujos casos haviam sido piores e os mandava apostar corrida por todo aquele lado da varanda. Eles e a multidão de espectadores costumavam rir dessa brincadeira, e ao mesmo tempo se maravilhavam. Meu propósito nisso era transmitir-lhes a mesma total confiança na eficácia do tratamento que eu sentia, para que suas curas fossem radicais. Muito recentemente, quando eu estava no Ceilão, a caminho de Londres, encontrei um dos meus pacientes daqueles dias que eu tinha curado de completa paralisia, e pedi-lhe que contasse aos presentes o que eu tinha feito por ele. Ele disse que tinha estado acamado por meses, totalmente desamparado, com os braços e pés paralisados e inúteis; que ele tinha sido carregado até meu quarto no primeiro andar; que eu o tinha tratado uma meia hora no primeiro dia, e quinze ou vinte minutos no outro; que eu o havia curado tão eficazmente que, nos catorze anos que se seguiram, a doença não voltou. Imaginem o prazer que eu devo ter sentido de ter aliviado tanto sofrimento e, em muitos casos, ter conseguido que inválidos pudessem novamente fazer todas as atividades da vida e desfrutar todos os prazeres que se pode ter com boa saúde.

Vejo no meu Diário que o primeiro paciente que Cornelis me trouxe, depois de ele estar curado, tinha nos dedos de sua mão direita uma paralisia tão forte que eles estavam duros como madeira. Estavam assim havia dois anos e meio. Dentro de cinco minutos consegui que a mão ficasse flexível novamente. No dia seguinte ele voltou; a mão estava bem, mas os dedos do pé direito estavam contraídos. Levei-o para o meu quarto, e dentro de quinze minutos ele estava novo em folha. Este tipo de coisa acontecia até mesmo nas aldeias do interior em minhas viagens através da Província do Sul. Em minha carroça de viagem eu chegava nos lugares onde ia parar, e via pacientes esperando por mim nas varandas, no gramado e em todos os tipos de meios de transporte: carroças, carruagens com molas, carrinhos de mão, palanquins e cadeiras carregadas sobre troncos de bambu. Curei uma velha mulher extremamente aflita, pois sua língua estava paralisada; curei um braço de um menino cujos cotovelo, pulso e dedos estavam torcidos; curei uma mulher deformada por um reumatismo inflamatório. Em Sandaravela, uma mendiga – toda curvada, devido ao fato de ter permanecido muito tempo em pé durante oito anos – me deu um quarto de rúpia (cerca de 4*d*) para o Fundo. Quando eu soube do que estava sofrendo, curei sua espinha, e ela pôde novamente andar ereta.

Baddegama é um conhecido centro de atividade missionária e – em relação a mim e ao budismo em geral – de malevolência. Dizem que foi a visão dessa linda paisagem que sugeriu ao bispo Heber o verso inicial de seu imortal Hino Missionário. Havia tido ameaças de que os Missionários iriam me atacar na minha palestra, e evidentemente os budistas se aglomeraram para me ouvir. Vários de nossos membros vieram de Galle, e imaginem quem eu vi lá também: Cornelis Appu, *que tinha andado vinte quilômetros*. Portanto, não havia dúvida de que ele tinha sido curado. Os gentis missionários brilharam pela ausência, e eu tive a enorme plateia para mim.

Diverti-me com um caso que ocorreu na pequena aldeia de Agaliya. Uma velha mulher, toda enrugada, de setenta e dois anos de idade, tinha sido chutada por uma búfala, enquanto ela a ordenhava, alguns anos antes; desde então, ela tinha que caminhar com um bastão e não podia ficar ereta. Ela era uma criatura engraçada e riu muito quando eu lhe disse que em pouco tempo eu conseguiria fazê-la dançar. De fato, depois de apenas dez minutos de passes pela coluna e pelos membros, ela estava quase nova; peguei sua mão, joguei fora seu bastão e a fiz correr comigo pelo gramado. Meu paciente seguinte era um menino de sete anos cujas mãos não se fechavam, por causa de uma constrição dos tendões das costas. Eu o curei em cinco minutos, e ele foi direto para onde o café da manhã estava pronto para a família, começando avidamente a comer arroz com a mão direita, agora totalmente restaurada.

No tempo previsto cheguei de volta na sede de Galle, onde tive que aguentar de novo o cerco dos doentes. Anotei um incidente que mostra o espírito egoísta e de falta de caridade em uma parte dos médicos – felizmente, não em todos – no que diz respeito à cura de pacientes por pessoas não remuneradas; lembrem que nunca pedi um centavo por todas essas curas.

Vários pacientes do Hospital Geral de Galle, que haviam sido dispensados como sendo incuráveis, vieram a mim e recuperaram a saúde. Naturalmente, eles espalharam a notícia em todos os cantos. Os médicos não podiam permanecer cegos ou indiferentes a tal coisa, de maneira que um dia um dos cirurgiões do distrito – o Dr. K. – observou o que eu fazia com meus pacientes. Naquele dia, cem pacientes apareceram, e eu tratei vinte e três, fazendo algumas curas maravilhosas, como estou vendo nas minhas anotações. Reconhecendo um dos homens que estavam esperando, o Dr. K. o trouxe para mim e disse que ele tinha sido declarado incurável depois de todos os tratamentos terem falhado, e que ele gostaria de ver o que eu poderia fazer por ele. O que eu fiz foi conseguir que o doente andasse sem bastão pela primeira vez em dez anos. O doutor admitiu franca e generosamente a eficácia do tratamento mesmeriano e permaneceu comigo o dia todo, ajudando-me a diagnosticar e executando as tarefas de um assistente de hospital. Gostamos um do outro, e, quando ele partiu, combinamos que ele voltaria no dia seguinte após o café da manhã para me ajudar no que ele pudesse. Ele mesmo tinha algum problema no pé – um tornozelo duro ou algo assim, esqueci o que era exatamente – e eu melhorei isso.

No dia seguinte, ele não veio nem enviou qualquer mensagem. O mistério se esclareceu em uma nota que ele escreveu para o amigo mútuo por quem ele tinha sido apresentado a mim. Parece que, depois de partir, cheio de entusiasmo – como qualquer jovem de mente aberta e não corrompida – com o que ele tinha visto, ele foi direto para o médico-chefe e relatou o que havia visto. Seu superior escutou friamente e, quando terminou, deu sua sentença: minha excomunhão maior e menor. Eu era um charlatão, essa pretensa cura era uma fraude, os pacientes tinham sido pagos para mentir, e o jovem médico estava proibido de ter qualquer contato comigo ou com minhas macaquices. Para terminar o assunto, o chefe o advertiu de que, se ele persistisse em ignorar suas ordens, correria o risco de perder seu cargo. E se ele descobrisse que eu cobrava pelos meus serviços, ele me processaria por praticar medicina sem licença. Então, meu assistente de um dia e admirador – esquecendo seu dever de aperfeiçoar-se na arte de curar, esquecendo o que a Verdade exigia com relação a sua lealdade e o que a ciência exigia da sua devoção profissional, esquecendo tudo o que ele tinha me visto fazer, assim como a possibilidade de ele mesmo, com o tempo, poder fazer curas semelhantes, tampouco se lembrando do seu pé curado nem das exigências da cortesia quando se marca um compromisso e é impedido de honrá-lo – não veio no dia seguinte e nem mesmo me enviou uma breve mensagem de desculpas. Senti pena dele, porque todas as suas perspectivas futuras no serviço público estavam em jogo. Ao mesmo tempo, temo que eu não o teria respeitado tanto quanto deveria, se ele tivesse se rebelado virilmente contra essa escravidão profissional lamentável e revoltante, contra esse desvio moral que prefere que todo mundo fique sem cura, a não ser que a cura seja feita por médicos ortodoxos, em uma atmosfera de santidade e infalibilidade desses médicos. A aquisição do poder de aliviar o sofrimento físico por processos mesmerianos é tão fácil que, em noventa e nove casos em cem, seria culpa da própria pessoa se ele não fosse desenvolvido. Mas acho que essa é uma questão importante demais para ser abordada no final de um capítulo, então vou deixá-la para o próximo.

CAPÍTULO XXV

POSSÍVEL DESCOBERTA DO SEGREDO DA CURA PSICOPÁTICA

Os asiáticos certamente aperfeiçoaram a arte de alimentar a vaidade dos homens públicos, e seus homens públicos parecem gostar. Mas para nós ocidentais, ostentação demais é um incômodo, e estamos constantemente em um dilema, quando temos ou de fazer silenciosamente o papel de uma vítima voluntária ou, por uma recusa grosseira, parecer, para os amigos orientais, uma pessoa muito mal-educada. Digo isso por causa de uma entrada de 3 de outubro de 1882 no meu Diário. Naquele dia eu tinha atravessado um rio transbordante no Ceilão e caminhava um quilômetro e meio até o templo onde iria dar uma palestra; por todo o trecho estavam espalhados panos brancos para meus pés eminentes, e o caminho estava margeado por duas linhas contínuas de folhas de palmeira; acima de minha respeitável cabeça havia um dossel branco (*Kodiya*) que budistas entusiastas carregavam sobre hastes pintadas. Ao mesmo tempo, paralíticos, implorando que eu impusesse minhas mãos, me assediavam ao longo de toda a rota. Eu poderia ter dispensado todo o *tamasha*[497] sem a menor dificuldade, mas a multidão não podia. Como a pessoa se sente boba, quando – sentada em cima de um elefante decorado, ou carregada em uma liteira aberta, meio sufocada por grossas guirlandas de flores de tuberosas e cercada de milhares de pessoas gritando – ela vê

---

497   Espetáculo.

até mesmo um europeu de pé ao lado da estrada ou em uma varanda, olhando com desprezo para ela como se ela fosse um palhaço ou um charlatão. É preciso ter bons nervos – é isso que a pessoa tem que ter, pois é muito provável que a história vá circular na cidade e que haja comentários desdenhosos sobre a degradação da dignidade da raça[498], enquanto o coração quer apenas fazer o bem aos outros e se impacienta com todo esse show infantil. A lição mais difícil de aprender para um homem branco na Ásia é que os costumes de seu povo e os das raças morenas são absolutamente diferentes e que, se ele sonha em se entender bem com essas últimas, deve deixar de lado todos os preconceitos e padrões de comportamentos herdados, e ser como eles, tanto no espírito quanto nas formas externas. Se os conquistadores ingleses das nações de pele escura só pudessem compreender isso e agir de acordo com esse princípio, eles governariam através do amor, não através da astúcia e da força. Eles se fazem respeitados e temidos, mas amados? – nunca. Porém, eles não vão mudar sua natureza para me agradar, então passarei a esclarecer o assunto que mencionei no último capítulo, sobre o verdadeiro segredo da psicopatia bem-sucedida, ou cura mesmeriana.

    O segredo em questão me foi revelado por uma experiência que tive em uma pequena aldeia no sul do Ceilão, durante a turnê que estou descrevendo. Acho que foi em Pitiwella, a oito quilômetros de Galle, embora não tenha certeza, pois não tratei desse caso separadamente de outras coisas que aconteceram no mesmo dia. Meu intérprete, secretário e criado, e muitas outras testemunhas, serão capazes de recordar os fatos se minha palavra for contestada, então não importa. Um homem que sofria de hemiplegia, ou paralisia de um lado do corpo, foi trazido para mim para tratamento. Comecei em seu braço, dando passes ao longo dos nervos e músculos, e ocasionalmente respirando sobre eles. Em menos de meia hora, restaurei a flexibilidade do braço, tanto que o homem podia girá-lo ao redor da cabeça, abrir e fechar os dedos à vontade, segurar uma caneta ou mesmo um alfinete e, de fato, fazer o que quisesse com

---

498 Olcott se refere à opinião de europeus sobre a dignidade da raça branca.

aquele membro. Depois – como eu tinha trabalhado continuamente com pacientes semelhantes durante várias horas e me senti cansado – pedi ao comitê para solicitar-lhe a sentar-se e me dar tempo para descansar. Enquanto eu estava fumando um cachimbo, o comitê me disse que o paciente estava bem, que tinha pago mil e quinhentas rúpias a médicos sem obter alívio, e que era uma pessoa avarenta e bem conhecida por sua sovinice. Ora, de todas as coisas que são repugnantes para o ocultista, a ganância é uma das principais; é uma paixão tão baixa e ignóbil! Meus sentimentos passaram por uma mudança imediata em relação ao paciente. Por sugestão minha, o comitê lhe perguntou quanto ele tinha decidido dar para o Fundo Nacional Budista para escolas. Ele choramingou dizendo que era um homem pobre e tinha gasto muito com médicos, mas que ele daria uma rúpia! Esse foi o cúmulo. Eu pedi para o comitê dizer-lhe que, embora tivesse gasto mil e quinhentas rúpias em vão, seu braço agora estava curado, sem ele ter pago nada, e que, portanto, poderia gastar uma quantia igual e ver se os médicos não curariam sua perna paralisada, e que era melhor guardar para os honorários dos médicos a rúpia que ele tinha acabado de oferecer para as escolas budistas. Depois pedi para mandar a criatura embora e nunca mais me deixar vê-la. Mas o comitê solicitou unanimemente que eu voltasse atrás, pois a mera menção de dinheiro seria, sem dúvida, mal interpretada por nossos ferozes oponentes, que então não poderiam dizer que eu nunca tinha aceito um centavo pelas minhas curas,[499] ou poderiam dizer que as curas eram uma desculpa do Comitê Budista para conseguir subscrições. Então, depois de algum tempo, mandei o paciente voltar para mim e, dentro de meia hora, curei a paralisia de sua perna; ele foi embora andando como qualquer um. Parece que meu secretário pediu dele uma confirmação da cura, e eu a tenho entre os papéis ligados a essa viagem pelo Ceilão.

    O comitê encarregado de cuidar de meu trabalho tinha organizado uma série de viagens de cerca de duas semanas cada, que me

---

499 Olcott formulou essa frase de maneira um pouco estranha; normalmente se diria: "[os oponentes] poderiam dizer que eu aceitei dinheiro pelas minhas curas".

levaram cada vez de volta a Galle, o ponto central. Quando terminou aquela sobre a qual acabo de escrever, perguntei um dia como estavam passando alguns poucos pacientes cujos casos tinham me interessado mais do que os demais, e entre outros, mencionei o do avarento. A resposta me surpreendeu muito: o braço, eles disseram, permaneceu curado, mas a perna tinha voltado para o estado de paralisia. Embora eu não tivesse lido nenhum caso semelhante nos livros sobre mesmerismo, o motivo se sugeriu imediatamente: eu não havia sentido simpatia pelo homem depois de ouvir a respeito de sua avareza, e, portanto, minha aura vital não tinha vibrado ao longo de seus nervos, como quando ela havia sido aplicada aos nervos de seu braço; tinha havido um momentâneo estímulo saudável, seguido de um retorno ao estado de paralisia dos nervos. Nos dois casos eu tinha exatamente o mesmo conhecimento da ciência, como também a mesma força vital a ser transmitida, mas no segundo, eu não tinha aquela sensação de simpatia e intenção benevolente que, no caso do braço, resultou em uma cura permanente. Estou ciente de que alguns autores que escreveram sobre psicopatia – entre eles Younger, cuja obra[500] apareceu cinco anos depois da minha experiência no Ceilão – afirmaram que "a compaixão é a tônica de quase todas as fases do desenvolvimento do estado mesmeriano" (*op. cit.*, p. 28), mas não me lembro de nenhum exemplo como o acima citado. O bom Sr. Deleuze, anteriormente do Jardim des Plantes[501], em Paris, cujo *Practical Instructions in Animal Magnetism*[502] é um clássico, e que descreve os métodos adequados de tratamento de várias doenças, não anota nenhum caso como este, embora nos diga que "O magnetismo é eficaz em todos os tipos de paralisia". Ele diz, contudo, que o operador sensível sempre perceberá uma mudança ocorrendo em si mesmo quando ele magnetiza. "Essa disposição é

---

500 Nota de Olcott: "*The Magnetic and Botanic Family Physician*, Londres 1887. (E. W. Allen, editor)".
501 Jardim Botânico, parte integrante do Museu Nacional de História Natural.
502 Tradução do título do livro: Instruções Práticas sobre Magnetismo Animal.

composta de uma intenção determinada, que afasta toda distração [quer dizer, obviamente, o vagar da mente, um estado que impede totalmente o funcionamento das curas da doença, como sei por muita experiência – O.] – sem que se faça nenhum esforço –, de *um vívido interesse que o paciente inspira e que nos atrai para ele*, e de uma confiança no nosso poder que não deixa dúvida quanto ao nosso sucesso em aliviá-lo." (*op. cit.,* p. 203). Mas ele não cita nenhum exemplo para provar a indispensabilidade da benevolência compassiva da intenção, e estou inclinado a pensar que meu caso é quase único. Quanto à opinião das autoridades, deve ser observado ainda que, embora eu não tivesse simpatia pelo meu paciente, restaurei a função da sua perna por algum tempo, fazendo-o andar tão bem como sempre. Minha vontade e habilidade eram poderosas o suficiente para isso, mas, não sendo movidas pelo terceiro elemento, a compaixão, houve uma recaída depois de o primeiro efeito da estimulação nervosa ter passado. Parece-me que isso também prova que a cura mesmeriana não pode ser necessariamente atribuída ao exercício da fé, mas sim à transfusão de aura vital para o paciente e ao funcionamento sob diferentes condições dentro de seu sistema.

Lá estava um paciente que, se movido pela fé no caso de seu braço, deve ter tido fé dobrada no caso de sua perna, depois que a paralisia tinha sido removida do braço; lá estavam vários espectadores cujas mentes e manifestações de crença certamente seguiam a mesma regra; e, finalmente, lá estava eu, exercendo um poder idêntico e empregando o mesmo conhecimento técnico em ambos os casos, e sugerindo a mim mesmo silenciosamente a possibilidade da cura: apesar de tudo isso, não consegui curar permanentemente a perna. Isso é um dado extremamente importante para a ciência psicopática e vale a pena ser lembrado. Não vejo nenhuma aplicabilidade das teorias das Escolas de Hipnotismo de Salpêtrière ou Nancy[503] a casos como esse; ele é diferente e só é explicável pela teoria da transfusão vital de operador para paciente. O caso ganha

---

503   Salpêtrière é o nome de famoso hospital em Paris; Nancy é uma cidade francesa; as duas mencionadas escolas de hipnotismo eram as mais famosas no século 19.

ainda mais força quando se sabe que eu estava tratando cingaleses, na presença de conterrâneos seus, que não sabiam nada a respeito de nossas teorias ocidentais sobre mesmerismo e hipnotismo[504] e seus resultados; para eles tudo isso era um mistério intrigante e, consequentemente, eles não estavam em condição de hipnoticamente sugerir qualquer coisa para o paciente. Segundo os senhores Binet e Féré, em seu trabalho acadêmico sobre *Animal Magnetism*[505] (*International Scientific Series*, vol, 1x, p. 178 ss.), a sugestão hipnótica existe em várias formas, e eles distinguem aquela que resulta das palavras faladas da hipnose através de gestos. Por exemplo, no primeiro caso, pode-se transmitir a ideia de um objeto real dizendo: "Há uma serpente a seus pés", ou que há um gato ou cão ou pássaro na sala; através da influência do quadro mental assim evocado, o animal é imediatamente percebido pela pessoa. No outro caso, a ideia pode ser provocada simplesmente fazendo gestos que indicam os movimentos ou hábitos do animal imaginário. Mas os autores dizem que os gestos são "meios muito inferiores (...) relativamente[506] eficazes no caso de pessoas que estavam em tratamento durante muito tempo", isto é, de pacientes muitas vezes hipnotizados e treinados para aceitar do operador sugestões de todos os tipos. O caso do meu paciente era bem diferente. Ele nunca tinha sido hipnotizado; nunca tinha ouvido falar de tal coisa; não foi mesmerizado por mim, estando em plena posse de seus sentidos; ele não entendia uma única palavra de inglês ou de qualquer outra língua que eu conhecia, e como dito acima, se ele estava hipnoticamente sensível, deve ter estado sensível duplamente para a possibilidade de sua perna ser curada, visto que seu braço tinha acabado de ser curado.

Para não me alongar tempo demais – em um assunto cuja importância todavia desculpa o fato de eu ter-lhe dedicado tanto

---

504 Aqui Olcott parece distinguir mesmerismo de hipnotismo, mas no início do capítulo 27 ele diz que "hipnotismo" é sinônimo de "mesmerismo".

505 Magnetismo Animal.

506 No original: "*fairly*", que tem vários significados, entre eles "bastante", "moderadamente", "totalmente", "razoavelmente".

espaço – termino dizendo que o caso do Ceilão sugere fortemente que é correto o antigo ensinamento de que pensamentos gentis enviados de um para outro carregam consigo um poder quase mágico do bem, enquanto os maus têm o efeito contrário. Portanto, convém evitar que pensemos em prejudicar nossos vizinhos! E podemos facilmente compreender que havia um sólido fundamento para o pavor que se tinha antigamente dos feiticeiros e que os sutis poderes da natureza podem ser manipulados para a destruição tão facilmente quanto para a bênção das pessoas.

Um caso do tipo *"Demon Lover"*[507] foi trazido a Galle pelo Sacerdote-Chefe de um *Vihara* (budista). Um jovem monge, talvez com vinte e sete anos de idade, havia sido assombrado durante dois ou três anos por uma *Yakshini*, ou demônio feminino, que, segundo me disse o velho monge, tinha desempenhado para ele o papel de esposa espiritual, mas de tal maneira excessiva que o caso sugeria tratar-se de uma pessoa afligida pela ninfomania. O pobre homem era obsediado sete ou oito vezes por dia e tinha se tornado quase um esqueleto. O Superior me pediu calmamente para fazer uma cura. Felizmente, eu tinha tratado com êxito um caso semelhante na América alguns anos antes – a paciente sendo uma senhora –, de modo que eu sabia muito bem o que fazer. Receitei ao monge água mesmerizada e o mandei vir a mim todas as manhãs durante um mês para pegar o suprimento diário da água; depois disso ele estava completamente curado. Chamei o Sacerdote-Chefe e lhe aconselhei a mandar seu jovem amigo tirar o traje de monge e levar a vida ordinária de chefe de família, o que foi feito. A explicação simples é que a influência do espírito elemental mau sobre seu médium foi anulada e destruída pelo poder de minha vontade humana mais forte, e também pela ação constante da água vitalizada. Que eu saiba, entre os praticantes científicos do mesmerismo nunca houve opiniões divergentes quanto à eficácia da água magnetizada como agente terapêutico. Deleuze diz que "ela é um dos agentes mais poderosos e salutares que possam ser empregados ... Eu vi a água mag-

---

[507] Amante do Diabo.

netizada produzir efeitos tão maravilhosos que eu tinha medo de ter me enganado, e não me convenci até ter feito mil experimentos. Os magnetizadores em geral não fizeram uso suficiente dela." Ele diz que não foi claramente determinado quanto tempo a água retém a aura, mas "certamente ela a retém por muitos dias, e numerosos fatos parecem provar que ela ainda não se perdeu depois de muitas semanas" (*op. cit.*, p. 216, 217).

Meu giro pelo Sul aproximou-se rapidamente de seu fim. Em Bussé, Ratgama, Dodanduwa, Kumara Vihara, Kittangoda, Hikkaduwe, Totagumuva, Telwatte, Weeragoda, Kahawe, Madumpe e Battipola proferi palestras, seguidas de coletas de dinheiro subscrito para o Fundo Nacional, e depois tomei a direção de Colombo. No total, fiz sessenta e quatro preleções ou discursos públicos em aproximadamente três meses, e visitei a maioria dos vilarejos maiores na Província de Galle (ou do Sul). Devo mencionar o fato de que, sempre que eu me encontrava em um vilarejo à beira-mar, tomava um banho de água salgada diariamente, pois achava isso maravilhosamente refrescante no sentido mesmeriano; não importava o quanto eu tivesse exagerado em minhas curas, um mergulho no mar restaurava minha força vital em poucos minutos. É uma dica que não devem esquecer aqueles que praticam a psicopatia como profissão. Cheguei em Colombo no dia 25 de outubro e estive presente na Faculdade Widyodaya do Sumo Sacerdote Sumangala quando da exposição de algumas relíquias genuínas do Buda, que haviam sido escavadas em Sopara, em uma antiga estupa, e foram presenteadas ao Sumo Sacerdote pelo Governador de Bombaim, por intermédio do Governador do Ceilão. Uma multidão imensa estava presente na ocasião, e vários representantes do governo do Ceilão compareceram por respeito a Sumangala Maha Thera[508]. A seu pedido, dei uma palestra à noite, após a qual Megittuwatte, o grande orador, fez um discurso eloquente.

No dia 1º de novembro, embarquei para Bombaim em companhia do Sr. Thomas Perera, de Galle, excelente colega nos-

---

[508] Um *Thera* é um monge que foi ordenado há pelo menos dez anos; *maha* significa "grande"; "Sumangala Maha Thera" pode ser traduzido como o "Grande Venerável Sumangala".

so. Chegamos no terceiro dia, depois de uma viagem tranquila. HPB estava em Darjeeling com alguns de nossos membros, tendo reuniões físicas com dois de nossos Mestres. No dia 8, recebi dos Srs. Shroff e Pandurang Gopal a sugestão de transformar as reuniões de aniversário da S.T. em convenções com representantes de todas as nossas Lojas indianas. Lembro-me que tive bastante dúvidas quanto à viabilidade disso, mas encaminhei a sugestão para HPB, e quando ela voltou, no dia 25 do mês, ela trouxe consigo quatro bengalis e S. Ramaswamier, da Presidência de Madras, como representantes. Dois outros vieram de Bareilly, N.W.P.[509], e dois de Baroda. No dia seguinte, outros vieram de outros lugares, e quando comemoramos nosso Sétimo Aniversário, no Framji Cowasji Hall, no dia 7 de dezembro, estavam presentes quinze delegados, alguns dos quais fizeram discursos. O Sr. Sinnett tinha vindo de Allahabad e, a meu pedido, presidiu a reunião. Havia um enorme público, e os aplausos foram calorosos. Assim foi inaugurado o sistema de Convenções Anuais de Lojas, que agora é universal. Pela primeira vez – para mostrar ao público de Bombaim como o movimento teosófico estava se espalhando pelo mundo – pendurei no salão placas de todas as Lojas da Sociedade; em cada placa estava inscrito o nome e a data de constituição da respectiva Loja.

Depois nós começamos a empacotar nossos móveis, livros e objetos pessoais para a transferência para Madras. A adorável propriedade em Adyar havia sido comprada por um preço meramente nominal. A Loja de Bombaim fez uma recepção de despedida, com discursos gentis, inúmeras flores, música, um lanche e a entrega, como presente, de um grande conjunto de vaso com travessa, de prata, muito bonito e caro, feito especialmente pelos talentosos ourives da Província de Kutch. No dia 17 tomamos o trem para Madras. Isso ficou na memória de HPB por causa do roubo de seu bonito xador[510] da Caxemira: alguém o retirou por uma janela do

---

509 *North Western Provinces* (Províncias do Noroeste).
510 Veste feminina – geralmente usada por muçulmanas – que cobre o corpo todo, exceto o rosto.

vagão, enquanto estávamos ocupados no outro lado em receber e retribuir cumprimentos e *salaams*[511]. Suas observações sobre o incidente, quando foi descoberto, não podem ser repetidas aqui.

Na estação de Madras fomos recebidos por um ilustre grupo de cavalheiros nativos e acompanhados em grande estilo até Adyar, que parecia sorrir para seus futuros donos[512]. O leitor dificilmente pode imaginar nosso prazer em nos instalarmos em nosso próprio lar, onde estaríamos livres de locadores, de mudanças e de outras preocupações que se tem como inquilino. No meu Diário eu digo: "Nosso belo lar parecia um lugar de fadas para nós. Dias felizes estão nos esperando aqui." Os dias amargos, infelizmente, nós não previmos.

Os dias restantes de dezembro foram preenchidos com os pequenos aborrecimentos de conseguirmos criados, inspecionar a maquinaria, fazer os primeiros reparos necessários, receber e desempacotar nossos móveis. O Instrutor (M.) veio diariamente ver HPB, e anotei em meu Diário que em 24 de dezembro ela "me fez prometer que, caso ela morresse, ninguém além de mim deveria ter permissão de ver seu rosto. Devo colocá-la dentro de um pano, fechá-lo, costurando-o, e mandar cremá-la". Isso foi nove anos antes de seu cadáver ser levado para o crematório de Woking, perto de Londres; então, a possibilidade de sua morte súbita já estava guardada na minha mente naquela época.

Na passagem do ano de 1882 para 1883, eu estava trabalhando sozinho na minha mesa.

---

511 *Salaam* (que significa "paz") é uma forma respeitosa de cumprimentar na Índia e em países muçulmanos. Curva-se a cabeça, com a mão direita na testa.
512 Adyar era um subúrbio de Madras. Evidentemente, Olcott refere-se aqui não ao subúrbio inteiro, mas à propriedade adquirida.

CAPÍTULO XXVI

OCORRÊNCIAS DE CURAS

O ano de 1883 foi um dos mais movimentados, mais interessantes e bem-sucedidos na história da Sociedade. Como se verá, alguns dos acontecimentos foram muito pitorescos. Foram organizadas quarenta e três novas Lojas, a maioria na Índia e por mim. Minhas viagens cobriram mais de onze mil quilômetros, uma distância que na Índia corresponde a muito mais do que nos Estados Unidos, onde os trens levam a qualquer lugar desejado e onde não é preciso montar nas costas dos elefantes ou ter os ossos triturados em carros de boi sem molas. Minha colega e eu estávamos separados a maior parte do tempo: ela permaneceu em casa para continuar o *Theosophist*, enquanto eu viajei pela Grande Península[513] para dar palestras sobre Teosofia, curar doentes e fundar novas Lojas.

As primeiras semanas de janeiro foram dedicadas aos trabalhos necessários para nos instalarmos em nosso lar na nova Sede. Meu Diário está cheio de detalhes sobre a compra de móveis e sobre a instalação do "Quarto do Santuário", de triste memória agora, mas que era para nós, durante os dois anos seguintes, um lugar santificado por contatos frequentes com os Mestres e por muitas provas, através de fenômenos palpáveis, de seu interesse por nós mesmos e pelo grande movimento.

Naquele período recebemos o livro *Mr. Isaacs*, de Marion Crawford[514], enviado por seu tio, Sr. Sam Ward, um dos nossos membros mais entusiastas, que também escreveu alguns detalhes

---

513 A Índia.
514 Francis Marion Crawford. Veja-se o respectivo artigo na Wikipédia.

interessantes sobre a elaboração da obra. Ele nos contou que o livro foi inspirado nos relatos publicados sobre *Mahātma* K. H., e a ideia tomou posse de Crawford de tal maneira que, tendo começado a escrever, ele não descansou, ficando quase sem se alimentar até que estivesse terminado. Ele o escreveu em menos de quatro semanas, e o Sr. Ward disse que quase parecia que seu sobrinho estava sob a influência de um poder externo.

O Sr. Crawford comete – como qualquer verdadeiro ocultista lhe dirá – o erro de fazer seu Adepto oriental ideal, Ram Lal, se intrometer nos casos amorosos do herói e da heroína, o que está em desacordo com as tendências de uma pessoa que evoluiu até o plano da espiritualidade e vive principalmente nele. Bulwer[515] estava igualmente errado, e até mais, ao fazer seu adepto, Zanoni, abandonar, depois de séculos de esforço e sucesso espiritual, os frutos de seu *Yoga* e cair no nível vulgar de nós fracos, mantidos nos laços da carne e nos casando. Tanto Zanoni como Ram Lal, tais como nos são apresentados, são praticamente impossibilidades, salvo enquanto aberrações da natureza e vítimas de conspirações avassaladoras de forças brutais, que eles devem ter vencido muitas vezes ao subirem dos níveis mais baixos, onde reina a paixão e a guiadora luz da sabedoria está escondida. As uniões sexuais são perfeitamente naturais para o ser humano médio, mas totalmente antinatural para o homem ideal evoluído.

Também em janeiro chegaram cartas amigáveis da Suécia, França, Uruguai, Rússia e Estados Unidos, mostrando assim como o interesse pelas ideias teosóficas se espalhava. Foram assinados os contratos de compra da propriedade de Adyar, e comecei a trabalhar para levantar o dinheiro. Encabeçava a lista de doações a nossa, de HPB e de mim, no valor de duas mil rúpias, ou um quinto da quantia necessária. A menção a esse detalhe talvez seja perdoável em vista das coisas cruéis ditas sobre nós, alegando que exploramos a Sociedade para nosso ganho pessoal.

---

515 Edward Bulwer Lytton (1803-1873), escritor e político inglês. Escreveu o famoso romance ocultista *Zanoni*.

No dia 16 de janeiro, a comunidade de Madras deu uma recepção pública para nós no Pachaiappah Hall. Foi uma cena de grande entusiasmo e emoções. O edifício estava repleto até as portas, as imediações estavam lotadas, e tudo foi feito para demonstrar o prazer pela nossa mudança de residência. Raja Gajapati Row, um personagem bem conhecido na Presidência de Madras, presidiu a reunião. Ele mesmo, assim como os juízes P. Sreenivasa Row e G. Muttuswamy Chetty, do Tribunal de Pequenas Causas, fizeram discursos. Na minha resposta, abordei a ideia de criar uma espécie de União de Escolas Dominicais Hindus, para abrir escolas e publicar catecismos para a educação religiosa da juventude hindu, segundo a filosofia hindu. Isso foi apoiado calorosamente pelos líderes da comunidade hindu e unanimemente ratificado pelo animado público. Naquela época essa ideia talvez fosse considerada fantasiosa; mas agora, treze anos depois, vemos que ela está sendo posta em prática: várias associações de meninos hindus estão funcionando plenamente, e a pequena revista que representa seus interesses[516] tem uma circulação constantemente crescente.

Como nossas vidas são feitas de bagatelas, e como quero dar à minha narrativa o selo da realidade, mencionei muitos pequenos incidentes que ajudam a preencher o quadro e nos apresentam – nós pioneiros – como seres vivos, não da maneira exagerada, absurda, como fomos tão frequentemente e tão infelizmente descritos. Se HPB, por um lado, escreveu livros magníficos, ela também comeu todas as manhãs seus ovos fritos nadando na gordura, e esta narrativa tem a ver com a personagem real em vez da ideal. Então eu menciono um pequeno detalhe que na hora me interessou o suficiente para anotá-lo. A existência de um pequeno rio atrás da casa despertou em nós o velho amor pela natação, e todos nós entramos nele, HPB com o resto de nós. Deve ter espantado os nossos vizinhos europeus ver nós quatro europeus – pois naquela época os dois Coulomb estavam conosco – tomando banho juntos com meia dúzia de hindus de pele morena, chapinhando e rindo juntos, como

---

516   Nota de Olcott: "O *Arya Bala Bodhini*".

se não acreditássemos que pertencíamos a uma raça superior. Ensinei minha colega a nadar, ou melhor, a debater-se de certa maneira na água, e também o ensinei ao querido Damodar, que até certo ponto era um dos maiores covardes que já vi na água. Ele tremia e se estremecia quando a água tinha uma profundidade de apenas trinta centímetros, e você pode acreditar que nem HPB nem eu lhe poupamos nossos sarcasmos. Lembro-me bem como tudo isso mudou. "Ora essa!", eu disse. "Que belo Adepto você será, se você nem sequer ousa molhar o joelho." Ele não disse nada, mas no dia seguinte, quando fomos nos banhar, *ele se jogou na água e nadou até o outro lado do rio*; tinha tomado minha provocação como tal e decidiu que deveria nadar ou morrer. Esse é o caminho para as pessoas se tornarem Adeptos. TENTE! é a primeira, última e eterna lei da auto-evolução. Falhe cinquenta, quinhentas vezes, se for necessário, mas continue sempre tentando, e no final você será bem-sucedido. "Eu não posso" – isso nunca formou um homem ou um planeta.

Foi nesse mesmo janeiro que Sua Alteza Daji Raj, o jovem *Thakur* reinante do estado de Wadhwan em Kathiawar[517], membro da nossa Sociedade, nos visitou. Eu tinha pedido para ele esquecer sua realeza e vir como um cavalheiro comum, com apenas alguns empregados. Ele havia respondido que faria isso, mas, quando o recebi na estação, ele estava com um séquito de dezenove homens, algo que ele achava extremamente modesto. E quando eu desaprovei o fato de ele chegar com uma tal multidão de valetes, cozinheiros, músicos, barbeiros e espadachins, ele mostrou grande espanto pela minha insensatez e disse que, se eu não tivesse escrito para ele, ele teria trazido uma centena ou mais!

O *Thakur Saheb* permaneceu conosco de 3 de janeiro até 8 de fevereiro, passando seu tempo em conversas conosco, visitas ao teatro, velejando no rio, assistindo a danças *nautch*[518], e outras distrações. No dia 7 tivemos uma festa à noite, com uma recepção, para os membros da Loja de Madras conhecerem o *Raja*. O Salão de Convenções estava com tapetes novos, bem iluminado e decorado

---

517 Península no oeste da Índia.
518 Cf. nota 391.

com flores e vasos de plantas. Foram feitos vários discursos, e, a pedido, fiz demonstrações experimentais de controle mesmeriano para ilustrar uma breve explicação sobre essa ciência.

No dia 17 de fevereiro viajei de novo. Embarquei para Calcutá no navio de correio francês "Tibre". Depois de uma viagem agradável, cheguei ao meu destino no dia 20 e fui hospedado no Palácio dos Convidados (*Boitakhana*) do marajá Sir Jotendra Mohun Tagore. Sua residência foi praticamente transformada em um hospital para os doentes que se aglomeravam para serem tratados e para os amigos que queriam olhar. Um dos meus primeiros casos foi de um menino epiléptico que estava tendo cinquenta a sessenta ataques todos os dias. Sua doença rapidamente cedeu aos meus passes mesmerianos, e no quarto dia as convulsões tinham cessado inteiramente. Se a cura foi permanente, não sei; talvez não, pois parece improvável que causas profundas, tão fortes que produzem tantos ataques em um dia, sejam eliminadas por alguns dias de tratamento; seria necessário manter o tratamento por, talvez, semanas antes que se possa dizer que houve uma restauração completa da saúde. Mas tudo é possível, então não sei. A epilepsia, embora seja uma das doenças mais temíveis, é, ao mesmo tempo, uma das que certamente mais cedem ao tratamento mesmeriano.

Eu tinha vários outros pacientes interessantes. Entre eles estava um jovem brâmane, provavelmente de vinte e oito anos, que sofria de paralisia facial havia dois anos, dormindo com os olhos abertos, por ser incapaz de fechar as pálpebras, e também não conseguia colocar a língua para fora ou usá-la para falar. Quando lhe perguntavam seu nome, ele só fazia um som horrível na garganta, não podendo controlar a língua e os lábios. Eu trabalhava em uma sala grande; quando esse paciente foi trazido, eu estava de pé em uma extremidade dela. Os homens que me ajudavam o pararam na soleira para verificar o caso. Quando perceberam o problema, recuaram e deixaram o homem lá sozinho. Ele olhou para mim com uma expressão ansiosa e indicou por gestos a natureza de seu suplício. Naquela manhã eu me senti cheio de poder; parecia que poderia quase mesmerizar um elefante. Levantando braço e mão direitos verticalmente, e fixando meus olhos sobre o paciente, pronunciei em bengali as palavras "Seja curado!", colocando ao mesmo tempo o braço na posição horizontal e apontando a mão para ele. Foi como se ele tivesse recebido um choque elétrico. Um tremor percorreu seu corpo, seus olhos se fecharam e se reabriram, ele colocou sua língua, paralisada por tanto tempo, para fora e para dentro, e com um grito estridente de alegria correu para a frente e se atirou aos meus pés. Ele abraçou meus joelhos, pôs meu pé em sua cabeça e expressou sua gratidão por muitas frases. A cena foi tão dramática, a cura tão instantânea, que cada pessoa na sala participou da emoção do jovem brâmane, e não havia um único olho sem lágrimas, nem mesmo o meu, e isso quer dizer muito.

O terceiro caso foi o mais interessante de todos. Um certo *Babu* Badrinath Banerji, de Bhagalpore, advogado de defesa no Tribunal do Distrito, tinha perdido a visão. Ele estava completamente cego e tinha que ser conduzido por um menino. Ele me pediu para curá-lo – o que significava restaurar a visão de um homem que sofria de glaucoma, com atrofia do disco óptico, e que tinha passado pelas mãos dos mais habilidosos cirurgiões de Calcutá e tinha sido dispensado do hospital como sendo incurável. Pergunte ao cirurgião mais próximo, e ele lhe dirá o que isso significa. Eu nunca havia tratado um cego, e não tinha nenhuma ideia sobre as chances de eu curar o paciente. Mas no mesmerismo não se pode fazer nada quando se tem a menor dúvida sobre a capacidade de ter sucesso: a autoconfiança é a coisa mais indispensável. Primeiro testei a sensibilidade do homem à minha corrente mesmeriana, pois eu não estava fazendo curas por sugestão hipnótica, e sim curas honestas, antiquadas, psicopáticas, ou seja, mesmerianas. Para minha grande satisfação, percebi que ele era o paciente mais sensível que eu já conheci. Ele estava em pé diante de mim, cego, incapaz até mesmo de distinguir o dia da noite e, portanto, incapaz de ver meus movimentos, os quais poderiam revelar algo a respeito de meus propósitos. Quando estendi as pontas de meus dedos até quase tocar sua testa e concentrei minha vontade em minha mão para que ela fosse para os nervos dele o que um ímã é para a agulha suspensa, sua cabeça se inclinou para a frente em direção a meus dedos. Eu os afastei lentamente, mas a cabeça também se moveu e os seguiu até que sua testa esteve a trinta centímetros do chão. Então movi minha mão silenciosamente para a parte de trás de sua cabeça, e imediatamente ele a acompanhou, erguendo-se cada vez mais e depois curvando-se para trás, até se desequilibrar, de modo que tive que segurá-lo para evitar que caísse. Tudo isso em silêncio, sem nenhuma palavra, nenhum som que pudesse revelar o que eu estava fazendo. O terreno estando preparado, segurei o polegar de meu punho direito diante de um de seus olhos, e aquele do punho esquerdo atrás de sua cabeça, e através da força da vontade estabeleci uma corrente vital entre os dois, completando com meu corpo um circuito magnético, do qual faziam parte um olho e o nervo óptico até o cérebro. Continuei assim por cerca de meia hora, durante a qual o paciente permaneceu plenamente consciente, fazendo observações de vez em quando. No final do experimento, ele conseguiu ver um brilho avermelhado naquele olho. Então o outro olho foi operado de forma semelhante, com o mesmo resultado. Ele voltou no dia seguinte para novo tratamento, e dessa vez a luz perdeu sua cor avermelhada e ficou branca. Perseverando por dez dias, finalmente fui recompensado vendo-o com a visão restaurada, capaz de ler as menores letras em um jornal ou livro, podendo dispensar seu acompanhante e andar como qualquer outra pessoa. Um cirurgião amigo meu tendo me explicado os sinais de glaucoma, percebi que os globos oculares estavam tão duros como nozes; então comecei a torná-los elásticos, normais, como meus próprios, o que consegui no terceiro dia, por simples passes e também segurando meus polegares – com "intenção mesmeriana", ou seja, com a concentração da vontade sobre o resultado visado – à frente dos olhos cegos.[519] Evidentemente essa cura foi muito comentada, já que o paciente possuía todas as provas escritas de que sua doença tinha sido declarada incurável pelos mais altos profissionais da medicina; além disso, sua cegueira era bem conhecida por toda

---

519 Aqui Olcott mais uma vez não segue a cronologia: nesta frase ele menciona os olhos cegos, mas em frase anterior a visão já tinha sido restaurada.

a comunidade de Bhagalpore. Dois médicos, diplomados pela Faculdade de Medicina de Calcutá, estudaram os olhos através de um oftalmoscópio e escreveram um relatório de suas observações para o *Indian Mirror*, do qual acho que ele foi copiado para o *Theosophist*. O que se seguiu à cura foi muito interessante e surpreendente. O homem que eu tinha curado perdeu a visão mais duas vezes, e duas vezes eu a restaurei: a primeira vez, depois de ele ter podido ver durante seis meses, a segunda vez, depois de um ano inteiro. Em cada caso ele estava totalmente cego, e restaurei sua visão com meia hora de tratamento. Para curá-lo permanentemente, teria sido necessário que ele estivesse perto de mim, onde eu poderia ter lhe dado tratamentos diários até eliminar completamente a tendência a glaucoma.

Tive a sorte de curar muitos casos de surdez. Um caso interessante apareceu no dia 8 de março. O irmão do surdo era, e é, um alto funcionário no Departamento de Telegrafia do Governo. Ele mesmo estava tão surdo que era necessário gritar em seu ouvido para ele ouvir alguma coisa. Em dois tratamentos, em duas manhãs sucessivas, melhorei sua audição a tal ponto – meu Diário está diante de mim e, portanto, estou falando "ao pé da letra" – que ele podia me ouvir falar em tom de conversação normal até a distância (que medimos) de dezesseis metros: ele se afastando de mim para eu saber que ele não podia "ler meus lábios".

Vou citar mais um caso que ocorreu durante minha visita a Calcutá, mas esse tem que ser o último, pois devo deixar espaço para outros escritores. Um dia, meu querido colega Norendro Nath Sen escreveu pedindo para eu visitar uma senhora hindu, que estava acamada com uma doença grave, e dizer minha opinião sobre ela. O marido da senhora levou-me para sua casa e para o *zenana*, onde sua graciosa jovem esposa estava deitada no chão em cima de um colchão, tendo um espasmo histérico. Ela ficava assim de seis a oito horas por dia, com os olhos fechados convulsivamente, os globos oculares introvertidos, os maxilares apertados – com tétano – e sem falar. Havia ocorrido uma transferência do sentido da visão: ela podia ler um livro com as pontas dos dedos e, escrevendo as linhas em uma pequena lousa, provar sua faculdade anormal. Lembrei-me dos experimentos que o Dr. James Esdaile, Cirurgião da Presidência, havia feito e relatado nessa mesma Calcutá quarenta anos antes, e eu os repeti. Descobri que a jovem mulher podia ler não somente com as pontas dos dedos, mas também com o cotovelo e o mindinho de um pé, mas com nenhum outro. Ela não conseguia ler com a boca do estômago nem com a parte de trás da cabeça – como eu tinha visto em outros pacientes, e como outros escritores sobre mesmerismo testemunharam –, mas ela podia ouvir com o umbigo, mesmo quando eu pressionava meus dedos em seus ouvidos e seu marido falava com ela sussurrando. Naturalmente o caso podia ser curado por mesmerismo, mas recusei-me a aceitá-lo, pois ia partir de Calcutá dois dias depois, e esse caso poderia precisar de um tratamento de dias, ou mesmo de semanas. Ele apresentava características de grande interesse para os psicólogos, pois via-se ali a transferência dos sentidos da visão e da audição para lugares distantes de seus órgãos próprios, e isso não poderia ser explicado por qualquer hipótese razoável de caráter materialista. A mente estava funcionando nas extremidades do sistema nervoso por uma extensão, por assim dizer, de seu órgão, o cérebro. Desse fenômeno para o prodígio da clarividência, ou para a observação inteligente dos fatos a grandes distâncias do corpo do observador, há apenas um único passo. Uma vez que a faculdade do pensamento é deslocada de sua própria sede para um ou mais pontos dentro dos limites do corpo do pensador, não há nenhuma barreira lógica para a extensão de sua consciência ativa para fora do corpo, exceto os limites do poder do Finito para entender o Infinito.

CAPÍTULO XXVII

VIAJANDO E CURANDO EM BENGALA

Até o momento em que nossos cientistas contemporâneos começaram a estudar seriamente o mesmerismo – sob seu sinônimo "hipnotismo" –, ele era, mais ou menos justamente, estigmatizado como charlatanismo. Seus defensores eram tão ansiosos para reivindicar demais para ele quanto seus oponentes o eram para lhe atribuir muito pouco. Os recentes resultados da pesquisa sobre hipnotismo comprovaram incontestavelmente que ele tem uma base sólida. Se ainda há discussão sobre pontos tão importantes como a visão clarividente, a transferência do pensamento e a existência da aura mesmeriana, ou "fluido", é consolador saber que as evidências de sua realidade estão aumentando diariamente. Não vai demorar muito e os materialistas serão obrigados a admiti-la, como tiveram que fazer em relação aos outros fenômenos do mesmerismo.

Esses pensamentos me são sugeridos pelas anotações sobre minhas experiências psicopáticas do ano de 1883, que estamos recordando agora. Eu tinha desperdiçado um enorme volume de minha força vital na tentativa de tratamento indiscriminado dos pacientes que se apresentavam a mim. Embora eu tivesse conseguido curar centenas, tinha falhado em centenas de outros casos e havia dado um alívio apenas temporário ao mesmo número de pacientes, apesar de ter empregado minha plena força de vontade e derramado minha vitalidade da mesma maneira como nos casos de sucesso. Na verdade, posso até dizer que, nos casos em que falhava, eu havia feito o dobro ou, às vezes, dez vezes mais esforços do que quando fazia as curas mais impressionantes e sensacionais. Um dia, quando me sentia muito cansado depois do trabalho da manhã, comecei a pensar que poderia poupar minhas forças no futuro, adotando um sistema de seleção: será que eu não poderia aplicar algum teste – alguma medida áurica, um *auræ metrum*[520] – pelo qual eu poderia escolher os pacientes mais sensíveis e abster-me de tratar os outros? Postulei – para mim mesmo – a existência em cada indivíduo de um fluido nervoso que seria característico dele e diferente do de qualquer outro indivíduo. Esse fluido nervoso, que os nervos levariam a partir da fonte de sua geração no cérebro, na espinha e em outros centros (os *sat chakrams*) até as extremidades, poderia ser conduzido pelo sistema nervoso de outra pessoa, na qual há um estado idêntico de vibrações ou pulsações de aura, e que poderia ser colocado em relação de simpatia[521] com o fluido nervoso do outro indivíduo; somente tal pessoa poderia fazer isso. Portanto, um curador como eu não poderia fazer que sua aura nervosa entrasse no sistema nervoso de um paciente cuja vibração simpática não combinasse com seu próprio sistema, da mesma maneira que não se pode fazer que uma corrente elétrica percorra um não condutor. *Per contra*[522], a certeza e a rapidez da cura de qualquer paciente seriam proporcionais à completude dessa vibração simpática. A acusação de charlatanismo seria correta apenas se o curador pretendesse possuir alguma influência divina capaz de curar qualquer paciente que tivesse fé nos poderes do curandeiro, independentemente da questão da simpatia nervosa entre os dois indivíduos. Aceitar essa última hipótese[523] seria tra-

---

520 Na internet, a expressão latina "*auræ metrum*" encontra-se apenas na versão inglesa deste livro. "*auræ*" vem da palavra latina "*aura*", que significa "ar, vento, brisa", mas foi interpretada também como "aura". Traduzi literalmente por "medida áurica" a expressão usada por Olcott ("*auric measure*"). "*Auric*" e "áurica" significam "de ouro", mas nas frases seguintes fica claro que o autor se refere à aura.
521 Aqui a palavra "simpatia" está relacionada ao sistema nervoso simpático.
522 Expressão latina: "ao contrário", "por outro lado".
523 Isto é, a hipótese da existência e necessidade de uma "simpatia" entre os fluidos do curador e do paciente.

zer a psicopatia para dentro do domínio da ciência positiva. Mas, qual teste poderia ser aplicado? Como se poderia saber e provar aos espectadores quais são os pacientes mais curáveis? O teste deveria produzir fenômenos visíveis, tais que as pessoas mais ignorantes pudessem compreender o fato. O único teste desse tipo era o fenômeno da "atração mesmeriana", e ele poderia ser aplicado assim: o paciente deveria estar em pé no chão, ereto, encostado em nada, com as mãos penduradas (a não ser que elas estivessem paralisadas, é claro) e os olhos fechados, para que ele não fosse influenciado pela "sugestão silenciosa" dos movimentos das mãos do curador; melhor ainda se ele estivesse de costas para o curador. Então este, concentrando seu pensamento e vontade sobre a cabeça do paciente, levantando sua mão em direção a ela e juntando seus dedos em um ponto, deveria silenciosamente, pela força de sua vontade, fazer que a sua mão se tornasse um ímã para atrair a cabeça do paciente para ele. Isso teria que ser mantido por alguns minutos até que se percebesse se o pretendido efeito ocorreu ou não. Se quase imediatamente o paciente começasse a balançar e a cabeça se movesse em direção à mão do operador, este último poderia ter certeza de que está lidando com um sensitivo muito simpático[524]. A cura da doença seria praticamente instantânea. O caso do jovem brâmane, cuja paralisia facial e lingual foi curada, ilustra bem o que quero dizer, assim como o de Badrinath *Babu*, o cego de Bhagalpore, que era maravilhosamente sensível. Se ocorresse um grau menos extremo de atração, mas ainda assim bastante forte, o paciente seria curável após dois, três ou mais tratamentos. O teste continuaria até o ponto onde, após três ou quatro minutos, a cabeça e o corpo do paciente não fizessem movimentos de resposta. Não havia nada de original nesse experimento no que se refere ao ato de atração – pois esse era conhecido desde o tempo de Mesmer; a novidade era usar o experimento como um *auræmeter*[525], um indicador de sensibilidade psicopática. Usei esse teste no dia seguinte com os resultados mais gratificantes: meus melhores pacientes foram os mais facilmente

---

524 Isto é, cujo fluido nervoso seja "simpático" ao do curador.
525 Medidor da aura.

influenciados. Como explicado no capítulo anterior, com Badrinath *Babu* o efeito foi tal que consegui abaixar sua cabeça até o chão, e depois, colocando minha mão para a parte de trás de seu pescoço, puxá-la cada vez mais para cima e para trás, até que ele ia cair em meus braços estendidos. A partir desse momento, não precisei mais desperdiçar força nervosa com sistemas nervosos rebeldes, e a confiança adquirida pelo fato de eu ser capaz de saber quão sensível era meu paciente me ajudava imensamente a fazer curas. Para minha própria orientação, agrupei mentalmente todos os pacientes em dez classes ou graus de sensibilidade e comecei a lidar com eles de acordo com essas diferenças.

Entre os europeus inteligentes que foram atraídos para o Palácio dos Convidados do marajá para testemunhar minhas curas estava o Rev. Philip S. Smith, da Missão da Universidade de Oxford; um homem baixo, pálido, evidentemente muito culto, com o aspecto de asceta religioso, e vestido de acordo com a moda de Roma, com uma batina branca e um chapéu com a forma aproximadamente de uma torta americana. Ele foi muito amável comigo, e eu lhe dei todas as chances de convencer-se quanto à realidade da psicopatia: ele observou cada caso, fez muitas perguntas aos pacientes e permaneceu lá até, já no anoitecer, ele e eu ficarmos sozinhos. Então tivemos uma longa conversa sobre o assunto, abordando e analisando cada caso. Ele se disse totalmente satisfeito, acrescentando que, se terceiros tivessem contado isso, ele não teria acreditado que fosse possível o que tinha visto. Depois ele falou sobre os milagres bíblicos e confessou que me tinha visto fazer várias coisas atribuídas a Jesus e aos Apóstolos em matéria de cura: a visão restaurada aos cegos, a audição aos surdos, a fala aos mudos, o uso de membros aos paralíticos, eliminação da neuralgia, cólica, epilepsia e outros males. "Bem, então, Sr. Smith, por favor me diga", eu disse, "como o senhor poderia traçar a linha de separação entre essas curas e curas idênticas feitas nas narrativas bíblicas? Se eu faço as mesmas coisas, por que elas não deveriam ser explicadas da mesma maneira? Se os casos bíblicos eram milagrosos, por que não os meus? E se os meus não são milagrosos, mas perfeitamente naturais, fáceis de serem realizados por qualquer um que tenha o temperamento certo e possa escolher os indivíduos certos, então por que me pedir para acreditar que o que Paulo e Pedro fizeram foi prova de um poder milagroso? Isso me parece bastante ilógico." O pequeno homem refletiu profundamente durante vários minutos, enquanto eu fumava tranquilamente em silêncio. Depois ele me deu uma resposta que era extremamente original e que eu nunca esqueço: "Eu concordo que os fenômenos são os mesmos em ambos os casos. Não posso duvidar disso. Para mim, a única maneira de explicá-lo é supondo que as curas de nosso Senhor tenham sido feitas *através do lado humano de Sua natureza!*"

No dia 9 de março (1883) jantei na casa do mais culto *pandit* de Bengala, o brâmane Taranath Tarka Vachaspati, autor do famoso Dicionário de Sânscrito. Ele fez comida para mim e me prestou a maior homenagem possível na Índia, dando-me o cordão sagrado[526] dos brâmanes, me adotou em seu *gotra*[527] (o de Sandilya[528]) e me deu seu mantra. Era uma espécie de concessão de patente da casta dos brâmanes, e imagino que foi o primeiro caso em que um homem branco passou pelos detalhes da cerimônia, embora o cordão em si tenha sido dado também a Warren Hastings[529] (em seu tempo). Deram-me a entender que o favor que me foi concedido

---

526 No original: "*holy thread*"; a palavra "*thread*" pode ser traduzida por "fio", "cordel", "cordão". Alguns tradutores preferem "fio sagrado", outros, "cordão sagrado". O fato é que se trata de um cordão – composto de três fios de algodão – que se recebe durante a cerimônia de um rito de passagem. Ele é pendurado no pescoço e vai até a cintura.
527 "*Gotra* é a linhagem ou clã atribuído a um hindu ao nascer. Na maioria dos casos, o sistema é patrilinear e a gotra atribuída é a do pai da pessoa. [...] Um indivíduo pode decidir identificar sua linhagem por uma gotra diferente, ou combinação de gotras. Entre os brâmanes, [...] é proibido casar dentro da mesma gotra." (Wikipédia)
528 Um *Rishi* importante.
529 Político inglês (1732-1818); viveu de 1750 a 1784 na Índia; primeiro Governador-Geral da Índia.

era para mostrar o sentimento de gratidão dos hindus pelos meus serviços prestados para o renascimento da literatura sânscrita e do interesse religioso entre os indianos. Desde então tenho expressado frequentemente meu profundo apreço pela honra recebida, e, embora eu tenha sido na época e continuo um budista declarado e convencido, sempre usei o *poita*[530] desde que o venerável *pandit* o colocou em torno de meu pescoço.

Nossos inimigos conscienciosos tiveram a gentileza[531] de dizer recentemente que nós, os Fundadores, nada fizemos na Índia para as crianças. Talvez eles não tenham se dado ao trabalho de se lembrar das escolas religiosas para meninos, das bibliotecas e das associações que criamos em todo o país. Vejo no meu Diário que as aulas na primeira escola religiosa aberta por nós em Calcutá começaram no dia 11 de março, com *Babu* Mohini Mohun Chatterji como professor principal e outros membros da nossa Loja de Calcutá como ajudantes. Desde então, foram fundadas naquela metrópole várias sociedades para o benefício moral, religioso e intelectual dos jovens, de ambos os sexos, e agora centenas estão sendo instruídos nos princípios de sua antiga religião. Também em 1883 foi formada uma S.T. para Senhoras, com a encantadora e talentosa Sra. Ghosal como presidente, e o resultado desse movimento foi a fundação do *Bharati*, uma revista que pode ser comparada com os grandes periódicos de Londres e Nova Iorque.

Meu trabalho em Calcutá – que incluiu várias palestras públicas a plateias transbordantes – tendo terminado, recomecei a viajar no dia 12, dirigindo-me a Krishnagar. Lá dei palestras, curei doentes e admiti dezessete novos membros à Loja local. No dia seguinte, dei água mesmerizada a cento e setenta solicitantes. Na cidade vivia um oleiro comum, em cujo corpo deve ter renascido a alma de algum velho escultor, tão habilidoso ele era em modelar figuras. Uma estatueta minúscula, cujo preço era apenas uma rúpia, representava um brâmane sentado, fazendo suas devoções matinais,

---

530 O cordão sagrado (também chamado de *zennaar*).
531 Novamente Olcott está sendo irônico.

e acho que nunca vi algo mais expressivo em barro: o rosto mostrava a mais intensa concentração mental e introspeção e era um *chef--d'œuvre*[532]. Mais tarde fiz o meu melhor para persuadir meu bom amigo Marajá Sir Jotendro Mohun Tagore, K.C.S.I., a erigir em algum bairro nativo densamente povoado de Calcutá uma estátua em tamanho real de um *Rishi* ariano, segundo desenho de Ram Lal[533], com uma inscrição no pedestal que lembrasse o hindu moderno de seus gloriosos antepassados. Visto que o Maidan[534] e outros espaços abertos estão cheios de conspícuas estátuas de soldados estrangeiros bem-sucedidos e políticos astutos, parece uma grande pena que nenhum rico cavalheiro hindu ou grupo de cavalheiros esteja disposto a erguer, para as gerações ainda não nascidas, tais lembranças dos grandes sábios e santos cuja fama mundial lança um grande brilho sobre a raça ariana.

Em seguida fui a Daca, um dos centros históricos da história indiana, e no passado também da cultura moderna. Lá meu anfitrião foi *Babu* Parbati Charan Roy, um funcionário do governo, muito culto, mas um materialista. Em sua casa conheci pessoas altamente instruídas, entre elas *Babu* P. C. Roy, Ph.D., da Universidade de Londres, posteriormente Chefe do Departamento de Matrícula e Controle Acadêmico[535] da Universidade de Calcutá, e sua esposa, uma representante da mais alta cultura entre as senhoras no *Brahmo Samaj*. Ocupei o tempo não necessário para minhas palestras e outros deveres públicos com discussões agradáveis com esses amigos sobre temas filosóficos e teosóficos. Parbati *Babu* era um homem que valia a pena conquistar, e eu estava feliz em responder a suas perguntas e tentar resolver suas dúvidas sobre assuntos religiosos. Lembro-me de ele ter me levado a sua biblioteca e

---

532 Palavra francesa, mas utilizada também em inglês (escrita *chef--d'oeuvre*), significando "obra prima".
533 Supõe-se que esse Ram Lal seja o simples oleiro.
534 Um grande parque em Calcutá.
535 No original: "*Registrar*"; um "*registrar*" analisa os documentos de candidatos, matricula os estudantes e mantém seus históricos acadêmicos.

me mostrado sua bela coleção de livros, quase exclusivamente de autores ocidentais. Quando chegamos à última estante, fiz como se estivesse procurando mais. Ele perguntou o que eu estava procurando. Eu disse que supunha que ele tivesse ainda outro quarto, onde guardava seus livros em sânscrito e outras obras indianas. "Não", ele disse, "é somente isso. Não é suficiente?" – "Suficiente?", eu respondi, "bem, com certeza não para um brâmane que quer saber o que a sua religião pode responder às críticas dos céticos estrangeiros; pode ser muito bom para um europeu, que nem conhece nem se importa com o que ensinam os *Shastras* arianos." Meu anfitrião corou um pouco, pois acho que foi a primeira vez que um homem branco o havia censurado por conhecer apenas as opiniões dos homens brancos. Seja como for, após algum tempo este brilhante graduado da universidade voltou sua atenção muito seriamente para os estudos de seus *Shastras*, e outro dia publicou um livro anunciando sua plena aceitação dos pontos de vista de sua religião ancestral.[536]

De Daca a Darjeeling[537] é um longo trecho, mesmo por via férrea. Em Siliguri fomos transferidos do trem comum para o bonde a vapor que sobe o Himalaia por uma rota muito tortuosa, com inúmeras curvas nas colinas, se dobrando e torcendo, uma vez até em uma figura de oito; atravessando florestas e a selva, passando por barrancos cheios de flores silvestres crescendo ao lado dos trilhos; passando por grupos de cules butaneses (*Bhootea*) e por outros butaneses[538], caminhando com cargas carregadas nas costas em cestos que parecem cones invertidos, apoiados por tiras seguradas nas testas; através de pequenas aldeias de montanheses e comerciantes bengalis, cujas mercadorias estavam expostas às portas dos barracos malcheirosos e miseráveis que lhes servem ao mesmo tempo como lojas e moradias;

---

536 Nota de Olcott: "*From Hinduism to Hinduism*".
537 Cidade no nordeste da Índia, no estado de Bengala Ocidental.
538 Em inglês, o Butão é "*Bhutan*", o adjetivo é "*bhutanese*"; no caso dos cules, Olcott usa o adjetivo "*Bhootea*" e dos outros butaneses, "*Bhootanese*".

subindo, sempre subindo até o ar frio e rarefeito das alturas, onde a redução da temperatura exige uma mudança de roupa e o uso de sobretudos e cobertores; a cada virada dos trilhos abrem--se novas vistas sobre as planícies quentes e úmidas, até que os rios embaixo parecem fios brilhantes, as casas parecem caixas de bonecas, e os animais e homens parecem figuras de uma arca de Noé de brinquedo. Depois, no final da subida, se está em meio a uma confusão de picos de montanhas, coroados pelos pináculos brilhantes de Kanchenjunga[539], ou Dhawalagiri, duas vezes mais alto do que o topo do Mont Blanc[540]. Na plataforma da estação em Darjeeling, fui recebido por meus irmãos da Loja local, que me recepcionaram calorosamente e me levaram ao palácio montanhês do marajá de Burdwan, que tinha dado ordens para colocá-lo à minha disposição e me dar hospitalidade.

Apenas alguém que tenha vivido no clima quente das planícies indianas pode realmente conhecer o inexpressível alívio e encanto de chegar a essa estação no alto da montanha, onde, a uma altitude de cerca de dois mil e quatrocentos metros, se está no clima da Inglaterra e o fogo ardendo na chaminé lembra o aconchego do lar. Do lado de fora, especialmente no bazar ou na praça do mercado, pouca coisa lembra isso, uma vez que se está em uma multidão de pessoas com traços da Mongólia, peles amarelas, exóticos chapéus e roupas, tagarelando em uma dúzia de línguas estranhas. Em um lugar há um comerciante vendendo rodas de oração tibetanas, colares turquesas, caixinhas de joias a serem colocadas no pescoço e no braço; em outro lugar, um vendedor oferece os espessos tapetes tibetanos vermelhos sobre os quais se dorme, ou as belas colchas do Butão, brancas e azuis, com figuras, ou as artísticas faixas de lã com extremidades franjadas, que cada homem e mulher das montanhas parece usar para prender na cintura seus casacos soltos; e atrás desse,

---

539 Terceira montanha mais alta do mundo (8.599 m), na fronteira entre Índia e Nepal.
540 Monte Branco, na França e Itália, a mais alta montanha da Europa (4.808 metros).

um terceiro que vende os címbalos e sinos de Lhasa[541]; vendedores de pôneis, panos, grãos e todo tipo de mercadoria para a qual tenha demanda se aglomeram, e a cena está cheia de movimento e gritaria. Quando eu estava abrindo meu caminho em direção ao lado leste do terreno do bazar, parei subitamente ao ver um homem se aproximando com um sorriso no rosto e me fixando com seus magníficos olhos. Por um momento, mal consegui acreditar em meus olhos, tão longe estava em meus pensamentos a possibilidade de vê-lo. Era um dos discípulos seniores de um *Mahātma*, com quem eu tinha sido colocado em contato em um lugar muito distante dali. Parei, quieto, esperando por alguma aproximação dele, mas quando ele estava bem perto, virou para o lado, com os olhos sorridentes fixados nos meus, e desapareceu. Não consegui encontrá-lo em lugar nenhum.

Durante os dois dias seguintes fiquei muitíssimo ocupado, recebendo visitas, discutindo assuntos elevados e tratando de pessoas doentes. No dia 24 dei uma palestra na Câmara Municipal sobre "Teosofia, uma verdadeira ciência, não uma ilusão". Naquela manhã, eu tinha visto algo que nunca mais esquecerei até o meu dia de morte. Eu vi Dhawalagiri[542] em um céu claro, sem um véu de névoa entre a montanha e mim. Era como a descoberta de um mundo de deuses e imortais, e a linguagem é quase pobre demais para expressar isso. Antes do amanhecer eu havia saído da casa e estava esperando o nascer do sol. Não havia uma única nuvem no céu azul para diminuir a luz das estrelas. A leste, vi de repente um pico coberto de neve eterna, como se nascesse do seio da noite: uma pequena massa branca brilhante, tão alta nos céus que tive que esticar meu pescoço para olhar para ela. Era a única massa brilhante no céu, todo o resto era noite e estrelas, enquanto as montanhas ao redor e na minha frente estavam envoltas em profunda escuridão. Mas logo a glória explodiu em outro pico, e depois correu como um relâmpago de prata fundida de um para o outro: dentro de poucos

---

541 Também grafado "Lassa" em português; antiga capital do Tibete, hoje capital administrativa da Região Autónoma do Tibete, na República Popular da China.
542 A montanha Kanchenjunga.

instantes todo o escarpado topo da montanha real era um fulgor de neve iluminada. Elevando-se seis mil metros acima de Darjeeling, mais de oito mil acima das planícies, vista de longe como um sonho mais do que uma realidade, não é de admirar que a crença popular hindu tenha tornado essa montanha a moradia de *Rishis*, aquelas corporificações ideais de todas as perfeições humanas!

No dia 26, parti de Darjeeling, voltando para Siliguri, onde mais uma vez fui submetido ao calor das planícies, mais terrível ainda por causa do contraste de mais de seis graus Celsius. Cheguei no meu destino, Jessore, no dia 28. Como sempre, dei uma palestra, e no dia 29 fundei uma Loja local. De lá fui a Narail, onde fui hospedado em um bangalô para viajantes feito de troncos de bambu, já bem velhos, e com um telhado de palha – uma construção frágil que, pensar-se-ia, não poderia suportar um vento forte. O termómetro mostrava quarenta e um graus. Pode-se imaginar como eu me sentia. Por falta de um espaço suficientemente grande para o propósito, dei uma palestra nos degraus de uma escola para uma grande multidão, e como não havia um único europeu em volta, vesti meu traje hindu de musselina, muito confortável. Se os europeus nos trópicos tivessem realmente bom senso, eles trocariam suas roupas justas, incômodas, sufocantes, pelas roupas largas e finas e pelos diversos tipos de chapéus dos nativos desses países. Mas o que se pode esperar de pessoas que usam roupas chiques[543], incluindo cartola, nas festas de jardim, e se submetem servilmente ao costume convencional de fazer visitas na parte mais quente e mais inconveniente do dia? Em Narail foi formada uma Loja da S.T. com catorze membros.

De palanquim, canoa e *dak gharry* (carruagem de correio) fui via Jessore para Calcutá, viajando uma noite e um dia, em uma temperatura de trinta e oito graus. Eu desejava um pouco de descanso ao chegar ao Palácio dos Convidados do marajá, mas não tive nenhum, porque havia pacientes persistentes e clamorosos. Então trabalhei o dia inteiro o melhor que pude; como consequência na-

---

543 No original: "*Piccadilly costumes*". Olcott se refere à famosa praça Piccadilly em Londres, em cujas redondezas há – e havia – muitas lojas chiques.

tural, tive febre nervosa à noite, com temperatura alta, e estava totalmente exausto. Então na manhã seguinte agi com firmeza e tirei meu descanso necessário. À noite, no entanto, visitei meus queridos amigos, os Gordon, e mais tarde fiz uma reunião da S.T. de Bengala para a admissão de novos membros. Na manhã seguinte (4 de abril) parti para Berhampore, no distrito de Murshidabad.

Nossos membros jainistas de Azimganj foram ao meu encontro como no ano anterior[544], e depois de me dar as usuais guirlandas, buquês e algo para comer e beber e de aspergir-me com água perfumada, conduziram-me com grande pompa a um barco decorado com flores, no qual fui levado através do rio para algumas carruagens vistosas enviadas de Berhampore para o meu uso e pelas quais era responsável meu fiel e confiável amigo Dinanath Ganguli, Defensor Público. A recepção em Berhampore foi tão espalhafatosa como na minha visita anterior, e o entusiasmo e as boas-vindas foram igualmente cordiais. Em seguida, houve curas de doentes, uma palestra ao ar livre em um grande pátio, que foi maravilhosamente iluminado para a ocasião, e uma grande reunião da Loja local, para a qual foram admitidos sete novos membros. No terceiro dia parti, acompanhado pelo *Dewan* e Secretário Particular do nababo[545] Nazim das Províncias Baixas, que havia sido enviado para me convidar a passar uma noite no palácio de Sua Alteza em Murshidabad. Naquela noite meu anfitrião e eu conversamos longamente, e passei uma boa noite, apesar do ambiente luxuoso – um contraste enorme com o meu quarto na cabana com parede de bambu e telhado de sapê, assim como com as outras casas estranhas nas quais eu tinha recentemente sido alojado. Foi divertido ver a alegre surpresa do

---

544 Azimganj – que Olcott ainda não tinha mencionado – é uma cidade no mesmo distrito.

545 "[Nababo era] originalmente o título dado ao *subedar* (governador provincial) ou ao vice-rei de um *subá* (província) ou região do Império Mogol. Com o tempo, os nababos tornaram-se independentes do grão-mogol (imperador) e o título passou a ser empregado para designar alguns dentre os soberanos muçulmanos de principados na Índia." (Wikipédia)

nababo quando, na manhã seguinte, aliviei um enorme *pachtun*[546] – membro de seu exército – de um grave caso de ciática. Depois retomei minha viagem em direção a Azimganj.

Minha próxima parada foi Bhagalpore, onde cheguei às dez da noite e recebi boas-vindas muito amáveis. Claro, tive que fazer discursos e fui coroado com flores como sempre. *Babu* Tej Naraen, um homem muito benevolente e de espírito público, me hospedou no seu suntuoso Palácio dos Convidados. No dia seguinte curei doentes, visitei uma escola, ou melhor, um colégio, fundado pelo cavalheiro acima mencionado sob os auspícios da S.T., onde mais de trezentos meninos hindus estavam recebendo instrução na religião nacional, e alunos muçulmanos, nos princípios do islamismo. Ele tinha gasto vinte mil rúpias para os prédios e doava mensalmente cento e cinquenta rúpias para as despesas correntes, como um suplemento para as duzentas e cinquenta rúpias de taxas escolares mensais. O gerente, muito competente, era o Dr. Ladli Mohan Ghose, um dos nossos antigos e firmes membros da S.T. Minhas curas no dia seguinte estão registradas assim: duas de histeria, uma de lumbago, uma de hemiplegia e três de reumatismo. Na reunião da Loja, foram admitidos oito novos membros, entre eles um cavalheiro jainista, que tinha um cargo na área jurídica e era um homem de grande mérito. Na manhã seguinte, cliniquei como de hábito, e vejo que fiz um surdo, depois de um tratamento de meia hora, ouvir as palavras faladas em um tom de conversa comum a uma distância de seis metros. Foram admitidos mais quatro novos membros. Em seguida, peguei um trem de mercadorias para Jamalpur, um grande centro ferroviário, onde fui hospedado em uma pequena casa muito ordinária perto da estação ferroviária, a

---

546 "Os *pachtuns*, também chamados de *pachtos* ou *pastós*, são um grupo etnolinguístico localizado principalmente no leste e no sul do Afeganistão e, no Paquistão, nas províncias da Fronteira Noroeste e do Baluchistão e nas áreas tribais administradas pelo governo federal. Os *pachtuns* caracterizam-se pela sua língua própria (o *pachtun*), pelo seu código de honra religioso pré-islâmico e pela prática do islamismo." (Wikipédia)

melhor acomodação que nossos pobres membros podiam pagar, e por isso para mim foi como um palácio. Fizemos uma reunião da Loja, e admiti novos membros.

No dia seguinte, curei vinte pacientes, mas o calor foi tão grande que fiquei muito feliz quando chegou a hora de a multidão ir embora. Palestrei naquela noite em um salão grande e arejado que estava totalmente lotado. No final, um europeu, um sujeito de alguma seita dissidente, com uma cabeça parecendo de porco, me provocou com palavras rudes, mas ele recebeu o que merecia, talvez mais do que esperava. Gaya, Buddha Gaya e Dumraon[547] foram as próximas paradas, e em cada uma fiz as mesmas coisas: curas, palestras, reuniões de Loja e admissão de novos membros. A temperatura variava entre trinta e oito e quarenta e um graus todos os dias.

Um incidente extremamente desagradável e, para mim, como europeu, muito penoso aconteceu durante minha palestra de Dumraon. Um plantador de anileira[548], bêbado e desbocado, chegou com uma garrafa de conhaque e uma cesta de garrafas de água gasosa[549], e, enquanto eu dava minha palestra, continuava bebendo. Imaginem a impressão que fez essa má conduta sobre o público de hindus sóbrios, inteligentes e respeitosos. Alguém pode se surpreender com o desprezo que eles têm pela raça dominante, cujos hábitos sociais são tão diferentes do seu padrão de comportamento? Felizmente posso afirmar que tal má conduta não ocorreu em mais nenhuma de minhas palestras em toda a Índia; mas os hindus a

---

547 Três cidades no estado de Bihar (nordeste da Índia, na fronteira com o Nepal). Buddha Gaya, ou Bodh Gaya, é um importante centro de peregrinação budista, porque é o local onde Gautama Buddha se iluminou.
548 Planta da qual se faz a cor anil. Nome científico: *Indigofera suffruticosa*.
549 No original: "*soda water*", que pode significar também "refrigerante"; o primeiro refrigerante foi produzido nos Estados Unidos em 1871. Provavelmente ainda não existiam refrigerantes na Índia em 1883.

viam frequentemente entre os soldados e marinheiros do exército e da marinha britânicos.

Meu paciente cego, Badrinath *Babu*, estava viajando comigo para tratamento diário, e havia uma melhora constante de sua visão. Foi em Dumraon que seus olhos foram examinados com um oftalmoscópio, e, como esta é uma questão de fato e de ciência, não de fantasia e superstição, quero citar uma passagem ou duas da carta do médico que fez o exame. Ele escreveu de Arrah[550] para o *Indian Mirror*, de Calcutá, em 8 de abril de 1883. Esse cavalheiro, Dr. Brojendra Nath Bannerji, L.M.S.[551], é formado pela Faculdade de Medicina de Calcutá e foi um aluno predileto dos cirurgiões oftalmológicos da faculdade. A carta foi publicada integralmente no Suplemento do *Theosophist* de maio de 1883. O doutor diz:

> A palavra "maravilhoso" dificilmente é suficientemente forte para caracterizar as curas feitas pelo Coronel Olcott durante sua atual turnê. ... É fato que os casos abandonados por médicos europeus e nativos competentes como sendo impossíveis e incuráveis foram *curados* por ele como por magia. ... Não há nada de secreto em seus métodos, pelo contrário, ele convida especialmente médicos a assistirem a seus procedimentos e a aprendê-los – se eles estiverem dispostos – como fatos científicos. Ele não pede dinheiro, não deseja fama, nem mesmo espera agradecimentos, mas faz tudo para a instrução dos membros da sua Sociedade e o alívio do sofrimento. O gasto de energia vital que ocorre quando ele cura casos incuráveis é algo tremendo, e parece milagre que um homem de sua idade avançada[552] possa suportar isso. Eu o vi tratar talvez trinta ou quarenta pacientes, mas alguns exemplos serão suficientes para dar uma ideia de tudo.

Depois o médico enumera as seguintes curas: de uma dor persistente no peito, que havia durado quatro anos, o resultado de

---

550 Cidade no estado de Bihar.
551 *Licentiate in Medicine and Surgery* (Licenciado em Medicina e Cirurgia)
552 Olcott nasceu em agosto de 1832; portanto, tinha apenas 50 anos em abril de 1883.

um coice de cavalo; dois casos de surdez, em um deles o paciente tinha estado surdo durante vinte e sete anos; disenteria crônica; epilepsia; e então vem o caso muito instrutivo do cego Badrinath. Mas acho melhor citar todo o relato.

> Boidya Nath (a pronúncia errada de "Badrinath" em bengali provincial) Bannerji, um cavalheiro educado, um Advogado de Defesa do Tribunal de Justiça em Bhaugulpore, havia sofrido de glaucoma (crônico) e atrofia de ambos os discos ópticos nos últimos sete anos. ... As pupilas não respondiam ao estímulo da luz. Seu caso foi declarado incurável por dois dos melhores oftalmologistas da Índia, os Drs. Cayley e R. C. Saunders. Boidya Nath *Babu* tem declarações do Dr. Cayley a esse respeito. Ele foi tratado somente quatorze vezes [por mim][553], desde o último dia 5 de fevereiro (cerca de oito semanas). Ele recuperou perfeitamente a visão no olho esquerdo, o direito também está melhorando. Esta manhã, ele até conseguiu discernir com o direito a cor das flores a uma distância de vinte metros. Eu e meu amigo, *Babu* Bepin Behary Gupta, cirurgião assistente, de Dumraon, examinamos seus olhos ontem com um oftalmoscópio. Vimos que os discos atrofiados estavam se tornando saudáveis, pois os vasos sanguíneos diminuídos permitem agora que o sangue circule e nutra os discos. ... Ele consegue andar facilmente sem a ajuda de ninguém, e a tensão glaucoma do globo ocular desapareceu. ... Nossos livros de medicina não relatam nenhum caso desse tipo, e todo cirurgião oftalmológico entre os leitores admitirá que essa cura é sem precedentes. Pergunto aos meus irmãos médicos se a cura desse caso não deveria induzi-los a se interessar por esse assunto, o mesmerismo, que, com base em princípios puramente científicos, produz tão incríveis maravilhas de cura. ... Mencionei os nomes dos Drs. Cayley e Saunders em conexão com este caso apenas por respeito pela eminência de sua autoridade e pela importância que sua declaração oficial desfavorável dá à cura que o coronel Olcott fez nesse caso. Escrevi principalmente para meus colegas de profissão, e ninguém sabe melhor do que eles que, com certeza, o mundo médico não conhece nenhum outro caso como esse.

---

553   O acréscimo entre colchetes é de Olcott.

Entusiasta generoso, tão cegado por seu coração puro que imaginou que seus colegas seriam incentivados a olhar pelo menos um volume de Braithwaite[554] para se certificarem de que eu poderia ensinar-lhes algo que valia a pena conhecer, algo que alivia o sofrimento humano! Ele deveria ter aprendido com a experiência daquele jovem cirurgião auxiliar em Galle, que também ousou dizer a verdade sobre as curas que ele me tinha visto fazer em pacientes "incuráveis"!

No mesmo suplemento do *Theosophist* (maio de 1883), o leitor que tenha curiosidade verá o certificado médico que Purna Chundra Sen, praticante de Medicina Homeopática e Cirurgia, de Daca, enviou ao Editor de *East*, uma revista local, sobre o fato de eu ter curado dentro de vinte minutos dois graves casos de febre de malária, com aumento do baço e distúrbio funcional do coração, resultando em histeria aguda. Depois, no suplemento do *Theosophist* de junho de 1883, pode-se ver o relatório do Dr. Ladli Mohun Ghose sobre dez casos notáveis que curei, entre eles o seu próprio: cegueira no olho esquerdo, que os Drs. Cayley e Macnamara, de Calcutá, haviam, após o exame, declarada incurável e provavelmente congênita. "Mas hoje", diz o Dr. Ladli Mohun, "depois de alguns minutos de tratamento mesmeriano simples, respirando através de um pequeno tubo de prata, o coronel Olcott restaurou minha visão. Ele me fez fechar o olho direito e ler textos impressos comuns com o esquerdo, até então cego. Meus sentimentos podem ser melhor imaginados do que descritos." Sim, mas imaginem os sentimentos desses dois grandes oftalmologistas e cirurgiões de olhos que haviam declarado o olho incurável.

De Arrah fui para Bankipur, onde passei pela rotina habitual e fui recebido e tratado da maneira mais afetuosa durante toda a minha visita. Meus públicos no Salão do Colégio foram muito grandes e efusivos – uma vez, quando fiz um discurso especial para os alunos, até excessivamente. Depois de falar uma hora inteira, eu queria parar, mas todo o salão ressoou com gritos de "Continue, por

---

554 Olcott se refere à revista *The Retrospect of Medicine*, cujo editor era James Braithwaite.

favor, continue!"; então continuei por mais uma hora, e acho que os meninos teriam me segurado a noite toda, se eu não tivesse dito que estava com fome e deveria ir direto para casa para o jantar. Queridos jovens! Há um campo de trabalho ilimitado entre os alunos das escolas e os universitários da Índia para aqueles que eles conhecem e amam. E esse é sem dúvida o campo mais importante de todos, pois os meninos ainda não estão corrompidos, e sua doçura ainda não se perdeu pelo contato com a vida pública. Não peço nenhum epitáfio melhor quando estiver morto do que ser chamado de Amigo das Crianças.

CAPÍTULO XXVIII

ELOGIOS FLORIDOS

É muito desagradável para mim que eu seja obrigado a dar tanto espaço para a história de minhas próprias viagens e ações. Mas o que fazer? Durante todos esses primeiros anos, eu era, na minha posição oficial, o foco de todas as nossas atividades administrativas: a América estava dormindo, seu trabalho estava apenas no futuro; a Inglaterra tinha um grupo de amigos, que evitaram a publicidade; um outro grupo (a S.T. de Corfu[555]) não tinha meios para fazer publicidade, mesmo que o tivesse desejado; HPB ficava em casa para editar o *Theosophist* e escrevia para revistas russas para ganhar algum dinheiro; então eu tinha que fazer constantemente o trabalho de campo e dar palestras para atrair a atenção do público e fundar Lojas locais. A cura dos doentes me foi imposta sem premeditação, em circunstâncias fora do meu controle, e como os resultados despertaram um interesse tão amplo e intenso que ela se tornou o principal e sensacional fato da história da Sociedade daquele ano, peço que os leitores desculpem gentilmente o uso continuado do pronome da primeira pessoa e me absolvam da acusação de egotismo. Eu quero que eles se deem conta de que era o P.S.T. trabalhando, somente para a Sociedade, e que era para ele, o P.S.T., não para minha pobre personalidade, que todas aquelas gentilezas e os elogiosos discursos foram feitos. Um amigo inglês, em cujo bom senso confio, me aconselhou a transcrever aqui, para diversão e instrução – como exemplo do tipo de coisa que eu tinha que enfrentar sem corar e mostrando grande interesse – a tra-

---
555 Olcott se referiu a essa Loja como "*Ionian T.S.*" (S.T. do Mar Jônico), como ela era chamada. A ilha de Corfu se encontra nesse mar.

dução do texto de um discurso em sânscrito que foi lido em minha homenagem em Bhagalpore. No entanto, mesmo me escondendo atrás da figura da minha *carapaça* presidencial, não posso citar certas frases, as mais extravagantes, porque essas passagens, que seriam consideradas moderadas aqui na Índia, serão lidas também em muitos países distantes, onde o sangue corre mais frio e a imaginação é menos florida do que na Índia. Portanto, apresento aqui sem tais passagens, indicadas por pontos, o texto do discurso elaborado e lido por aqueles cultos *pandits* de Bengala.

> (1) Ó nobre filantrópico Coronel Olcott: aqui estamos nós, filhos do antigo Aryavarta, oferecendo-lhe cordiais boas-vindas – nós que há muito desejamos a benção de sua presença. É nossa boa sorte que o senhor esteja aqui nesta cidade de Bhagalpore.
>
> (2) Bênção e longa vida para o senhor, magnânimo Fundador da Sociedade Teosófica. Nossos piores males se vão diante de sua nobre presença. Sua intercessão reaviva os ossos secos[556] da Filosofia Ariana.
>
> (3) Ó ..., na presença de seus pés de lótus, as pessoas deste lugar encontram sua árvore de desejo em flor. Nossas boas ações em uma vida anterior resultaram na benção – há tanto tempo desejada – de sua presença entre nós.
>
> (4) Ó ..., a escuridão que enchia nossos corações foi dissipada pela sua vinda. A paixão, a inveja, o ódio e todos os *karmas* deram lugar a uma profunda calma em nossas mentes, tão volúveis por natureza. Hoje um encanto misterioso causou uma mudança repentina e nos mergulhou profundamente em um estado de suprema bem-aventurança.
>
> (5) A distinção consagrada dos *Vipras*[557] desaparece em sua presença, que, apesar de o senhor ser estrangeiro, é sentida como a

---

556 Aparentemente uma alusão à parábola do vale dos ossos secos no Antigo Testamento (Ezequiel 37:1-14).
557 Segundo um dicionário de sânscrito (http://spokensanskrit.de/index.php?tinput=vipra&script=&direction=SE&link=yes), *"vipra"* tem muitos significados. Suponho que aqui signifique "sábio" ou "sacerdote".

de alguém de nossa casta. Esse é o resultado do *Yoga* que o senhor praticou ... . O senhor pode fazer que outros tenham o benefício de sua companhia abençoada.

(6) A abnegação, a pureza, o conhecimento dos *Vedas*[558], o ritual sagrado, os bons costumes, a modéstia, a meditação, a caridade, a piedade, a reverência para com os duas vezes nascidos[559] e os anciãos – essas e qualidades semelhantes que outrora constituíam a vida do caráter hindu quase tinham sido esquecidas no nosso país. Elas ressurgiram por causa do sagrado contato com o senhor.

(7) Aqueles gigantes maus, outrora destruídos por Rama e outros heróis da mais longínqua antiguidade e que mais uma vez corriam desenfreadamente sob a égide da civilização ocidental, voltaram a se comprometer com as chamas ardentes de uma filosofia nobre.

(8) Muitos daqueles que, tendo deixado de acreditar na poderosa palavra dos *Rishis*, saíram de seu caminho, prejudicaram a si mesmos e sofreram todo tipo de mal, por se terem entregue a vícios estrangeiros, voltaram para o rebanho do qual haviam se desviado.

(9) Como podemos pagar a dívida de gratidão que lhe devemos por seus esforços, em cada parte do mundo, de despertar na mente dos homens uma santa reverência pelas preciosas verdades que estão acumuladas nos sistemas propostos por nossos *Rishis* de antigamente, como fruto de suas longas vidas de meditação profunda?

(10) Toda a honra para ti, ó Índia, pois ninguém menos que o Coronel (*karnala* = todo ouvido), ele próprio, ouviu a poderosa palavra dos *Rishis*. Com o seu nobre exemplo na nossa frente, nós, os duas vezes nascidos da grande raça ariana, sentimos vergonha de nossa degeneração atual.

(11-12) Ó, senhor, cuja grande alma considera o mundo inteiro como estando relacionado, cujo caminho é o caminho dos brâmanes de antigamente, tendo abandonado a fortuna, as riquezas e todas as preocupações terrenas, tendo quebrado todos os laços que nos ligam ao lugar de nascimento, tão querido para a humanidade,

---

558 No original: "*Vaidic*", que é outra forma de "*Vedic*" (védico).
559 Isso se pode referir às três castas superiores do hinduísmo ou a todos aqueles que tiveram um segundo nascimento (depois do nascimento físico) através da iniciação nos estudos védicos.

o senhor empreendeu uma tarefa assaz difícil: fazer o bem para nós em um país distante.

(13) Onde é seu próprio país na distante região de Patala[560], e onde é nosso próprio país de Aryavarta? Grande e incomensurável é a distância entre os dois. Sua vinda para aqui prova a todo--poderosa atração do amor existindo desde um estado anterior da existência.

(14) É da nobre senhora, cuja preocupação maternal com o bem--estar humano assim como a palavra dos *Mahātmas* a fizeram "deixar de lado todos as preocupações egoístas" para o nosso bem – para nós, os caídos – e do senhor, ó Coronel, que a velha Teosofia decadente, revivida, recebe seu alimento.

(15) Países, outrora conhecidos como estrangeiros, agora se tornaram mais do que a nossa própria casa; o mundo futuro, que deveria ser o próximo depois deste, passou a ser sentido como nosso próprio mundo; os homens outrora considerados de ascendência diferente tornaram-se, por meio de mútuo amor, mais do que irmãos. Assim, diante do encanto de sua natureza amorosa, tudo perde seu caráter estrangeiro.

(16) O que podemos pedir ao senhor, que realizou todos os nossos desejos por chegar em nosso meio?

Agora nos resta orar com todo o coração para o senhor ter uma longa vida de saúde contínua e sucesso ininterrupto.

9 de abril de 1883.

Esse discurso é um exemplo de muitos que foram dirigidos aos Fundadores depois de chegarem na Índia. Tal costume é antigo, e gerações devem passar antes de ele ser abandonado.

Voltando às nossas curas mesmerianas: foi notado um fato importante – pela sua sugestividade – no caso de nosso cego Badrinath. Embora ele fosse supersensível, ficava sentado e me deixava tratá-lo por meia hora sem nunca perder a consciência, mas em uma oca-

---

560 "O mundo inferior; os antípodas; daí, segundo a superstição popular, as regiões infernais, e, filosoficamente, as duas Américas, que são antípodas da Índia. [...]" (*Glossário Teosófico*)

sião, quando me ocorreu o pensamento de que ele deveria dormir, sua cabeça imediatamente caiu para trás, suas pálpebras vibraram, seus globos oculares rolaram para cima, e ele estava profundamente adormecido; em um momento ele esteve bem acordado, observando as coisas em volta e pronto para conversar comigo ou com qualquer outra pessoa na sala, no outro ficou tão insensível aos sons que espectadores tentaram em vão despertar sua atenção fazendo barulho alto, gritando no seu ouvido etc. Esse foi o melhor exemplo de transferência de pensamento já relatado. A mudança foi tão repentina que me assustou por um momento. Era como se sua vida dependesse de minha vontade e como se ele fosse morrer na hora de uma insuficiência cardíaca se eu o desejasse muito. Tirei uma valiosa lição disso, a saber, que o mesmerizador deve manter-se alerta quanto ao funcionamento da própria mente, quando há uma submissão mesmeriana do cérebro de um paciente à sua vontade. Para antecipar uma teoria que alguns leitores experientes em hipnotismo podem imaginar, eu poderia colocar a questão de saber se Badrinath *Babu* não estava obedecendo a meu pensamento não somente quando ele adormeceu em obediência ao meu comando não expresso como também quando estava conscientemente submetido a meu tratamento de cura. Pode ser assim, mas nesse caso isso só nos dá uma prova ainda mais convincente de transferência de pensamento, pois, enquanto em um momento meu pensamento o forçou a continuar acordado para ser tratado, no outro, minha vontade o forçou a cair no sono mesmeriano. Quão maravilhosamente sensível deve ser a pessoa para apresentar esses diferentes e opostos fenômenos!

No entanto, uma entrada no meu Diário para o dia 21 de abril levanta a questão de saber se a teoria da união mental total entre meu paciente Badrinath e mim se sustenta. No dia em questão, enquanto ele estava sob tratamento para seus olhos, e meus pensamentos estavam inteiramente concentrados nisso, ele de repente começou a descrever um homem envolto em muito brilho que estava olhando para ele com benevolência. Ao que parece, sua visão clarividente havia se desenvolvido parcialmente, e foi através de pálpebras fechadas que ele viu aquilo. Com base na descrição minuciosa que ele passou a me dar, não pude deixar de reconhecer o retrato de um dos mais venerados de nossos Mestres, um fato que era tanto mais agradável por ser tão inesperado e independente de qualquer direção mental da minha parte. Mesmo supondo que Badrinath tenha, por associação de ideias, ligado minha presença à de algum desses personagens, com certeza ele não poderia ter descrito um indivíduo de olhos azuis, cabelo claro ondulado, barba clara e aspecto europeu, pois não ouvi entre os brâmanes nenhuma lenda sobre tal Adepto. Mas a descrição, como dito acima, combinava perfeitamente com um personagem real, o Instrutor de nossos Instrutores, um *Paramaguru*, como é chamado na Índia, e que me havia dado um pequeno desenho colorido de si mesmo em Nova Iorque, antes de nossa partida para Bombaim. Se Badrinath estava lendo minha mente, ele deve ter entrado profundamente na minha memória subjetiva, pois, desde que cheguei na Índia, eu não havia tido nenhuma ocasião de ver o rosto desse Ser Abençoado com os olhos da minha mente.

Os suplementos do *Theosophist* do ano de 1883 são abundantes em declarações assinadas sobre as curas que tive a felicidade de realizar, na maioria das regiões da Índia, durante minhas longas viagens naquele ano. Dessas declarações vou transcrever uma, não porque ela seja mais impressionante do que muitas outras, mas porque tenho às mãos o documento original, que foi redigido e assinado pelas pessoas que presenciaram a cura, a qual ocorreu em Bankipur, em 22 de abril de 1883. Na declaração consta o seguinte:

BANKIPUR, 22/4/83.

O abaixo-assinado atesta que acabou de recuperar a fala após um tratamento mesmeriano de não mais de cinco minutos, realizado pelo coronel Olcott; também voltou a ter força no braço direito, o qual, até então, estava tão fraco que não conseguia levantar um peso de meio quilograma. Ele tinha perdido a capacidade de articular palavras no mês de março de 1882.

"(A.[561]) RAM KISHEN LAL.

---

561 Abreviatura de "assinado".

Testemunhado pelo primo do paciente.

(A.) RAMBILAS.

A maravilhosa cura descrita acima foi realizada em nossa presença. (Assinado) Soshi Bhooshan Moitra, Amjad Ali, Jogash Chandra Banerji, Govinda Cheran, M.A., B.L.[562], Amir Haidar, Advogado de Defesa, Mohas Narayan, Gaja Dhar Pershad, Advogado de Defesa, Tribunal de Justiça, Sajivan Lal, Lal Vihari Bose, Haran Chandra Mittra, M.A., Purna Chandra Mukerji, Bani Nath Banerji, Girija Sakhar Banerji, Hem Chandra Singh, Ananda Charan Mukerji, Ishwar Chandra Ghose, Baldeo Lal, B.A.[563], e Purnendu Narayan Singh, M.A., B.L.

Cabe dizer, de uma vez por todas, que essas curas não foram feitas em privado, sem testemunhas, com alguma parafernália mística ou qualquer bobagem, mas abertamente, à vista de todos; às vezes, até mesmo em templos diante de multidões, de modo que cada relato meu pode ser verificado por testemunhas vivas, para não falar dos próprios pacientes curados, dos quais muitos devem ter sido beneficiados integralmente, como o joalheiro cingalês, Don Abraham, sobre quem falei acima.[564]

Dormi naquela noite em um banco na estação ferroviária, a fim de estar pronto para um trem muito cedo e evitar aos meus amigos a necessidade muito desagradável de sair antes do amanhecer para vir e se despedir de mim. Cheguei ao meu próximo destino, Durbangha, às treze horas, e fui hospedado pelo marajá Lakshmiswar Singh Bahadur, um príncipe com ótima formação, que me deu todas as atenções possíveis e se tornou membro da Sociedade. Dei uma palestra na segunda noite, diante de um grande público, e no dia 25 foi formada uma Loja da S.T. com dez membros. Esse marajá é extremamente rico e tem um novo palácio que contém um salão de *Durbar* (audiência), esplêndido tanto nas suas dimensões quanto nos ornamentos arquitetônicos. Na minha

---

562 M.A. = *Master of Arts* (Mestre em Artes – diploma outorgado em várias áreas científicas); B.L. = *Bachelor of Law* (Bacharel em Direito)
563 *Bachelor of Arts* (Bacharel em Artes)
564 Este joalheiro não é mencionado em nenhum lugar neste livro.

inocência sobre o que o futuro tinha reservado para nós, escrevi no meu Diário a pergunta: "Será que ele vai ser o *Asoka* da S.T.?" Os acontecimentos responderam a pergunta claramente de forma negativa, como será mostrado no momento apropriado. O fato é que naquela ocasião, ele não poderia ter sido mais cortês e encantador. Ranegunge foi meu próximo lugar de parada. Lá fui o convidado de Kumar Dakshiniswar Malliah, dono de vinte e cinco minas de carvão, que me alojou em sua casa de jardim e foi extremamente gentil. No dia seguinte, fiz tratamentos psicopáticos e, à noite, organizei a S.T. de Searsole[565]. Depois houve a *conversazione*[566] habitual, na qual tive que responder a inúmeras perguntas, e a uma hora da madrugada continuei minha viagem em direção a Bankura. Consegui dormir um pouco das sete às onze e trinta, e os habituais tratamentos recomeçaram. Naquela noite dei uma palestra; no dia seguinte, curas e a mesmerização de oito grandes potes de água a serem distribuídos entre os doentes; à noite, uma reunião da Loja da S.T., com admissão de seis novos membros. Às cinco e trinta da manhã seguinte, voltei de carruagem para Searsole, onde dormi na estação até as três da manhã, quando tomei um trem para Burdwan. Fui recebido pelo *Dewan Sahib* (agora *Raja*) Bun Behari Karpur, Dr. Mohindranath Lal Gupta e Professor Dutt, do Colégio do marajá, e fui hospedado na bela residência do *Dewan*. Meu público no Colégio naquela noite foi muito grande e entusiasmado; quem presidiu a reunião foi o Sr. Beighton, o Juiz do Tribunal Distrital[567]. No dia 3 de maio curei durante três ou quatro horas os doentes na casa do *Dewan* na presença do marajá e dos seus principais nobres, passei parte do dia com ele no palácio e, à noite, fundei uma Loja local, da qual o *Dewan* se tornou um dos membros. O

---

565 Aparentemente Searsole era um vilarejo, ou uma pequena cidade, perto de Ranegunge; atualmente pertence a esta última cidade (que hoje se chama Raniganj).
566 "Conversa" em italiano.
567 No original: "*Sessions Judge*" (Juiz das Sessões). Na Índia, o Tribunal Distrital é chamado de "*Sessions Court*" (Tribunal das Sessões) quando são tratados casos criminais.

marajá queria se filiar também, mas eu o recusei por causa de seus hábitos libertinos. Como no caso de muitos dos nossos melhores jovens príncipes, sua saúde e moral estavam sendo completamente arruinadas pela devassidão dos cortesãos que o rodeavam. Uma boa prova de sua inata bondade de coração é que minha decisão parecia aumentar em vez de diminuir seu respeito por mim, e eu tive várias evidências de sua boa vontade antes de sua morte prematura, que ocorreu pouco tempo depois.

Em Chakdighi, minha próxima parada, fui hospedado na casa de jardim mais bem decorada e confortavelmente mobiliada que eu já havia visto até aquele momento. O nome do *Zemindar*[568] era Lalit Mohan Sinha Raya; eu o achei um jovem muito estimável. Naquela noite foi organizada uma Loja da S.T., e na manhã seguinte fiz várias curas mesmerianas. O dia seguinte me viu novamente na estrada, dessa vez em direção a Chinsurah, onde também foi organizada uma nova Loja. Como de costume, fiz curas, e na caserna dei uma palestra diante de um imenso público, que me deu as boas-vindas da maneira mais explícita. Em seguida, voltei para Calcutá, onde cheguei no dia 8 de maio às nove e trinta, bem cansado – como se pode imaginar quando se pensa que era a estação mais quente do ano, na qual o vento soprava com o calor de um forno e os redemoinhos de pó sufocavam quando as pessoas se aventuravam a sair de casa antes do pôr do sol.

---

568 Título de nobre indiano, semelhante a "barão".

CAPÍTULO XXIX

CURA DO HOMEM MUDO NO TEMPLO NELLAIAPPAR[569]

Meus raros descansos de algumas horas, naquele circuito de onze mil quilômetros na Índia no ano de 1883, eram para mim o que o domingo é para o "escravo do trabalho". Vejo que tive tal descanso no dia 9 de maio, e até o dia 14, pelo menos, eu estava tranquilo em Calcutá, mas depois a incessante movimentação teve que ser retomada, e parti de barco a vapor para Midnapure. Por causa de uma pane em um segundo barco no canal Ooloobaria-Midnapore, essa viagem durou dois dias. Na noite da minha chegada dei uma palestra, e no dia 17 curei doentes e fundei uma Loja local com dez membros. Em seguida voltei para Calcutá. No dia 20 dei uma palestra em Bhowanipore, e no dia seguinte comemoramos na Câmara Municipal de Calcutá, na presença de um imenso público, o primeiro aniversário da S.T. de Bengala. *Babu* Mohini Mohun Chatterji, secretário da Loja, leu um relatório interessante, no qual ele disse que a Loja foi formada por causa de minha primeira palestra no mesmo salão no ano anterior; o presidente, *Babu* Norendranath Sen, fez um longo e eloquente discurso; *Babu* Dijendranath Tagore, o *Acharya* altamente respeitado e culto do *Adi Brahmo Samaj*[570], falou sobre o assunto da Fraternidade; Dr. Leopold Salzer, sobre Protoplasma e as descobertas do Dr. Jaeger sobre

---

569 Olcott escreveu "Nelliappa".
570 O primeiro templo (ou casa de pregação) do *Brahmo Samaj*.

odores[571]; e eu encerrei a reunião com uma retrospectiva das açõ[es] do Dr. James Esdaile[572] na área da anestesia mesmeriana, aplica[da] às operações cirúrgicas, em Calcutá, de 1846 a 1850. Vejo pe[lo] relatório (*Theosophist*, suplemento, julho de 1883) que li, ent[re] outras coisas, sobre o tema do mesmerismo, a passagem impre[s]sionante do *Sariraka Sutra* na qual é dito: "Pela aura (*ushma*) [do] homem interior (*sukshma sarira*) é percebida a aura (*ushma*) [do] homem externo (*sthula sarira*, ou corpo)."[573] [574] A declaração [do] Sr. Leadbeater (vide *Theosophist*, dezembro de 1895, artigo "T[he] Aura") de que a aura se estende, no homem comum, até uma d[is]tância de cerca de quarenta e cinco ou sessenta centímetros f[ora] do corpo em todas as direções, é confirmada pela advertência [do] antigo *Atharva Veda* de que, se uma pessoa saudável chega d[ois] côvados[575], ou seja, cerca de sessenta centímetros, perto do cor[po] de um doente, a doença provavelmente será passada para ele, p[ois] a aura do paciente transmite seus germes até meia distância en[tre] os dois, até o ponto em que as esferas se misturam e os micrób[ios] são transferidos do emitente para a aura do recebedor. De acor[do] com Susruta, "lepra, febre, hidropisia, doenças dos olhos e al[gu]mas outras condições anormais" são transmitidas de um pacie[nte] a uma pessoa saudável por meio da conversação, contato, respi[ração]

---

571 Gustav Eberhard Jäger (1832-1917), zoólogo alemão. HPB trat[a] suas descobertas sobre odores e a substância chamada de "Odorig[en]" no texto "Odorigen and Jiva" no livro *Five Years of Theosophy*. escreve "Yaeger" em vez de "Jaeger" ou "Jäger".
572 Cirurgião escocês (1808–1859); viveu na Índia de 1831 a 1853.
573 Normalmente escreve-se "*sharira*", mas no *Theosophical Glossar[y]* HPB está escrito "*Sarîra*".
574 Nota de Olcott: "A passagem é a seguinte: *Asyaiva chopapatte r[...] ushma*. Sei que nos dicionários *ushma* é explicado como 'calo[r]' que em alguns casos significa '*prana*'. Que não se trata do calor mal do corpo é suficientemente claro pelo fato de que é mencion[ado] o *ushma* do corpo espiritual. Então penso que, nessas circunstân[cias] a nossa palavra 'aura' (sânscrito: *tejas*) explica mais apropriadam[ente] do que qualquer sinônimo inglês a ideia transmitida no contex[to]
575 Medida de comprimento usada por diversas civilizações antigas

ção, quando estão sentados juntos nas refeições ou no mesmo sofá, pelo uso da mesma roupa, guirlandas de flores e pasta perfumada (*anulepan*). Quanto à praga bubônica que agora assola Bombaim, *Atharva Veda* diz: "Mesmo que seja o próprio filho que é afetado por ... carbúnculo ... ele nunca deve ser tocado" – uma ordem que não é muito obedecida em nosso tempo de corajoso e altruísta tratamento dos doentes.

Mas voltando dessa digressão: a ocasião mencionada acima foi minha última aparição pública daquele ano naquela parte da Índia, pois no dia seguinte embarquei para Madras.

Como fui informado de que alguns dos fatos mencionados sobre o mesmerismo e a cura mesmeriana foram amplamente comentados pela imprensa, talvez interesse ao público ler um resumo da tabela de estatísticas que foi publicada por meu amigo Nivaran Chandra Mukerji, que me acompanhou durante toda a turnê e gentilmente atuou como meu secretário particular; seu relatório pode ser lido no *Theosophist*, Suplemento, junho de 1883. Ele diz que a tabela mostra em uma coluna "o número de pacientes (que eram de ambos os sexos, de todas as idades, condições da vida social e seitas) sobre quem ele (eu) de fato colocou as mãos, e em outra, o número de pessoas a quem ele (eu) deu água vitalizada ou mesmerizada. Reduzi os recipientes de todos os tipos – *ghurras*, *lothas*, jarras, garrafas, etc. – para um padrão uniforme de garrafa de meio litro[576]." Na primeira coluna são enumerados os vinte lugares onde curei os doentes, e é relatado que tratei quinhentos e cinquenta e sete pacientes; na outra coluna, é mostrado que dei duas mil e duzentas e cinquenta e cinco garrafas de água mesmerizada. Nivaran *Babu*, supondo que cada garrafa representava apenas um paciente – acho que é uma estimativa modesta demais – calcula um total de dois mil e oitocentos e doze doentes tratados por mim naquela turnê de cinquenta e sete dias. Fatos adicionais, de interesse pelo menos para os meus colegas, são que nesse período viajei "mais de três mil quilômetros, de trem, navio a vapor, *budgerow* (barca de canal), carroça

---

576 No original: "*pint bottle*". "*Pint*" é uma medida que na Grã-Bretanha corresponde a 568 mililitros, e nos Estados Unidos a 473 mililitros.

puxada por cavalo, elefante, andando a cavalo ou em palanquins, às vezes de noite, às vezes, de dia". Segundo o relatório, dei vinte e sete palestras, organizei doze novas Lojas, visitei treze antigas e discuti diariamente sobre filosofia e ciência com centenas dos homens mais competentes de Bengala e Behar. Nivaran até descreve, com muitos elogios, minha dieta, contando quantas batatas, quantos gramas de verduras, macarrão, aletria, fatias de pão com manteiga eu comi e quantas xícaras de chá e café tomei, e ele diz como me dei bem com uma dieta sem carne. Para que os vegetarianos não possam me reivindicar como convertido radical, devo dizer que, se Nivaran tivesse feito comigo o tour de 1887, ele teria me visto tão enfraquecido com essa dieta que me mandaram peremptoriamente retomar minha comida habitual, o que, aparentemente, me salvou a vida; não fui tão fanático quanto o pobre Powell[577], que perdeu a vida por causa de seu ascetismo. Eu acho que se perceberá que qualquer dieta especial pode ser "carne" para a pessoa em um momento, e "veneno" em outro. Não tenho simpatia por fanáticos que não diferenciam. Neste momento em que estou preparando este volume para ser impresso, estou praticando o vegetarianismo novamente como um preventivo contra a gota hereditária, e o acho muito eficaz. Comparando pigmeus com gigantes: parece que meu caso foi, a esse respeito, como o do Buda, que desmaiou no final de um longo jejum e salvou sua vida comendo a rica comida que lhe trouxe a doce Sujata, filha de um nobre. Recordo que, quando a Sra. Leigh-Hunt Wallace, autora de uma obra padrão sobre mesmerismo, viu as estatísticas do total de pessoas que tratei durante um ano, ela me escreveu que não havia um único mesmerizador na Europa que sonhasse em tocar com intenção mesmeriana metade desse número de pacientes. Ela se referia, é claro, a curadores profissionais como ela, não a prodígios como Schlatter, Newton, o *Curé d'Ars*[578], Zouave Jacob e outros que declararam ter trabalhado com ajuda espiritual. No que diz

---

577 Não está claro de quem se trata.
578 Jean-Marie Baptiste Vianney (1786-1859), sacerdote francês, canonizado pela Igreja Católica.

respeito a isso, confesso francamente a minha convicção de que eu não poderia ter passado por um derramamento tão grande e continuado da minha vitalidade, a menos que eu tivesse sido ajudado por nossos Instrutores, embora eles nunca tivessem me dito isso. Tenho que reconhecer que não tive mais um poder de cura tão fenomenal desde que recebi a ordem de parar esse trabalho, isto é, por volta do final de 1883; e estou convencido de que, mesmo tentando com muita força, eu não conseguiria mais curar aqueles casos desesperados que eu tratava com a maior facilidade dentro de meia hora ou até menos.

Fui recebido calorosamente por HPB e os outros, e foi feita, principalmente para o meu benefício, uma série de fenômenos, entre os quais só mencionarei aquele anotado na entrada para 6 de junho. Eu digo no meu Diário que, "não conseguindo decidir se aceito o convite de Colombo ou o de Allahabad, coloquei a carta de A. C. B.[579] no santuário, tranquei a porta, reabri-a imediatamente e recebi a ordem escrita por ∴ através de ... em francês. Isso foi feito enquanto eu estava lá, e não havia transcorrido meio minuto". Então, isso acaba totalmente com a alegação de que essas comunicações eram fabricadas antecipadamente e passadas por um painel deslizante na parte de trás do santuário.

Trabalhar um mês inteiro na minha mesa em Adyar foi delicioso. Durante esse período também curei pacientes, recebi visitantes e tive discussões metafísicas com HPB. Restabeleci a fala de um paciente, curei paralíticos, surdos, etc. Um dos casos é interessante por mostrar a cura progressiva da perda de audição. Um jovem que não ouvia o tique-taque de um relógio segurado perto de seu ouvido conseguiu, após o primeiro tratamento, ouvi-lo a uma distância de 1,25 metros; após o segundo, a 1,8 metros; após o terceiro, a 4,5 metros; após o segundo, ele podia ouvir uma conversa a uma distância de quatro metros. Em 24 de junho, um garoto, que havia muito tempo tinha pernas paralisadas, conseguiu, após um único tratamento, andar pela sala.

---

579 Deve ser a pessoa em Colombo ou em Allahabad que mandou o convite.

No dia 27 de junho, embarquei para Colombo, cheguei no terceiro dia e mergulhei no problema previsto para mim, a saber, as queixas dos budistas a respeito de um ataque tumultuoso feito pelos católicos, sem que eles conseguissem que o governo fizesse um desagravo. Na quinzena seguinte, ou mais, estive ocupado com esse caso e com entrevistas pessoais com o Governador do Ceilão, o Secretário Colonial, o Inspetor-Geral da Polícia, o Agente do Governo para a Província Ocidental, as lideranças budistas, os principais sacerdotes e o conselho. Redigi petições, protestos, instruções para o conselho, apelos ao Governo e ao Parlamento, fiz muitas consultas e discussões, presidi as reuniões da Loja e, em geral, estive muito ocupado. Quando tudo estava arrumado, fui para Tuticorin nos dias 14 e 15 de julho, e comecei a fazer uma longa viagem pelo sul da Índia, uma viagem cheia de variedade, emoção e episódios pitorescos.

Comecemos com a minha chegada no dia 17 de julho em Tinnevelly, o lugar onde nosso comitê budista de Colombo e eu havíamos plantado o coqueiro em meio aos tumultuosos regozijos descritos em um capítulo anterior. Chegamos na estação às dezoito horas; uma grande multidão estava esperando. Cinco grossas cordas de flores – em vez de guirlandas – foram colocadas em volta de meu pescoço, chegando até o topo da minha cabeça; minhas mãos, braços e bolsos foram enchidos com limões maduros – a fruta das boas-vindas e do respeito; fui colocado em uma liteira coberta; os principais funcionários locais e governamentais caminharam ao lado, na frente e atrás de mim pela estrada empoeirada; um jovem brâmane jogou flores soltas sobre mim e no ar, cobrindo a estrada com um tapete cheiroso; os brâmanes do templo vieram e me entregaram o *lotah*[580] de prata ornado com flores e a bandeja sobre a qual havia um coco quebrado, um pouco de pó vermelho, limões e cânfora. A procissão continuou, no meio de bandeiras ondulantes e estandartes; duas bandas de músicos – uma do templo – tocavam suas músicas estridentes, e assim andamos até chegar ao bangalô

---

580   Um tipo de recipiente de água.

destinado a mim, todo decorado com flores e folhagens, e fui autorizado a entrar, saindo do calor da rua e podendo aproveitar o frescor. Um ex-juiz de Travancore, um cavalheiro culto e estimável, fez um pequeno discurso de boas-vindas, ao qual respondi, é claro. Não parece que tudo isso contradiz a mentira que os missionários inimigos contaram em 88, de que os brâmanes ortodoxos se sentiram tão indignados com a poluição do templo causada por nosso grupo que plantou o coqueiro que eles o desenterraram e purificaram o local para se livrar da mancha profana que deixamos? Mas por que perder tempo ou "estragar o sangue", como dizem os russos, refutando as inúmeras calúnias divulgadas contra nós, se elas mesmas se desmentem todas no final?

No dia seguinte, dei uma palestra no gramado do meu bangalô para um público que incluiu todos os homens importantes do lugar. No final, fiz um sério apelo para a criação de uma boa biblioteca teosófica para meninos hindus e logo consegui subscrições em um valor considerável. Se minha memória não me falha, esse foi o primeiro de uma longa série de sucessos na mesma direção, e até este momento tenho continuado pressionando a juventude indiana para que reivindique dos mais velhos os meios para ter sua própria cultura religiosa. Espero que, quando eu sair de cena, alguém entre meus colegas vá cultivar este melhor e mais fértil de todos os campos mentais e morais na Índia. Não há outro que possa ser comparado com ele.

Da mesma forma que a publicidade dada pela imprensa do Ceilão às minhas curas anteriores havia criado uma importuna demanda de repetições na turnê de Bengala, as emocionantes narrativas dos jornais indianos do norte fizeram que eu fosse solicitado com igual obstinação a exercer meu poder em benefício dos doentes no sul da Índia. Eles me assediaram em Tinnevelly, como em todas as outras localidades, e de fato fiz algumas curas maravilhosas. Uma entrada de algumas poucas palavras no meu Diário para o dia 20 de julho traz à memória uma das experiências mais dramáticas da minha vida. Eu tinha ido ao pagode para aspergir a "Árvore da Amizade" com uma água de rosas refinada, e fui seguido por pelo menos mil pessoas ociosas que, por falta de melhor diversão, observaram todos os meus passos e trocaram opiniões sobre minha aparência pessoal. Um pai trouxe seu filho de vinte e cinco ou trinta anos através da multidão para mim, implorando que eu lhe restaurasse a fala, que ele havia perdido três anos antes. Não tendo espaço nem para me mexer nem para respirar, subi ao pedestal contínuo ou base que suporta uma longa linha de figuras monolíticas esculpidas de divindades hindus, puxei o paciente para cima, pedi silêncio e mandei o pai contar o caso para as pessoas. A respeito do que aconteceu depois posso citar uma descrição contemporânea, uma carta do bem conhecido S. Ramaswamier, M.S.T., já falecido, publicada no Suplemento do *Theosophist*, agosto de 1883. "Em meio a uma grande multidão", diz ele, "bem em frente ao templo Nellaiappar, o coronel colocou as mãos no desafortunado mudo. Sete passes circulares na cabeça e sete longos passes, todos durando menos de cinco minutos, e a fala foi restaurada ao homem, agora não mais silencioso! O coronel, em meio a gritos ensurdecedores de aplausos e palmas troantes, o fez pronunciar os nomes de Shiva, Gopala, Rama, Ramachandra e outras divindades, o que ele conseguiu fazer tão facilmente quanto qualquer outro espectador o faria. A notícia dessa restauração da fala se espalhou imediatamente em toda a cidade e causou uma grande sensação." E não é de surpreender, pois quando fiz o paciente gritar os nomes sagrados o mais alto possível, metade da multidão, muito excitada, correu para a rua, balançando os braços sobre suas cabeças e gritando, à moda indiana, *Wah! Wah! Wah!* Lembrando-me dos maldosos truques dos missionários durante minha primeira visita – que haviam distribuído um panfleto difamatório contra HPB e mim, no qual, violando a lei, não havia sido mencionado nenhum nome de editor ou gráfica, e que haviam divulgado a mentira sobre o coqueiro, alegadamente desenterrado por brâmanes indignados –, planejei uma pequena merecida punição para eles. Mandei o pai do paciente levar seu filho aos líderes dos missionários em Palamcottah – um subúrbio de Tinnevelly – para contar-lhes sobre a cura, citar os versículos

17 e 18 do Capítulo 16 de São Marcos e solicitar, em nome da comunidade hindu, que, como prova de sua incumbência divina, eles restaurassem a fala a alguém, como eu tinha feito no pagode. Sua resposta seria comunicada ao público hindu. Vários dias depois, ele veio e relatou o resultado. Eu tinha esperado um pouco de diversão, mas imaginem a minha surpresa quando ele me disse que um dos *padris*[581] principais havia chamado sua história uma mentira, dizendo ainda que ninguém acreditaria que o filho tivesse estado mudo! O subterfúgio era tão engenhoso que ele provocou minha profunda admiração, e eu ri bastante da astúcia dos missionários, mais do que eles, imagino, pois o homem era conhecido em toda a cidade e a cura tinha sido feita com a maior publicidade.[582]

De carro de boi fui para Trivandrum, a capital de Travancore, e fiquei machucado por toda parte; a distância era de cerca de cento e sessenta quilômetros, e a estrada era muito ruim. Cheguei em Trivandrum na segunda manhã, e os principais nobres e funcionários públicos vieram apresentar seus cumprimentos e saudações. Fiz visitas de cortesia a Sua Alteza o Marajá – um homem culto, muito conhecido por seus artigos em revistas sobre *Vedānta*

---

581 Assim no original; talvez tenha havido um erro de digitação; provavelmente Olcott quis dizer "padres".

582 Nota de Olcott: "Visto que provas de primeira mão dessas curas estranhas são a melhor coisa, vou transcrever aqui as declarações que foram impressas no Suplemento do *Theosophist* de agosto de 1883. Consta lá: 'Declaramos que, na nossa presença, o coronel Olcott acabou de restaurar a fala a Oomayorubagam Pillay, filho de Utheravasagam Pillay, de Palamcottah, após um tratamento de menos de dez minutos. Por três anos ele não tinha conseguido pronunciar qualquer palavra, exceto a primeira sílaba do nome de Rama, e isso apenas de maneira indistinta. Agora ele pode articular muitas palavras claramente e em voz alta. (a.) Utheravasagam Pillay (pai do paciente); Soccalingam Pillay (seu tio); Sonachellum Pillay (seu sogro); N. Padmanabha Aiyer, F.T.S.; Vallinayagam Pillay. O acima declarado é inteiramente verdadeiro. (a.) Oomayorubagam Pillay (o paciente). Tinnevelly, 21 de julho de 1883.' "

e outros assuntos sérios –, ao Residente britânico, ao *Eliyah Rajah* (Príncipe Herdeiro), ao *Dewan* (Primeiro Ministro) e a outros personagens importantes. Sua Alteza o Marajá mandou os *pandits* do palácio se encontrarem comigo e começou uma discussão entre eles e mim sobre o tema do *Yoga*, ele mesmo servindo de intérprete. À tarde, a maioria dos príncipes reais estava presente na minha palestra, e como um deles era conhecido pela sua intemperança[583], aproveitei a ocasião para descrever o antigo ideal de um príncipe indiano e o comparei com a triste situação na maioria das cortes indianas no presente; evidentemente não mencionei que isso se aplicava também lá mesmo, pois – como dizem os franceses – isso *sautait aux yeux*.[584] Muitos pacientes se apresentaram para tratamento, e vejo que, no primeiro dia, todos menos um foram mais ou menos beneficiados. Na segunda manhã, a família real estava presente em meus quartos para observar as operações; entre outras curas anotadas está a de uma mulher idosa a quem restaurei a fala em sua presença. Antes de sair da cidade, admiti à Sociedade um certo número de candidatos respeitáveis. A provação de receber pancadas no carro de boi teve que ser enfrentada de novo e, no devido tempo, cheguei de volta em Tinnevelly, tendo no final da viagem uma noção bem nítida de minha anatomia. *En route*[585], dei uma palestra em Nagercoil para uma grande plateia. Em Tinnevelly houve mais filiações, e depois continuei até Srivilliputtur, onde formei uma Loja local, de lá para Sattur e, em seguida, para Madura, uma das cidades maiores, mais prósperas e iluminadas da Presidência de Madras. O templo Meenakshi é, na minha opinião, a mais bonita construção religiosa hindu na Índia; ele ocupa uma área de duzentos e cinquenta e oito por duzentos e vinte e seis metros e é cheio de estátuas monolíticas gigantes; outrora era o centro da erudição tâmil; as estatuetas de quarenta de seus *pandits* mais famosos estão guardadas em uma sala fechada que, provavelmente, poucos estrangeiros visitam e que é a triste lembrança de

---

583 No original: "*intemperate*", que pode referir-se ao alcoolismo.
584 "*Sautait aux yeux*" significa "estava evidente".
585 Expressão francesa significando "no caminho", "durante a viagem".

dias gloriosos da antiga erudição, agora quase esquecida. Quando visitei a cidade, havia lá – e ainda há agora – uma brilhante associação de advogados, cujo então líder, Sr. S. Subramanier, M.S.T., está se tornando renomado como Juiz do Tribunal Superior de Madras.

Fui hospedado na sua casa de jardim e logo fiquei conhecendo todos os homens da cidade que valia a pena conhecer. Na noite seguinte, dei minha palestra, com muita dificuldade, no nobre palácio de Tirumala Nayak (o rei pandia[586] do século XVII). O palácio é de pedra e também pavimentado com pedra, e o efeito da presença de uma multidão dentro dele é um estrondo e uma confusão incontrolável de sons. Primeiro me colocaram para falar sob a cúpula da Rotunda, onde o Príncipe de Gales tinha mantido seu *Durbar*, mas o mero roçar dos pés descalços de duas mil pessoas no chão e o murmúrio de suas amigáveis vozes impediram que eu pudesse ser ouvido, mesmo por amigos a poucos metros de distância. Eles esticaram seus pescoços para a frente, puseram suas mãos curvadas atrás das orelhas, me furaram até o centro com seus olhares ansiosos, como se seus olhos fossem brocas, e abriram as bocas pela metade, como os surdos fazem instintivamente para pegar as vibrações do ar dentro da cavidade da boca, bem como as do tímpano. Mas era inútil, eu só fiquei sem voz de tanto gritar. Então parei e fiz sinais de desespero e lamento. Seguiu-se uma confabulação aos gritos entre o Comitê e mim, após a qual entrei no majestoso salão cheio de esculturas, onde agora se reúne o Tribunal Distrital. Um forte guarda foi colocado na porta da entrada para admitir apenas aqueles que sabiam inglês, e do banco no estrado elevado onde agora são dadas as sentenças da justiça britânica, mas onde, anteriormente, ocorriam as recepções cerimoniais dos soberanos indianos, falei durante mais de uma hora para uma multidão de talvez oitocentas ou mil pessoas, incluindo todas as pessoas mais importantes por nascimento, posição e influência, além das inte-

---

586 Uma das dinastias tâmis (no sul da Índia); reinou de 600 a.C. até o século 17 d.C.

lectualmente mais brilhantes.[587]

Nos dias seguintes, meus serviços como curador estiveram muito solicitados, e cada cura visível aumentava a exaltação. Tive que pedir para o Comitê selecionar, na multidão que estava se empurrando na porta, os pacientes a serem tratados. O relatório do Sr. V. Cooppooswamy Iyer para o *Theosophist* diz que eu tratei com minhas mãos vinte e sete pessoas e que "as curas mais notáveis foram três casos de surdez, um caso de reumatismo crônico da coluna vertebral – que já existia havia nove anos e desafiava a habilidade dos médicos – e dois casos de paralisia, um do dedo médio da mão esquerda e outro de toda a mão esquerda; no último caso, a cura foi efetuada dentro de cinco minutos". Em suma, um sortimento muito respeitável de "milagres", suficientes - se eles tivessem sido explorados por um sacerdote empreendedor de qualquer religião - para ir longe na comprovação, para leigos, de que ele possuía uma Incumbência Divina especial. Os crédulos de todos os países são tão bobos e ignorantes! Espero que o leitor inteligente já tenha percebido muito antes que, se os dois Fundadores da Sociedade Teosófica tivessem sido os vigaristas interessados em dinheiro, como eles costumavam ser chamados, eles poderiam ter juntado imensas somas de dinheiro e ser adorados como personagens sobre-humanos, em vez de ter tido as escassas receitas mostradas pelos relatórios financeiros anuais da Sociedade. Não é que nós nunca tivéssemos tido a chance, pois, se algum reformador religioso na Índia a teve, nós também a tivemos. Nesta época de fé diminuída e sacerdotes decadentes, cuja aparência animalizada às vezes é suficiente para virar o estômago, os incontestáveis fenômenos de HPB e minhas curas prenderam a imaginação

---

587 Nota de Olcott: "O *Gazetteer* de Hunter, descrevendo o palácio, diz que ele é 'a mais perfeita relíquia da arquitetura secular na Presidência de Madras'. A construção principal consiste em duas partes, um pátio aberto e um salão alto. O estilo é uma mistura de arquitetura hindu e sarracena. O pátio tem cerca de 80 metros quadrados, com altos muros de tijolos, formando longas galerias sobrepostas por cúpulas. Em um lado há um salão, cujo telhado alto abobadado é sustentado por pilares circulares de granito."

popular de tal forma que magnatas literalmente colocavam suas bolsas de tesouro a nossos pés, e somas fabulosas nos foram oferecidas para mostrarmos nossos vários poderes.[588] O fato de termos rejeitado todas as suas ofertas com sinceridade é o segredo de grande parte da leal amizade que nos é mostrada em toda a Índia, desde o início até agora. Se alguma vez tivéssemos aceito um presente para nós mesmos, todo o povo indiano teria nos abandonado na crise dos Coulomb, e teríamos sido considerados impostores religiosos; mas, devido a nossa atitude, todos os missionários combinados, de todas as sociedades do mundo, não podem roubar nosso lugar nos corações dos filhos da Índia – infelizmente degenerados.

A cura da paralisia da mão teve uma sequência divertida. O paciente era de uma boa família brâmane, o irmão de um B.A. e *vakil* (advogado de defesa), que era impulsivo por natureza e moralmente não muito forte. Ele estava jantando quando o rapaz voltou do meu quarto, a mão paralítica brilhando e ardendo como fogo, pelo fato de estar sendo atravessada pela restaurada corrente de vitalidade. O *vakil* era um cético em questões de religião, arrogante e presunçoso demais para admitir que a alma é uma realidade. Mas imediatamente depois de ter aceito o fato de que seu irmão foi curado pela mera imposição de minhas mãos, seu ceticismo foi varrido como por uma enchente; ele deixou sua refeição inacabada, correu para mim, me agradeceu extravagantemente pela cura, ficou perto de mim o dia inteiro, tornou-se membro da Sociedade, e quando parti para Negapatam e outras localidades, foi comigo, para me servir ou para lutar por mim, como eu quisesse. Ele não levou nenhuma muda de roupa, se me lembro bem, mas simplesmente viajou do jeito que estava, como alguém que salta em um bote, quando está saindo de um navio que está afundando, sem pensar em comida, água ou bagagem. Tal zelo de fogo de palha não poderia

---

588 Nota de Olcott: "Em Bengala um muçulmano me ofereceu uma vez 10.000 rúpias para eu deixar por algumas horas o que estava fazendo e curar a paralisia de sua esposa, o que, é claro, eu não fiz. Eu poderia tê-lo feito, se ele fosse um indigente e nenhum amigo dele tivesse pronunciado a palavra 'dinheiro' para mim."

durar muito tempo; apesar de seus votos de lealdade, gritados para os quatro cantos do mundo, meu descontrolado *vakil* provou ser um dos amigos mais fracos que conheci na Índia; ele quebrou cinquenta vezes suas promessas e, finalmente, deixei-me pagar do meu próprio bolso uma soma bastante grande para comprar material de construção, que ele mesmo queria doar para nossa Sede, e ele nunca reembolsou o dinheiro. Um personagem totalmente diferente era o outro *vakil* brâmane que me acompanhou até Negapatam. Ele tem sido firme o tempo todo, é um administrador da S.T. e foi escolhido por mim como um dos executores de meu próprio testamento. *Tot homines, quot setentiae.*

Em Negapatam uma grande multidão foi me receber na chegada, me cobriu com flores, formou uma procissão, com banda de músicos, e me levou a um bangalô decorado, onde respondi aos discursos, conversei com pessoas que enchiam o quarto, fundei uma nova Loja com vinte e sete membros, dei uma palestra para um público que sabia inglês e uma outra para um público popular; a primeira foi dada no meu bangalô, a segunda no pagode, através de intérpretes, para três mil pessoas. No dia 5 de agosto, dormi na estação ferroviária e tomei na manhã seguinte, bem cedo, um trem para Trichinopoly[589], onde me aguardava nova adoração de herói e fazia mais de trinta e sete graus à sombra. Verdadeiramente uma calorosa recepção!

---

589 Atualmente o nome é "Tiruchirappalli". Também se usa o nome "Trichy".

CAPÍTULO XXX

MARAVILHAS NO SUL DA ÍNDIA

A popularidade, além de um certo ponto, é um fardo – como descobri durante toda a viagem pelo sul da Índia em 1883. Quando, no dia 7 de agosto, cheguei à prefeitura de Trichinopoly, onde eu ia falar, foi praticamente impossível alcançar a porta; uma grande multidão, se avolumando cada vez mais, ocupava cada centímetro das redondezas e, ao invés de abrir espaço para mim, se juntava em uma massa compacta de carne suada para conseguir ver o objeto da curiosidade momentânea. Em vão meu Comitê implorou, admoestou, gritou e empurrou; não consegui avançar. Então, fiz a coisa mais natural: subi no teto firme de uma carruagem com palanquim, onde todos podiam me ver. Se alguém quiser gerir uma multidão, nunca deve ficar ansioso ou se precipitar; deve dar o impulso inicial certo e deixá-lo aumentar gradualmente sozinho. Eu sabia perfeitamente que talvez nem um décimo dos presentes podia compreender o inglês ou realmente sabia mais sobre mim do que o fato de que eu era o amigo e defensor de sua religião e que tinha uma maneira de curar os doentes que as pessoas chamavam de milagrosa. Então, estando parado lá em cima até que eles tivessem me olhado suficientemente, eu estava na verdade preparando a multidão compacta a ser dividida em unidades. No começo, eles gritavam uns para os outros para fazer ordem, em uma altura tal que nenhuma voz podia ser ouvida, então fiquei em silêncio. Por fim, no entanto, à medida que se deu uma calmaria parcial e o sol bateu em mim, de modo que quis entrar, levantei meus braços acima da minha cabeça e os mantive lá em silêncio. Uma multidão é muitas vezes como um bebê que chora e cuja atenção pode ser atraída mostrando-se algum objeto brilhante ou estranho que excite sua curiosidade. Eu sabia disso e fiquei em silêncio. Se eu tivesse começado a falar, cinquenta pessoas teriam gritado instantaneamente para outras cem para ficarem quietas, e se teriam ouvido em todos os cantos os sibilos "psiu!". Mas como elas estavam me vendo parado na mesma atitude, e se perguntavam o que eu ia dizer, o resultado foi que eu logo consegui dizer algumas palavras através do meu intérprete, que tinha subido no estrado atrás de mim. Isso me lembra um truque feito pelo falecido Prof. James J. Mapes em uma de suas palestras públicas, quando o público estava sonolento. Ele foi meu professor de Agricultura Científica quarenta e três anos atrás. Ele mesmo me contou a história em sua maneira cômica inimitável. Percebendo que a plateia de fazendeiros cansados estava dormindo no meio de sua palestra instrutiva, ele se virou silenciosamente para o quadro negro atrás dele, limpou-o com um pano, continuou olhando-o como se estivesse refletindo sobre algum grande problema, traçou uma linha vertical grossa no meio do quadro, recolocou o giz, limpou os dedos, pensou um minuto, voltou-se para a plateia – agora completamente desperta e se perguntando de que se tratava – e prosseguiu com sua palestra até o fim. Ele nunca fez a menor referência a essa linha perpendicular no quadro. Os agricultores ficaram acordados, acreditando que ele iria dizer alguma coisa sobre isso.

Depois de ter tranquilizado a multidão externa, passei pela outra multidão, que estava sufocando dentro do prédio, até um grande recinto traseiro onde, em pé de costas para a parede – o que melhorava a ressonância – dei minha palestra sem interrupção para aqueles que tinham me seguido. Muitos palestrantes fracassaram por não tomar tal precaução: suas vozes se perderam na multidão.

As curas dos doentes continuaram diariamente, como em todas as outras cidades por onde passei. Há uma anotação de que no dia 8 (agosto) tratei setenta casos com mais ou menos sucesso. Evidentemente, ninguém pode predizer se as curas, por mais eficazes que possam parecer no momento em que o paciente sai das mãos do curador, serão duradouras ou não: tudo depende do estado de sua constituição naquele momento. No entanto, houve vários casos em que aparentemente houve uma cura total da doença.

Na mesma noite, fiz parte de uma cena tão pitoresca e impressionante que dificilmente pode ser superada. Eu devia dar uma palestra em um dos grandes pátios do venerável templo de Vaishnava Srirangam[590], conhecido por todos os viajantes como sendo a maior construção religiosa na Índia. Ele compreende um santuário central, cercado por cinco áreas também cercadas, cada uma incluindo a próxima menor; a parede do recinto exterior tinha um comprimento de quase mil e setecentos metros de cada lado. É o lugar onde Ramanuja, fundador da escola Visishtadvaita da filosofia bramânica, elaborou seu sistema no século XI e iniciou sua missão de pregação em todo o sul da Índia. Para a palestra havia sido escolhido o pátio interno em frente ao Salão das Mil Colunas, uma estrutura de cento e trinta e sete por quarenta metros. Imagine a cena que se abriu diante de mim quando contornei uma esquina e vi o salão gigantesco e o pátio a céu aberto. Sob o dossel do céu iluminado por estrelas havia uma multidão de talvez cinco mil hindus bem morenos, de turbantes e roupas brancos, de pé ou agachados no chão ou na parte frontal do terraço da construção de mil colunas. Muitos jovens tinham subido pelas esculturas do *gopuram* piramidal, ou portão de entrada, à direita, e estavam sentados na cornija do pedestal. Sobre o pórtico ao pé da escada que levava ao terraço em questão havia sido construído para mim um pequeno estrado de tábuas, cobertas de flores e folhagens, e eu tive que usar alguma agilidade para subir nele. Depois de alcançar o estrado, de repente avistei toda a cena, que, pela sua estranheza, impressionou profundamente minha imaginação. A única luz, exceto a das estrelas cintilantes, veio de tochas tremeluzindo, seguradas por muitos peões encostados contra as paredes, e de meia dúzia no meu estrado, que estavam dispostas de maneira a me iluminar contra o fundo escuro da pirâmide ao meu lado.

---

590   Na Wikipédia, ele consta como "Sri Ranganathaswamy Temple".

Na multidão silenciosa, meio escondida na escuridão, se destacava aqui e ali um brâmane em pé, nu até a cintura, cujo cordão sagrado aparecia contra sua pele de bronze como um fio de leite; e no estrado, a uma altura de três metros acima das cabeças, o orador, também vestido de branco, de pé, com o intérprete e um ou dois dos homens do comitê ao lado, o centro das atenções, enquanto o ar da noite nos refrescava e a multidão ouvia em completo silêncio o discurso sobre o Hinduísmo e a necessidade da educação religiosa dos jovens. No final, estouraram os aplausos, contidos o tempo todo, os portadores das tochas acenaram com seus fachos, as pessoas que estavam sentadas se levantaram, os meninos pularam de seus poleiros no *gopuram* e, carregado de guirlandas e cercado por milhares de pessoas, abri lentamente meu caminho até o recinto exterior onde a carruagem me esperava.

Como em outros lugares, foi formada uma Loja local da S.T. No dia seguinte, fui a Tanjore[591], a capital de uma das maiores das antigas dinastias hindus do sul da Índia e em todas as épocas um dos principais centros políticos, literários e religiosos do Sul (*Gaz. Ind.*[592] de Hunter, xiii, 195). É uma pena que o fluxo das pessoas que visitam a Índia dificilmente se dirija ao Sul. Todos começam em Bombaim e, depois de atravessar as cidades do Norte, onde o selo da conquista muçulmana se encontra em tudo, vão para Calcutá ou voltam para Bombaim. O viajante direcionado pelos senhores Cook[593] não vê praticamente nada da Índia das mais antigas dinastias indianas, nem pode admirar os incomparáveis templos hindus que embelezam a Índia do Sul; é como visitar a Escócia e a Irlanda para ver a Grã-Bretanha sem visitar Londres e outros centros de desenvolvimento nacional inglês!

---

591 Hoje "Thanjavur".
592 Trata-se do *Imperial Gazetteer of India*. Um "*gazetteer*" é um dicionário geográfico.
593 Olcott se refere à agência de viagens Cook. Thomas Cook, considerado o pai do turismo moderno, planejou a primeira viagem organizada da história. Em 1851 ele criou a agência "Cook and Son".

Chegando na estação ferroviária de Tanjore às cinco da manhã, encontrei uma multidão esperando por mim, e o trem passou a acompanhar uma banda de músicos. Os dignitários do lugar me receberam com guirlandas florais; em uma mesa colocada na plataforma me serviram café, e houve os habituais discursos de cumprimentos, aos quais respondi. Eles me colocaram no bangalô dos viajantes e, gentilmente, me deixaram desfrutar da minha privacidade até a noite, quando fui conduzido pela cidade e levado ao magnífico templo que, como diz Fergusson[594], é conhecido em todo o mundo. Ele é composto de dois pátios e um outro maior, onde fica o santuário, uma construção cuja base é de dois andares e sobre a qual se eleva uma pirâmide de treze andares. Dizem que o topo, a uma altura de cento e cinquenta e sete metros do solo, é formado por uma única pedra enorme. Entre o santuário e o portão de entrada encontra-se, em um pedestal de pedra, o touro colossal Nandi, o *Vahan*[595] de Shiva. O enorme animal foi esculpido, se me lembro bem, a partir de um único bloco de granito e tem, mesmo deitado, uma altura de cerca de três metros até o ombro. O pedestal é coberto por um dossel de pedra apoiado em colunas quadradas esculpidas. Foi nesse pedestal que dei minha palestra. A multidão estava sentada no chão lajeado do pátio. Diretamente na minha frente havia um enorme *lingam* de pedra, o emblema *shivaísta*[596] da força generativa na Natureza. Atrás dele se erguia a grande pirâmide, cujos andares estão todos ornamentados com enormes figuras esculpidas em alto relevo. Falei através de um intérprete; nas pausas, enquanto ele falava e eu olhava em volta, fiquei

---

594 James Fergusson (1808-1886), arquiteto escocês que se interessou muito pela arquitetura indiana. Entre outros livros, publicou *History of Indian and Eastern Architecture* (História da Arquitetura Indiana e Oriental).
595 Veículo.
596 Adjetivo referente ao shivaísmo (ou xivaísmo). "O xivaísmo é o culto organizado do deus indiano Xiva, que é reverenciado pelos seus seguidores como o Ser Supremo, que é tudo e que está em tudo, o criador, preservador, destruidor e revelador de tudo o que existe." (Wikipédia)

impressionado com a fabulosa experiência de que eu, americano, representante da mais jovem e mais febril civilização do mundo, estava ali, ao lado do enorme touro, cercado pelos emblemas esculpidos da mais antiga das religiões do mundo, conversando com seus devotos sobre as verdades incorporadas nos antiquíssimos ensinamentos de seus sábios e *Rishis* quase esquecidos.

Eu pude verificar pessoalmente que a notória história supersticiosa de que a grande pirâmide não faz sombra é falsa. Às dezessete horas, quando eu a vi pela primeira vez, havia uma grande sombra preta se estendendo sobre a metade do pátio. O brâmane a quem mencionei isso disse que o rumor popular se baseia no fato de ela não fazer sombra *ao meio-dia*. Houve outra palestra na sala de leitura da cidade, e gostei muito de uma visita à mundialmente famosa Biblioteca de Sânscrito no palácio real. Ela foi catalogada pelo Dr. Burnell, que viu que ela contém cerca de trinta e cinco mil manuscritos em folhas de palmeira e outros, entre os quais muito raros e valiosos, além de sete mil volumes encadernados. Antes de sair da cidade, tratei muitos pacientes e fiz algumas curas interessantes.

Kumbakonam, minha parada seguinte – o "Oxford do Sul da Índia" – é um centro educacional famoso, e os professores indianos na Faculdade se comparam favoravelmente em conhecimentos e dons intelectuais com os de qualquer uma neste país. Ao mesmo tempo, eles têm um viés para o materialismo, e na época da minha primeira visita exerciam uma forte influência antirreligiosa sobre os alunos de graduação e, indiretamente, sobre os meninos em todas as escolas. Eu havia sido avisado disso antes; então, quando dei minha palestra no Templo Sarangapani (Vaishnava), para um público de dois a três mil, que enchia o *Prakara* (lado) oriental e que era composto – como dizia uma notícia em um jornal da época – por "*Vakils*, professores universitários, mestres de escola, *mirassidars*[597], camponeses[598], comerciantes e alunos", discuti a religião do ponto de vista da ciência. A palestra do dia seguinte, no mesmo lugar, foi de caráter mais popular e tratou em grande parte do dever dos pais

---

597 Proprietários de terras (herdadas).
598 No original: "ryot", que designa camponeses na Índia.

hindus para com seus filhos. Os resultados práticos da visita e dos discursos foram – apesar do ceticismo dos professores universitários e dos mestres de escola – a formação da agora bem conhecida Loja local, a virada do interesse público para a religião hindu e a coleta de um bom fundo para uma biblioteca geral local. Deixem-me lembrar que esse foi o ano em que aquilo que agora se chama Ressurgimento Hindu começou a espalhar-se por toda a Índia, quarenta e três novas Lojas da Sociedade surgiram e a espinha dorsal do movimento indiano em direção ao materialismo foi quebrada. E isso foi dez anos antes do Parlamento das Religiões de Chicago.

Vejo que anotei, entre as curas psicopáticas feitas por mim em Kumbakonam, outro desses maravilhosos casos de surdez.[599] Acho que o paciente era um defensor público de Negapatam, que tinha vindo para aproveitar a chance de ser tratado por mim. Ele podia ouvir sons com dificuldade a uma distância de um metro; depois de meia hora de tratamento – na varanda do bangalô dos viajantes – eu o deixei caminhar lentamente para longe de mim e o mandei escutar minha voz, levantada apenas a uma altura comum de conversação, e parar no momento em que ele não me ouvisse mais. Fiz meu criado caminhar ao lado dele, segurando uma extremidade de uma fita métrica da qual eu segurava a outra extremidade. Quando o advogado parou, a fita mostrou que ele podia me ouvir até a distância de 21,45 metros. Eu o testei conversando com ele a essa distância, ele de costas para mim para que ele não enganasse a si nem a mim, lendo meus lábios. Não sei qual foi a sequência do caso.

A recepção que me foi feita na minha próxima parada, Mayavaram, foi tão entusiástica que não poderia ser melhor, igualando-se às de Tinnevelly, Trichy e Guntur. Cheguei lá às sete e trinta da manhã, fui recebido com honras na estação, hospedado em uma casa para viajantes, bem decorada, recebi visitantes o dia todo e, à noite, depois do anoitecer, fui levado, em um palanquim aberto, em uma procissão com tochas para o templo Mayuranathasami para

---

599 Tradução literal do original ("another of those marvellous cases of deafness"). Obviamente Olcott quer dizer "maravilhosos casos de cura", não "maravilhosos casos de surdez".

dar uma palestra. Uma reportagem de jornal diz que a procissão foi liderada pelo elefante do templo, por camelos com sinos e uma banda de músicos. Sete mil pessoas se aglomeravam no templo; me disseram que todos os homens e mulheres da cidade – aqueles que não estavam acamados – participaram do cortejo. Segundo um relatório técnico das curas, publicado pelo Sr. D. Amirthasamy Pillay, Apotecário Civil (um funcionário do governo na área da medicina), algumas delas foram muito boas, incluindo casos de paraplegia, surdez, neuralgia e epilepsia. Nessa cidade, Damodar chegou de Madras para tratar de assuntos da S.T. e me trouxe um novo voluntário para atuar como meu Secretário Privado, a saber, o Sr. T. Vijiaraghava Charlu, agora conhecido há muitos anos como gerente do *Theosophist*. Ele tinha renunciado à sua nomeação para o Departamento dos Correios para trabalhar conosco, o que ele tem feito desde então com grande fidelidade. Falta-lhe a maneira suave pela qual vários companheiros inúteis entre nossos associados ganharam ampla popularidade temporária, mas ele manteve seu trabalho com a perseverança firme de um velho *Covenanter*[600], e é muito estimado por quem o conhece mais intimamente.

Depois da fundação de uma Loja, continuei minha viagem até Cuddalore, onde o mesmo se repetiu. Minha primeira palestra foi em inglês; para a segunda, diante de milhares de pessoas no templo Pataleswaraswami, foram necessários os serviços de um intérprete. Lá recebi um elogio incomum, como se vê no relatório publicado pelo Sr. A. Rama Row. Ele diz:

> Assim que chegou, ele foi levado em procissão, seguido de uma grande multidão, com música hindu tocando e bandeiras sendo acenadas. Ele foi levado ao redor do templo, para dentro do recinto cercado, um ato que, de acordo com a crença religiosa hindu, forma o *pradakshana* sagrado – uma cerimônia que até agora somente hindus haviam sido autorizados a realizar. Depois ele foi levado para o portão do templo, perto da imagem de Nandi (o touro sagrado de Shiva). Em seguida foi realizada a cerimônia *Arati* pelo

---

600 Partidário da reforma protestante na Escócia.

Sumo Sacerdote, foi oferecida a cânfora ardente ao Coronel, e uma guirlanda de flores foi colocada em volta de seu pescoço. Depois ele subiu no estrado. O templo inteiro estava tão cheio que a multidão quase sufocava.

O que torna esse ato de respeito e amor mais significativo é que eu não era apenas um homem branco, mas também um budista declarado – o que não impediu, no entanto, que eu fosse aceito como o presidente de uma Sociedade que não está comprometido com nenhuma religião específica, mas tem amizade por todas, e que trabalhava tão lealmente com os indianos para promover o Hinduísmo como fazia com os budistas cingaleses para reviver o Budismo. Eles me consideraram o amigo de sua Mãe Índia, e consequentemente seu irmão de alma. Dessa forma, aceitei isso.

Uma visita a Chingleput terminou essa parte da viagem daquele ano, e de lá fui a Ootacamund para me juntar a minha querida colega HPB, na hospitaleira casa do Major-General e Sra. Morgan. A estrada de ferro termina em Metapaliyam, ao pé das colinas de Nilgiri. Os viajantes prosseguem pela estrada de montanha bem alcatroada em um *tonga*, ou carruagem de correio de duas rodas puxada por dois pôneis galopantes. O trajeto é simplesmente encantador. Passa-se por florestas, por barrancos de flores e enxames de lindas borboletas pintadas, e o ar se torna cada vez mais frio, até que na metade do caminho é necessário parar em uma casa para viajantes e trocar a roupa tropical por roupa de lã grossa e até mesmo colocar um sobretudo. A quase toda curva da estrada sinuosa, abrem-se panoramas de paisagens belíssimas. Ootacamund é um belo vilarejo com casas pitorescas, espalhando-se nas encostas – gramadas e cobertas de floresta – das colinas vizinhas; as ruas estão margeadas de rosas, os jardins (na frente das casas), com seus lírios, verbenas e outros "sorrisos florais de Deus", fazem a alegria dos olhos.

No portão de pedágio da estrada para Coonmoor, fui recebido por HPB em companhia da nossa querida Sra. Morgan, da Sra. Batchelor e de outros da família; o general estava temporariamente ausente de casa. Minha velha colega parecia muito feliz em me ver e tagarelou em sua maneira afetuosa como alguém que reencontra um parente que esteve ausente durante muito tempo. Ela estava com boa aparência. O ar de montanha, que parecia ter um efeito de champanhe, fez seu sangue jorrar através de seu corpo, e ela estava extremamente animada com a cortesia com a qual os altos funcionários e suas famílias a tratavam. Ela se livrou de sua excitação na mesma noite mantendo-me acordado até duas horas da madrugada para revisar provas e corrigir seu manuscrito. Que criatura divertida ela era quando estava de bom humor! Como ela fazia as pessoas – salas cheias – ficarem penduradas em seus lábios, quando ela contava histórias de suas viagens e aventuras em busca daqueles que faziam milagres através da magia e feitiçaria; e como os olhos se abriam com espanto quando ela, de vez em quando, tocava um sino astral, provocava algumas batidas ou produzia algum outro fenômeno menor! E depois, quando eles tinham ido embora e nós dois estávamos trabalhando nas nossas mesas, como ela ria da surpresa das pessoas e de suas tentativas, muitas vezes estúpidas, de explicar os fenômenos surpreendentes que elas nunca antes tinham visto! Ela detestava ignorantes arrogantes, que davam explicações infantis sobre os fenômenos psíquicos e tentavam mostrar sua habilidade às custas dela, e ela costumava pegá-los pelo pescoço e esmagá-los, metaforicamente falando, com virulenta ira. E como ela odiava a presunçosa matrona, que – apesar de estar totalmente incapacitada para opinar sobre esses elevados assuntos e de não ser abençoada com a atitude caridosa cristã – considerava HPB um horror, achando que ela não deveria ser mencionada em círculos respeitáveis! Ouvir HPB tecer longos comentários sobre essas pessoas era melhor do que uma peça de teatro. Ela costumava dizer que as mulheres russas, austríacas e francesas podiam ter uma conduta muito ruim, mas eram muito mais honestas do que as mulheres britânicas e americanas de uma posição social semelhante, pois faziam suas coisas perversas abertamente, enquanto as outras faziam coisas igualmente ruins atrás das portas e em esconderijos de todos os tipos. Sem dúvida, os modos rudes de HPB, suas excentricidades ousadas, sua irreverência e outras peculiaridades eram simplesmente o seu apaixonado protesto contra as falsidades e a hipocrisia da sociedade. Uma mulher bonita, com o cérebro dela, nunca teria sonhado em fazer que os outros falassem tanto sobre ela; sendo o oposto de linda, tanto no rosto como no corpo, instintivamente HPB fazia furor em toda a sua volta, como alguém que não tem admiradores a perder, e portanto, não tem nenhuma razão para restringir seus sentimentos. É claro que estou falando sobre a mulher, não sobre a sábia.

Para apresentar nossas ideias à comunidade europeia da nossa Presidência de Madras, ela e nossos amigos estavam programando que eu desse duas palestras públicas. Alguns dos altos funcionários gentilmente se interessaram pelo caso. Como preliminares necessárias, tive que visitá-los, e os próximos dois ou três dias foram dedicados a isso. Em outras horas, nosso trabalho comum na mesa continuou, e a dura labuta foi diversificada com suas conversas brilhantes e seus resmungos frequentes sobre o frio – certamente com causa, pois o termômetro mostrava que fazia quatro[601] graus mais frio do que sentimos nas planícies. As casas são aquecidas com fogo de lenha em chaminés abertas, os ventos sopram em rajadas por elas, enchendo os quartos com fumaça e sujando o papel e os livros com finas cinzas. HPB escrevia usando um casaco de pele, com um xale de lã na cabeça e os pés envolvidos em um grosso cobertor de viagem – uma visão engraçada. Parte de seu trabalho foi escrever o que seu Instrutor invisível lhe ditava, as "Respostas a um M.S.T. inglês", que continham, entre outras coisas, a profecia, agora frequentemente citada, das coisas terríveis e dos muitos cataclismos que aconteceriam no futuro próximo, quando o ciclo terminar. Que ela estava anotando o que lhe era ditado era totalmente óbvio para quem estava familiarizado com sua maneira de ser.

Minha primeira palestra foi dada na Breeks Memorial School, no auditório cheio, apesar de uma chuva torrencial. Testei o sistema adotado em Bombaim pelo Rev. Joseph Cook, o de ter na porta uma cesta, com tiras de papel e um lápis, para o público, ao passar, escrever os assuntos sobre as quais a palestra deveria ser dada. Poste-

---

601 No original: *forty*, referindo-se à escala Fahrenheit; isso corresponde a 4,44 graus Celsius.

riormente as tiras foram lidas pelo Presidente, Maj.-Gen. Morgan. Como o assunto "Ciência Oculta" foi votado por quase unanimidade, fui falar sobre isso. Depois de uma hora, eu queria parar, mas pediram que eu continuasse, então fiz isso por mais meia hora. A segunda palestra foi igualmente um sucesso. Para "manter fora o povão", como foi dito, cobrou-se pela entrada. Quando o dinheiro me foi entregue, enviei-o com uma carta gentil ao tesoureiro do hospital local. Ele era um oficial militar mesquinho e preconceituoso, que recusou a doação alegando que era "dinheiro do demônio" – HPB e eu sendo considerados por ele emissários do Rei do Inferno! É claro que ele se tornou o alvo de chacota da parte sensata da comunidade, e seus colegas no Conselho do Hospital forçaram-no a reconsiderar sua decisão estúpida. O Sr. Carmichael, um Secretário do Governo[602], fez uma coisa corajosa: ele nos convidou para um jantar, para seus principais colegas nos conhecerem – isso depois de um parágrafo maldoso no principal jornal de Madras insinuar que éramos agentes secretos. Seu convite foi declaradamente seu protesto pessoal contra a injustiça. Obviamente ficamos muito agradecidos. O fato de tal calúnia já antiga e sem fundamento ter sido repetida me levou a dirigir um protesto oficial ao Governo de Madras. Mencionei certas pequenas tiranias a que os superiores submeteram alguns de nossos membros hindus nos Distritos pelo simples fato de serem membros da nossa Sociedade; anexei cópias da correspondência entre mim e o Governo da Índia e da sua decisão a nosso favor, e solicitei proteção ao Governo de Madras. O assunto foi encaminhado ao Governador e aos membros do Conselho, que, na sua reunião de 12 de setembro, nos garantiu oficialmente proteção total, desde que não violássemos nenhuma lei e nos abstivéssemos de intrometermos em coisas fora do nosso campo de atividade declarado. Isso bastou para nos livrar de aborrecimentos, e desde então não fomos mais importunados de nenhuma maneira.

---

602 No original: "*Secretary to Government*"; trata-se de um importante cargo no governo indiano.

Apêndice

Explicação de palavras, nomes, acrônimos, fatos

Acharya	Instrutor religioso; fundador de seita. "Um acharya além de ser um respeitável guru, pode se destacar em uma das filosofias hindus como o Vedanta, o Yoga ou ser um especialista em sânscrito. Sempre com o objetivo de tentar fazer o aluno ver a verdade por si mesmo." (Wikipédia)
Adepto	"Em Ocultismo, é aquele que, mediante desenvolvimento espiritual, conseguiu o grau de Iniciação [...] e chegou a ser Mestre na ciência da filosofia esotérica." (*Glossário Teosófico*)
Akasha	"Registros akáshicos ("*Akasha*" é uma palavra do sânscrito que significa "céu", "espaço" ou "éter"), segundo o hinduísmo e diversas correntes místicas, são um conjunto de conhecimentos armazenados misticamente no éter, que abrange tudo o que ocorre, ocorreu e ocorrerá no Universo." (Wikipedia)
Akalis	Sikhs batizados.
Annie Besant	Presidente da S.T. de 1908 (sucedendo a Olcott) até sua morte em 1933.
Apport	Palavra francesa; o verbo "*apporter*" significa "trazer"; um *apport* é um fenômeno em que algum objeto é trazido, ou levado, colocado, em algum lugar.
Arianos	A respeito dos arianos existem muitas teorias. Consta no *Glossário Teosófico*: "Nome de uma raça (a ariana), que invadiu a Índia no período védico."
Arya Samaj	Movimento religioso, fundado em 1875 por Dayanand Saraswati; promove valores e práticas baseadas na infalibilidade dos Vedas. (Wikipédia)
Aryavarta	Parte central e norte da Índia, habitada pelos antigos árias (arianos).
Ashram	"*Ashram*, na antiga Índia, era um eremitério hindu onde os sábios viviam em paz e tranquilidade no meio da Natureza." (Wikipédia)

Asoka, Ashoka	Imperador indiano da dinastia máuria; reinou entre 273 e 232 a.c.; um dos maiores imperadores da Índia; depois de várias conquistas militares, reinou sobre a maior parte do território correspondente à Índia moderna; era bastante sanguinário, mas depois se converteu ao Budismo e defendeu a não violência e a tolerância religiosa.
Avatar	"[Uma] manifestação corporal de um ser imortal segundo a religião hindu, por vezes até do Ser Supremo. Deriva do sânscrito *Avatara*, que significa "descida", normalmente denotando uma das encarnações de Vishnu (tais como Krishna), que muitos hinduístas reverenciam como divindade. Muitos não hindus, por extensão, usam o termo para denotar as encarnações de divindades em outras religiões." (Wikipédia)
B.A.	*Bachelor of Arts* (Bacharel em Artes)
Baroda	Cidade no estado de Guzerate, ou Gujarate. Foi a capital do estado principesco (ou reino) de Baroda até à extinção deste em 1949. Hoje o nome da cidade é "Vadodara".
Batidas	Em inglês: "*raps*"; era a palavra usada para se referir às batidas em sessões espíritas.
Bhagavad-Gitā	A *Bhagavad-Gitā*, que é "um episódio do *Mahabharata*, o grande poema épico da Índia. Contém um diálogo no qual Krishna, 'condutor do carro', e Arjuna, seu *chela* [discípulo], têm uma discussão sobre a mais elevada filosofia espiritual. Esta obra é eminentemente oculta e esotérica." *(Glossário Teosófico)*
Bhikku, Bhikshu	Monge de sexo masculino, geralmente budista. Na Wikipédia em português usa-se também a forma "bico".
Brahmo Samaj	Movimento religioso indiano fundado em 1862 por Nobin Chandra Roy, com base no movimento Brahmo Sabha, iniciado em 1828. Deu uma contribuição significativa para o surgimento da Índia moderna.
Bunder-boat	"*Bunder*" é o nome anglo-indiano para "cais"; "*bunder-boats*" são barcos usados para embarcar e desembarcar os passageiros dos navios.

Caves and Jungles	O título exato do livro de HPB é *From the Caves and Jungles of Hindostan*. Trata-se de uma compilação de cartas que HPB escreveu entre 1879 e 1880, em russo, para o jornal "Mensageiro Russo". O tradutor (para o inglês) afirma que o manuscrito estava frequentemente incorreto e obscuro.
Ceilão	Agora Sri Lanka (ilha e país).
Chela	Palavra sânscrita (cuja transcrição para o inglês foi adotada no português) significando "discípulo".
Chirag	Pequeno lampião de argila em forma de vulva (*yoni*).
Cipaios, cipais	Cf. Sipaios.
d	Abreviatura de *penny* ("d" do latim *denarius*), cujo plural é *"pence"*; correspondia a 1/240 de uma libra esterlina ou a um centavo do dólar americano.
Dak Bungalow	Termo usado para bangalôs destinados a viajantes.
Damodar	Damodar K. Malavankar (1857-?), hindu da casta dos brâmanes. Ingressou na S.T. em 1879, se tornou budista em 1880, permaneceu com HPB e Olcott até 1885, quando foi para o Tibete e não mais foi visto.
Deva	"Devas são divindades regentes da natureza. Não são bons nem maus, mas podem ser manipulados pelos humanos para finalidades boas ou ruins. Em um certo ponto de evolução, eles se individualizam, e podem ser confundidos com anjos, ou fadas. Em um certo estado de consciência, algumas pessoas podem vê-los. Podem se apresentar como gnomos, duendes, fadas, sereias, sílfides e outros. Na mitologia hindu, os devas equivalem aos anjos do cristianismo." (Wikipédia)
Dewan	Título do ministro das finanças ou do primeiro ministro, mais importante personalidade abaixo do governante (*Mahārāja*).
Dhoti	Também escrito *"dhote"*. "Dhote é um tipo de vestimenta usado por vários homens na Índia, Paquistão, Bangladesh e Nepal. É um pedaço retangular de pano sem costura, geralmente em torno de 4,5 metros (15 pés) de comprimento, acondicionado em torno da cintura e das pernas e amarrado na cintura, semelhante a uma longa saia." (Wikipédia)

Djin, djinn	Segundo o *Glossário Teosófico*, a palavra "*djin*", ou "*djinn*", vem do árabe e significa "elemental; espírito da Natureza; gênio".
Durbar	Recepção formal na residência de um príncipe indiano ou de um representante do Reino Unido na Índia. Outro significado: Governante, senhor feudal, de pequeno principado na Índia.
Ekka	No norte da Índia, uma carruagem puxada por somente um cavalo.
Estado Nativo	Em inglês: *Native State*; na época, um dos antigos 562 semi-independentes estados da Índia, governados por indianos, mas dependentes em diversos graus das autoridades britânicas.
Estupa	Em inglês: *stupa*; monumento, geralmente redondo e em forma de cone, construído sobre os restos mortais (geralmente cremados) de um monge budista importante.
Faquir	"[...] 'faquir' e '*sanyasi*' são, respectivamente, os nomes muçulmano e hindu para o mesmo personagem, ou seja, um asceta religioso errante e celibatário." (Nota de Olcott)
Fenômeno	Um fenômeno normalmente é um acontecimento observável e cientificamente explicável. Mas existem fenômenos, ou acontecimentos, que a ciência até agora não consegue explicar. É a esse segundo tipo que Olcott se refere. Às vezes ele os chama de "*wonders*", o que pode ser traduzido por "prodígios", "milagres", "maravilhas".
Galle	Cidade no Sri Lanka (Ceilão).
Ghat	Escadaria que leva até um rio, especialmente um rio sagrado.
Ghee	Manteiga clarificada.
Gopuram	Um tipo de torre piramidal na(s) entrada(s) para a área dos templos hindus no sul da Índia.
Grande Loja Branca	É a "Grande Fraternidade Branca", o conjunto de Mestres de Sabedoria.
Guzerate (Gujarate)	Estado no centro-oeste da Índia; guzerate – língua falada nesse estado.

A HISTÓRIA DA SOCIEDADE TEOSÓFICA - 1878-1883

Haeckel	O cientista alemão Ernst Haeckel (1834-1919).
Híndi	Língua derivada do sânscrito, falada por 70% dos indianos.
Hindustani	Língua do norte da Índia.
Hindustão	"Hindustão" (ou "Industão"; em inglês, "*Hindustan*") é o nome antigo de uma região que abrangia o norte e noroeste da Índia e os atuais Paquistão, Bangladesh, Nepal e Butão.
Howdah	Algo como uma cabine colocada nas costas de elefantes (às vezes de outros animais, como camelos), na qual se pode sentar e passear ou viajar mais confortavelmente do que diretamente nas costas dos animais.
Hume	Allan Octavian Hume (1829-1912), inglês que viveu de 1849 a 1894 na Índia; reformador político, ornitólogo e botânico; um dos fundadores do partido "*Indian National Congress*", que lutou pela independência da Índia.
Hurrychund	Hurrychund Chintamon, presidente do *Arya Samaj*.
Ioga, Iogue	Cf. *Yoga, yogue*.
Jainismo; jainista	"O *jainismo* ou jinismo é uma das religiões mais antigas da Índia, juntamente com o hinduísmo e o budismo, compartilhando com este último a ausência da necessidade de Deus como criador ou figura central." (Wikipédia)
Jeypore	O nome atual é "Jaipur" (capital e maior cidade do estado do Rajastão).
-ji	Na Índia coloca-se o sufixo "ji" em nomes, títulos e palavras para indicar que se trata de uma pessoa muito querida, respeitada, reverenciada.
Judge	William Quan Judge (1841-1896), advogado irlandês, um dos 17 fundadores da S.T. Foi quem cuidou da S.T. nos EUA até 1895, quando saiu da S.T. (de Adyar) e criou sua própria.
K.C.S.I.	*Knight Commander of the Star of India*; segundo posto na hierarquia da "Exaltadíssima Ordem da Estrela da Índia, [...] uma ordem militar de cavalaria, fundada pela Rainha Vitória em 1861". (Wikipédia)

435

Kshatrya, Kshatriya	Cf. Xátria
Lakh	Unidade do sistema de numeração indiana, equivalendo a 100.000.
Lingam	Um objeto que representa o deus Shiva e é usado para orações.
Loja	Grupo de estudo.
M.S.T.	Membro da Sociedade Teosófica.
Madras	Nome atual da cidade: Chennai.
Mahābhārata	"O Maabárata, conhecido também como Maabarata, Mahabarata, Mahabharata e Maha-Bharata [...], é um dos dois maiores épicos clássicos da Índia, juntamente com o Ramaiana [Ramayana]. [...] é visto por alguns autores como o texto sagrado de maior importância no hinduísmo, e pode ser considerado um verdadeiro manual de psicologia-evolutiva de um ser humano." (Wikipédia)
Mahātma	"Um Adepto de ordem mais elevada. Os Mahâtmas são seres eminentes, que, tendo obtido o domínio de seus princípios inferiores, vivem, deste modo, livres dos impedimentos do 'homem carnal' e estão de posse de um conhecimento e poder proporcionados segundo o nível que alcançaram em sua evolução espiritual. [...] São designados com o nome de Mestres, Grandes Espíritos ou *Jivanmuktas* [almas libertadas] e continuam, entretanto, ligados ao corpo físico para ajudar o progresso da humanidade." (*Glossário Teosófico*)
Mahout	Treinador ou cuidador de elefante.
Marajá	Forma aportuguesada da palavra "*maharaja*" (*mahārāja* em sânscrito), significa "grande rei".
Marata	Marata é tanto um grupo étnico-religioso, vivendo principalmente no estado de Maharashtra, quanto uma casta; também é o nome da língua falada nesse estado.
Māyā	Termo sânscrito que significa, *grosso modo*, "ilusão".

Mesmerizar	Palavra derivada do nome Mesmer. Franz Anton Mesmer (1734-1815) foi um médico alemão que elaborou a teoria do magnetismo animal (ou mesmerismo). Considerado por alguns um charlatão, foi respeitado por outros pelo fato de ter chamado a atenção para os fenômenos paranormais.
Moksha	"*Moksha* [...] ou *Mukti* [...] refere-se, em termos gerais, à libertação do ciclo do renascimento e da morte e à iluminação espiritual." (Wikipédia)
Motim	Revolta Indiana de 1857. "A Revolta Indiana de 1857 (também conhecida como Revolta dos Cipaios, Revolta dos Sipais ou Revolta dos Sipaios) foi um período prolongado de levantes armados e rebeliões na Índia setentrional e central contra a ocupação britânica daquela porção do subcontinente em 1857 a 1858." (Wikipédia)
Mundo Oculto	No original: "*The Occult World*", de A. P. Sinnett, publicado em 1881; a versão brasileira, *O Mundo Oculto – A verdade sobre as Cartas dos Os*, foi publicada pela Editora Teosófica em 2000.
P. & O.	*Peninsular and Oriental Steam Navigation Company* (Companhia Peninsular e Oriental de Navegação a Vapor)
P.S.T.	Presidente da Sociedade Teosófica.
Páli	"É uma forma simplificada de sânscrito. A sua fama advém de ser a língua na qual foram registradas as escrituras do budismo theravada, conhecidas como o cânone páli, [...]." (Wikipédia)
Pandit	Erudito; homem culto ou sábio. Em português usa-se também a forma "pândita" e "pandita". Em inglês: "*pandit*" ou "*pundit*".
Pansala	Parte residencial de um mosteiro budista no Sri Lanka.
Panchasila	Olcott usou a palavra "*pansil*", que é a contração de "*panchasila*"; "*pancha*" significa "cinco", "*sila*" significa "disciplina". "Tomar o *panchasila*" significa tornar-se budista (leigo), entoando os cinco preceitos e, com isso, prometendo obedecê-los.

Parlamento das Religiões	"O *Parlamento Mundial de Religiões* ou *Parlamento das Religiões do Mundo* é uma organização internacional não governamental de diálogo inter-religioso e ecuménico que nasceu em Chicago entre 11 de setembro e 27 de setembro de 1893. [...] Foi a primeira vez na história humana que se tentou criar um foro de diálogo entre todas as religiões mundiais. Entre as figuras presentes, encontravam-se o famoso predicador budista Anagarika Dharmapala, representante do budismo Teravada, e o guru indiano Swami Vivekananda." (Wikipédia) A Sociedade Teosófica estava representada por William Q. Judge e por Annie Besant. Durante o evento foi realizado também um Congresso da Sociedade Teosófica.
Parse	Membro de um grupo étnico-religioso que pratica o Zoroastrismo.
Patañjali	"Patañjali tem a reputação de ser o autor dos *Yoga Sutra*, bem como do comentário sobre a gramática do sânscrito por Panini (*Ashtadhyayi*) [...]. Os *Yoga Sutra* compilados por Patañjali provavelmente datam de 150 d.C.. É uma pequena obra, redigida em linguagem muito condensada, constituída por vários aforismos sobre a prática e a filosofia do yoga." (Wikipédia)
Psicometria	"Psicometria [...] é um termo cunhado pelo médico americano Joseph Rhodes Buchanan, em meados do século XIX (1849), para designar a faculdade extrassensorial que alguns poucos indivíduos possuem para extrair o conteúdo de algum objeto ou ambiente impressos fora de nossa realidade física." (Wikipédia) Hoje em dia, a "Psicometria [...] é uma área da Psicologia que faz vínculo entre as ciências exatas, principalmente a matemática aplicada - a Estatística e a Psicologia. Sua definição consiste no conjunto de técnicas utilizadas para mensurar, de forma adequada e comprovada experimentalmente, um conjunto ou uma gama de comportamentos que se deseja conhecer melhor". (Wikipédia)
Pune	Antigamente: Poona. Cidade no estado de Maharashtra, no oeste da Índia.
Panjabis	Membros da comunidade etno-linguística vivendo no Panjabe.

Purānas	Pertencem "à classe de livros sagrados hindus denominados *smirtis*, ou livros a serem memorizados" (Wikipédia).
Rajapute	Os rajaputes (*rajputs* em inglês) são membros de um dos clãs patrilineares do centro e do norte da Índia.
Residente Britânico	Na época, os chamados Residentes Britânicos (*"British Residents"*) eram funcionários do governo britânico com a tarefa de administrar certas regiões.
Rishi	Às vezes grafado "Richis". "Os Richis, literalmente 'reveladores', são sábios santos ou iluminados, cantores ou poetas inspirados, a quem foram revelados os hinos védicos." (*Glossário Teosófico*, p. 567)
Rúpia	Moeda indiana.
S.P.G.	*Society for the Propagation of the Gospel* (Sociedade para a Propagação do Evangelho)
Sadhu	"*Sadhu*, no hinduísmo, é um termo comum para designar um místico, um asceta, um praticante de ioga ou um monge andarilho. '*Sadhu*' é, também, uma expressão em sânscrito e páli usada como interjeição para algo bem-sucedido ou realizado com perfeição." (Wikipédia)
Sahib, Saheb	A palavra "*Sahib*", ou "*Saheb*", de origem árabe, significa "mestre" ou "senhor".
Samajistas	Membros do *Arya Samaj*.
Sânquia	Também escrito "Sankhya" ou "Sámkhya"; "sistema filosófico indiano [...] desenvolvido concomitantemente com o yoga" (Wikipédia).
Sanyasi	Asceta hindu.
Shastra	A palavra sânscrita "*shastra*" significa "preceito, regras, manual, compêndio, livro ou tratado" (Wikipédia).
Shiva	Um dos deuses da trindade hinduísta (*"Trimurti"*); é "o Destruidor"' (ou "o Transformador"); os dois outros deuses são Brama (ou Brahma), "o Criador", e Vishnu, "o Preservador".

Siddhis	Poderes sobrenaturais conseguidos através do controle do corpo e da mente.
Sikh	Praticante do *Sikhismo* (ou Siquismo), religião monoteísta fundada em fins do século 15 no Panjabe, região no noroeste da Índia, pelo Guru Nanak (1469-1539).
Sipais, sipaios	Os sipais (cipais, sipaios ou cipaios, do híndi *shipahi*, "soldado") eram soldados indianos que serviam no exército da Companhia Britânica das Índias Orientais, sob as ordens de oficiais britânicos.
Subba Row	Tallapragada Subba Row (1856-1890), sempre citado como T. Subba Row, foi um importante membro da Sociedade Teosófica. Ele começou a se interessar por assuntos metafísicos somente depois de encontrar HPB e Olcott, mas desde esse momento conhecia perfeitamente muitos textos sagrados indianos. Trabalhou muito pela Teosofia, mas em 1888 saiu da Sociedade Teosófica.
Swamiji	Ver "ji".
Tâmil	Língua falada pelos tâmiles, principalmente no estado de Tamil Nadu, cuja capital é Madras (hoje Chennai) e no norte do Sri Lanka. A palavra se refere também à cultura dessa etnia.
Thakur, Thakore	"*Thakur*" e "*Thakur Sahib*" (ou "*Thakur Saheb*") são variantes de um antigo título de reis na Índia e no Nepal. A palavra "*Thakur*", ou "*Thakore*", significa "senhor", "mestre" ou "deus".
Theosophist	A revista oficial da S.T. *The Theosophist*.
Tinnevelly	Cidade no sul da Índia, no estado de Tamil Nadu; nome atual: Tirunelveli.
Tot homines, quot sententiae	Expressão latina: "(existem) tantas pessoas quantas opiniões". Mais frequente é a expressão "*quot homines, tot sententiae*" – "quantas pessoas (existem), tantas opiniões (há)".
Urdu	Um dos idiomas nacionais da Índia; língua oficial do Paquistão.

A HISTÓRIA DA SOCIEDADE TEOSÓFICA – 1878-1883

Vakil	Advogado de defesa.
Vedantino; Vedānta	Adepto da filosofia *Vedānta*. "A filosofia *Vedanta* [...] é uma tradição espiritual explicada nos Upanishads, que se preocupa principalmente com a auto-realização, através da qual se pode compreender qual a real natureza da realidade (Brâman)." (Wikipédia)
Vedas	"[...] as quatro obras, compostas em um idioma chamado Sânscrito védico, de onde se originou posteriormente o sânscrito clássico. Inicialmente, os Vedas eram transmitidos apenas de forma oral. [...] Os Vedas formam a base do extenso sistema de escrituras sagradas do hinduísmo, que representam a mais antiga literatura de qualquer língua indo-europeia." (Wikipédia)
Vihara	Monastério budista.
Vinaya	"*Vinaia* (*Vinaya*, uma palavra em páli e sânscrito, significando 'educação', 'disciplina') é a base regulatória da comunidade monástica budista, ou sanga, baseada nos textos canônicos chamados Vinaia Pitaca. Os ensinamentos do Buda, ou o Budadarma podem ser divididos em duas categorias abrangentes: Darma, ou doutrina, e Vinaia, ou disciplina. Um outro termo para Budismo é darmavinaia." (Wikipédia)
Wachtmeister	Constance Wachtmeister (1838-1910); de pai francês e mãe inglesa, nasceu na Itália, morou na Inglaterra e depois, com seu marido, um conde sueco, na Suécia; teosofista, amiga de HPB. Escreveu *Reminiscences of H. P. Blavatsky and the "Secret Doctrine"*.
Xátria	Também grafado "Kshatrya" ou "*Kshatriya*". "Os xátrias, chátrias ou chatrias formam uma das quatro castas no hinduísmo. Constituem a ordem dos altos postos militares e na sua maioria governantes do tradicional sistema social védico-hindu." (Wikipédia)
Yoga; Yogue	Também grafado "ioga", "iogue". "*Ioga* ou *yoga* é um conceito que se refere às tradicionais disciplinas físicas e mentais originárias da Índia." (Wikipédia) Yogue (Iogue) = praticante do Yoga (Ioga)
Zenana	Nome genérico dado ao palácio das mulheres.

Livros para Viver Melhor

A História da Sociedade Teosófica -
H. P. Blavatsky e o Início do Movimento Teosófico
Vol. 1: 1874-1878

Henry Steel Olcott (1832-1097), norte-americano, recebeu a patente de coronel pela sua bravura durante a Guerra de Secessão e pelos serviços posteriormente prestados à nação.

Em outubro de 1874, conheceu a condessa russa Helena Petrovna Blavatsky, que, depois de inúmeras viagens pelo mundo e iniciações esotéricas recebidas no Tibete, estava investigando, como ele, fenômenos espíritas daquela época. Em novembro do ano seguinte, eles fundaram a Sociedade Teosófica (S.T.). Olcott foi eleito presidente e permaneceu na presidência durante mais de trinta anos.

Ele manteve um diário no qual anotava minuciosamente o que dizia respeito à S.T. e a Blavatsky. Com base nesse diário, escreveu uma obra em seis volumes, contando a história da S.T. até 1898.

Neste primeiro volume encontram-se relatos impressionantes (e extremamente detalhados sobre os primórdios da Sociedade Teosófica e a extraordinária personagem que foi Helena Petrovna Blavatsky.

(61) 3344-3101
papelecores@gmail.com